W0363675

aufbau taschenbuch
AUFBAU VERLAGSGRUPPE

Walter-Jörg Langbein, 1954 geboren, hat evangelische Theologie studiert, bevor er freier Autor wurde. Er hat zahlreiche Sachbücher zu den Themen Religion und Bibel geschrieben. Im Aufbau Taschenbuch Verlag erschien von ihm der Bestseller »Das Sakrileg und die heiligen Frauen«. Im Verlag Rütten & Loening legte er mit »Die Geheimnisse der sieben Weltreligionen« einen umfassenden Blick auf die großen Glaubensbekenntnisse vor.

Nie war es wichtiger, die Bibel zu entstauben und wieder verständlich zu machen. Walter-Jörg Langbein hat sich auf eine aufregende Spurensuche begeben. Indem er Fragen stellt, Quellen vergleicht und ursprüngliche biblische Texte rekonstruiert, gelingt es ihm, manchen Irrtum aufzuklären. So beweist er, daß Moses keineswegs die »Fünf Bücher Mose« geschrieben hat, auch kam Jesus nicht aus Nazareth, und selbst seine letzten Wort am Kreuz sind falsch übersetzt worden. Kein Buch gegen die Bibel, sondern für ein neues Verständnis biblischer Geschichten.

Walter-Jörg Langbein

Lexikon der biblischen Irrtümer

Von A wie Auferstehung Christi
bis Z wie Zeugen Jehovas

Aufbau Taschenbuch Verlag

Meiner Frau Barbara Kern
in Dankbarkeit und Liebe gewidmet

ISBN 978-3-7466-8140-5

Aufbau Taschenbuch ist eine Marke der Aufbau Verlagsgruppe GmbH

2. Auflage 2007
Aufbau Verlagsgruppe GmbH, Berlin

Umschlaggestaltung Preuße & Hülpüsch Grafik Design
unter Verwendung eines Fotos von mauritius images
Druck und Binden Ebner & Spiegel, Ulm
Printed in Germany

www.aufbau-taschenbuch.de

Inhalt

Neues Testament

Vorwort

Die Bibel ist menschliches Reden über Gott. Weil Menschen sich irren können und nicht allwissend sind, ist es nur zu gut verständlich, daß den biblischen Autoren Fehler und Irrtümer unterliefen. Sie fallen manchmal schon bei sorgsamer Lektüre der Bibel auf, manchmal gehört detektivischer Spürsinn dazu, sie aufzudecken.

Es gibt in der Bibel klare, eindeutige und unüberwindbare Widersprüche und eindeutige historische Fehler. So wird die Schöpfung nicht einmal, sondern zweimal in stark voneinander abweichenden Varianten erzählt. Wie das Drehbuch zu einem imposanten Hollywoodmonumentalfilm liest sich die Eroberung von Jericho. Die einstige Metropole mußte aber nicht erst, wie die Bibel behauptet, erstürmt werden. Ihr einst mächtiger Schutzwall war bereits viele Jahrhunderte vor dem Einzug der »Kinder Israels« einem Erdbeben zum Opfer gefallen. Einen kriegerischen Einfall in das »Gelobte Land« gab es in der Historie nicht. Es wurde nicht mit Militärgewalt genommen, sondern nach und nach besiedelt.

Unsere heutigen Bibelausgaben sind keine Originaltexte. Es handelt sich vielmehr um Übersetzungen von Übersetzungen. Durch wiederholtes Übertragen von Texten von einer in die andere Sprache schlichen sich zahlreiche Irrtümer ein. Dabei können schon kleine Übersetzungssünden zu gravierenden Mißverständnissen führen. Liegen versehentliche Irrtümer oder bewußte Verfälschungen vor?

Jesus war Jude und sprach Aramäisch, nicht Griechisch. Beim Übersetzen seiner Worte aus dem Aramäischen ins Griechische kam es zu sinnentstellenden Irrtümern. So wurde aus einem Seil, das nicht durch ein Nadelöhr gehen kann, ein Kamel. Jesus heilte – so die Bibel – am Sabbat einen Gelähmten. Er forderte ihn keineswegs zu einem provokativen Bruch der Feiertagsruhe auf. Auch kann er von den Schriftgelehrten seiner Zeit keineswegs beschuldigt worden sein, selbst gegen das heilige Sabbatgebot verstoßen zu haben. Heilungen von Kranken am Sabbat waren die Pflicht des medizinisch Wissenden. Sie waren auf keinen Fall verboten.

Dramatisch mutet die Szene an, die zu den bekanntesten der Bibel gehört: Petrus verriet in Todesangst seinen Herrn, bevor der Hahn dreimal krähte. Der Verfasser irrte: Zur Zeit Jesu gab es in Jerusalem nicht einen einzigen Hahn.

Die Bibel ist menschliches Reden über Gott. Die Verfasser waren Kinder ihrer Zeit, tief verwurzelt in jahrtausendealtem Denken. Die Zeiten haben sich seither ebenso geändert wie das Denken der Menschen.

Wir leben nun einmal zu Beginn des dritten Jahrtausends nach Christus. Heute ist es durchaus legitim, völlig unakzeptable Gesetze als Irrtümer abzulehnen, mögen sie noch so deutlich im »Alten Testament« formuliert sein. Niemand wird heute noch das Gebot befolgen, unartige Kinder zu Tode zu steinigen. Niemand wird heute noch die Wiederverheiratung von Geschiedenen als todeswürdiges Vergehen ansehen. Und niemand wird die Todesstrafe für Homosexuelle fordern. Kein Mann wird heute seine Ehefrau steinigen, wenn er feststellt, daß sie nicht mehr Jungfrau ist.

Irrig ist auch die Annahme, daß biblische Texte allesamt Originale sind. Sie gehen häufig auf uralte Vorlagen aus vorbiblischen Zeiten zurück. Die Mythen von der Erschaffung Adams oder von der Sintflut sind keineswegs urbiblisch, sie entstammen uralten vorbiblischen Überlieferungen.

Biblische Irrtümer entstanden nicht nur beim Verfassen der altehrwürdigen Texte. Auch heute noch unterliegen wir biblischen Irrtümern, schon allein deshalb, weil wir zu wenig wissen, was wirklich in der Bibel steht.

Als Basis des christlichen Glaubens galt und gilt die Bibel. Doch wesentliche Bestandteile, die aus dem Alltagsglauben auch des eifrigsten Kirchgängers nicht mehr wegzudenken sind, finden sich nirgendwo in der Bibel, wo sie aber – Irren ist menschlich – vermutet werden. Die biblische Eva verführte Adam nicht zum Biß in den Apfel. Diese Frucht taucht im entsprechenden Bibeltext gar nicht auf. Quelle ist eine lateinische Übersetzung des »Alten Testaments«. Die »Heiligen Drei Könige« Caspar, Melchior und Balthasar kommen im »Neuen Testament« gar nicht vor. Auch das ist ein biblischer Irrtum, seit Jahrhunderten im katholischen Volksglauben und Brauchtum fest verankert. Daran ändert auch die Tatsache nichts, daß sich die katholische Kirche davon vehement distanziert.

Vermeintlich urbiblische christliche Lehren finden sich nicht in der Bibel: Die Heilige »Dreieinigkeit« war den Autoren der Bibel ebenso unbekannt wie die Unsterblichkeit der Seele.

Eine der stärksten religiösen Gemeinschaften der Welt sind die Zeugen Jehovas. Der vermeintliche Gottesname Jehova ist aber ein simpler Irrtum: ein Lesefehler!

Zu den grundlegenden Aussagen des christlichen Gottesdienstes in der Vorweihnachtszeit zählt die Behauptung, Jesus sei im »Alten Testament« vorhergesagt worden. Irrtum: Die angeblichen Jesus-Prophezeiungen sind schlicht Fehlinterpretationen von Texten aus dem »Alten Testament«, die aus dem Zusammenhang gerissen wurden.

Zu Beginn des dritten Jahrtausends nach Christus sind wir stolz auf unser modernes wissenschaftliches Weltbild. Wir wissen heute, daß das gesamte Universum vor Jahrmilliarden als das Ergebnis einer unvorstellbaren Explosion gigantischen Ausmaßes entstand. Seither dehnt es sich in rasender Geschwindigkeit aus. Wir wissen nicht zuletzt seit der ersten Landung von Menschen auf dem Mond, daß unser blauer Planet eine winzige Kugel, eine kostbare Oase in den unendlichen Weiten des Universums ist. Wir kennen den inneren Aufbau von »Mutter Erde«. Wir wissen, daß die Kontinente wie Flöße auf dem zähflüssigen Erdkern schwimmen. Und in unverkennbarer Hybris unterstellen wir den Verfassern biblischer Texte ein völlig irriges, falsches Weltbild. Auch das ist biblischer Irrtum: das Unterstellen falscher Weltbilder. Sorgfältiges Quellenstudium biblischer Texte verdeutlicht nämlich, daß sich hinter scheinbar harmlosen Formulierungen erstaunlich moderne und korrekte Erkenntnisse verbergen.

Dies sind die »biblischen Irrtümer« und ihre Quellen: Die einzelnen Texte der Bibel wurden von Menschen geschrieben. Ihnen unterliefen Irrtümer. Die verschiedenen Texte wurden von Menschen zur Bibel zusammengefügt. Auch ihnen unterliefen Irrtümer. Die Bibel wurde von Menschen übersetzt. Und wiederum kam es zu Irrtümern. Die Bibel wurde und wird von Menschen interpretiert. Wieder gibt es Fehler.

Auf biblische Irrtümer hinzuweisen, das ist kein Angriff auf die Bibel. Biblische Irrtümer zu benennen, das bedeutet auch keine Abkehr vom »Buch der Bücher«. Es ist Voraussetzung für die Annäherung an die wirklichen Aussagen vom »Alten« und »Neuen Testament«.

Altes Testament

Abschalom: Vierfacher Vater ohne Kinder? Die Bibel widmet Abschalom sechs umfangreiche Kapitel.[1] Er war der Sohn des legendärsten Königs der Bibel. Sein Vater David zeugte immerhin siebzehn Söhne. Abschalom selbst war der drittälteste Filius des Monarchen. Aufgewachsen in einer typisch orientalischen Großfamilie, sollte man annehmen, daß auch Abschalom selbst viele Kinder in die Welt setzte. Wie viele Kinder hatte der Königssohn? Es waren vier, sagt die Bibel. Er hatte überhaupt keine Kinder, sagt die Bibel auch. Der Widerspruch ist offensichtlich!

Da heißt es im zweiten Buch Samuel: »Und Abschalom wurden drei Söhne geboren und eine Tochter, die hieß Thamar, und sie war ein schönes Mädchen.«[2] Wenig später lesen wir aber: »Abschalom aber hatte sich eine Säule aufgerichtet, als er noch lebte; die steht im Königsgrund. Denn er sprach: ›Ich habe keinen Sohn, der meinen Namen lebendig erhält.‹ Und er nannte die Säule nach seinem Namen, und sie heißt auch heute bis auf diesen Tag Abschaloms Mal.«[3] Hatte Abschalom nun Kinder oder nicht?

Es mag sein, daß der »Säulen-Text« nur erwähnt, daß Abschalom keine Söhne hatte und daß er eine Tochter verschweigt, weil er nur männliche Erben für erwähnenswert hält. Dann bleibt der Widerspruch aber bestehen: Der biblische Text besagt, daß Abschalom drei Söhne hatte und an anderer Stelle, daß er keine Söhne besaß.[4]

Ascherah: Rückkehr einer Göttin »Tempora mutantur, nos et mutamur in illis«, soll Kaiser Lothar I. (795–855) gesagt haben. Wie recht der Regent hatte: »Die Zeiten ändern sich, und wir ändern uns mit ihnen.« Vor hundert Jahren wurde der Begriff der Gleichberechtigung der Geschlechter allenfalls als eine skurrile Idee einiger »überspannter Frauen« angesehen. Heute hingegen ist die Gleichberechtigung eine Selbstverständlichkeit.

Die Zeiten ändern sich und die Ansichten der Menschen tun es auch. Zu Beginn des dritten Jahrtausends ist die gleichgeschlechtliche Ehe gesetzlich erlaubt. Homosexuelle Männer dürfen Männer, lesbische Frauen dürfen Frauen heiraten. Kein vernünftiger Mensch wird heute noch die Todesstrafe für Homosexuelle fordern. Die gesellschaftlichen Vorstellungen haben sich eben geändert. In der Bibel allerdings wird nach wie vor gefordert, daß Homosexuelle zu steinigen seien.[1] Die Zeiten haben sich geändert, die Texte der Bibel natürlich nicht. Noch nicht. Denn weltweit gibt es Bestrebungen, die Bibel zu modernisieren. Damit ist gemeint, daß unzeitgemäß gewordene Formulierungen aktualisiert, dem heutigen Zeitgeist angepaßt werden sollen. So planen der Zondervan-Verlag in Grand Rapids, Michigan, und die Internationale Bibelgesellschaft in Colorado Springs, Colorado, erhebliche Korrekturen der Bibel.[2] Geändert werden sollen immerhin sieben Prozent des alten Wortlauts. Ein Zehntel der »Neuerungen« sind »geschlechtsbedingte Korrekturen«. Zwei Millionen Dollar soll die Modernisierung der Bibel verschlingen.

Weil sich das menschliche Denken gewandelt hat, wird nun die Bibel der neuen Zeit angepaßt. Wo die Bibel nicht mehr zeitgemäß ist, wird sie durch Veränderungen (also Verfälschungen!) des Textes aktualisiert.

Frauen spielten zu Zeiten des »Alten« wie des »Neuen Testaments« eine geringe, untergeordnete Rolle im öffentlichen Leben. Das bringt auch die Bibel zum Ausdruck. Ist im Original von »Brüdern« die Rede, ergänzten die modernen »Übersetzer« noch die »Schwestern«. Berichtet die Bibel eindeutig von den »Söhnen Gottes«, so macht die Neuausgabe daraus »Kinder Gottes«. Wird den Hirten auf dem Felde die Geburt Jesu verkündet, so erfinden die Bibelmodernisierer noch Hirtinnen dazu. Amerikanische Bibelforscher warnen: »Es ist gefährlich, die Dinge willkürlich zu verändern!«

Veränderung biblischer Texte aber hat eine lange Tradition. Dem Reformator Martin Luther war eine mächtige Göttin ein Dorn im Auge: Ascherah. Durch falsche Übersetzungen ließ er ihren Namen aus den Texten des »Alten Testaments« verschwinden. So lesen wir bei Luther im Buch Richter: »Und zerbrich den Altar Baals … und haue ab den Hain, der dabeisteht.«[3] Von einem »Hain«, also einem Wäldchen, ist im Original nichts zu finden. Falsch übersetzt Luther weiter: »Und baue dem Herrn, deinem Gott, … einen Altar und opfere ein Brandopfer mit dem Holz des Hains, den du abgehauen hast.« Es sind keine Bäume gefällt und verbrannt worden.

Luther ließ durch seine »Übersetzung« eine Göttin verschwinden. In der revidierten Luther-Bibel von 1912 kehrte sie wieder: »Und haue um das Ascherahbild, das dabeisteht, und opfere ein Brandopfer mit dem Holz des Ascherahbildes, das du abgehauen hast.«

Wie offensichtlich falsch Luthers Übersetzungen in Sachen Ascherah sind, verdeutlicht ein Vers aus den Königsbüchern.[4] Bei Luther hieß es da anno 1545: »Er (Josia) ließ den Hain aus dem Hause des Herrn führen.« Mit dem Haus des Herrn war der Tempel in Jerusalem gemeint. Und aus dem Tempel soll ein Hain, also ein Wald, entfernt worden sein? Zu keiner Zeit gab es im Zentralheiligtum der gläubigen Israeliten einen Wald. Der hebräische Originaltext läßt keinen Zweifel aufkommen: Entfernt wurde eine Ascherah-Statue!

Luther steht als Fälscher keineswegs allein da. »Young's Literal Translation«, also »Young's Wörtliche Übersetzung« fabuliert von einem »Heiligtum« oder »Schrein«. Und vom »Holz des Heiligtums« oder »Holz des Schreins«. Auch bei ihm ist Göttin Ascherah verschwunden. Auch in der »King James Version« ist für Göttin Ascherah kein Platz. Sie weicht wie bei Luther einem »Wäldchen«, das gefällt und zu Ehren Gottes verbrannt wird. Erst in der Ausgabe »21st Century King James Version« der Bibel taucht »Ascherah« auf. Der »Ascherah-Pfahl« wird umgehauen und das Holz des »Ascherah-Pfahls« wird verbrannt.

Ein zweites Beispiel für Luthers Manipulation. In seiner Übersetzung von 1545 heißt es: »Auch blieb stehen der Hain zu Samaria.«[5] In der revidierten Luther-Bibel von 1912 kehrt die vom Reformator getilgte Göttin wieder zurück: »Auch blieb stehen das Ascherahbild zu Samaria.«

Warum ließ Luther Ascherah so einfach verschwinden? Weil er die Erinnerung an eine uralte Göttin tilgen wollte? Vermutlich weil ihm die Vorstellung ein Greuel war, daß im alten Israel zumindest zeitweise Gott Jahwe und Göttin Ascherah gleichzeitig verehrt und angebetet wurden! Das erste Buch der Könige berichtet über ein Essen mit anschließendem eigenartigem Opferwettbewerb.[6] Luther übersetzte wieder falsch. Er machte aus »Propheten der Ascherah« anno 1545 »Propheten des Hains«. 400 Propheten der Ascherah und 450 Propheten von Baal speisten gemeinsam. Dann kam es zum Zweikampf der besonderen Art. Die Ascherah-Priester beteiligten sich daran nicht. Erst schlachteten und zerteilten die Baal-Anhänger ein Rind, legten es auf einen Holzstoß. Schließlich flehten sie Baal an. Vergeblich. Baal schwieg, reagierte in keiner Weise. Sie fügten sich selbst mit Messern und Spießen Wunden zu. Vergeblich floß ihr Blut. Gott Baal ließ – so der angebliche »Bericht« – seine Anhänger im Stich, entfachte nicht das Opfer.

Dann wurde Jahwe gefordert. Auch er bekam zerstückelte Rinderteile auf einem Holzstapel angeboten. Die Jahwe-Anhänger wollten unbedingt ein göttliches Wunder erzwingen. Also übergossen sie den Tierkadaver und das Holz mit reichlich Wasser. Alles schwamm förmlich im Wasser. Das erhoffte Wunder geschah: Auf Elias Bitte hin ließ Jahwe sein Feuer vom Himmel fallen. Nicht nur das Holz des »Scheiterhaufens« und das Rind verbrannten, auch die Steine und Erde wurden vom göttlichen Feuer »gefressen«.

Die Jahwisten waren die eindeutigen Sieger! Sie erwiesen sich aber als schlechte Gewinner! Sie begnügten sich nicht mit der Niederlage ihrer Gegner im Opferwettbewerb, sie brachten ihre Baals-Konkurrenten um: »Elia aber sprach: ›Greift die Propheten Baals, daß keiner von ihnen entrinne!‹ Und sie ergriffen sie. Und Elia führte sie hinab an den Bach Kishon und tötete sie daselbst.«[7]

Über die Ascherah-Propheten wird kein Wort mehr verloren. Warum waren sie dann überhaupt mit den Baals-Priestern eingeladen worden? Raphael Patai argumentiert: »Die Schlußfolgerung muß sein, daß ihnen, da sie nicht am Wettstreit teilnahmen, kein Leid zugefügt wurde. Wenn dem so war, dann müssen sie ungehindert auch weiterhin ihrer Göttin gedient haben.«[8]

Warum wurden unter Ahab die Baals-Priester niedergemetzelt, die Ascherah-Priester aber verschont? Warum wurde

Jahrzehnte später unter König Joahaz der Ascherah-Kult weiterhin geduldet.[9] Die Statue der Göttin in Samaria blieb unangetastet. Wurde die Verehrung der Göttin akzeptiert, wie Raphael Patai vermutet, weil »die Verehrung der Ascherah als legitime religiöse Ausübung auch von denen angesehen wurde, die gegen den Baals-Kult waren«?[10]

Jehu ließ die Priester Baals einladen.[11] Angeblich wollte er ihm huldigen. Wer der Zeremonie zu Ehren Baals fernbleibe, werde getötet. Abgeschlachtet wurden dann aber die Baal-Priester. Aus den Baal-Tempeln ließ Jehu öffentliche Toiletten machen. Sein Haß gegen Baal war groß, Ascherah aber wurde toleriert.

Spärlich sind die konkreten Angaben über das Allerheiligste des Jerusalemer Jahwetempels. Falsch ist die Vermutung, daß Salomos Tempel ausschließlich der Verehrung Jahwes diente. Der salomonische Tempel bestand 370 Jahre. Immerhin 236 Jahre davon, also fast zwei Drittel der Zeit, beherbergte er eine Ascherah-Statue. Wie war das möglich? Hatte doch Jahwe angeblich selbst nicht nur das Anbeten fremder Götter im allgemeinen verboten, sondern ganz konkret gefordert: »Du sollst dir keinen Holzpfahl als Ascherahbild errichten bei dem Altar Jahwes!«[12] Genau das aber geschah immer wieder! Jahrhundertelang war Ascherah fester Bestandteil im religiösen Leben der jüdischen Stämme. Konkretem göttlichem Gebot zum Trotz stand ihre Statue im Allerheiligsten, im salomonischen Tempel neben Jahwes Altar:

– Salomos Sohn, König Rehobeam, brachte die göttliche Statue in den Tempel. Sie wurde etwa 35 Jahre lang im Zentrum der Religiosität verehrt.

– König Asra ließ sie entfernen, König Joash wieder installieren.

– Nach 100 Jahren sorgte König Hezekiah dafür, daß Ascherah wieder aus dem Heiligtum verschwand. König Manasseh aber brachte sie wieder an ihren angestammten Platz.

– König Joshiah setzte eine religiöse Reform durch. Ascherah wurde aus dem Tempel verbannt, kehrte aber nach dem Tod des Königs wieder zurück.

Warum war Salomos Tempel lange Zeit das heilige Haus für Jahwe und gleichzeitig für Ascherah? Die Antwort entbehrt nicht einer gewissen Pikanterie: »Eine Zeitlang akzeptierte Aschera den semitischen Gott El als ihren Geliebten. Sie war die Himmelskuh, er der Stier.«[13] El aber war einer der Beinamen Jahwes.[14]

Jetzt wird klar, wieso Baal als Rivale von Jahwe blutig verfolgt, Ascherah aber geduldet, ja lange Zeit im Tempel Salomos verehrt wurde: Weil Ascherah ursprünglich Jahwe-Els Geliebte und Partnerin war! So ist es nicht verwunderlich, daß Übersetzer wie Luther Ascherah aus den Texten des »Alten Testaments« verschwinden ließen. In den meisten neueren Übersetzungen aber kehrt die Göttin Ascherah zurück. Gibt es eine Rückbesinnung auf religiöse Urkulte, in deren Zentrum Göttinnen standen? Werden die Spuren des Matriarchats, das von den monotheistischen Religionen verdrängt wurde, wiederentdeckt … auch in der Bibel?

Auge Gottes: Blasphemischer Übersetzungsfehler Wie stellen wir uns Gott vor? Als geistige Kraft oder als ein Prinzip wie Liebe? Allenfalls kleinen Kindern gesteht man noch milde lächelnd zu, sich unter Gott einen alten Herrn mit Rauschebart vorzustellen. Kaum jemand mag in einer aufgeklärten Zeit noch zugeben, an Gott als eine Person zu glauben.

Und doch scheint die Bibel von Gott als Wesen aus Fleisch und Blut zu sprechen. Zumindest ein physisches Detail wird vom Propheten Sacharja erwähnt: »Denn so spricht der Herr, der mich gesandt hat: ›Wer euch (die Israeliten) antastet, der tastet meinen Augapfel an.‹«[1]

Eindeutig ist vom »Augapfel Gottes« die Rede, allerdings nur in den fehlerhaften Übersetzungen! Korrekt übersetzt muß der Vers lauten: »Wer euch antastet, der tastet *seinen* Augapfel an.« Damit ändert sich die Aussage des prophetischen Wortes erheblich. Der hebräische Originaltext besagt: »Wer Israel Schaden zufügt, der schadet sich selbst, nicht Gott!«

Prof. Dr. Georg Fohrer, Fachbereich »Altes Testament«: »Von einem Augapfel Gottes zu sprechen ist für den gläubigen Juden blasphemisch. Er empfindet es als gotteslästerlich, dem Höchsten ein Organ anzudichten, das von Menschen verletzt werden könnte! Außerdem ist schon die Vorstellung von einem Auge Gottes für den gläubigen Juden ein Verstoß gegen das mosaische Gesetz,[2] das es verbietet, sich ein Bild Gottes zu machen.«[3]

Das Bilderverbot sollte eine Einengung des Gottesbildes verhindern. Gott sollte in der uneingegrenzten Vielfaltigkeit erhalten bleiben und nicht auf eine konkrete Phantasievorstellung fixiert werden. Der unbeschreibliche Gott der Bibel kann immer zeitgemäß sein und bleiben, solange nicht auf modische – und das gilt auch für die Theologie – Tendenzen Rücksicht genommen wird.

Auszug aus Ägypten – eine erfundene Story Grundlage des Glaubens eines Christen ist die Bibel. Er sieht Parallelen zwischen dem »Alten« und dem »Neuen Testament«. Die zentralen Gestalten der Bibel sind Mose und Jesus. So wie Mose das Volk Israel aus der ägyptischen Gefangenschaft herausführte, so erlöste Jesus die Christen durch seinen Tod am Kreuz. So beschaulich dieser Vergleich für den gläubigen Menschen auch sein mag, mit der historischen Wirklichkeit hat er überhaupt nichts zu tun. Der Auszug aus Ägypten ist keine Realität, sondern erfunden. Bedauernd, ja resignierend stellte unlängst der Archäologe Israel Finkenstein, Universität Tel Aviv, fest, was bibelgläubige Menschen nicht zur Kenntnis nehmen wollen: »Mehr als 90 Prozent aller Gelehrten stimmen darin überein, daß es keinen Exodus des Volkes Israel aus Ägypten gab.«[1]

Die Story ist weltbekannt. Und wer sie nicht in der Bibel gelesen hat, sah vielleicht eine Kinoverfilmung: Lange Jahre ächzte das Volk Israel in ägyptischer Gefangenschaft. Da wählte Gott selbst Mose aus und schickte ihn zum Pharao. Der Tyrann soll das gedemütigte Volk endlich in Freiheit ziehen lassen. Da sich der Pharao weigert, schickt Gott zehn schlimme Plagen. Gott mußte keine Wunder in Gang setzen. Bei den zehn Plagen handelt es sich für den rein rational denkenden Menschen um durchaus erklärbare Naturphänomene und kultischen Massenmord.

Erste Plage:[2] Da verwandelt sich das Wasser des Nils in Blut, die Fische im stinkenden Strom verenden. Niemand mag das Wasser mehr trinken. Natürliche Erklärung: gehäuftes Auftreten der Burgunderalge, das tatsächlich nicht nur zu einer Rotfärbung des Wassers, sondern auch zu üblem Gestank führen kann.

Zweite Plage:[3] Frösche peinigen die Menschen. Natürliche Erklärung: Frösche traten wiederholt am Nil als wahrhafte Quälgeister auf, speziell wenn der Nil über seine Ufer trat, vermehrten sie sich explosionsartig. Es bedurfte keines Wunders.

Dritte und vierte Plage: Stechmücken und Stechfliegen machen Mensch und Tier das Leben zur Hölle.[4] Ein Wunder? Keineswegs. Die in riesigen Schwärmen auftretenden kleinen Plagegeister können als Hundsfliegen identifiziert werden, die tatsächlich – so sie in großen Mengen auftreten – den Menschen das Leben erschweren können.

Fünfte und sechste Plage:[5] Die Viehpest sucht Menschen wie Tiere heim, löst ekelerregende Geschwüre aus. Vermutliche natürliche Ursache: eine Blatternart.

Siebente und achte Plage: Hagel[6] und Heuschrecken[7] bedrohten vor Jahrtausenden immer wieder die Existenz des ägyptischen Volkes. Leicht konnten üppig tragende Felder verwüstet, Ernten vernichtet und Hungersnöte ausgelöst werden.

Neunte Plage: Sie führt zu vollkommener Finsternis.[8] Drei Tage lang soll es stockfinster im Land am Nil gewesen sein. Eine Sonnenfinsternis kommt wohl als Erklärung nicht in Frage, die hätte nicht so lange angehalten. Vermutlich war ein Sandsturm ungeheuren Ausmaßes verantwortlich.

Zehnte Plage: Sie mutet besonders grausam an. Sie ist als einzige nicht die Folge von erklärbaren Naturphänomenen: »Und der Herr sprach zu Mose: ›Eine Plage noch will ich über den Pharao und Ägypten kommen lassen. Dann wird er euch von hier wegziehen lassen, und nicht nur das, sondern er wird euch von hier sogar vertreiben.‹«[9] Alle Neugeborenen, jedes Kälbchen, jedes junge Schaf, aber auch jedes Menschenkind, vom Sohn des Pharao bis zum Kind der Magd, sollen getötet werden.

Zehn Plagen, von Gott geschickt, bringen den hartherzigen Pharao schließlich dazu, das Volk Israel unter Führung Mose in die Freiheit ziehen zu lassen. Für alle zehn Plagen gibt es mögliche natürliche, vernünftige Erklärungen. Damit ist aber keineswegs bewiesen, daß tatsächlich der Pharao gezwungen wurde, ein Heer jüdischer Sklaven in die Freiheit zu entlassen.

Widersprüchliches wird über die Plagen berichtet. Da der verstockte Pharao das Volk der Israeliten nicht ziehen ließ, kam es zu einer schlimmen Heimsuchung: Viehpest wütet und nimmt den Ägyptern eine zentrale Säule ihrer Wirtschaft: »Da starb alles Vieh der Ägypter.«[10]

Auf diese fünfte Plage folgte die sechste. Denn nachdem der böse Pharao noch immer nicht auf die jüdischen Sklaven verzichten wollte, schickte Gott die Blattern.[11] Sowohl die Ägypter als auch ihr Vieh wurden befallen. Welches Vieh? Das war doch schon durch die fünfte Plage dahingerafft worden. Wie kann das Vieh der Ägypter der fünften Plage zum Opfer fallen und sterben ... und dann in der sechsten Plage von Blattern gepeinigt werden? Damit nicht genug! Denn immer noch zeigte sich der Pharao uneinsichtig.

Die siebente Plage brachte Hagel, »so schwer, wie er noch nie in ganz Ägyptenland gewesen war, seitdem die Leute dort wohnen«.[12] Unter dieser Naturkatastrophe hatten die Ägypter und ihr Vieh zu leiden, behauptet die Bibel: »Und der Hagel erschlug in ganz Ägyptenland alles, was auf dem Felde war, Menschen und Vieh.«[13] Welches Vieh? Erst fällt das Vieh der Ägypter in der fünften Plage der Viehpest zum Opfer. Das nun schon nicht mehr vorhandene Vieh wird dann in der sechsten Plage mit Blattern gestraft und in der siebenten Plage durch Hagel getötet!

Man kann auf diese frappanten Widersprüche nur noch mit Ironie reagieren: Es mag sein, daß das nach der fünften Plage bereits tote Vieh die Blattern der sechsten Plage überlebte, so daß es in der siebenten Plage dann erneut sterben konnte. Die Tiere wurden vom Hagel erschlagen.

Man möchte meinen, daß die Ägypter nun über kein einziges

Stück Vieh mehr verfügten. Irrtum! Die zehnte und letzte Plage wird besonders blutig! Die Erstgeburt wird dahingemetzelt, von Mensch ... und Vieh: »Und zur Mitternacht schlug der Herr alle Erstgeburt in Ägyptenland vom ersten Sohn des Pharao an, bis zum ersten Sohn des Gefangenen im Gefängnis ... und alle Erstgeburt des Viehs.«[14]

Durch die fünfte Plage starb das Vieh der Ägypter. Die sechste Plage brachte den bereits toten Tieren Blattern, die siebente mörderische Hagelkörner und die zehnte Plage ließ nun das eigentlich bereits radikal ausgerottete Vieh nochmals bluten!

Widersprüchlich ist das Verhalten Gottes. Einerseits steht er offensichtlich auf der Seite seines Volkes. Er verspricht Mose: »Nun sollst du sehen, was ich dem Pharao antun werde; denn durch eine starke Hand gezwungen, muß er sie (die Juden) ziehen lassen.«[15] Kaum aber hatten die entsetzlichen Plagen Wirkung gezeigt, kaum hatte sich der Pharao damit abgefunden, daß ihn seine israelitischen Sklaven verließen, da veranlaßte Gott den Pharao, die Juden zu verfolgen: »Und der Herr verstockte das Herz des Pharao, des Königs von Ägypten, daß er den Kindern Israel nachjagte.«[16]

Um welchen Pharao soll es sich gehandelt haben? Die Bibel macht keine direkte Angabe. Sie nennt den ägyptischen Herrscher nicht beim Namen. War es Ramses II. (1279–1213 v. Chr.)? Ein unscheinbarer Nebensatz, der historisch allerdings falsch ist, könnte als Hinweis verstanden werden: »Und man setzte Fronvögte über sie (die Juden), die sie mit Zwangsarbeit bedrücken sollten. Und sie bauten dem Pharao die Städte Pithom und Ramses als Vorratsstädte.«[17] Eine Stadt Ramses hat es nie gegeben, wohl aber Pharao Ramses II., der die Stadt Piramesse erweitern ließ.

Widersprüchlich sind schon die Angaben der Bibel über die

Dauer der ägyptischen Gefangenschaft. Einmal heißt es klipp und klar: »Die Zeit aber, die die Kinder Israel in Ägypten gewohnt haben, ist vierhundertunddreißig Jahre.«[18] Der Bibelkritiker C. Dennis McKinsey vergleicht damit andere Angaben der Bibel: »Kehat, Jakobs Enkel, der zusammen mit Jakob nach Ägypten gesandt wurde, lebte 133 Jahre. Kehats Sohn war Amram, er wurde 137 Jahre alt. Nach dem zweiten Buch Mose Kapitel 7, Vers 7 war Amrams Sohn Mose, der 80 Jahre alt war, als die Israeliten Ägypten verließen.«[19] Wenn nun Kehat am Tag seiner Geburt nach Ägypten verschleppt wurde, lebte er maximal 133 Jahre in ägyptischer Gefangenschaft. Wenn nun Kehats Sohn am Todestag seines Vaters geboren wurde, so erduldete er 137 Jahre die ägyptische Gefangenschaft. Da nach Angaben der Bibel Mose 80 war, als die Gefangenschaft für das Volk Israel in Ägypten endete, ergibt dies eine maximale Dauer der Knechtschaft von 350 Jahren (133 Jahre + 137 Jahre + 80 Jahre).

Wie lange war nun das jüdische Volk von Ägypten versklavt? 430 Jahre oder maximal 350 Jahre? Noch ungenauer sind die biblischen Angaben über die Zahl der fliehenden Israeliten. Im Zweiten Buch Mose heißt es, »sechshunderttausend Mann«[20] hätten sich zu Fuß auf den Weg gemacht, wobei allerdings die Frauen und Kinder zahlenmäßig nicht erfaßt sind. Zweimal wird an anderen Stellen eine davon abweichende Zahl genannt:[21] 603 550. Dabei allerdings handelte es sich um die wehrfähigen Männer im Alter von »zwanzig Jahren und darüber«. Wie groß war aber der Gesamttroß?

Prof. Dr. Hans Schindler-Bellamy schätzt: »Es müßten wohl insgesamt an die zwei Millionen Menschen gewesen sein!«[22] Zu diesem Ergebnis kommt auch Bibelkommentator Prof. Dr. John D. Hannah: »Mit Frauen und Kindern dürfte die

Gesamtzahl etwa zwei Millionen betragen haben. Mit ihnen zogen Nichtisraeliten von unbestimmter Zahl, offensichtlich eine zusammengewürfelte Gruppe (in 4. Buch Mose Kapitel 11, Vers 4 Pöbel genannt).«[23]

Fassen wir zusammen: Nach den vagen Angaben der Bibel flohen nach einer sehr langen Zeitspanne von mehreren Jahrhunderten der Sklaverei etwa zwei Millionen Israeliten aus Ägypten. Womöglich geschah dies unter der Regentschaft von Ramses II., also etwa 1279–1213 v. Chr. Leider gibt es nicht den Hauch eines Hinweises auch nur eines ägyptischen Historikers, der die Bibel bestätigt. Es läßt sich weder die Existenz eines so großen Heeres jüdischer Sklaven in Ägypten noch die Flucht einer solch gewaltigen Menschenmasse aus Ägypten bestätigen. Auch die gehäuft auftretenden Katastrophen (»zehn Plagen«) werden in keiner ägyptischen Quelle auch nur andeutungsweise erwähnt. Damit wird der biblische Bericht schon etwas fragwürdig.

Oder sollten ägyptische Historiker schamhaft verschwiegen haben, daß sich ein Sklavenheer einfach aus dem Staub machte? Inzwischen wurde im östlichen Nildelta die Stadt Piramesse lokalisiert und ausgiebig archäologisch untersucht. Es fand sich nicht die kleinste Bestätigung für den biblischen Bericht. Dabei wurden modernste Cäsiummagnetometer eingesetzt. In 40 Tagen wurden 108 Hektar durchleuchtet. Hausgrundrisse wurden ausfindig gemacht, aber auch Straßen, Kanäle und Gärten.

Voreilig vermeldeten die Medien einen vermeintlich sensationellen »Erfolg«. Angeblich war man auf einen mit Blattgold belegten Boden gestoßen. Hatte man einen Teil von Ramses' Palast entdeckt? Das ZDF vermeldete die vermeintliche Sensation in der Reihe »Sommer der Entdeckungen«. Die ernüchternde Wahrheit war keine Meldung wert. Der kostbare mit Blattgold belegte Palastboden war etwas recht Banales! Man war auf die Abfälle einer Werkstatt gestoßen, in der einst Statuen aus Holz oder Schatullen und Kisten vergoldet worden waren. Die kunstfertigen Handwerker hinterließen nach getaner Arbeit tagtäglich auch Abfälle und Reste von Farben und Goldplättchen, die nach und nach festgetreten wurden.

Von Piramesse aus, so wurde spekuliert, traten die Juden ihre Flucht an. So waren die Hoffnungen besonders groß, in den spärlichen Resten der einstigen stolzen Metropole Hinweise auf den Auszug aus Ägypten zu finden. Vergeblich.

Nach Angaben der Bibel irrte das Millionenheer der Kinder Israels 40 Jahre lang durch die Wüste. Auf welchem Weg? Welche Route wurde von Ägypten durch den Sinai gewählt? Forscher nahmen sich die umfangreichen Berichte aus dem 2. Buch Mose vor. Enttäuscht stellten sie fest: Die aufgelisteten Städte lassen sich entweder nicht identifizieren oder ergeben keine vernünftige Fluchtstrecke. Theologen versuchten zu retten, was zu retten ist. Gab es ursprünglich zwei verschiedene Überlieferungen von der Flucht? Marschierten die Flüchtlinge nach Tradition A am Mittelmeer entlang? Benutzten sie die breite Heerstraße von Ägypten nach Palästina? Oder ging es nach Tradition B im Süden östlich der Bitterseen an den Golf von Suez? Wurden zwei Wege aus der Sklaverei ins Gelobte Land mündlich überliefert und zu einem Reisebericht verarbeitet? Ernüchternd ist die Feststellung des Kieler Historikers Herbert Donner: »Eine auch nur einigermaßen vernünftige und verständliche Route ist nicht zu rekonstruieren.«[24]

Unverständlich bleibt, wieso für eine Wegstrecke, die bequem in wenigen Wochen zu absolvieren war, nach der Bibel 40 Jahre gebraucht wurden. Wie sollen rund zwei Millionen

Menschen vier Jahrzehnte in der Wüste gelebt haben? Wovon haben sie sich ernährt? Die Antwort der Bibel lautet: Manna.

Zu den großen Geheimnissen der biblischen Geschichte gehört das so genannte Manna: »Was ist das?«, auf hebräisch »man hu?«, fragten die Kinder Israels, als sie den seltsamen Stoff erstmals sahen. So soll der Name Manna entstanden sein. Das Alte Testament beschreibt Manna als »fein, flockig«, wie »Reif« habe es ausgesehen.[25] Geschmeckt habe es wie »Flachkuchen mit Honig«[26]. Völlig zutreffend hält das Nachschlagewerk »Einsichten über die Heilige Schrift« fest: »Kein heute bekannter natürlicher Stoff entspricht völlig der biblischen Beschreibung des Mannas, es ist also kaum möglich, es mit einem bekannten Produkt zu identifizieren.«[27]

Geheimnisse waren Bibelforschern schon immer zuwider, also mußte eine möglichst natürliche Erklärung gefunden werden. Schon 1823 spekulierte Christian Gottfried Ehrenburg: Manna könnte von einer bestimmten Blattlausart, von Schmarotzern an den Tamariskengewächsen, abgesondert worden sein, als ganz natürliches weißliches Sekret. Einleuchtend ist diese These nicht. So wird im »Alten Testament«[28] ausdrücklich darauf hingewiesen, daß das Manna nur an sechs von sieben Wochentagen hergestellt wurde.

Am siebenten Tag mußte die Produktion ruhen. Coccidien werden wohl kaum den Feiertag nach göttlichem Gebot geheiligt haben. Außerdem war Manna den Kindern Israels vollkommen fremd. Wäre es ein natürliches Produkt von Pflanzenschmarotzern, hätten sie es gekannt.

Dessenungeachtet schwärmt Werner Keller auch in den Neuauflagen seines Weltbestsellers »Und die Bibel hat doch recht«: »Als besonders wundersame Nahrung der wandernden Israeliten gilt das Manna. Die gallertigen, süßlich schmekkenden Mannatröpfchen kann man noch heute frühmorgens an Tamariskenzweigen finden.«[29]

Die Realität sieht anders aus: »Die Bibelforscher beurteilen den Vorgang nüchterner. Schon aus Wasser- und Nahrungsmittelmangel hätte eine solch hohe Zahl an Menschen in der Wüste niemals überleben können. Mehr als 10000 Nomaden konnte die Sinai-Halbinsel zu keiner Zeit ernähren, zudem war die Wüste schon damals nicht menschenleer, sondern bereits von anderen Stämmen bevölkert.«[30]

Intensive archäologische Ausgrabungen haben zudem in der Wüste Sinai nicht den Hauch eines Hinweises auf die vierzigjährige Odyssee erbracht. So bleibt für den Archäologen Israel Finkenstein nur eine mögliche Schlußfolgerung, nämlich, »daß es keinen Exodus des Volkes Israel aus Ägypten gab«.[31]

Woher kamen dann die ersten Bewohner von Israel, wenn nicht als ein Millionenheer fliehender Sklaven aus Ägypten? Darüber kann man nur spekulieren. Vermutlich wurden im Hügelland von Judäa und Samaria um 1200 v.Chr. einstige Nomaden seßhaft. Des Herumziehens müde, ließen sie sich nieder und betrieben Landwirtschaft. 300 Siedlungen haben Archäologen bereits ausfindig gemacht. Prof. Dr. Hans Schindler-Bellamy: »Der Auszug aus Ägypten ist eine frei erfundene Geschichte. Er fand nicht statt.«[32]

Baal – Jahwes schärfster Konkurrent Der Teufel hat viele Namen. Einer davon, der auch heute noch geläufig ist, lautet Belzebub. Belzebub aber ist eine Verballhornung eines uralten Götternamens: Baal-Sebub hatte in Ekron ein großes Heiligtum. Das Ansehen der Gottheit war groß. In Notlagen wandten sich die Menschen an Baal. Als König Ahasja (Beginn der Regierungszeit nach der Bibel um 919 v.Chr.) einen Unfall hatte, lag er »krank danieder«.[1] Nun wollte der Regent wissen, ob er denn wieder genesen würde. Also schickte er einen Boten zum Tempel Baals. Israels Hauptgott Jahwe reagierte beleidigt und empört. Er schickt dem Boten Baals Elia als Boten und läßt fragen: »Ist denn nun kein Gott in Israel, daß ihr hingeht, zu befragen Baal-Sebub, den Gott von Ekron?«[2] Die Strafe für die Konsultation des fremden Gottes folgt auf dem Fuß: Ahasja stirbt.

Baal, der im Land der Bibel in verschiedenen Varianten mit unterschiedlichen Beinamen auftritt, muß als der schärfste Konkurrent Jahwes angesehen werden. Es scheint fast so, als ob auch Baal zum Hauptgott Israels hätte werden können. Prophet Elia sieht sich schließlich sogar dazu genötigt, einen Wettstreit der Götter Jahwe und Baal zu initiieren.[3] Für Baal und Jahwe wird je ein Opferaltar gebaut. Jeweils ein Rind wird geschlachtet. Das Opfertier Jahwes wird schließlich noch mit Wasser begossen. Schließlich schickt Jahwe Feuer vom Himmel und die Feuersglut »fraß Brandopfer, Holz, Steine und Erde«. Baal, so wird weiterberichtet, reagiert nicht. Der Sieg gehört Jahwe. Und die Priester Baals werden von Jahwes Propheten Elia eigenhändig umgebracht.[4]

Baal war ohne Zweifel der Hauptkonkurrent Jahwes. Er muß in weiten Teilen Israels angebetet worden sein. Sonst hätten die Autoren der biblischen Schriften nicht immer wieder so ausdrücklich darauf hingewiesen, wie groß doch die Überlegenheit Jahwes gegenüber Baal sei. Sie zeigt sich immer wieder darin, daß die Anhänger des Konkurrenten von Jahwe umgebracht werden.[5] Dabei verschwimmen die Abgrenzungen der beiden Gottheiten immer wieder. Manchmal sind sie einander zum Verwechseln ähnlich. So wird wiederholt von Baal als dem »Gott des Bundes« gesprochen.[6] Dabei ist doch nach dem »Alten Testament« Jahwe der Gott des Bundes. Jahwe ist es, der mit seinem Volk den »Bund« schließt: etwa mit Noah nach der Flut,[7] vor allem aber dann mit Abraham.[8]

Die Aussagen der Bibel über Baal sind sehr aufschlußreich. Sie zeigen, daß Gott Jahwe immer bedroht war. Lange war seine Position als Hauptgott keineswegs gefestigt. Offenbar gab es auch immer wieder Bestrebungen, Jahwe durch Baal zu ersetzen.

Die Aussagen über Gott Baal belegen aber auch, daß die Chronologie des »Alten Testaments« nicht den historischen Abläufen entsprechen kann. Folgt man nämlich dem »Alten Testament«, dann führte die Frau von König Ahab den Baals-Kult ein, also um 940 v. Chr. Doch bereits um 1500 v. Chr. wird geschildert, daß die vor den Ägyptern fliehenden Israeliten zum Baals-Kult überwechseln wollten. Das Volk ist mit Jahwe unzufrieden und verehrt das eigens geschaffene »goldene Kalb«.[9] Baal aber wurde als Jungstier oder Stier verehrt.

Der historische Ursprung des Baal-Kultes ist umstritten. Lange vor Jahwes Zeiten gab es den Dualismus, bestehend aus Gott einerseits und Göttin andererseits. Baal war die starke Himmels- und Wettergottheit. Die Erde wurde als weibliche Gottheit dargestellt. Und das Sprießen des irdischen Lebens sah man als Ergebnis einer Befruchtung durch Baal.

Woher er auch kam, Baal wurde Hauptkonkurrent Jahwes. Mit der Zunahme des Jahwekults nahm die Bedeutung Baals immer weiter ab. Schließlich wurde aus seinem göttlichen Namen ein banales Wort: Herr oder Besitzer. So konnte schließlich Jahwe selbst als ein Baal bezeichnet werden. So verdrängte Jahwe seinen Konkurrenten: Indem er mit ihm verschmolz! Und wurde Jahwe erst einmal mit Baal gleichgesetzt, wollte er auch nicht mehr Baal genannt werden.

Laut der kleinen Schrift des Propheten Hosea verwahrte sich Jahwe selbst dagegen, mit dem fremden Namen angeredet zu werde: »Alsdann«, spricht Jahwe, »wirst du mich nennen ›mein Herr‹ und nicht mehr ›mein Baal‹. Denn ich will die Namen der Baale von ihrem Munde wegtun, daß man ihrer Namen nicht mehr gedenken soll.«[10]

Eine Renaissance erlebte Baal im 16. Jahrhundert. Allerdings war der einstige Gott nun zum Teufel degradiert worden. Hatte man in alten Zeiten einst Baal nachgesagt, ein Herr der Fliegen zu sein, so behauptete man dies nun auch vom Teufel Baal. Anno 1583 wurde ein junges Mädchen dem Exorzismus unterworfen. Ein Jesuitenpriester traktierte sie acht Wochen lang und behauptete, 12652 Teufel aus ihr vertrieben zu haben. Schließlich wurde die Großmutter des Mädchens für schuldig befunden. Sie soll im Bund mit Belzebub-Baal die eigene Enkelin dem Teufel als Opfer angedient haben. Die angebliche Hexe, so gab sie im Protokoll der Folter zu, bewahrte unzählige Baals-Dämonen in Gläsern auf. Die alte Frau wurde am Schwanz eines Pferdes zum Scheiterhaufen gezerrt und bei lebendigem Leibe verbrannt.[11]

Bann: Massenmord im Namen Gottes Unser Kulturkreis, in dem wir leben, wird auch als »christliches Abendland« bezeichnet. Die Geschichte Europas und weiter Teile der Welt sind durch die Bibel geprägt worden. So wichtig das »Buch der Bücher« für unsere Welt seit vielen Jahrhunderten war, so wenig bekannt ist doch, was alles in der Bibel steht. Hinter dem harmlos klingenden Ausdruck »Bann« verbirgt sich die grausame Seite des »Alten Testaments«. »Bann« steht für den Massenmord im Namen Gottes. Der Theologe Gerhard von Rad hat sich intensiv mit dem grausamen Ritual beschäftigt.[1]

Geopfert wurde dem Gott der Bibel immer wieder: Auf Altären im Freien oder im Tempel. Im »Bann« ging es auch um Opfer für Jahwe – aber im Stil von blutigem Massenmord. Der »Bann« steht für Grausamkeit gegen Mensch und Tier. Immer wieder wird er im »Alten Testament« beschrieben, zum Beispiel bei Josua: »Da tat Josua mit ihnen, was der Herr ihm gesagt hatte, und lähmte die Rosse und brannte ihre Wagen.

Und kehrte um zu dieser Zeit und eroberte Hazor und erschlug seinen König mit dem Schwert. Denn Hazor war vorher die Hauptstadt aller dieser Königreiche. Und sie erschlugen alle, die darin waren, mit der Schärfe des Schwerts und vollstreckten den Bann an ihnen, und nichts blieb übrig, was Odem hatte, und er verbrannte Hazor mit Feuer.«[2]

Auch bei Mose wird der »Bann« beschrieben: »Und der Herr sprach zu mir: Siehe, ich habe angefangen, Silhon mit seinem Lande vor deinen Augen dahinzugeben. Fangt ihr an, sein Land in Besitz zu nehmen.

Und Silhon zog aus uns entgegen mit seinem ganzen Kriegsvolk zum Kampfe nach Jahza. Aber der Herr, unser Gott, gab ihn vor unseren Augen dahin, daß wir ihn schlugen mit seinen Söhnen und seinem ganzen Kriegsvolk. Da nahmen wir zu der Zeit alle seine Städte ein und vollstreckten den Bann an allen Städten, an Männern, Frauen und Kindern, und ließen niemand übrigbleiben.«[3]

Immer wieder begegnet man dem Bann: »Sie vollstreckten den Bann an allem, was in der Stadt war, mit der Schärfe des Schwerts, an Mann und Weib, jung und alt, Rindern, Schafen und Eseln.«[4]

Der »Bann« ist kein Randthema im »Alten Testament«. Vielmehr scheint er häufig vollzogen worden zu sein. Jedenfalls wird er immer wieder beschrieben. Und das nicht peinlich berührt, sondern frank und frei. Unzählige Textstellen ergeben, setzt man die teilweise verstreuten Informationen wie die Steine eines Mosaiks zu einem Gesamtbild zusammen, das grausige Ritual in seiner Gesamtheit.

Angekündigt wurde der »Bann« durch das Verschicken von Fleischstücken, die von Boten expediert wurden.[5] Eine »kultiviertere« Ankündigung des grausamen Schauspiels gab es auch: Dann verzichtete man auf zerhacktes Fleisch und ließ eine Posaune erschallen.[6] Diese zweite Variante hatte den »Vorteil« des Überraschungseffekts. Es konnte viel schneller attackiert werden, der Feind hatte weniger Zeit für die Planung seiner Verteidigung.

War somit das zu erwartende Geschehen angekündigt, versammelte sich das Militär im Lager. Von nun an sahen sich die Soldaten nicht mehr als Angehörige einfacher militärischer Einheiten, sondern als »Volk Gottes«.[7] Was für die bedauernswerten Opfer wie Plünderung, Raub, Folter, Mord und Totschlag aussehen würde, hatte jetzt höhere Weihen. Es galt, die »Gerechtigkeit Gottes« zu verwirklichen.

Bevor man loszog, galt es noch, sich geistig auf das Töten vorzubereiten. Sex war Tabu. Kultische Reinigung wurde vollzogen. Dann wurde das Losorakel befragt. Da man für die richtige Seite kämpfen würde, konnte Jahwes Antwort nur positiv ausfallen.

Jetzt konnte der kriegerische Teil des »Banns« beginnen. Städte wurden angegriffen und eingenommen. Was da kreuchte und fleuchte, wurde niedergemetzelt. Von Rad: »Gold und Silber gingen in den Schatz Jahwes über.«

Schaudernd kommentiert der Theologe Ernest Renan: »Die menschliche Grausamkeit nahm die Form eines Paktes mit der Göttlichkeit an. Man legte ein feierliches Gelöbnis ab, alles zu töten, und verbot damit sich selbst, der Vernunft oder dem Mitleid Folge zu leisten. Man weihte eine Stadt oder ein Land der Vernichtung und glaubte, Gott zu beleidigen, wenn man den greulichen Eid nicht hielt.«[8]

Das »Alte Testament« sieht das Plündern, Rauben und Morden verklärt als religiöse Handlung, als Opferritual für Gott. Schlimmer noch: Gott wird das blutige Opfer nicht etwa gegen seinen Willen aufgedrängt. Es geschieht nicht in blindem Wahn irregeleiteter Menschen. Die Aussage des »Alten Testaments« ist klar: Gott akzeptiert den Massenmord nur als Opfer. Er fordert und befiehlt ihn immer wieder. Und er reagiert verärgert, wenn der »Bann« nicht konsequent genug in blutige Tat umgesetzt wird:

»Samuel sprach zu Saul: ›Der Herr (Gott!) hat mich gesandt, daß ich dich zum König salben sollte über sein Volk Israel: So höre nun die Worte des Herrn! Ich habe bedacht, was Amalek Israel angetan und wie es ihm den Weg verlegt hat, als Israel aus Ägypten zog. So zieh nun hin und schlage Amalek und vollziehe den Bann an ihm und an allem, was es hat. Verschone sie nicht, sondern töte Mann und Frau, Kinder und Säuglinge, Rinder und Schafe, Kamele und Esel.‹«[9]

Saul und seine 10000 Getreuen töteten dann zwar Männer, Frauen und Kinder, aber sie ließen Rinder und Schafe am Leben. Die Strafe folgt auf dem Fuße. Saul darf nicht mehr König sein.

Die Beschreibungen der Bibel sind eindeutig und klar: Es geht nach Aussage der Texte um von Gott angeordneten Massenmord, der als religiöser Opferakt verbrämt wird. Die beschriebenen Grausamkeiten waren zu keinem Zeitpunkt akzeptabel. Planmäßig wurde der Bann, so das »Alte Testament«, an den Bewohnern Kanaans vollzogen. Heute bezeichnet man derlei Massenmorde als Genozid, als Völkermord – und als

Verbrechen gegen die Menschlichkeit. Es muß erlaubt sein, Abscheulichkeiten als Abscheulichkeiten zu bezeichnen. Auch wenn sie in der Bibel stehen!

Der Hamburger Theologe Hermann Samuel Reimarus (1694–1768) setzte sich intensiv mit dem »Bann« auseinander. Seine heftige Kritik wagte er nicht zu veröffentlichen. Gotthold Ephraim Lessing (1729–1781) hat Teile davon anonym in Buchform erscheinen lassen. Er löste Empörung aus. Kritisiert wurde nicht der barbarische »Bann«, sondern die Tatsache, daß es ein Theologe gewagt hatte, auch über die blutige Seite Gottes in der Bibel zu schreiben.

Erst 229 Jahre nach Reimarus' Tod erschien seine Abhandlung komplett in Buchform unter dem Titel: »Schutzschrift für die vernünftigen Verehrer Gottes«.[10]

Brudermord und Blutrache Eine der bekanntesten Mordgeschichten der Weltliteratur ist die von Kain und Abel.[1] Nachdem Gott Adam und Eva aus dem Paradies vertrieben hat, setzt das Paar Kinder in die Welt: zunächst Kain und dann Abel.[2] Kain ermordet Abel. Zur Strafe, so verkündet Gott, soll er von nun an »unstet und flüchtig«[3] sein. Kain bekommt es nun mit der Angst zu tun. Er befürchtet, auf der Flucht ermordet zu werden. Gott versieht nun Kain mit dem berühmten »Kainszeichen«. Und er führt die Blutrache ein: »Wer Kain totschlägt, der soll siebenfältig gerächt werden.«[4]

Kains Furcht allerdings muß als vollkommen unbegründet bezeichnet werden, wenn man den biblischen Text ernst nimmt. Adam und Eva waren die ersten Menschen. Als Menschen Nummer drei und vier kamen Kain und Abel hinzu. Nach der Ermordung von Abel gab es insgesamt nur drei Menschen. Vor wem sollte sich Kain also fürchten? Außer seinen

Eltern gab es ja nach der Bibel überhaupt keine Menschen! Für wen war dann das Kainszeichen gedacht? Wen sollte es davon abhalten, Kain etwas anzutun? Adam und Eva? Die kannten ja Kain und mußten schon gar nicht durch ein Zeichen davon abgehalten werden, ihren Sohn zu erschlagen. Oder war der Schutz von Gott vorausblickend gedacht? Sollten künftige Generationen davon abgehalten werden, Kain zu töten? Welche künftigen Generationen?

Die Bibel vermeldet Nachwuchs. Kain zeugte ein Kind.[5] Aber mit wem? Gab es doch zu jener Zeit außer ihm selbst nur noch seine Eltern Adam und Eva! Woher also nahm Kain eine Frau, wenn es laut Bibel gar keine gab? Zur Welt kam Henoch. Der stolze Vater machte sich alsbald an die Arbeit und baute eine Stadt, die er nach seinem Sohn Henoch nannte. Wer aber sollte die Stadt bewohnen?

Nachdem Kain mit seiner eigentlich gar nicht vorhandenen Frau einen Sohn gezeugt hatte, gab es Adam, Eva, Kains Frau (die es nach der Bibel eigentlich gar nicht gab!) und Baby Henoch. Selbst wenn Adam und Eva nach Henoch-Stadt gezogen sein sollten, hatte die »Stadt« ganze fünf Einwohner.

Und weiter ging es mit Nachwuchs: »Henoch aber zeugte Irad, Irad zeugte Mahujael, Mahujael zeugte Methuschael, Methuschael zeugte Lamech. Lamech aber nahm zwei Frauen, eine hieß Ada, die andere Zilla.«[6]

Nimmt man den Bibeltext ernst, drängt sich wieder die Frage auf: Woher stammten die Frauen? Wen nahm Henoch zur Frau? Wen schwängerte Irad, wen Mahujael, wen Metuschael? Die Mütter, die es nach der Bibel nicht gab, bleiben namenlos. Erst von Lamechs Partnerinnen kennen wir die Namen: Ada und Zilla. Nur: Diese Frauen kann es nach dem Bibeltext gar nicht gegeben haben.

Der Irrtum mit den Frauen, die aus dem Nichts auftauchen, blieb natürlich schon im Judentum niemandem verborgen. Also sann man auf Abhilfe. In unterschiedlichen Überlieferungen schrieb man Adam und Eva weitere Kinder zu.[7] Einig war man sich nur darüber, daß Mädchen dabeisein mußten. Aber wie viele? Folgende Versionen gibt es: Kain und Abel hatten jeder eine Zwillingsschwester. Oder: Abel hatte zwei Zwillingsschwestern. Oder: Kain hatte eine Zwillingsschwester. Oder: Kain hatte einen Zwillingsbruder und Abel eine Zwillingsschwester.

Wenn dem so war: Warum werden diese Kinder nicht in der Bibel erwähnt? Oder muß man die Mordgeschichte einfach symbolhaft verstehen, wie Manfred Barthel[8] mutmaßt? Demnach waren Kain und Abel gar nicht die Kinder von Adam und Eva, sie gehörten vielmehr einer späteren Generation an. Die Geschichte ist demnach ein Gleichnis. Abel steht für den umherziehenden Nomaden, Kain für den seßhaften Bauern. Da irrt der Interpret aber: Kain wird nämlich gar nicht seßhaft, vielmehr muß er »unstet« umherziehen.

Cherubim waren keine Engel Kein anderes Buch der Weltgeschichte ist so weit verbreitet wie das »Buch der Bücher« – die Bibel. Sie liegt – ganz oder in Auszügen – in rund 2000 Sprachen und Dialekten und mindestens drei Milliarden Exemplaren vor. Allein in Japan, dessen Bevölkerung nur zu einem Prozent christlichen Glaubens ist, wurden innerhalb der letzten zehn Jahre rund 150 Millionen Bibeln gedruckt. Die Bibel steht heute ganz oder in Auszügen inzwischen rund 98 Prozent der Erdbevölkerung zur Verfügung. So weit verbreitet die Bibel auch ist, so wird sie doch wenig wirklich gelesen. Und doch sind einzelne Szenen aus dem »Alten« wie dem »Neuen Testament«

allgemein bekannt. Von Adam und Eva hat schon jeder gehört, auch der überzeugteste Nichtbibelleser. Und die Geschichte von der Vertreibung aus dem Paradies ist fast genauso bekannt.

Adam und Eva haben gegen das göttliche Verbot, vom Baum der Erkenntnis zu essen, verstoßen. Deshalb wurden sie aus dem Paradies vertrieben. Damit sie auf keinen Fall in den Garten Eden zurückkehren würden, positionierte Gott einen Engel am Eingang. Der war mit einem feurigen Schwert bewaffnet. Liest man den Text nach, so stellt man einen wesentlichen Unterschied fest – zwischen weitverbreitetem Volksglauben und biblischem Wortlaut: »Und er (Gott) trieb den Menschen hinaus und ließ lagern vor dem Garten die Cherubim mit dem flammenden, blitzenden Schwert, zu bewachen den Weg zu dem Baum des Lebens.«[1] Es ist also von Cherubim die Rede. Was aber sind Cherubim?

Pietro Bandini hat sich als Privatgelehrter intensiv mit den Engeln auseinandergesetzt und ein vielbeachtetes Werk über die himmlischen Wesen geschrieben. Darin heißt es über die Cherubim: »Die Engel dieser zweitedelsten Klasse müßten der ›ersten Menschheit‹, also der adamitischen Linie, in zwiespältiger Erinnerung sein.«[2] Weil sie die Menschen daran hinderten, ins Paradies zurückzukehren.

Womit waren sie bewaffnet? Mit dem »feurigen Schwert«? Mußten sie sich eines teilen? Vergleicht man den Text im hebräischen Original mit den meisten Übersetzungen, so erkennt man einen kleinen, aber doch wesentlichen Irrtum der Übersetzer. Korrekt muß es heißen: »Und er (Gott) trieb den Menschen hinaus und ließ lagern vor dem Garten Eden die Cherubim und das flammende, blitzende Schwert.«

Vor dem Paradies waren also die Cherubim und das »flammende, blitzende Schwert«. Was damit gemeint ist? Ob es sich tatsächlich um eine Waffe oder um ein Naturphänomen handelt, wissen wir nicht mehr. Es könnte eine brennende Asphaltquelle gewesen sein.

Keinen Zweifel gibt es an der Herkunft der Cherubim. Sie wurden aus der Mythenwelt Babylons übernommen. Engel waren es nicht, sondern seltsame Fabelwesen, am ehesten mit den Sphingen Ägyptens vergleichbar. Sie hatten einen Stierleib und Flügel. Der Historiker Flavius Josephus, profunder Kenner des jüdischen Glaubens, schreibt: »Sie sind fliegende Kreaturen, deren Gestalt nicht wie die irgendeiner anderen Kreatur ist.«[3] Diese mysteriösen Wesen hatten nach dem »Alten Testament« zwar Flügel, waren aber keine Engel.[4] Gott thronte auf ihnen: »Gepriesen bist du (Gott), der in die Tiefen schaut und auf Cherubim thront, gelobt und gerühmt in Ewigkeit.«[5] Oder Gott nutzte die prunkvolle Sitzgelegenheit auch als schnelles, vielseitiges Verkehrsmittel zum Reisen am Boden, aber auch zum Fliegen: »Er fuhr auf dem Cherub und flog daher; er schwebte auf den Flügeln des Windes.«[6]

Keinen Zweifel kann es auch daran geben, daß die Cherubim als besonders heilig verehrt wurden. Salomo ließ angeblich zwei Cherubim-Statuen aus Olivenholz schnitzen und mit Gold überziehen.[7] Die Figuren waren immerhin rund fünf Meter hoch. Sie standen im Allerheiligsten des Tempels. Es mag dahingestellt sein, ob der geschichtliche Salomo wirklich religiöse Skulpturen von derart beachtlichen Ausmaßen arbeiten ließ. Ob die Beschreibung einen historischen Sachverhalt wiedergibt oder nicht, auf alle Fälle verrät der Text das hohe Ansehen der Cherubim. So nimmt es nicht wunder, daß zwei Cherubim auf dem wohl wichtigsten Heiligtum des alten Judentums thronten: auf dem Deckel der Bundeslade. Den Auftrag dazu soll Gott selbst gegeben haben: »Mach zwei Cherubim aus getriebenem Gold, und arbeite sie an den beiden Enden der Deckplatte heraus!«[8]

Die Angaben im »Alten Testament« über die Cherubim sind spärlich. Das führte dazu, daß in außerbiblischen Texten »Ergänzungen« vorgenommen wurden. Aus den mythischen Mischwesen der Bibel wurden Engel, allerdings zunächst negative. Im Äthiopischen Henochbuch werden sie in Kapitel XX mit den bösartigen Schlangen in einem Atemzug genannt.[9] In Kapitel LXI finden sie sich zwar in einer Engel-Gruppe, aber in einer wenig friedvollen – bei den »Engeln der Gewalt«.[10] Somit wurden die Cherubim derart negativ gezeichnet, daß sie gelegentlich mit Teufeln verwechselt wurden.[11]

Die Nähe zu den Teufeln war dann rund sieben bis acht Jahrhunderte später nicht mehr zu erkennen. Unter dem Namen des Dionysios Areopagites, der angeblich im 1. Jahrhundert n.Chr. erster Bischof von Athen war, veröffentlichte ein griechisch schreibender Christ des 5. oder 6. Jahrhunderts n.Chr. eine Reihe von religiösen Abhandlungen zu zahlreichen Themen. In »Peri tes ouranias hierarchias« (»Über die himmlische Hierarchie«) unterteilte er die Engel in neun Hierarchien. Demnach führen die Cherubim als Geister der Kraft im dritten Himmel ein wahres Engelsregiment. Aus dem Volksglauben wie aus der Esoterik des beginnenden 21. Jahrhunderts sind die Cherubim nicht mehr wegzudenken. Engel sind heute für viele Menschen eine große spirituelle Hilfe. Tatsächlich spielen Engel ja eine sehr bedeutsame Rolle in der Bibel. Nur: Cherubim waren nach biblischem Verständnis keine Engel!

David war weder mächtig noch fromm Die Bibel ist ein überaus umfangreiches und komplexes Buch. Unzählige Episoden werden zu Handlungssträngen aneinandergereiht.

Unzählige Geschichten werden detailreich erzählt. So vielschichtig die Bibel auch ist, so läßt sich dennoch eine grundlegende Aussage über den inhaltlichen Kern treffen: Gott erwählt Israel als sein Volk. Gott verspricht Abraham, seine Nachkommen zu einem großen Volk zu machen.[1] Unter König David wird diese göttliche Zusage wahr. David bewährt sich als kluger Feldherr. Dank strategischer Siege vereint er die zwölf Stämme Israels zu einem mächtigen, wohlhabenden Volk. Der auf dem Schlachtfeld scheinbar unschlagbare David baut Jerusalem zu einer prachtvollen, reichen Metropole aus. David wird so als machtpolitischer Vater von Israel als Großreich gesehen. Schon allein deshalb verwundert es nicht, daß im »Neuen Testament« der Messias Jesus als direkter Nachkomme Davids bezeichnet wird.

Es scheint ein tief verwurzelter menschlicher Zug zu sein, über eine höhere Macht nachzudenken, die allem irdischen Treiben einen Sinn gibt. So entstanden weltweit Werke über das Wirken der Götter. Die Bibel ist auch ein Buch über das Thema Mensch und Gott. Doch sie unterscheidet sich in einem zentralen Punkt von allen anderen theologischen Werken. Ausgangspunkt etwa der heiligen Überlieferungen über die ägyptischen Götter Osiris, Isis und Horus ist der erdferne Himmel. Die Geschichte der Bibel aber wurzelt in der irdischen Geschichte. Vermeintlich wahre irdische Historie wird erzählt und soll das konkrete Wirken Gottes in der realen Geschichte bezeugen.

Die Bibel beansprucht für sich, wahre Begebenheiten zu schildern, die vom über allem stehenden Gott veranlaßt wurden. Demnach soll der Bibelleser Gottes Wirken im menschlich-irdischen Alltag erkennen.

Dieser hohe biblische Anspruch wurde auch von der theologischen Wissenschaft akzeptiert. Es gibt nach dieser Auffassung zwei konträre Alternativen. Entweder die biblische Historienschreibung ist wahr, dann ist auch der biblische Glaube wahr. Oder aber die biblische Geschichtsschreibung ist fiktiv, dann stimmt auch nicht der biblische Glaube. Einer der führenden biblischen Archäologen der USA, William F. Albright, stellte dezidiert fest: »Das Bild im Buch Genesis aufs Ganze gesehen ist historisch, und es besteht kein Grund, die allgemeine Genauigkeit der biographischen Details anzuzweifeln.«[2] Der französische Theologe und biblische Archäologe Roland de Vaux verallgemeinert: »Wenn sich der historische Glaube Israels nicht auf Geschichte gründet, ist solch ein Glaube falsch und daher auch unser Glaube.«[3]

David gehört zu den wichtigsten Menschen, die in der Bibel vorkommen. Sein Name wird über 1 000mal erwähnt. Nur Mose und Abraham kommen öfter vor. In Jerusalem selbst gab es im Lauf der Jahrhunderte unzählige wissenschaftliche Ausgrabungen. Es fand sich nicht die Spur eines Hinweises auf die von der Bibel so gerühmte Bautätigkeit Davids. Jerusalem war auch im zehnten vorchristlichen Jahrhundert, also zu jenen Zeiten, als David geherrscht haben soll, keineswegs eine imposante Metropole, sondern kaum mehr als ein armseliges Dorf. Man mag nun einwenden, daß die »Stadt Davids« nicht mit dem heutigen Jerusalem identisch war. David soll eine Siedlung auf einem Südosthügel an der Westflanke des Kidrontals »erobert« haben.

Wenn die biblische Schilderung zutrifft, dann war diese Eroberung kein glanzvoller Sieg, sondern nur ein bescheidener militärischer Erfolg. Davids Stadt kann auch von den äußeren Ausmaßen nur ein kleines, bescheidenes Dorf gewesen sein. Von diesem ländlichen Flecken aus wurde kein Großreich

Israel geleitet. Ein solches Imperium gab es zu Davids Zeiten gar nicht. Hier lag nicht die militärische Zentrale für Davids als so grandios beschriebene Militärfeldzüge. Die Berichte sind genauso fiktiv wie Davids angeblicher Sieg über den Riesen Goliath. Davids Militärerfolge, von denen die Bibel spricht, hat es nach aktuellem Wissensstand nie gegeben.

David wird von der Bibel ausführlich nicht nur als mächtiger und imposanter Herrscher des von ihm vereinten Israel geschildert. Sein Reichtum war nach der Bibel geradezu immens. Das wird besonders deutlich, wenn wir in der Bibel lesen, welche Reichtümer er für den Tempelbau zur Verfügung stellte: 100 000 Talente Gold und 1 000 000 Talente Silber.[4] Zu Davids Zeiten entsprach ein Talent einem Gewicht von 34,2 kg. 100 000 Talente Gold brachten also 3 420 000 Kilogramm, 1 000 000 Talente Silber 34 200 000 Kilogramm auf die Waage. Demnach müßte David kein Multimillionär, sondern Multimilliardär gewesen sein. Allein schon wegen dieses Reichtums müßte er in parallelen, außerbiblischen Quellwerken der Geschichtsschreiber zumindest erwähnt werden. Aber David taucht nirgendwo außerhalb der Bibel auf, weder bei den ägyptischen, noch bei den mesopotamischen Historikern. Archäologische Ausgrabungen ergaben nicht den Hauch einer Spur für diese angeblichen Reichtümer. Die Berichte darüber sind offensichtlich frei erfunden.

Wer nun aber meint, die unbekannten biblischen Dichter hätten David als einen frommen Mann ohne Fehl und Tadel beschrieben, der irrt gewaltig. David war weder mächtig, noch fromm. Er verstieß eklatant gleich gegen mehrere der Zehn Gebote. Bei Samuel lesen wir eine mehr als pikante Geschichte über König David, sexuelle Begierden, einen Ehebruch mit Folgen und die Beseitigung des Nebenbuhlers.[5] Aus heutiger

Sicht ist das damalige Verständnis von Moral nicht nur unverständlich, es ist auch nicht mehr akzeptabel.

Von seinem Flachdach aus beobachtete König David die schöne Bathseba beim Baden. Sofort begehrte er die attraktive Frau – und verstieß gegen das zehnte Gebot. Der König ließ es mit dem heimlichen Beobachten der Nackten nicht bewenden. Er ließ Erkundigungen einholen, ob das Ziel seiner sexuellen Wünsche verheiratet sei. Als er erfuhr, daß die Dame in der Tat nicht mehr ledig, ihr Mann aber im Krieg war, holte er sich die fremde Frau in seinen Palast und hatte Geschlechtsverkehr mit ihr. Damit brach er das siebte Gebot, das den Ehebruch als Sünde anprangert. Bald zeigte sich, daß Bathseba schwanger war.

Jetzt ließ der König den gehörnten Ehemann, Uria, aus dem Kriegsgetümmel nach Jerusalem schaffen. Er hoffte, der Mann würde mit seiner Frau intim werden und sich später für den Erzeuger des Babys halten. Uria aber weigerte sich, das Leben mit seiner Frau zu genießen, während seine Kameraden an der Front in ständiger Lebensgefahr schwebten und entbehrungsreich leben mußten. Jetzt fällte König David das Todesurteil für Uria. Er sorgte dafür, daß der Mann an die vorderste Front geschickt wurde, wo er auch wunschgemäß getötet wurde. Damit verstieß der König gegen das sechste Gebot. Auch wenn David seinen verhaßten Rivalen nicht selbst ermordete, so war er doch direkt für dessen Tod verantwortlich. Endlich war David am Ziel. Er heiratete Bathseba.

Aus heutiger Sicht erscheinen die Moralvorstellungen jener Zeit als völlig unzeitgemäß und ungerecht. Wäre Bathsebas Schwangerschaft entdeckt worden, bevor sie der König heiratete, wäre sie als Ehebrecherin überführt gewesen. Als solche wäre sie dann der öffentlichen Verspottung ausgesetzt und schließlich hingerichtet worden. Straflos wäre der König ausgegangen. Es wird deutlich, daß nicht alle biblischen Moralvorstellungen als Richtlinien für das heutige Leben zu Beginn des dritten Jahrtausends nach Christus übernommen werden können. Man mag es verurteilen, daß es mancher Zeitgenosse mit der ehelichen Treue nicht so ernst nimmt. Aber niemand wird heute noch die Todesstrafe für Ehebrecherinnen fordern!

Es hieße das sprichwörtliche Kind mit dem Bade ausschütten, wollte man behaupten, daß David nie gelebt hat und nur eine Ausgeburt frommer Fiktion sei. Frei erfunden ist allerdings die Geschichte von David als König über ein geeintes Reich Israel. Damals gab es keine einheitliche Besiedlung Israels, geschweige denn eine allgemein anerkannte zentrale Regierung. Das Land war arm und weitestgehend dünn von bäuerlichen Einzelgruppen besiedelt.

Ein Großreich Davids hat es nicht gegeben, palastähnliche Städte auch nicht. Wer den biblischen Texten über David glauben möchte, muß die eindeutigen Erkenntnisse der Archäologie ignorieren. Das Resümee von Israel Finkelstein und Neil A. Silberman mutet mehr als ernüchternd an: »Aus archäologischer Sicht läßt sich über David und Salomo nur sagen, daß sie existierten – und daß die Sagen um sie Bestand hatten.«[6]

Die Geschichten um David sind keine historischen Berichte über einen mächtigen Herrscher. Es sind fromme Fiktionen, die Jahrhunderte nach der vermeintlichen Ära Davids ersonnen wurden, um den religiösen Glauben an einen starken Gott, der die Geschicke der Menschen lenkt, zu verfestigen. Wann die Texte entstanden, kann nicht als gesichert angesehen werden. Es ist zu vermuten, daß sie von Anhängern des Eingottglaubens ersonnen wurden, die ihren Jahwe als den mächtigsten himmlischen Regenten darstellen wollten, der das Fundament des

Staates Israel setzte. Sie sind frommes Wunschdenken, das falsche Erinnerungen an ein »Goldenes Zeitalter« produzierte, das es nie gegeben hat. Sie sind genauso wahr oder unwahr wie die Legende von Atlantis oder Robin Hood. Die Verfasser der Geschichten um König David irrten sich gewaltig. Und die biblischen Moralvorstellungen in Sachen ehelicher Treue müssen als zeitbedingte Irrtümer angesehen werden.

Erbsünde – im Widerspruch zum »Alten Testament« Im Jahre 1530 überreichte Philipp Melanchton (1497–1560), Mitstreiter Luthers (1483–1546), dem katholischen Kaiser Karl V. (1500–1558) in Augsburg das »Augsburger Bekenntnis«. In 28 Artikeln werden die Grundlagen des protestantischen Glaubens dargelegt. Gleich im 2. Artikel heißt es über die Erbsünde: »Weiter wird bei uns gelehrt, daß nach Adams Fall alle natürlich geborenen Menschen in Sünde empfangen und geboren werden, das heißt, daß sie alle von Mutterleib an voll böser Lust und Neigung sind und von Natur keine wahre Gottesfurcht, keinen wahren Glauben an Gott haben können, ferner, daß diese angeborene Seuche und Erbsünde wirklich Sünde ist und daher alle die unter den ewigen Gotteszorn verdammt, die nicht durch die Taufe und den Heiligen Geist wieder neugeboren werden.«

Worin besteht Adams Fall? Die Story ist weithin bekannt: Gott erschafft Adam und Eva. Er setzt sie ins Paradies. Von allen Früchten dürfen sie essen. Die Äpfel vom Baum der Erkenntnis aber sind tabu. Der Teufel in Form einer Schlange verführt Eva. Die beißt in den Apfel. Schließlich verleitet sie auch noch Adam dazu, ebenfalls von der Frucht zu essen.[1] Damit haben beide gegen Gottes Verbot verstoßen. Sie haben nach christlichem Verständnis gesündigt und werden aus dem

Paradies geworfen. So ist die Erbsünde in die Welt gekommen und wird seither von Generation zu Generation weitergereicht.

Wer in der Bibel nachliest, wird feststellen: Nirgendwo ist von einem Apfel die Rede, sondern nur von einer Frucht. Wie kam dann der Apfel in die christliche Überlieferung? Durch einen Übersetzungsfehler! Die Schlange verspricht Eva für den Fall, daß sie von der verbotenen Frucht nascht: »Ihr werdet sein wie Gott, wissend das Gute und das Böse!«[2] Der hebräische Text wurde ins Lateinische übersetzt. Das Böse heißt malum. Malum kann aber auch Apfel heißen. Man ist geneigt, die altbekannte Geschichte als ein Märchen abzutun. Dabei übersieht man aber, daß es sich nach dem »Katechismus der Katholischen Kirche« beim »Sündenfall im Paradies« um ein reales Geschehnis handelt: »Der Bericht vom Sündenfall verwendet eine bildhafte Sprache, beschreibt jedoch ein Urereignis, das zu Beginn der Geschichte des Menschen stattgefunden hat. Die Offenbarung gibt uns die Glaubensgewißheit, daß die ganze Menschheitsgeschichte durch die Ursünde gekennzeichnet ist, die unsere Stammeltern freiwillig begangen haben.«[3]

Mit anderen Worten: Adam und Eva sündigten und diese Schuld wird von Generation zu Generation weitervererbt. Der »Katechismus der Katholischen Kirche« hält fest: »Sie (die Erbsünde) ist eine Sünde, die durch Fortpflanzung an die ganze Menschheit weitergegeben wird, nämlich durch die Weitergabe einer menschlichen Natur.«[4]

Es muß dem Gerechtigkeitssinn jedes Menschen widerstreben, daß die Menschen bis ans Ende aller Zeiten unter der Schuld der ersten Menschen leiden sollen. Das Weitervererben einer Schuld über Generationen hinweg wird im zweiten Buch

Mose beschrieben: »Denn ich, der Herr, dein Gott, bin ein eifernder Gott, der die Missetat der Väter heimsucht bis ins dritte und vierte Glied an den Kindern derer, die mich hassen.«[5] Nach diesem Bibelwort dürfte die Verfehlung von Adam und Eva nur an den nächsten drei oder vier Generationen bestraft werden, dann aber nicht mehr. Auch diese unakzeptable Vorschrift widerstrebt jeglichem Gerechtigkeitssinn: Drei oder vier unschuldige Generationen müssen büßen, was ein Urvater angerichtet hat. Nach heutigem Rechtsverständnis kann ein Mensch aber nur für die eigenen Taten zur Verantwortung gezogen werden, nicht aber für die der Vorväter.

Man mag einwenden: Dann hatten die Verfasser der biblischen Schriften ein anderes Rechtsverständnis. Wenn dem so wäre: Müßten wir uns heute einem unverständlich gewordenen biblischen Denken beugen? Aber haben wir heute tatsächlich ein ganz neues Verständnis von Recht? Nein! Unsere Vorstellung ist so neu nicht, heißt es doch im fünften Buch Mose: »Die Väter sollen nicht für die Kinder noch die Kinder für die Väter sterben, sondern ein jeder soll für seine Sünde sterben.«[6] Demnach büßt jeder Mensch nur für seine eigenen Sünden und nicht für die seines Vaters oder gar Adams.

Diese vernünftige Position wird auch von Hesekiel vertreten: »Denn nur wer sündigt, der soll sterben. Der Sohn soll nicht tragen die Schuld des Vaters, und der Vater soll nicht tragen die Schuld des Sohnes, sondern die Gerechtigkeit des Gerechten soll ihm allein zugute kommen, und die Ungerechtigkeit des Ungerechten soll auf ihm allein liegen.«[7]

Auch nach diesem Bibelvers kann es so etwas wie die Erbsünde gar nicht geben. Denn wie soll es zur biblischen Erbsünde kommen, wenn jeder nur für eigene Vergehen haftet? Wie kann dann der Jetztmensch zu Beginn des 21. Jahrhunderts noch unter der Sündenlast Adams ächzen? Dazu der »Katechismus der Katholischen Kirche«: »Die Weitergabe der Erbsünde ist jedoch ein Geheimnis, das wir nicht völlig verstehen können.«[8] Wie wahr!

Unbestreitbar ist die Diskrepanz zwischen der Lehre von der Erbsünde und klaren Aussagen der Bibel. Der Widerspruch ist unauflösbar. Nur wenn die Schuld Adams bis zum Ende aller Tage weitervererbt wird, gibt es die Erbsünde. Nach Aussagen der Bibel soll aber nur der Sünder selbst für seine Schuld leiden. Der Theologe und Evangelist Carl G. Johnson will den Widerspruch aufheben. Er argumentiert so: »Gott hat Gesetze geschaffen, nach denen die Sünden der Eltern in physischer und geistiger Erkrankung der Nachkommenschaft resultieren. Wenn ein Mann ein Trinker ist, vererbt er seinen Kindern Armut, Schande, schlechte Gesundheit und oftmals das Verlangen nach starken Getränken.«[9] Die Nachkommen, so schlußfolgert er, erben nicht die Sünde der Väter (für die die Väter selbst büßen müssen), sondern die Neigung zur Sündhaftigkeit. Johnson: »Es ist wahr, daß Gott nicht die Sünde und Schuld des Bösen den unschuldigen Kindern in Rechung stellt. Der Sohn trägt nicht die Schuld des Vaters und der Vater nicht die Schuld des Sohnes. Jeder Mensch muß die Verantwortung für die eigenen Sünden vor Gott tragen. Doch die sündhafte Natur wird von den Söhnen auf die Kinder weitergegeben. ›Jeder von uns muß sich selbst vor Gott rechtfertigen.‹ (Römer 14, Vers 32)«[10]

Was will der Theologe Johnson damit sagen? Daß die Neigung zur Sünde weitervererbt wird, daß aber jeder Mensch nur für seine eigenen Sünden verantwortlich gemacht werden kann? Das wäre der Abschied von der Erbsünde. Der Mensch hätte zwar eine angeborene Neigung zur Sündhaftigkeit, wäre aber durchaus dazu in der Lage, sündenlos zu leben. Für ihn wäre dann der Opfertod Jesu überflüssig.

Auch der US-Theologe Hal Linsay versucht den Begriff der Erbsünde plausibel zu machen: »Wären wir an Adams Stelle gewesen, dann wäre die Wahrscheinlichkeit groß gewesen, daß wir genauso gehandelt hätten wie er. Gott mit seinem großen Vorauswissen (mit seiner Allwissenheit) konnte sehen, daß alle Menschen tatsächlich Adams Rebellion durch ihr eigenes Handeln gutheißen würden.«[11]

Mit anderen Worten: Adam sündigte, indem er gegen Gottes Verbot verstieß. Er rebellierte gegen Gott. Alle künftigen Generationen sind nun genauso schuldig wie Adam. Warum? Weil sie, so sie an Adams Stelle gewesen wären, genauso gehandelt hätten wie der »erste Mensch«.

Im Stichwortregister des »Evangelischen Taschenkatechismus« sucht man nach dem Begriff der Erbsünde bereits vergeblich.[12] Rückt man langsam von der Vorstellung ab, daß unzählige unschuldige Generationen für die Sünde von Adam und Eva bestraft werden? Wohl kaum, denn die Erbsünde steht im Zentrum christlichen Glaubens. Wenn es keine Erbsünde gibt, dann wird auch die Kreuzigung Jesu bedeutungslos. Nach christlicher Überzeugung erlöste uns Jesus durch seinen Opfertod am Kreuz von der Erbsünde. Läßt man die Erbsünde weg, verliert der christliche Glaube seine Grundlage: Wenn es keinen Sündenfall mit folgender Erbsünde gab, wird Jesu Kreuzestod sinnlos.

Der »Katechismus der Katholischen Kirche« hält deshalb an der Erbsünde fest, versucht zudem eine Erklärung: »Indem Adam und Eva dem Versucher nachgeben, begehen sie eine persönliche Sünde, aber diese Sünde trifft die Menschennatur, die sie in der Folge im gefallenen Zustand weitergeben.«[13]

Durch die Verfehlung von Adam und Eva wurde demnach der Mensch zur sündigen Natur. Alle Menschen werden demnach für ihre Natur bestraft.

Weiter heißt es im »Katechismus der Katholischen Kirche«: »Deswegen ist die Erbsünde ›Sünde‹ in einem übertragenen Sinn: Sie ist eine Sünde, die man ›miterhalten‹, nicht aber begangen hat, ein Zustand, keine Tat.« Man ist also Sünder, auch wenn man nicht selbst gesündigt hat. Man ist schuldig, ohne selbst etwas verschuldet zu haben, weil jemand Generationen früher schuldig wurde. Diese Vorstellung ist mit einem modernen Rechtsverständnis unvereinbar. Sie erinnert in höchst fataler Weise an das Unrechtssystem der Nazijustiz. Da gab es die Sippenhaft für echte oder vermeintliche Rechtsbrecher und deren Angehörige

Esra: Rechenfehler bleibt Rechenfehler! Im ersten Buch Esra wird zunächst berichtet, daß der König von Persien, Cyrus, dem Volk der Israeliten die Freiheit schenkte. Er gestattete den einst aus der Heimat Verschleppten die Rückkehr ins Gelobte Land. Und was aus dem Tempelheiligtum geraubt worden war, das wurde den glücklichen Heimkehrern ausgehändigt. Die Kostbarkeiten werden genau aufgelistet: »Dreißig goldene Becken und tausendneunundzwanzig silberne Becken, dreißig goldene Becher und vierhundertundzehn silberne Becher und tausend andere Geräte. Alle Geräte, goldene und silberne, waren fünftausendvierhundert.«[1]

Die exakte Auflistung verleitet zur Kontrolle. Wie viele »Geräte« wurden da aufgezählt? 30 + 1 029 + 30 + 410 + 1 000. Man kann noch so oft nachrechnen, das Ergebnis bleibt immer 2 499. Das von Esra ermittelte Resultat von 5 400 ist also völlig falsch. Sollte ein Übersetzungsfehler vorliegen?

Eine exakte Überprüfung des hebräischen Textes ergibt eine Abweichung. Da lesen wir: »Dreißig goldene Becken und tausend silberne Becken und neunundzwanzig ›mchlp‹«. Die Bedeutung dieses Wortes ist unsicher. Manche Übersetzer zählen die »mchlp« zu den silbernen Becken mit dazu, andere vermuten, es handele sich um Messer. Wie man auch übersetzt, es ändert sich an der Stückzahl nichts. Die Rechnung bleibt falsch.

Gelegentlich wird in Bibelausgaben eine Fußnote angefügt, die letztlich wenig weiterhilft. Da heißt es dann nebulös: »Durch spätere Abänderungen entspricht die Gesamtzahl jetzt nicht mehr der Summe der Einzelangaben.«[2] Wann sollen denn diese »Abänderungen« erfolgt sein? Schon bei Niederschrift des Textes in hebräischer Sprache? Und warum hat man die Einzelzahlen geändert und die Endsumme beibehalten? Wie auch immer: Rechenfehler bleibt Rechenfehler!

Fruchtbarkeit: Verbot von Empfängnisverhütung Wenn vor Jahrtausenden ein kleines Volk nomadisierend durch das Land der Bibel zog, dann war die Existenz stets mehr oder minder bedroht. Es galt, sich gegen Feinde zu wehren und dabei gleichzeitig ausreichend Nahrung zu finden. So war es ein Gebot der damaligen Zeit, immer für ausreichend Nachwuchs zu sorgen, wenn ein Volk nicht Gefahr laufen wollte, auszusterben. Vor diesem Hintergrund ist eines der bekanntesten mosaischen Gesetze zu verstehen. Da fordert Gott: »Seid fruchtbar und mehret euch und füllet die Erde und macht sie euch untertan.«[1]

Jahrtausende ist die Gattung Mensch nicht von der Gefahr bedroht, auszusterben, weil zu wenig Nachwuchs gezeugt wird. Im Gegenteil: Planet Erde ächzt unter einer furchteinflößenden Überbevölkerung. Die Menschheit wird nur überleben können, wenn es besonders in den Ländern der Dritten und Vierten Welt zu einer rigorosen Geburtenkontrolle kommt. Die aber ist seit der »Enzyklika Humanae Vitae« verboten:

»Ebenso ist jede Handlung verwerflich, die entweder in Voraussicht oder während des Vollzugs des ehelichen Aktes oder im Anschluß an ihn beim Ablauf seiner natürlichen Auswirkungen darauf abstellt, die Fortpflanzung zu verhindern, sei es als Ziel, sei es als Mittel zum Ziel.

Wenn also gerechte Gründe dafür sprechen, Abstände einzuhalten in der Reihenfolge der Geburten – Gründe, die sich aus der körperlichen oder seelischen Situation der Gatten oder aus äußeren Verhältnissen ergeben –, ist es nach kirchlicher Lehre den Gatten erlaubt, dem natürlichen Zyklus der Zeugungsfunktionen zu folgen, dabei den ehelichen Verkehr auf die empfängnisfreien Zeiten zu beschränken und die Kinderzahl so zu planen, daß die oben dargelegten sittlichen Grundsätze nicht verletzt werden.«[2]

Mit anderen Worten: Untersagt ist damit jede Form der »künstlichen Empfängnisverhütung« wie die Pille. Gestattet ist lediglich die »natürliche Geburtenkontrolle«. Das ist der Geschlechtsverkehr an den unfruchtbaren Tagen der Frau. Ein Verstoß gegen das Verbot der Empfängnisverhütung gilt als »schwere Sünde«, die unbedingt gebeichtet werden muß.

Biblisch begründen läßt sich diese Haltung kaum. Denn es gibt nur eine einzige Stelle in der Bibel, die das Thema Schwangerschaftsverhütung anspricht. Onan vollzieht den sogenannten »coitus interruptus«, das heißt er bricht den Geschlechtsverkehr ab, bevor es zu einer Befruchtung kommen kann. Dafür wird er mit dem Tode bestraft.[3] Wer den »Fall Onan« als die gültige Haltung der Bibel in Sachen Empfängnisverhütung auf die heutige Zeit übertragen will, muß konsequenterweise die Todesstrafe für Empfängnisverhütung fordern.

Geisterzauber: Verboten und doch praktiziert Spätestens seit Mitte des 19. Jahrhunderts versuchen Wißbegierige besonders in Europa und in den Vereinigten Staaten von Amerika, die Geheimnisse des Jenseits zu erkunden. Spiritistische Sitzungen werden abgehalten. Vermeintlich übersinnlich veranlagte Medien suchen den Kontakt mit dem Totenreich. Andere beschwören gar die Totengeister, wollen sie herbeizitieren und befragen. »Tonbandstimmenforscher« gar sind davon überzeugt, mit Verstorbenen kommunizieren und ihre Stimmen auf Tonband bannen zu können.[1] Über derlei Bemühungen mag man herablassend lächeln. Oder man sieht sie als wissenschaftliches Streben nach Erkenntnis. Die Bibel aber verbietet derlei Kontaktversuche nicht nur, sie fordert die Todesstrafe für Zuwiderhandelnde.

Derlei Praktiken sollen unter der Herrschaft von Richter Samuel fast schon zum Alltag gehört haben. Sein Nachfolger, Saul, vertrieb aber »Geisterbeschwörer und Zeichendeuter aus dem Lande«.[2] Als er wenig später freilich in höchste Not geriet und nicht wußte, wie er die angreifenden Philister abwehren sollte, bat er zunächst Jahwe um einen erhellenden Traum, erhielt aber keine Antwort. Niemand konnte oder wollte ihm helfen. Also suchte er die Totenbeschwörerin von En-Dor auf.[3] Samuel selbst erschien schließlich als Geist aus dem Jenseits. Damit war Sauls Schicksal besiegelt. Hatte er doch gegen göttliches Gebot verstoßen. So überließ ihn Jahwe seinen Feinden. Die Philister schlugen ihm den Kopf ab.

Totenbeschwörung ist nach dem mosaischen Gesetz ein

todeswürdiges Verbrechen. Ausdrücklich heißt es: »Wenn ein Mann oder eine Frau Geister beschwören oder Zeichen deuten kann, so sollen sie des Todes sterben. Man soll sie steinigen; ihre Blutschuld komme über sie.«[4]

Wenn wir an das Mittelalter denken, fallen uns Hexenprozesse, Folterverhöre und Scheiterhaufen ein. Die Realität sah freilich anders aus. Die großen Hexenjagden fanden nicht in den »dunklen Zeiten« des Mittelalters von etwa 500 bis 1500 nach Christus, sondern erst später, nämlich in der vermeintlich aufgeklärten Zeit von Luther, Galilei und Gutenberg statt. Der Hexenwahn wütete besonders intensiv zwischen 1560 und 1630 – in Deutschland, Frankreich, Italien, England, Schottland, Rußland, Böhmen und Skandinavien. Wie viele Menschen mögen dem Hexenwahn zum Opfer gefallen sein? Hunderttausende oder gar Millionen? Darüber streiten heute die Gelehrten.

Die unsäglichen Grausamkeiten an unschuldigen Menschen wurden theologisch immer wieder mit einem Wort aus der Bibel begründet: »Die Zauberinnen sollst du nicht am Leben lassen.«[5] Freuen wir uns, daß dieser Vers nicht mehr angewandt wird. Denn dann wären unzählige Zeitgenossen heute mit dem Tod bedroht: Hellseher und Hellseherinnen, Astrologiekundige, ja Parapsychologen.

Heute, zu Beginn des dritten Jahrtausends, praktizieren allein in England rund 10 000 Menschen Magie. Sie müßten nach dem Gebot der Bibel alle hingerichtet werden. Haben sie sich doch zu zahllosen kleinen geheimen Zirkeln zusammengeschlossen! Und sie stöbern in mittelalterlichen Zauberbüchern und versuchen, uralte Rituale neu zu beleben. Im ganzen Land bekannt ist Ruth Knight, die sich als Magierin und Hexe bezeichnet. Sie erklärt: »Wir verehren die ursprünglichen Muttergottheiten, rufen sie an. Die Natur ist uns heilig. Magische Praktiken werden nicht ausgeübt, um anderen zu schaden, sondern gelten dem Schutz von Mutter Erde!«[6]

Erleben wir eine Wiedergeburt uralter Kulte? Ihre Anhänger dürfen heute ohne Angst um ihr Leben praktizieren. Ein konkretes Gebot der Bibel wird heute allgemein als »Irrtum« gesehen.

Gesicht Gottes: Niemand sieht Gott? Wie widerlegt man eine Aussage, die den Anspruch auf Allgemeingültigkeit erhebt? Das ist eigentlich recht einfach: Es genügt ein einziges Gegenbeispiel, um eine solche Aussage ad absurdum zu führen.

Nehmen wir eine solche Behauptung: »Alle Raben sind schwarz« ist eine Aussage, die Allgemeingültigkeit beansprucht. Das gilt auch für eine Aussage Gottes. Nach dem zweiten Buch Mose behauptet Gott selbst: »Mein Angesicht kannst du nicht sehen, denn kein Mensch wird leben, der mich sieht.«[1]

Das Postulat über die Raben ist schon dann widerlegt, sobald sich ein einziger weißer Vogel dieser Gattung zeigt. Wenn nur ein einziger Mensch das Gesicht Gottes gesehen haben sollte, wäre schon die Aussage Gottes widerlegt. Tatsächlich gibt es einen Menschen, der das Gesicht Gottes sah und überlebte. Es ist Jakob. Nach dem ersten Buch Mose hat Jakob eindeutig Gottes Gesicht gesehen – und tatsächlich überlebt. Er empfand das Erlebnis als so bedeutsam, daß er zur Erinnerung daran einem Ort einen recht vielsagenden Namen gab: »Und Jakob nannte die Stätte Pniel, denn, sprach er, ich habe Gott von Angesicht gesehen, und doch wurde mein Leben gerettet.«[2]

Tatsächlich läßt sich die Bezeichnung »Pniel« auf das hebräische »pnh« (Gesicht) und den Gottesnamen »El« zurückführen.

Widerlegt ist damit eine weitere Behauptung aus der Bibel. Stellte doch der unbekannte Verfasser des Evangeliums nach Johannes dezidiert fest: »Niemand hat Gott je gesehen.«[3] Doch: Jakob hat nach der Bibel Gott sehr wohl gesehen.

Der Theologe Carl G. Johnson versucht den Widerspruch – vergeblich – zu überbrücken: »Gott ist Geist, nicht Form, und Seine ewige Essenz ist für Menschen unsichtbar. Aber der unsichtbare Gott hat sich in einer sichtbaren Form manifestiert.«[4] Also hat sich Gott eben doch gezeigt.

Goliath: David tötete nicht den Riesen Fast so bekannt wie das biblische Pärchen Adam und Eva und Jesu Eltern Maria und Josef sind David und Goliath. Der furchteinflößende Riese und sein jugendlicher Herausforderer sind auch heute noch in der Alltagssprache lebendig geblieben. Fordert zum Beispiel ein kleiner Fußballclub aus der Provinz einen mächtigen Gegner aus der Bundesliga heraus, dann spricht man von einem Kampf zwischen David und Goliath. Beschrieben wird der Kampf auf Leben und Tod zwischen den ungleichen Kontrahenten im »Alten Testament« in gleich zwei Versionen. Die beiden Texte widersprechen sich in zentralen Aussagen. Nur eine kann stimmen. Eine muß falsch sein. Aber welche? Wo irrte der biblische Autor?

Zunächst stimmen beide Texte miteinander überein.[1] Es herrscht Krieg zwischen den Philistern einerseits und den »Männern Israels« andererseits. Dann fällt schon ein eklatanter Widerspruch auf!

Version 1: »Und Saul und die Männer Israels kamen zusammen und lagerten sich im Eichgrund und rüsteten sich zum Kampf gegen die Philister. Als Saul und ganz Israel diese Rede des Philisters hörten, entsetzten sie sich und fürchteten sich sehr.«[2]

Version 2: »Und David ging hin und nahm die Gebeine Sauls und die Gebeine seines Sohnes Jonathan von den Bürgern von Jabesch in Gilead. Und David brachte sie von dort herauf, und sie sammelten die Gebeine der Gehängten und begruben sie mit den Gebeinen Sauls und seines Sohnes Jonathan.«[3]

In Version 1 findet die Schlacht eindeutig zu Lebzeiten von König Saul statt. Saul vernimmt mit Grausen die Herausforderung Goliaths. Er will gegen einen aus dem Hause Israel antreten. Sieg oder Niederlage entscheiden über Krieg und Frieden. In der Version 2 hingegen ist Saul vor dem entscheidenden Duell bereits längst tot. David bringt seine Gebeine an den Ort des dramatischen Geschehens. Offenbar soll der damals schon legendäre König posthum den Verlauf des bevorstehenden Krieges positiv beeinflussen. Ein weiterer Widerspruch ist noch bedeutsamer! Es geht um die Frage, wer Goliath tötete.

Version 1: »Und David tat seine Hand in die Hirtentasche und nahm einen Stein heraus und schleuderte ihn und traf den Philister an die Stirn, daß der Stein in seine Stirn fuhr und er zur Erde fiel auf sein Angesicht. So überwand David den Philister mit Schleuder und Stein und traf und tötete ihn. David aber hatte kein Schwert in seiner Hand. Da lief er hin und trat zu dem Philister und nahm dessen Schwert und zog es aus der Scheide und tötete ihn vollends und hieb ihm den Kopf damit ab.«[4]

Version 2: »Da erschlug Elhanan, der Sohn Jairs aus Bethlehem, den Goliath, den Gathiter, der hatte einen Spieß, dessen Schaft war wie ein Weberbaum.«[5]

In Version 1 wird ausführlich der jugendliche David als wagemutiger Kämpfer und Sieger über Goliath beschrieben.

In Version 2 tötet nicht David den Koloß, sondern ein Elhanan. Wie ist es möglich, daß der Verfasser der Samuelbücher in seinen beiden Werken zwei einander deutlich widersprechende Versionen von ein und demselben höchst dramatischen Geschehen bietet? Die jüdische Tradition gibt keine eindeutige Antwort auf die Frage nach der Autorenschaft der Samuelbücher. Stammen sie von Samuel selbst? Oder wurden sie von Samuel, Natan und Gad verfaßt, so wie es im ersten Buch der Chronik behauptet wird?[6] Die heutige Theologie ist sich darin einig, daß die Samuelbücher nach der ersten wichtigen Gestalt benannt wurden, die darin vorkommt. Übereinstimmung besteht weiter darin, daß sie nicht von einem einzelnen Autor geschrieben wurden. Professor Georg Fohrer konstatiert: »Eine Prüfung des Inhalts ergibt, daß sie kein einheitliches literarisches Werk bilden. Dafür sind die Spannungen, Wiederholungen und Parallelen, die Verschachtelung von verschiedenen Erzählungen und die Unterschiede zwischen den geäußerten Ansichten oder Tendenzen zu eindeutig.«[7]

Unklar bleibt weiterhin, welche von zwei theologischen Schulen recht hat. Liegen beiden Büchern zwei oder drei Quellen von unterschiedlichen Verfassern zugrunde, die dann ineinander verwoben, bearbeitet und vor allem gekürzt wurden? Oder müssen sie als ein lose zusammengefügtes Mosaik aus unzähligen Einzelepisoden unterschiedlichen Umfangs unterschiedlicher Verfasser angesehen werden?

Unbestreitbar ist die Tatsache eines gravierenden Widerspruchs zwischen zwei Texten. Der eine nennt eindeutig David als Sieger im Kampf mit tödlichem Ausgang über Goliath, der zweite einen gewissen Elhanan! Dieser eklatante Widerspruch soll im ersten Buch der Chronik geklärt werden, allerdings auf eher stümperhafte Art und Weise! Denn da heißt es: Elhanan habe nicht Goliath zur Strecke gebracht, sondern dessen Bruder.[8] Als ob der Sachverhalt nicht schon verwirrend genug wäre, taucht noch ein weiterer Riese auf. Sein Name wird nicht genannt, aber auf eine Besonderheit der Anatomie des Riesen wird hingewiesen! Demnach hatte er »je sechs Finger und sechs Zehen, die machen zusammen vierundzwanzig, und auch er war vom Geschlecht der Riesen.«[9] Wie Goliath hatte der namenlose Großwüchsige ein loses Mundwerk, beleidigte Israel. Jonathan, ein Bruder Davids, soll ihn erschlagen haben.

Bei so vielen toten Riesen darf die zentrale Frage nicht vergessen werden! Es gibt zwei einander widersprechende Aussagen über Goliaths Tod. Wo irrt die Bibel?

Die Antwort findet sich in einer scheinbar nebensächlichen Angabe bei Samuel: »David aber nahm des Philisters (Goliaths) Haupt und brachte es nach Jerusalem.«[10] Hier irrt der biblische Autor eindeutig. Wer auch immer diesen Vers schrieb, kann keine Ahnung von den politischen Verhältnissen jener Zeit gehabt haben! David kann den abgeschlagenen Kopf Goliaths nicht nach Jerusalem gebracht haben, denn die Heilige Stadt war damals für David sozusagen Feindesland. Sie wurde von den Jebusitern beherrscht, diese hätten einem Anhänger Sauls den Zutritt verwehrt.

David tötete Goliath. Diese biblische Aussage ist falsch. Sie stammt von einem unbekannten Autor aus der Zeit um 580 v. Chr., der schon den jungen David heldenhaft erscheinen lassen wollte. Als Vorlage diente ein älterer Text, der etwa 950 v. Chr. entstand und der Elhanan als Goliathbezwinger feierte. Die rückwirkende Glorifizierung Davids fand ihre

Fortsetzung in der jüdischen Mythologie. In einer Vielzahl von ergänzenden Kommentaren zu den knappen biblischen Versen wurde die »David und Goliath«-Geschichte phantasiereich ausgebaut, Louis Ginzberg faßte sie zusammen: »Kaum fing David an, sich auf Goliath zuzubewegen, da wurde die magische Kraft dem Riesen bewußt.

Der böse Blick, von David auf seinen Gegner geschleudert, reichte aus, um ihn von Lepra befallen zu lassen, und im gleichen Augenblick war er mit dem Erdboden verwachsen, unfähig sich zu bewegen. Goliath hob seinen Blick zum Himmel. Die Aufwärtsbewegung seines Kopfes schob sein Visier etwas von seinem Gesicht, und in diesem Augenblick traf ihn der von David gezielt geschleuderte Stein an der entblößten Stelle. Ein Engel stieg herab und warf ihn zu Boden, mit dem Gesicht nach unten, auf daß sein Mund, mit dem er Gott gelästert hatte, mit Erde verstopft werde ... Sein Kopf kam zwischen den Füßen Davids zu liegen, der nun keine Schwierigkeit hatte, ihn zu enthaupten.«[11]

Hölle und Himmel: Der Irrtum vom »fertigen Glauben«

Auch zu Beginn des dritten Jahrtausends nach Christus gibt es im »christlichen Abendland« die Vorstellung von der »Hölle«. Man denkt an einen nach Schwefel stinkenden Ort, wo gewaltige Feuer lodern und arme Seelen für ihre Sünden büßen müssen. »Das Handbuch der Bibelkunde«: »Die Hölle unseres Begriffs hat im biblischen Sprachgebrauch keine genaue Entsprechung.«[1] Und doch hat es einen realen Ort im Land der Bibel gegeben, der unserer Vorstellung vordergründig zumindest nahekommt. Um 800 v. Chr. gab es diese »Hölle« im Südwesten Jerusalems.

Im Gehenna-Tal wurden dem assyrischen Gott Moloch Opfer dargebracht. Dann und wann sollen sogar Menschen verbrannt worden sein, um ihn gnädig zu stimmen. Den Jahwe-Anhängern war jene Stätte ein Ort des Grauens. Vermutlich störte sie die Tatsache, daß dort gelegentlich Menschen ihr Leben ließen, nicht sonderlich. Daß aber dort einem fremden Gott gehuldigt wurde, mißfiel ihnen sehr. Deshalb ließ König Josias um 625 v. Chr. das Tal entweihen. Weil es den Anhängern eines fremden Glaubens heilig war, ließ er es in eine stinkende Abfalldeponie verwandeln. Berge von Knochen wurden aufgehäuft und verbrannt. Müll wurde angekarrt und ebenfalls angezündet. Schwefel wurde beigefügt, um die Feuersglut Tag und Nacht nie verlöschen zu lassen. Es entstand ein Ort, der unserer Vorstellung von Hölle recht nahe kommt.

Aus der fremden Kultstätte war ein stinkendes Abfallfeuer geworden. Der Prophet Jesaja nun dachte an die Zukunft. Dort würden jene Juden, die nicht nach dem Buchstaben des Gesetzes lebten, ihre gerechte Strafe erhalten: im »Glutofen«[2] des Gehenna-Tals. Hier würden dann die vom rechten Glauben abgefallenen Juden auf ewige Zeiten brennen: »Und sie werden hinausgehen und schauen die Leichname derer, die von mir abtrünnig waren. Denn ihr Wurm wird nicht sterben, und ihr Feuer wird nicht verlöschen, und sie werden allem Fleisch ein Greuel sein.«[3]

Die Hölle ist nach unserer Vorstellung der Wohnort der Teufel, die die Sünder peinigen und quälen. Unsere Hölle ist die Heimat bösartiger Dämonen. Die biblische Gehenna-Hölle ist ein Ort, an dem Gott strafen wird: Und zwar ausschließlich vom Glauben abgefallene »Gottlose«. Teufel sind da nicht vorgesehen.

Durch den griechischen Einfluß auf das »Neue Testament« kam es zu einer Hellenisierung des Begriffs »Hölle«. Offensichtlich entwickelte sich das Bild vom künftigen Ort des Gerichts zu einem »Warteraum« für Tote, in welchem Verstorbene auf die himmlische Justiz warten. Bei Lukas lesen wir: »Als er nun (der Reiche) bei den Toten war, hob er seine Augen in seiner Qual und sah Abraham von ferne und Lazarus in seinem Schoß.«[4] So kommt zum heißen Ort der Qualen im »Neuen Testament« noch eine Art »Himmel« hinzu.

Im »Alten Testament« kommt ein Himmel, so wie wir ihn uns heute vorstellen, nicht vor. Das »Alte Testament« kennt lediglich die Himmel als das Firmament, das sich über den Menschen wölbt.

Die biblischen Bilder – auch jene von Hölle und Himmel – sind das Ergebnis einer Entwicklung über viele Jahrhunderte hinweg, die vielleicht niemals abgeschlossen ist. Die christlichen Glaubensvorstellungen – etwa von Hölle und Himmel – sind nicht als fertige Gedanken übernommen worden. Sie haben sich nach Beendigung der Arbeit an den biblischen Texten nach und nach entwickelt. Das zeigt, daß Glaube sich seit mehr als zwei Jahrtausenden verändert. Diese Erkenntnis gibt zu Hoffnung Anlaß: Auch heute und morgen wird sich Glauben ändern. Nur dann kann er langfristig dem suchenden Menschen Hilfe bieten.

Ein Glaube, der einmal stehenbleibt, ist ein Auslaufmodell und verschwindet irgendwann in der Versenkung der Bedeutungslosigkeit.

Homosexualität: Todesstrafe für »Sünder« Homosexuelle können in Deutschland seit dem 1. August 2001 heiraten. Wie gehen die christlichen Kirchen mit diesem Sachverhalt um? Welchen biblischen Standpunkt vermitteln sie dem fragenden Zeitgenossen? Im »Evangelischen Taschenkatechismus« fehlt im Stichwortregister das Schlagwort »Homosexualität« völlig.[1] Reichlich verschwommen heißt es verschämt nebenbei: »In diesen öffentlichen ethischen Diskurs haben sich die Evangelische Kirche in Deutschland sowie einzelne Landeskirchen mit unterschiedlichen Verlautbarungen, u.a. zur Frage der gleichgeschlechtlichen Lebensgemeinschaften, eingebracht, die davon zeugen, daß die gesellschaftlichen Zerreißproben auch innerkirchlich spürbar sind.«[2]

Als etwas mutiger erweist sich Pfarrer Matthias Hagen aus dem oberfränkischen Bad Staffelstein. In seinem »Wort zur Besinnung« empörte sich der protestantische Geistliche über die Diskriminierung gleichgeschlechtlicher Partnerschaften. Verharmlosend räumt er ein: »Es ist richtig: In der Bibel steht, Homosexualität ist Sünde.«[3] Der »Katechismus der Katholischen Kirche« wird da schon etwas deutlicher: »Gestützt auf die Heilige Schrift, die die Homosexualität als schlimme Abirrung bezeichnet, hat die kirchliche Überlieferung stets erklärt, ›daß die homosexuellen Handlungen in sich nicht in Ordnung sind‹. Sie sind in keinem Fall zu billigen.«[4] Um diese Aussage zu untermauern, verweist der »Katechismus der Katholischen Kirche« auf vier Bibeltexte.[5] Liest man sie nach, so findet man dort Hinweise auf Homosexualität eher angedeutet als konkret ausgedrückt.

Im 1. Buch Mose muß man eher zwischen den Zeilen lesen, daß die Männer von Sodom mit zwei männlichen Engeln intim verkehren wollten. Timotheus spricht in der zitierten Stelle von »den Unzüchtigen, den Knabenschändern«, bezeichnet deren Treiben als Sünde, erwähnt Homosexualität aber gar nicht. Im 1. Brief an die Korinther lesen wir umfassend von »Unzucht«, wiederum nichts von Homosexualität. Deutlicher wird der Brief des Paulus an die Römer. Beklagt wird, daß Frauen und Männer vom »natürlichen Umgang« (sprich heterosexueller Liebe) zu »schändlichen Lüsten« (sprich zu gleichgeschlechtlicher Liebe) überwechselten. Übersehen wird dabei aber meist, wer nach Paulus den als unsittlich und sündhaft bezeichneten Wunsch nach gleichgeschlechtlicher Liebe in die Herzen der Menschen einpflanzte: als Strafe für ihre Gottlosigkeit.[6]

Warum verweist der katholische Katechismus auf diese eher vagen Aussagen der Bibel über Homosexualität? Wieso wird diskret ein weit konkreterer Text übergangen? Dort verurteilt die Bibel Homoerotik nicht nur als Sünde, sie fordert kurz und knapp die Todesstrafe: »So sollen beide des Todes sterben!«[7] Pfarrer Hagen beschwichtigt: »Denn es ist richtig: In der Bibel steht, Homosexualität ist Sünde. Es ist aber auch richtig: Heutzutage sehen viele diese Bibelstellen in einem anderen Licht. Diese Bibelstellen kann man heute neu bewerten, weil der Kern der Heiligen Schrift die Liebe Gottes ist, die sich in Jesus Christus zeigt.«

Was der Geistliche schonungsvoll umschreibt, bedeutet Radikales, nämlich das Eingeständnis, daß die Aussagen der Bibel je nach aktuellem Empfinden immer wieder neu interpretiert werden dürfen. Konservativer als die protestantische ist die katholische Kirche in ihrer Ablehnung der Homosexualität als Lebensweise. Aber auch katholische Theologen zeigen sich bemüht verständnisvoll. Das zeigte sich auf dem vom 4. bis 6. September 2001 in Salzburg abgehaltenen Studiengang »Kirche und Homosexualität«.[8]

Der Moraltheologe Dr. theol. Josef Spindelböck faßte zusammen: »Unverrückbar ist das Urteil, daß Homosexualität nicht der Schöpfungsordnung entspricht und daß homosexuelles Handeln objektiv sündhaft ist. Homosexualität ist eine Anomalie und keine Variante der Schöpfung, die zwar weniger wertvoll, aber immer noch gut wäre. Vor allem auch aufgrund humanwissenschaftlicher Erkenntnisse gibt es keinen Moraltheologen mehr, der Homosexualität schlechthin als die ›Sünde aller Sünden‹ werten würde. Es gibt eine Reihe von Sünden, die objektiv viel schlimmer sind als homosexuelle Beziehungen.«

Dabei wird aber die klare Aussage des »Alten Testaments« übergangen. Das mosaische Gesetz fordert ohne Einschränkung die Todesstrafe für homosexuellen Verkehr. Von diesem eindeutigen Gebot ist die christliche Kirche abgerückt. Als moderner Mensch kann man dies nur als Schritt in die richtige Richtung begrüßen. Unbestreitbar ist aber: Damit verliert die Bibel die Autorität als Wort Gottes. Denn wenn gestern Homosexualität mit der Todesstrafe bedroht wurde, heute aber in zunehmendem Maße als eine von mehreren Lebensformen akzeptiert wird, dann hat die Bibel als für alle Zeiten gültiges Wort Gottes ausgedient.

Entweder die Bibel ist Wort Gottes. Dann sind die Gebote Gottes als göttliches Gebot uneingeschränkt zu befolgen, ohne Wenn und Aber. Dann müßte aber jedes Gebot befolgt werden. Dann müßten Homosexuelle wie im mosaischen Gesetz verlangt, getötet werden. Ein solches Verbrechen wird aber kein Mensch fordern. Wenn aber einzelne Gebote weiterhin gepredigt, andere aber dem modernen Zeitgeschmack angepaßt werden, steht menschliches Wort über vermeintlichem Gotteswort. Im konkreten Fall der Homosexualität wird die explizite Aussage der Bibel (Todesstrafe!) als Irrtum des biblischen Verfassers für ungültig erklärt und ad acta gelegt. Das aber ist gut so! Denn selbst fundamentalistische Bibelgläubige rücken von der blutrünstigen Forderung der Bibel ab, die zuletzt in großem Maßstab im Nazideutschland erfüllt wurde, als man Homosexuelle in Konzentrationslager sperrte und ermordete. Wenn aber ein einziges angeblich »göttliches Gebot« außer Kraft gesetzt werden muß und kann, dann hat damit das generelle Gebot, alle biblischen Gesetze müßten befolgt werden, an Gültigkeit verloren!

Die Zeiten ändern sich. Es wandeln sich die Vorstellungen von Gut und Böse. Die Forderung, Homosexuelle zu töten, kann bestenfalls als böser Irrtum angesehen werden.

Wie umstritten das Thema Homosexualität auch und gerade in Kirchenkreisen ist, verdeutlicht ein Bühnenstück des US-Autors Terrence McNally. In »Corpus Christi« zeigte er 1999 Jesus Christus als Homosexuellen. Die Resonanz auf das Bühnenwerk war enorm. Die einen applaudierten begeistert. Die anderen demonstrierten empört. Vehement wurde der Vorwurf der Bibelverfälschung erhoben. Dabei gibt es tatsächlich Hinweise auf eine bi- oder homosexuelle Neigung Jesu.

Bei Markus lesen wir von einem kuriosen Ereignis bei der Verhaftung Jesu. Zusammen mit Jüngern und Anhängern hatte Jesus den Abend in Gethsemane verbracht. Zu seinen Verehrern gehörte ein namentlich nicht genannter »junger Mann«. Als Jesus abgeführt wurde, zog er sich rasch etwas über, um seinem Meister zu folgen. Als römische Soldaten ihn ebenfalls verhaften wollten, »ließ er das Tuch fallen und lief nackt davon«.[9] Wer war dieser Nackte? Ein unscheinbares Wort im griechischen Originaltext gibt unerwartet Aufschluß, wer gemeint sein könnte. Demnach trug der Jüngling nur ein sindon. Ein sindon aber war eigentlich ein Leichentuch und kein Kleidungsstück. Soll damit auf Lazarus angespielt werden, den Jesus angeblich von den Toten erweckte?[10]

Mit eben diesem Lazarus soll aber Jesus nach dem »Geheimen Evangelium des Markus« weit mehr als nur freundschaftlichen Umgang gehabt haben. Da heißt es: »Und sie kamen nach Bethanien, und eine gewisse Frau, deren Bruder gestorben war, war dort. Und herzukommend, warf sie sich vor Jesus nieder und sagte zu ihm: ›Sohn Davids, habe Erbarmen mit mir!‹ Aber die Jünger wiesen sie zurück. Und Jesus, der in Wut geriet, ging hin mit ihr in den Garten, wo das Grab war, und zugleich wurde ein lauter Schrei aus dem Grab gehört. Und nähertretend, rollte Jesus den Stein vom Eingang des Grabes weg. Und sogleich ging er hinein, wo der Jüngling war, streckte seine Hand aus und zog ihn hoch, indem er dessen Hand ergriff. Aber der Jüngling, als er ihn ansah, liebte ihn und fing an, ihn anzuflehen, daß er bei ihm sein möge. Und sie gingen aus dem Grab heraus und kamen in das Haus des Jünglings, denn er war reich. Und nach sechs Tagen sagte ihm Jesus, was er tun solle, und am Abend kommt der Jüngling zu ihm, ein leinenes Tuch über seinem nackten Körper tragend. Und er blieb diese Nacht bei ihm, denn Jesus lehrte ihn das Geheimnis des Reiches Gottes.«[11]

Das »Geheime Evangelium nach Markus« ist weitestgehend verlorengegangen. Oder wurde es bewußt vernichtet, weil es Aussagen enthielt, die von der jungen christlichen Kirche als peinlich empfunden wurden? 1958 entdeckte der Bibelforscher Morton Smith im Kloster Mar Saba in der Nähe von Jerusalem ein bemerkenswertes Dokument. Dabei handelte es sich um die handschriftliche Abschrift eines Briefes von Clemens von Alexandrien an einen Theodorus. In diesem Brief wiederum zitierte Clemens aus dem »Geheimen Evangelium nach Markus«. Das Evangelium selbst ist nicht mehr erhalten.[12]

Clemens kam um 175 n.Chr. nach Alexandria. Das »Geheime Evangelium des Markus« soll bereits um 125 n.Chr.

existiert haben. Es wurde nicht in den Text der Bibel aufgenommen. Offensichtlich lag eine Abschrift auch dem Theodorus vor, an den sich Clemens von Alexandrien mit seinem Brief wandte. In der Fassung, die dem empörten Theodorus vorlag, müssen Passagen enthalten gewesen sein, die Jesus und den Jüngling in eindeutiger Situation beschrieben. Offensichtlich fragte Theodorus nach, was denn von derlei Stellen zu halten sei. Empört antwortete Clemens von Alexandrien: »Aber nackter Mann mit nacktem Mann und die anderen Dinge, über die du schriebst, werden nicht gefunden.«

Hosianna: Was der Ruf wirklich bedeutet Triumph und Niederlage lagen in Jesu Leben, so wie wir es aus den Evangelien der Bibel kennen, dicht beieinander. Eben noch jubelten die Menschenmassen ihm begeistert zu, wenig später forderte die Menge seinen Tod am Kreuz. Der Anfang vom Ende war ohne Zweifel der Einzug Jesu in Jerusalem zum Pessachfest. Volksmassen säumten den Weg Jesu, der demütig auf einem Esel geritten kam.

Die Volksmenge geriet, das vermelden alle vier Evangelisten, geradezu in Ekstase. Kleider und Palmzweige wurden ausgebreitet, um Jesus zu ehren. »Hosianna dem Sohne Davids!«, rief das Volk.[1]

Was aber bedeutet dieser Ausruf. Wir verstehen ihn heute gewöhnlich als einen Ausdruck ganz besonderer Freude. Das aber war er nicht. »Hosianna« ist die griechische Wiedergabe des hebräischen Wortes »hoschia'na«. Zu deutsch bedeutet das: »Errette (uns) doch!«

Die Menschen waren froh, weil sie ihre Hoffnung in Jesus setzten. Sie erwarteten von ihm Rettung. Rettung wovor? Das kommt durch den Titel »Messias« ganz eindeutig zum Ausdruck! Die Römer wurden von den meisten jüdischen Zeitgenossen Jesu gehaßt. Sie warteten sehnsüchtig auf den Messias, der sie von dieser Plage befreien sollte. Jesus sollte die römische Oberherrschaft beenden. Die Römer sollten vertrieben werden. Ihre Diktatur sollte durch ein neues Israel ersetzt werden, in welchem nach den Vorschriften der biblischen Schriften gelebt wurde. War diese Hoffnung unbegründet?

Ein Aufstand gegen die Römer muß zu Jesu Zeiten selbst von optimistischen Freiheitsdenkern als Akt der Verzweifelung eingeschätzt worden sein. Chancenlos war er nicht. Denn Jesus hatte zwei Vorläufer, die keineswegs erfolglos waren. Zwei Mal hatte es erfolgreiche Aufstände gegeben.

Da war König Jehu, der etwa von 842 bis 815 v.Chr. die Geschicke Israels lenkte. Der Mann war als kriegerischer Wagenlenker gefürchtet. Nach König Ahabs Tod stellte sich Jehu an die Spitze eines Aufstands. Mit brachialer Gewalt bekämpfte er die Königsfamilie und metzelte die Anhänger von Jahwes Götterfeind Nummer 1, Baal, nieder.[2]

Dankbar erinnerte man sich an das in der Überlieferung heldenhaft verklärte jüdische Herrschergeschlecht der Makkabäer. Im zweiten Jahrhundert vor Christus ächzte das jüdische Volk unter der Fremdherrschaft der Seleukiden. Als die Verhältnisse unerträglich wurden, kam es schließlich zum Aufstand. 167–142 v.Chr. erhob sich das verzweifelte jüdische Volk unter Leitung der Makkabäer und siegte.

Der jüdische Staat wurde wieder neu hergestellt. Der Tempel wurde rituell gereinigt und wieder zum religiösen Zentrum. Judas der Makkabäer lenkte zuletzt das Geschick des Landes. 63 v.Chr. endete die Freiheit. Es folgte die Unterdrückung durch die Römer.

Hinweise auf den Makkabäeraufstand sucht man in der Bibel

vergeblich. Ausführlich beschrieben wird er in den beiden ersten Makkabäerbüchern, die nicht in den Kanon der Bibel aufgenommen wurden.[3]

Jehu, der König, und Judas, der Makkabäer, waren Idole jener Zeit. Jetzt hoffte man auf Jesus: »Hosianna in der Höhe!« Übersetzt man »Hosianna« richtig, ergibt der Ausruf zunächst überhaupt keinen Sinn mehr: »Hilf uns in der Höhe!« Einen solchen Unsinn haben die Jerusalemer mit Sicherheit nicht geschrien. Wir müssen uns den Wortlaut im Original ansehen: »ba meorim« heißt »in der Höhe«. Die Juden hofften auf Hilfe Jesu gegen die Römer. Sinnvoll wäre dann der Ausruf gewesen: »Steh uns bei gegen die Römer!« Hebräisch heißt Beistand gegen die Römer »Hilfe vor/von den Römern« – »mi-haromim«. Und schon wird klar: Ein Fehler liegt vor!

»Hosianna mi-haromim!« wurde gerufen. Doch aus der Bitte um Beistand gegen den Feind wurde »Hosianna in der Höhe«. Liegt ein Irrtum der biblischen Chronisten vor? Oder wollte man die Kritik an der römischen Herrschaft durch falsche Übersetzung elegant verschwinden lassen?[4]

Israel: Der mit Gott kämpfte und siegte! Glaubt man der Bibel, dann lebten die Urväter im zweiten Jahrtausend vor Christus. Da eine lückenlose Folge der Geschlechter bis zurück zu Adam angegeben wird, läßt sich errechnen, daß Abraham – nach der Bibel – 2018 v. Chr. zur Welt kam. Isaak (Sohn Abrahams) und Jakob (Sohn Isaaks) haben demnach auch zwischen dem dritten und dem zweiten Jahrtausend vor der Zeitrechnung gelebt. Das ist für das Geschichtsverständnis der Bibel sehr wichtig. Behauptet sie doch, daß schon damals Gott versprach, »sein Volk Israel« stark und mächtig zu machen.

Der Name Israel geht auf ein mehr als kurioses »Ereignis« zurück! Beschrieben wird es im ersten Buch Mose:

»Und Jakob, er erhob sich in jener Nacht, er nahm zu sich seine zwei Frauen und seine zwei Mägde und seine elf Söhne, und er ging hin an die Furt des Jabbok-Flusses. Und er nahm sie und geleitete sie über den Fluß und so kam hinüber, was ihm war.

Und er allein blieb zurück. Da kämpfte ein Mann mit ihm, bis die Morgenröte anbrach. Und da jener erkannte, daß er nichts gegen ihn vermochte, da griff er sein Hüftgelenk an. Und so wurde das Gelenk der Hüfte von Jakob verrenkt, da er mit ihm kämpfte.«[1]

Jakob, fast hundertjährig, kämpfte also viele Stunden lang mit einem unbekannten Gegner. Als der Fremde schließlich erkannte, daß er Jakob nicht auf faire Weise besiegen konnte, griff er zu einem Trick und verrenkte Jakob die Hüfte. Trotzdem gelang es dem Unbekannten nicht, Jakob zu besiegen.

»Und jener (Gott) sprach: ›Laß mich nun los, denn die Morgenröte bricht heran.‹ Und Jakob erwiderte: ›Ich lasse dich nicht los, es sei denn, du segnest mich!‹ Und jener sprach: ›Wie heißt du?‹ Und er antwortete: ›Jakob.‹ Und jener sprach: ›Nicht mehr sollst du in Zukunft Jakob heißen, sondern Israel, denn du hast mit Gott und mit Menschen gerungen und hast obsiegt.‹«

Der Sachverhalt ist mehr als bemerkenswert: Da tritt also Gott Jakob in den Weg. Es kommt zu einem ungleichen Kampf, der fast die ganze Nacht dauert.

Obwohl Jakob ein Greis von fast hundert Jahren ist, kann Gott ihn nicht besiegen, auch nicht mit einem Trick. Wer ist als Sieger anzusehen? Gott selbst gibt die Antwort! Er verleiht Jakob einen neuen Namen: »Israel, denn du hast mit Gott und mit Menschen gerungen und hast obsiegt.«

Tatsächlich könnte man den Namen Israel auf das hebräische Verb »schara« und »El«, die Kurzform von Gott, zurückführen. Die freie Übersetzung »der mit Gott gekämpft hat« ist möglich.

Gott selbst verleiht Jakob einen neuen Namen: Israel. Und doch behält Jakob seinen alten Namen bei und wird auch im weiteren Verlauf des biblischen Textes sehr häufig weiter als Jakob und nicht als Israel bezeichnet. Wenig später wird Jakob von Gott nochmals umbenannt, als habe es den Kampf und seine Folgen gar nicht gegeben.[2] Warum? Vermutlich ist die Schilderung des Kampfes wie auch die zweite Umbenennung erst später in den Text eingeschoben worden. Deshalb behält Jakob in den älteren Texten (Geschehnisse vor und nach dem Kampf und vor und nach der zweiten Umbenennung) seinen alten Namen bei. Ersonnen hat man den Kampf mit an Sicherheit grenzender Wahrscheinlichkeit, weil man nachträglich dem Namen Israel einen ganz besonderen Sinn verleihen wollte. Aber welchen? Historisch ist der Sachverhalt nicht. Nach der Zeitrechnung der Bibel fand der Kampf um 2000 v. Chr. statt. Das ist wohl Wunschdenken der Verfasser, die ihrem Volk eine möglichst alte Geschichte verleihen wollten. Die frühesten Zeugnisse der alten Hebräer gehören nicht in die Zeit von 2000, sondern eher 1000 v. Chr. Sollten Abraham, Isaak und Jakob überhaupt gelebt haben, dann ein Jahrtausend später als die Bibel behauptet![3] Vermutlich ließen sich die unbekannten Bibelautoren von frommem Wunschdenken leiten. Sie hielten »Geschichte« fest, wie sie hätte sein sollen.

Jericho – Erdbeben statt Posaunen Vierzig Jahre lang waren die Israeliten nach den Angaben der Bibel auf der Flucht durch die Wüste. Vierzig entbehrungsreiche Jahre hatten sie durchlitten. Nun lag das von Gott als neue Heimat versprochene Land zum Greifen nahe vor ihnen. Doch die Lage war alles andere als hoffnungsvoll! Waren alle Strapazen vergebens erduldet worden? So nah auch das »Gelobte Land« war, so fern schien es gleichzeitig zu sein! Eine wehrhafte Stadt versperrte ihnen den Weg: Jericho! Kurz und bündig heißt es bei Josua: »Jericho aber war verschlossen und verwahrt vor den Kindern Israel.«[1]

Das Szenario hätte von einem Hollywoodregisseur kaum dramatischer gestaltet werden können. Auf der einen Seite lagert erschöpft von den zurückliegenden Strapazen das Volk Israel. Auf der anderen Seite wachsen die unbezwingbaren Steinmauern der pulsierenden Metropole förmlich in den Himmel. In dieser auswegslosen Situation greift Gott ein. Er befiehlt: »Laß alle Kriegsmänner rings um die Stadt herumgehen einmal, und tu so jeden Tag. Und laß sieben Priester sieben Posaunen tragen vor der Lade her, und am siebenten Tage zieht siebenmal um die Stadt und laß die Posaunen blasen.«[2]

Hier irrt der Übersetzer. Posaunen gab es zu biblischen Zeiten nicht. Die imposanten Instrumente machen sich aber beim modernen Leser besser als die ursprünglichen Widderhörner des hebräischen Textes. Gehorsam griffen also die Israeliten zu den Instrumenten, trugen die Bundeslade hinterher und bliesen aus vollen Backen. Das geschah einmal täglich. Am siebten Tag wurde die eigenartige Zeremonie siebenmal durchgeführt. Beim siebten Mal zeigte der massive Schutzwall Wirkung! Die mächtige Mauer fiel um.[3]

Ein Wunder? Zufällig machten Professor Vladimir Gavreau und sein Team vom Forschungsinstitut für Elektroakustik in Marseille 1964 eine sensationelle Entdeckung: Schall kann massive Mauern zum Bersten bringen. Die Wissenschaftler konstruierten eine Schallkanone. Beim ersten Testeinsatz bekamen die Wände des Neubaus Risse. Die Maschine mußte abgestellt werden.[4] Ist das des Rätsels Lösung? Funktionierten die sieben Widderhörner als zerstörerische Schallkanone? Die Archäologie gibt eine verblüffend einfache Antwort.

Das Volk Israel zog kurz vor 1200 v. Chr. ins Gelobte Land ein. Wenn damals die mächtigen Stadtmauern wie auch immer zum Einsturz gebracht wurden, müßte sich das archäologisch eindeutig nachweisen lassen. Voller Hoffnung, die Bibel bestätigen zu können, machten sich Archäologen ans Werk. Enttäuscht stellte die Ausgrabungsleiterin, Kathleen M. Kenyon, fest: »Es ist eine traurige Tatsache, daß von den Stadtmauern der Spätbronzezeit, in welche der Angriff der Israeliten fallen muß, nicht die geringste Spur erhalten ist.«[5] Kein Wunder! Denn Jahrhunderte zuvor hatte ein gewaltiges Erdbeben Jericho heimgesucht, die Mauer zum Einsturz gebracht. Nach Kathleen M. Kenyon wurde Jericho mindestens drei Jahrhunderte verlassen bevor die Israeliten kamen. Jericho mußte gar nicht erstürmt werden, wie die Bibel behauptet! Es war damals eine jahrhundertealte menschenleere Ruine! Widerstand leistete niemand.

Nach der Eroberung Jerichos, die frei erfunden ist, wurde der harte Eroberungsfeldzug fortgesetzt, behauptet die Bibel. Von Jericho zog man weiter gegen die Stadt Ai. Doch die siegessicheren Kämpfer erleiden wider Erwarten eine Niederlage: »So zogen hinauf vom Volke etwa dreitausend Mann; aber sie flohen vor den Männern von Ai.«[6] Wieder sind die Israeliten verzweifelt. Warum hat ihnen Gott bisher geholfen, wenn er jetzt zuläßt, daß die Bewohner von Ai siegen? Gott selbst antwortet? Bei der Eroberung hat jemand trotz des göttlichen Verbots geplündert. Achnan hat heimlich »einen kostbaren babylonischen Mantel und zweihundert Lot Silber und eine Stange von Gold, fünfzig Lot schwer« an sich genommen.[8] Wegen dieses Diebstahls hat sich Gott von seinem Volk abgewandt. Erst nachdem der Übeltäter Achnan, seine Söhne und Töchter, aber auch seine Rinder, Esel und Schafe zu Tode gesteinigt und verbrannt werden, vergibt der erzürnte Gott seinem Volk.[9]

Dann wendete sich das Blatt zugunsten von Israel. Kapitel 8 des Josua-Buches schildert ausführlich den hinterlistigen Plan Gottes. Zwei Truppenkontingente von 30000 und 5000 Mann legten sich in den Hinterhalt. Provokativ marschierte ein drittes Kontingent auf und lagerte unweit von Ai. Der göttliche Plan ging auf. Der König von Ai griff mit seinem gesamten Heer an. Zurück blieb die unbewachte Stadt. Josua ließ sie in Brand stecken. Dann brachen die Truppen Israels aus ihren Verstecken hervor und fielen über Ais Heer her. Nach einem grausamen Blutbad ging das Morden weiter. Alle Einwohner Ais wurden niedergemetzelt. Der König von Ai wurde bis zum Schluß am Leben gelassen. Erst nachdem 12000 Soldaten und Bewohner Ais ihr Leben verloren hatten, wurde zuletzt noch der König aufgehängt. Die Stadt war erobert und von Gott zur Plünderung freigegeben.

Donald K. Campbell, Professor für Bibelexegese, kommentiert so: »Welch eine Ironie! Hätte Achnan nur seine habgierigen und egoistischen Wünsche unterdrückt und in Jericho Gottes Wort gehorcht, hätte er später alles gehabt, was sein Herz begehrte, und Gottes Segen dazu. Der Pfad des Gehorsams und des Vertrauens ist immer der beste.«[10] Mit anderen Worten: Kriegerische Hinterlist und anschließende Plünderung sind nach dem Verständnis des Josua-Buches nicht etwa verboten, weil das Niedermetzeln von Tausenden als Verbrechen angesehen und geahndet wird. Dergleichen Tun ist nur böse, wenn Gott nicht seinen Segen dazugibt. Erlaubt Gott das blutige Kriegshandwerk, dann ist alles wohlgetan.

Man möchte sich schaudernd abwenden. Ob man noch Spuren der grausigen Schlacht findet? Chai lag auf dem Hügel Chirbet et-Tell und wurde rund eintausend Jahre vor der angeblichen Eroberung durch die Truppen der Israeliten vernichtet. Ai kann von Josuas Leuten nicht in eine Trümmerstätte verwandelt worden sein, weil damals nur noch bescheidene und natürlich unbewohnte Ruinen an längst vergangene bessere Zeiten erinnerten! Und deshalb gaben die einwandernden Israeliten dem traurigen Ort den Namen Ai, Trümmerhaufen! Die blutige Story von Ai ist also ebenso frei erfunden wie die Mär von der Eroberung Jerichos.

Der israelitische Archäologe Yohanan Aharoni versuchte intensiv, Spuren des angeblich so siegreichen Eroberungsfeldzuges zu finden. Sein Ziel war es, das Buch Josua als historisch korrekte Quelle beweisen zu können. Es galt, eine der wichtigsten Epochen der Geschichte Israels zu erforschen. Der Wissenschaftler konzentrierte sich dabei auf die Oase Kadesch. Heißt es doch bei Josua: »Und er schlug sie von der Oase Kadesch an bis Gaza und das ganze Land Goschen bis Gibeon und unterwarf alle Könige mit ihrem Lande auf einmal, denn der Herr, der Gott Israels, stritt für Israel.«[11] Enttäuschendes Fazit nach 15 Jahren Feldarbeit vor Ort: Zur Zeit Josuas gab es in den von der Bibel aufgelisteten Gegenden keinerlei Städte, die hätten erobert werden können.[12]

Versteckt in anderen biblischen Büchern finden sich Hinweise, wie der Einzug ins Gelobte Land tatsächlich ablief. Von einem schnellen Eroberungskrieg kann nicht die Rede sein. So heißt es im Buch der Richter lapidar: »Dennoch war der Herr mit Juda, daß es das Gebirge einnahm; es konnte die Bewohner der Ebene nicht vertreiben, weil sie eiserne Wagen hatten.«[13] Einige der angeblich geschlagenen Gegner waren in Wirklichkeit überlegen und blieben unbesiegt. Erobert wurden, wenn überhaupt, nur kleine, verstreute Gebiete, hauptsächlich im dünn besiedelten Gebirgsland. Althistoriker Manfred Claus von der Universität Frankfurt am Main kommt zum Schluß, daß die militante Landnahme eine erfundene Legende ist. In Wirklichkeit verlief sie friedlich und zumeist ohne spektakuläre Maßnahmen. Fast zwei Jahrhunderte dauerte es, bis aus verschiedenen nomadisierenden Stammesverbänden nach und nach ein geschlossenes Staatsgebilde entstand.

Lügt also die Bibel? Wer auch immer das Buch Josua schrieb, wollte rückwirkend seinem Volk eine imposante Historie verpassen. Tatsachen scheinen nur am Rande von Interesse gewesen zu sein. Die eigenen Vorfahren sollten dank des Beistandes Gottes als unbesiegbare Helden ohne Skrupel erscheinen. Wir unterliegen einem gewaltigen Irrtum, wenn wir aneinandergereihte Geschichten mit Geschichte verwechseln!

Josua: Wo lag das Gelobte Land? Das Buch Josua folgt auf die fünf Bücher Mose. Nüchtern stellt Prof. Dr. Fohrer fest: »Der Name des Buches ist von seiner Hauptgestalt genommen. Der talmudischen Tradition, daß Josua es zudem verfaßt habe, widersprechen die Kennzeichnung als anonymes Werk und ähnliche Beobachtungen wie gegen die mosaische Herkunft des Pentateuchs.«[1]

Ursprünglich war der Text des Buches Josua umfangreicher. Als aber jüdische Gelehrte beschlossen, den anonymen Text über Josua dem Autor Josua zuzuordnen, fiel ihnen ein offensichtliches Problem auf. Wenn Josua als Verfasser des nach ihm benannten Buches gelten sollte, dann mußte es mit seinem Tod enden. Die ursprüngliche Fassung berichtete aber über Ereignisse, die sich lange nach dem Ableben Josuas abspielten. Deshalb trennte man eine umfangreiche Passage ab und stellte sie an den Anfang des Richterbuches. Was einst fester Bestandteil des Buches Josua war, gehörte von nun an plötzlich zum Buch Richter.[2] Im Text selbst gibt es keinerlei Hinweis auf die Autorenschaft. Weil man sich am grünen Theologentisch für Josua entschied, griff man massiv in den Text ein. Auch heute, da es keinen Zweifel am echten Textumfang mehr gibt, wird trotzdem nicht der Text rekonstruiert. So wird ein Irrtum künstlich aufrechterhalten.

Wer glaubt, das Buch Josua sei historisch korrekt, irrt gewaltig. Man muß das Werk als Propaganda bezeichnen. Schildert doch das Buch Josua die Einnahme des Gelobten Landes als erfolgreichen »Blitzkrieg«. Die Wirklichkeit sah ganz anders aus. Die Landnahme erfolgte eben nicht als glorreicher, schneller Eroberungsfeldzug. Vielmehr sickerten die Vorfahren der späteren Israeliten im Lauf von mehreren Jahrzehnten langsam ein. Die ortsansässige Bevölkerung wurde nicht im militärischen Triumph besiegt, sondern nach und nach verdrängt.

Die Vertreter der »Und die Bibel hat doch recht!«-Theorie stehen bis heute vor einem ganz gravierenden Problem. Glaubt man der alten Überlieferungstradition, dann wurde das Land Kanaan von den Israeliten im 13. und 12. Jahrhundert v. Chr. erobert. Leider gibt es dafür trotz intensiver Recherche faktisch keine greifbaren archäologischen Belege. Der vom anonymen Verfasser des Buches Josua proklamierte Eroberungskrieg müßte aber deutliche Spuren hinterlassen haben, die auch heute noch von den großartigen Siegen der Kinder Israels zeugen würden. Die erhofften Belege konnten aber von der Archäologie bisher nicht geliefert werden. Irrt also die Bibel? Manchmal lügt sie ganz offensichtlich!

Vollmundig wird im Buch Josua berichtet, wie die Israeliten mit List und Tücke, vor allem aber mit Gottes massiver Unterstützung, die Stadt Ai südlich von Bethel einnahmen.[3] Und nach der Eroberung machte Josua – angeblich – kurzen Prozeß. Kurz und bündig heißt es: »Und Josua brannte Ai nieder und machte es zu einem Schutthaufen für immer, der noch heute daliegt.«[4]

Kurios mutet der Name der Stadt an: Ai ist das hebräische Wort für Ruine. Tatsächlich ergaben gleich mehrere Ausgrabungen, daß die Stadt Ai zur Zeit der Landnahme schon längst nicht mehr besiedelt war. Der in der Bibel so ausführlich beschriebene Eroberungskampf kann also gar nicht stattgefunden haben. Denn es war keinerlei Militäreinsatz notwendig, um Ai einzunehmen. Die Stadt war damals ein menschenleerer Trümmerhaufen.

Der berühmte Archäologe Yigael Yadin mochte diese Erkenntnis nicht akzeptieren. Gab es eine Möglichkeit, daß die Bibel doch nicht log? Yadin: »Noch ist nicht bewiesen, daß der Teil, den man mit Ai identifiziert, tatsächlich das alte Ai ist.«[5] Mit anderen Worten: Vielleicht lag die im Zuge der Landnahme eroberte Stadt Ai nicht dort, wo man sie bislang vermutete?

Zu genau diesem Ergebnis kam Prof. Dr. Kamal Salibi. Der renommierte Wissenschaftler, gebürtiger Libanese, studierte in Beirut Geschichte und promovierte in London. Mit einer Professur für Geschichte wurde er an der Amerikanischen Universität von Beirut betraut. Prof. Salibi setzte sich mit der Frage auseinander: Welches Land eroberten die Israeliten, nachdem sie aus ägyptischer Gefangenschaft geflohen waren.

Diese Frage mutet auf den ersten Blick fast ebenso kurios

an wie »Wie lange dauerte der Dreißigjährige Krieg?«. Aber gerade im Zusammenhang mit biblischen Themen können fast rhetorische Fragen zu unerwarteten Antworten führen. Die Frage »Wer schrieb die fünf Bücher Mose?« scheint nur schon die Antwort vorwegzunehmen. Wir wissen heute: Mose hat sie nicht verfaßt. Und das Buch Josua stammt nach wissenschaftlicher Erkenntnis nicht von Josua. Wie sieht es mit der Frage aus, wo denn das Gelobte Heilige Land lag? Nicht nur für orthodoxe Juden, auch für die Christen der unterschiedlichsten Bekenntnisse gibt es keinen Zweifel: Das Gelobte Land befand sich im heutigen Staat Israel. Gott selbst soll es den Juden versprochen haben.

Vor diesem Hintergrund ist es nur zu verständlich, daß Prof. Salibis Thesen als höchst brisant angesehen wurden. Zunächst wagte es kein Verlag, Prof. Salibis umfangreiche Ergebnisse seiner langjährigen Studien zu veröffentlichen. Warum nicht? Erst als »Der Spiegel« provokativ auf Prof. Salibis Entdeckungen aufmerksam machte,[6] fanden sich Verleger für sein Buch.[7] Der gelehrte Buchautor behauptet: Das Gelobte Land lag nicht im Gebiet des heutigen Israel, sondern in den saudiarabischen Provinzen Hedschas und Asir. Auf dem etwa 600 mal 200 Kilometer kleinen Areal fand der Wissenschaftler immerhin fast 80 Prozent aller biblischen Ortsnamen wieder.

Im Gebiet des heutigen Israel hingegen konnte er nur etwa fünfzehn bis zwanzig Namen biblischer Orte identifizieren. Selbst Salomons Jerusalem findet sich wieder, nicht in Israel, sondern etwa 35 Kilometer nordöstlich von der Bergregion Nimas in der saudi-arabischen Provinz Asir. Dort trägt ein kleines, idyllisch gelegenes Dörfchen einen bedeutungsschwangeren Namen: Al-Sarim, Salomons Jerusalem. Hier soll Salomons Tempel gestanden haben.

Prof. Salibis Buch »Die Bibel kam aus dem Lande Asir« erschien 1985 nach langem Kampf. Der Wissenschaftler: »Erst wird man meine Thesen lächerlich machen. Dann wird man sie verschweigen!« Genauso ist es auch gekommen. Prof. Salibis Argumente werden bis heute ignoriert. Nicht eine einzige archäologische Ausgrabung wurde durchgeführt, um sie zu überprüfen.

Sollte Prof. Salibi recht haben, würde das weltpolitische Konsequenzen haben. Denn dann hätte der biblische Gott seinem Volk ein ganz anderes Land versprochen als das heutige Israel.

Kamele: Erfundene »Historie« Die Bibel erzählt unzählige Episoden und Geschichten, die sich jedoch zu einzelnen übergreifenden Handlungssträngen zusammenfügen. Das »Alte Testament« soll eine zentrale Botschaft vermitteln: Gott ist der Retter des Volkes Israel. Er sandte seinen Propheten Mose, um sein Volk aus der ägyptischen Sklaverei in die Freiheit zu führen. Historisch ist der Bericht über eine Massenflucht aus Ägypten ins Heilige Land nicht. Da die Bibel den Exodus aus dem Pharaonenreich als Tatsache beschreibt, muß sie auch erklären, wie denn das Volk Israel in diese mißliche Lage kam, aus der sie nur mit Gottes Hilfe befreit werden konnte.

Sie tut dies in fast epischer Breite[1] romanhaft schön: Josef, Lieblingssohn Jakobs, macht sich bei seinen Brüdern unbeliebt. Er erzählt naiv-stolz seine prophetischen Träume, in denen sich die ganze Familie ehrerbietig vor ihm verneigt. Die Brüder beschließen zunächst, Josef zu ermorden, begnügen sich dann aber damit, ihn in der Wüste ohne Wasser in eine leere Zisterne zu werfen. Dort wäre er elendiglich verdurstet. Erneut wurde der bösartige Plan geändert, als eine »Karawane von Ismaelitern mit ihren Kamelen« vorbeizog. Schnell holten sie Josef »aus der Grube« und verkauften ihn.[2]

So kam Josef nach Ägypten, wo er dank seiner seherischen Gabe bald zum zweiten Mann aufsteigt. Historisch ist diese Karriere mehr als zweifelhaft. Dank seiner prophetischen Träume ist Josef in der Lage, das Land auf eine schlimme Hungerkatastrophe entsetzlichen Ausmaßes vorzubereiten. So gibt es dank Josefs kluger Vorbereitungen ausreichend Nahrungsvorräte, so daß die Ägypter die Jahre des Elends gut überstehen.

Glaubt man der Bibel, so litt »alle Welt, denn der Hunger war groß«[3]. Auch Jakob und seine Kinder und Enkelkinder zogen der vollen Kornkammern wegen nach Ägypten. Da die Hungerkatastrophe andauerte, wurden aus Bittstellern, die Nahrung kauften, bald Mittellose ohne Rechte. Die Not machte die Söhne Israels zu Sklaven.

Folgt man der biblischen Chronologie, so geriet das Volk Israel um 2000 v. Chr. in ägyptische Sklaverei. Die äußerst gründliche Geschichtsschreibung der Ägypter weiß aber nichts von einer sieben Jahre andauernden Hungersnot. Es gibt auch keinen noch so kleinen Hinweis darauf, daß »die Kinder Israels« nach Ägypten einwanderten. Um 2000 v. Chr. hat es ein Volk Israel noch gar nicht gegeben.

Der Text selbst enthält einen klaren Hinweis, der die ganze Josefsgeschichte als historisch falsch erkennen läßt. Laut Bibelbericht wird Josef an eine auf Kamelen vorbeiziehende Gruppe von Handelsreisenden verkauft. Die archäologische Forschung hat aber zweifelsfrei nachgewiesen, daß »Kamele nicht vor dem ausgehenden zweiten Jahrtausend gezähmt und im alten Vorderen Orient erst nach 1000 v. Chr. allgemein als Lasttiere genutzt wurden«.[4]

Damit nicht genug: »Ein noch vielsagenderes Detail – die

Kamelkarawane, die Harz, Balsam und Myrrhe in der Josefsgeschichte befördert – verrät eine offensichtliche Vertrautheit mit den Haupterzeugnissen des lukrativen arabischen Handels, der unter der Oberaufsicht des assyrischen Reichs im 8. bis 7. Jahrhundert v. Chr. blühte.«

Ein weiteres Detail bringt die biblische Chronologie ins Wanken: Josefs Großvater Isaak besuchte laut Bibel[5] den wohlhabenden »Abimelech, König der Philister«. Die Philister müssen also in nicht allzu großer Distanz von Isaak gelebt haben. Die Philister aber stammen aus der Ägäis oder dem östlichen Mittelmeer und kamen erst nach 1200 v. Chr. in die kanaanäische Küstenebene. Erst im 11. und 10. Jahrhundert blühten ihre Städte auf.

Zusammenfassung: Nach der Bibel wurde Josef um 2000 v. Chr. an eine Karawane mit Kamelen verkauft, die aber erst um 1000 v. Chr. als Lasttiere benützt wurden. Die Karawane führte Harz, Balsam und Myrrhe mit sich, Produkte, die erst im 8. bis 7. Jahrhundert v. Chr. rege gehandelt wurden. Josefs Großvater Isaak begegnete laut Bibel dem König der Philister Abimelech um 2000 v. Chr., obwohl die Philister erst 1000 Jahre später in Kanaan erreichbar waren.

Sollten die Hungersnot und der Zug Israels nach Ägypten eintausend Jahre später stattgefunden haben als die Bibel behauptet? Dann müßte es erst recht außerbiblische Hinweise auf diese gravierenden Ereignisse geben. Sie fehlen aber. Deshalb muß man die Berichte über Jakob, Josef und seine Brüder als romanhafte Fiktion ansehen.

Kanon: Übersetzungsfehler und die Qual der Auswahl Die Bibel, so wie wir sie heute kennen, besteht aus dem »Alten« und dem »Neuen Testament«. Entstanden sind diese Bezeichnungen als Folge einer Reihe von Übersetzungsfehlern. Im Hebräischen sprach man nicht vom »Alten Testament«, sondern von »Gesetz, Propheten und Schriften«. Für den gläubigen Israeliten waren die heiligen Texte Zeugnis für eine Vereinbarung zwischen Gott und den Menschen: Gott würde seinem Volk in allen Lebenslagen helfen, sein Volk wiederum würde ausschließlich Gott verehren und anbeten. Diese Vereinbarung bezeichnet das hebräische Wort »berit«. Berit wurde ins Griechische übersetzt als »diatheke«, was soviel wie »Anordnung« heißt. Ins Lateinische übertragen wurde daraus schließlich »testamentum«, was wiederum falsch mit Testament übersetzt wurde. Die korrekten Bezeichnungen wären aber eher »Alter Bund« und »Neuer Bund«.

Die Bibel, so wie wir sie heute kennen, ist nicht das Werk eines einzelnen Verfassers, sondern das Ergebnis einer langwierigen Entwicklung. Ursprünglich gab es eine Vielzahl von einzelnen, meist kurzen Schrifttexten, zu unterschiedlichen Zeiten von unterschiedlichen Verfassern über unterschiedliche Themen geschrieben. Nach und nach entstanden lose Sammlungen von Texten, kleine Bibliotheken. Nach und nach versuchte man sich im Judentum darauf zu einigen, welche Texte als besonders wichtig und welche als eher bedeutungslos zu betrachten waren.

Nach weithin anerkannter Lehrmeinung der Theologie legte man zwischen 190 v. Chr. und etwa 100 n. Chr. fest, welche Texte für das Leben schlechthin wichtig waren. So entstand das »Alte Testament«. Zu Beginn des zweiten nachchristlichen Jahrhunderts formierte sich langsam das »Neue Testament«. Offiziell einigte man sich aber erst anno 367 auf der Synode von Laodicea auf die Festlegung.

Nun stand auch fest, welche Texte in die Bibel gehören und

welche nicht. Diese Texte bezeichnet man als biblischen Kanon. Der Ausdruck geht auf das Hebräische »qanä« zurück, was so viel wie Richtschnur, Regel und Norm bedeutet. Die frühe Kirche verstand darunter zweierlei: Die Bibel war Richtschnur für das menschliche Leben. Und der Kanon regelte, welche Texte in die Bibel gehören und welche nicht. Damit erfolgte eine Wertung: Die einen Texte wurden als heilig angesehen, die anderen nicht.

Noch im Judentum war das anders: Manche Texte wurden zwar nicht im Gottesdienst benutzt, gehörten aber dennoch dem Kanon an. Als »apokryph« bezeichnete man Texte, die man aus der griechischen Übersetzung des »Alten Testaments« übernahm. Man schätzte sie als den Glauben unterstützende Erbauungsliteratur, hielt sie aber nicht für würdig genug, in den Kanon aufgenommen zu werden. Prof. Fohrer schlug deshalb eine Umbenennung vor: »Treffender könnte man sie deuterokanonische Bücher nennen, die eine Art Anhang zum Kanon bilden.«[1] (Deuterokanon: 2. Kanon)

Eine zweite Gruppe wurde ebenfalls nicht in den Kanon aufgenommen: Pseudepigraphes. Mit Recht weist Fohrer darauf hin, daß diese Bezeichnung unglücklich gewählt ist. Pseudepigraph bedeutet »unter anderem Verfassernamen«. Tatsächlich sind aber nicht wenige pseudepigraphe Texte in Wirklichkeit anonym. Das heißt: Sie laufen nicht unter einem falschen Verfassernamen, sondern es wird überhaupt kein Autor genannt.

Was den Sachverhalt kompliziert macht und die Unterscheidung zwischen »kanonisch« und »nicht kanonisch« als willkürlich erkennen läßt, das ist die fehlende Logik. Die vier Evangelien nach Markus, Matthäus, Lukas und Johannes waren ursprünglich anonym. Erst nachträglich wurden sie mit den Namen der Evangelisten in Verbindung gebracht, die aber in Wirklichkeit gar nicht die Verfasser sind. Die vier Evangelien der Bibel sind also genauso pseudepigraph wie etwa das »Evangelium des Pseudo-Matthäus«. Das aber wurde aus welchen Gründen auch immer nicht in den Kanon der Bibel aufgenommen.

Auch die fünf Bücher Mose sind nach heutigem Kenntnisstand der theologischen Wissenschaft nicht von Mose selbst verfaßt worden und sind demnach pseudepigraph.

Mit anderen Worten: Was apokryph bezeichnet wird, könnte aus rein formalen Gesichtspunkten genauso in der Bibel stehen!

Fakt ist, wie Richard Sisson in seinem zweibändigen Werk über die wichtigsten Fragen zur Bibel festhält, daß es schon unmittelbar nach Jesu Tod unzählige Bücher gab, über die schon bald heftig diskutiert wurde.[2] Es läßt sich nicht in nachvollziehbarer Weise begründen, warum schließlich 27 Texte in das »Neue Testament« aufgenommen und unzählige andere ausgeschlossen wurden. Richard Sisson: »Darüber wurde im vierten Jahrhundert von einer Gruppe von Kirchenführern abgestimmt. Die 66 Bücher, aus denen sich unsere geliebte Bibel zusammensetzt, wurden zur Heiligen Schrift erklärt bei einem Abstimmungsergebnis von 568 zu 563.«

Heute kann diese Entscheidung nicht mehr nachvollzogen werden, da wir viele der Texte, die damals mit zur Auswahl standen, gar nicht mehr kennen. So erwähnt das vierte Buch Mose ein »Buch von den Kriegen Jahwes«.[3] Und Josua erwähnt am Rande ein »Buch von Jasher«.[4]

Kritiker mögen einwenden: Zufälle führten zur Zusammenstellung der Texte, die wir heute als »Bibel« kennen. Für den Gläubigen gibt es einen solchen Zufall nicht. Er sieht die

Menschen als Werkzeuge Gottes, die just jene Texte auserwählten, die nach göttlichem Ratschluß in der Bibel zu stehen hatten. Für welche Seite man sich entscheidet, das ist keine Frage des Wissens, sondern des Vermutens oder Glaubens.

Könige: Falsche Fakten So mancher biblische Text erhebt den Anspruch auf geschichtliche Korrektheit. Liest man beispielsweise die beiden Bücher der Könige, so entsteht der Anschein von sorgfältiger Berichterstattung. Aber stimmen die Daten? Offensichtlich nicht alle, denn es gibt eklatante Widersprüche. So heißt es im ersten Königsbuch über König Omri: »Im dreiunddreißigsten Jahr Asas, des Königs von Juda, wurde Omri König über Israel und regierte zwölf Jahre.«[1] Nur fünf Verse weiter geht es um Omris Tod. Wir lesen erstaunt: »Und Omri legte sich zu seinen Vätern und wurde begraben zu Samaria. Und sein Sohn Ahab wurde König an seiner statt. Im achtunddreißigsten Jahr Asas, des Königs von Juda, wurde Ahab, der Sohn Omris, König über Israel und regierte über Israel zu Samaria zweiundzwanzig Jahre.«[2]

Wir stellen fest: Omri regierte vom 31. bis zum 38. Jahr von Asas Herrschaft. Das sind im Höchstfalle acht und nicht zwölf Jahre. Hätte Omri zwölf Jahre geherrscht, dann hätte er bis ins 43. Jahr von Asas Regentschaft an der Macht sein müssen! Sein Sohn Ahab kam aber schon im 38. Jahr von Asas Herrschaft an die Macht.

Noch abstruser wird es in den Büchern der Chronik. Da heißt es über König Joram: »Zweiunddreißig Jahre alt war er, als er König wurde, und er regierte acht Jahre in Jerusalem und ging dann unbedauert. Und sie begruben ihn in der Stadt Davids, aber nicht in den Gräbern der Könige.«[3] Der König starb also mit 40 Jahren. Sein Nachfolger wurde sein Sohn Ahasja.

Nach den heutigen Übersetzungen mit 22 Jahren.[4] Im hebräischen Text aber wird das Alter des Sohnes mit 42 Jahren angegeben. Demnach hatte Joram, als er mit 40 Jahren starb, einen 42jährigen Sohn. Der Sohn müßte demnach zwei Jahre vor dem Vater geboren worden sein. Der biblische Irrtum wird durch falsche Übersetzung getilgt! Fragt sich: Wie viele biblische Irrtümer mögen noch durch nachträgliche Korrekturen kaschiert worden sein? Eine gründliche Überprüfung ist ratsam! Aber auch richtig übersetzte, vermeintlich historische Texte können voller Fehler stecken.

Über den legendären König Belsazer vermeldet Daniel: »Aber in derselben Nacht wurde Belsazer, der König der Chaldäer, getötet. Und Darius aus Medien übernahm das Reich, als er zweiundsechzig Jahre alt war.«[5]

Irrtum Nummer 1: Belsazer war weder der König von Babylon noch von Chaldäa. Der König von Babylon hieß damals Nabonidus. Belsazer war sein Sohn.

Irrtum Nummer 2: Ein Darius, der Meder, hat nie das Reich übernommen. Es hat ihn vermutlich nicht gegeben.

Irrtum Nummer 3: Cyrus der Perser besiegte das babylonische Reich.

Lilith – Adams verteufelte Frau Lilith kommt im »Alten Testament« ein einziges Mal vor: allerdings nur im hebräischen Original. Da heißt es bei Jesaja: »Und es begegnen Wüstentiere den Wüstenhunden und ein Bocksfüßiger ruft nach seinem Genossen. Nur dort macht sie Rast, die Lilith, und sie findet zu einem Ruheplatz.«[1] Aus Lilith wird in den Übersetzungen meist das »Nachtgespenst«. Nach Sprachforschern wie König geht Lilit(h) auf das hebräische Wort »lil« zurück.[2] Lil bedeutet Nacht. Steckt also hinter dem Personennamen Lilith ein Hinweis auf nächtliches Treiben? Ist Lilith kein Eigenname, sondern eine Gattungsbezeichnung, die irgend etwas mit Nacht zu tun hat?

Die Fragwürdigkeit der Gleichsetzung von Lilith mit Nachtgespenst mag ein Vergleich verdeutlichen: »Rumpelstilzchen tanzte um das Feuer.« – »Rumpel« erinnert an das Rumpeln des Gewitters, also an Donner. Folglich müßte »Rumpelstilzchen« mit »Gewittergeist« übersetzt werden können.

Einmal taucht der Name Lilith im hebräischen Originaltext bei Jesaja auf. In Übersetzungen sucht man ihn vergebens. Was die Bibel selbst verschweigt: Nach jüdischer Überlieferung war nicht wie weithin angenommen Eva die erste Frau Adams, sondern Lilith.[3] Louis Ginzberg, der große Kenner uralter jüdischer Traditionen, faßte zusammen: »Der göttliche Beschluß, dem Adam (der von einem Gefühl der Einsamkeit befallen worden war, als die Tiere in Paaren zu ihm kamen, um benannt zu werden) eine Gefährtin zu verleihen, entsprach den Wünschen Adams. Um seine Einsamkeit zu vertreiben, wurde Lilith dem Adam als Frau gegeben. Wie er war sie aus dem Staub der Erde geschaffen worden. Sie blieb aber nur eine kurze Zeit bei ihm, denn sie bestand darauf, völlige Gleichberechtigung mit ihrem Mann zu genießen. Sie leitete ihre Rechte von ihrem identischen Ursprung ab.«[4]

Adam aber wollte eine Untergebene, keine gleichberechtigte Partnerin. Damit war wiederum Lilith überhaupt nicht einverstanden. Sie sagte sich von ihrem Mann los und entschwand mit Hilfe eines Zaubertricks in den Lüften. Selbst Gott gelang es nicht, mit Hilfe dreier Engel die Aufsässige dazu zu bewegen, reumütig zu Adam zurückzukehren. Dabei drohte Gott massiv: Täglich würden einhundert von ihren Kindern sterben, wenn sie sich nicht Adam unterordnete.

Hat Lilith ihren Ursprung im Land der hebräischen Bibel? Wohl nicht. Die unbestreitbare Ähnlichkeit zwischen »lil« (hebräisch: »Nacht«) und Lilith dürfte eher zufällig sein. Denn der Name stammt in seinem Ursprung gar nicht aus dem Hebräischen, sondern aus dem Sumerischen. In der sumerischen Königsliste aus der Mitte des dritten vorchristlichen Jahrtausends erfahren wir, daß der Vater des heroischen Gilgamesch ein Lillu war. Das weibliche Gegenstück dazu war Lilitu.

Im dritten vorchristlichen Jahrtausend wurden Liliths (Mehrzahl!) die Erben uralter babylonischer Geister und Dämonen. Über die Ur-Lilith kann man nur spekulieren. Das gilt auch für ihren Namen. Geht die biblische Lilith auf eine babylonische Gottheit Illitu zurück? Sie könnte die personifizierte Erinnerung an eine der ältesten Göttinnen überhaupt sein.

Nach Professor Hans Schindler-Bellamy verehrte man im vorgeschichtlichen Babylon weibliche Gottheiten in Form von Steinen.[5] Die mächtigen weiblichen Wesen wurden vermutlich mit dem Kosmos insgesamt gleichgesetzt. Zunächst verehrte man sie in formlosen, später auch in behauenen Steinen. Illitu kann als »göttlicher Stein« übersetzt werden. Hat Lilith damit ihren Ursprung in weit in die Vorgeschichte hineinreichenden Zeiten?

Schließlich stellte man sie gern als attraktives weibliches Wesen mit üppigen femininen Attributen und Flügeln dar. Fliegen konnte auch die Lilith der jüdischen Überlieferung. Allerdings ist dann von der babylonischen Göttin nicht viel übrig geblieben. In der mittelalterlichen Kabbala wurde sie schließlich vollends verteufelt.

Am Anfang war die Gottheit. Sie wandelte sich zu Adams erster Frau. Im Mittelalter schließlich wurde sie ein gefürchtetes Monster, das kleinen Kindern nachstellt und Schwangere erheblich bedroht. Zaubersprüche wurden entwickelt, spezielle Talismane wurden hergestellt, die Mutter und Kind vor der teuflischen Lilith schützen sollten.

Auch in muslimischen Legenden ist Lilith bekannt. Auch hier wird sie in Verbindung mit Adam gebracht. Angeblich tat sie sich, nachdem sie Adam verlassen hatte, mit dem Teufel zusammen, um einen bösen Dämon zu kreieren. Im mittelalterlichen Europa war Lilith Anlaß für märchenhafte, einander widersprechende Phantasien. Mal ist sie die Frau des Teufels, mal seine Geliebte, mal seine Großmutter.

Lilith mag ursprünglich als Übergöttin verehrt worden sein. Sie wurde nach und nach zur verabscheuungswürdigen Hexe degradiert. Lilith endete als Karikatur frauenfeindlicher sadistischer Männerphantasien auf den Scheiterhaufen des ausgehenden Mittelalters und der blutigen »Neuzeit«.

Massenflucht: Ein unmögliches Märchen! Die Bibel berichtet, daß eine Hungersnot Jakob dazu zwang, Hilfe in Ägypten zu suchen.[1] Hilfe wurde gewährt. Ein kleines Häuflein von Menschen zog schließlich ins Land der Pharaonen, um nicht zu verhungern.[2] Die Bibel listet penibel die Namen der Flüchtlinge auf.[3] Demnach waren es insgesamt zunächst nur 70 Menschen, die in Ägypten immer abhängiger und schließlich zu Sklaven wurden. Nur vier Generationen später soll den Israeliten die Massenflucht gelungen sein. Nimmt man die Angaben der Bibel ernst, dann muß man davon ausgehen, daß mindestens zwei Millionen Israeliten der Knechtschaft des Pharao entkamen. Diese Annahme ist schlichtweg absurd. Aus 70 Menschen werden im Verlauf von nur vier Generationen nicht zwei Millionen, auch wenn sie noch so fruchtbar waren und sich mit Eifer gemehrt haben.

Die Bibel selbst gibt keinerlei nachvollziehbaren Aufschluß über die enorme Mehrung. Kaum ein Bibelleser versucht auch nur, dieser Bevölkerungsexplosion auf den Grund zu gehen. Wie immer, wenn es um Auflistung von Generationenfolgen geht, lesen sich die entsprechenden Bibeltexte schwer – wegen der etwas ungelenken Auflistung dröger Namenslitaneien. Von der zweiten Generation werden nur magere acht Namen aufgezählt.[4] Gershon hat zwei, Kohat hat vier und Merari wiederum auch zwei Söhne.

Und die dritte Generation? Da sind die Angaben der Bibel unvollständig.[5] Drei der vier Söhne Kohats haben Nachwuchs. Amram bringt zwei Söhne zuwege, Izhar drei und Uzziel ebenfalls drei. Die Kinder Hebrons werden nicht aufgelistet. Wenn nun Gershons zwei Söhne und Meraris zwei Söhne jeweils vier Knaben in die Welt setzen, kämen nochmals acht männliche Nachkommen hinzu. Das ergäbe 16 männliche Nachkommen. Demnach bestand die dritte Generation aus 16 Männern. Bei einer Vermehrung in gleichem Umfang kommt man auf 44 »Köpfe« für die vierte Generation. In machohafter Manier werden weitestgehend nur Knaben als Nachkommen gezählt. Die gewiß ebenfalls geborenen Mädchen werden nicht zahlenmäßig erfaßt und schon gar nicht namentlich aufgeführt. Selbst wenn man davon ausgeht, daß genauso viele Mädchen wie Knaben geboren wurden, erhöhen sich die Zahlen nur unwesentlich. Wie man auch rechnet: Die vierte Generation war ein kleines, leicht überschaubares Häuflein von weniger als einhundert Menschen. Wieso kann dann Mose allein die dreißig- bis fünfzigjährigen Männer der Schar der Sklaven mit 8580 angeben?[6] Wie kann Mose dann behaupten, daß sich die Zahl der männlichen Leviten im Alter von »einem Monat und mehr«[7] auf 22273 belief? Oder waren es gar 23000, wie an anderer Stelle[8] behauptet wird?

Fazit: Die explosionsartige Vermehrung eines kleinen Häufleins zu einer Millionenschar innerhalb weniger Generationen ist nicht nur absurd, sondern widerspricht auch dem biblischen Bericht selbst.

Zu Beginn des dritten nachchristlichen Jahrtausends herrscht in der wissenschaftlichen Theologie weitestgehend darüber Einigkeit, daß es die Massenflucht aus Ägypten gar nicht gegeben hat. Ist es dann nicht müßig, herauszufinden zu versuchen, wie viele Menschen den einzelnen Generationen in der Zeit der Sklaverei angehörten? Auch wenn höchstwahrscheinlich die Geschichte erfunden ist, so muß doch angemerkt werden, daß sie in sich unlogisch ist! Aus einem Häuflein von 70 Menschen werden innerhalb einiger Generationen nicht zwei Millionen!

Folgt man der Bibel, so flohen die jüdischen Sklaven überstürzt, sozusagen im wahrsten Sinne des Wortes über Nacht. Sie hatten nicht einmal Zeit genug, sich ordentlichen Proviant für den langen Marsch durch die Wüste einzupacken. So mußten sie ungesäuerte Brote backen, für einen »richtigen Brotteig« fehlte die Zeit: »Und sie backten aus dem rohen Teig, den sie aus Ägypten mitbrachten, ungesäuerte Brote, denn er war nicht gesäuert, weil sie aus Ägypten weggetrieben wurden und sich nicht länger aufhalten konnten und keine Wegzehrung zubereitet hatten.«[9]

Auch heute wäre die Organisation eines Marsches von zwei Millionen Menschen eine Mammutaufgabe, die trotz modernster Kommunikationsmittel wie Telefon, Funk und Internet erheblichen Aufwand fordern würde. Wie soll diese Aufgabe vor Jahrtausenden befriedigend ausgeführt worden sein? Und das ohne längere Ankündigung? Wie teilte man der Schar von zwei Millionen Menschen mit, unverzüglich aufzubrechen? Und wie setzte sich die nicht zu überblickende Schar in Gang? Wie vollzog sich der Abmarsch? Ein kurzer Vers im zweiten Buch Mose verrät uns, was geschah. In der Luther-Bibel von 1545 heißt es in moderne Rechtschreibung übertragen: »Und die Kinder Israel zogen gerüstet aus Ägyptenland.«[10]

Die »American Standard Version« hat statt »gerüstet« in Englisch »armed«, also bewaffnet. Die »English Standard Version« ist ähnlich militärisch im Ausdruck: »equipped for battle«, also »ausgerüstet für die Schlacht«. Womit aber sollten die flüchtigen Sklaven bewaffnet gewesen sein? Zumal da sie hastig aufbrechen mußten, konnten sie gewiß keine Waffen besorgen. Woher auch? Von den Ägyptern? Ein so dreister Diebstahl wäre gewiß stolz von jüdischen Chronisten berichtet worden. Es gibt aber keinen entsprechenden Hinweis.

Die »New American Standard Bible« bietet abweichend »in martial array«, also »in kriegerischer Militäraufstellung«. Ähnlich sieht die »New Living Translation« den Sachverhalt: »like a marching army« heißt es da, also »wie eine marschierende Armee«. Wie ist das zu verstehen? Hatten die Flüchtlinge keine Waffen? Marschierten sie nur wie Militärs?

Die Luther-Bibel von 1984 läßt jede Erinnerung an Martialisches verschwinden: »Und Israel zog wohlgeordnet aus Ägyptenland.« Die »New King James Version« beschreibt die Massenflucht so: »in orderly ranks«, »in geordneten Reihen«.

Welcher hebräische Ausdruck wird denn da so unterschiedlich übersetzt und interpretiert? »Chamusim«. Dazu die »New English Translation 1996–2002«, auch »NET« genannt und im Internet einzusehen: »unglücklicherweise ein seltenes Wort mit ungewisser Bedeutung«. So ungewiß ist die Übersetzung nicht. Die »21st Century King James Version« gibt sie wieder: »And the Children of Israel went up by five in a rank out of the land of Egypt.« Zu deutsch: »Und die Kinder von Israel zogen hinauf in Reihen zu fünf aus Ägypten.«

Warum verschwindet dieser klare Sachverhalt bei den meisten Übersetzungen? Vermutlich weil die Übersetzer rechnen können und die biblische Aussage als absurd erkannt haben! Man rechne mit: Wenn 2000000 Menschen in einer Kolonne in Fünferreihen gehen, dann gibt dies 400000 Fünferreihen. Wenn nun die Kinder Israels extrem aufeinander gedrängt gingen, kurz hintereinander, so daß der Abstand von Mensch zu Mensch nur 25 cm betrug, dann hätte das eine Marschkolonne von 100 Kilometern Länge ergeben. Bei einem vernünftigeren Zwischenabstand von Reihe zu Reihe von einem Meter hätte das eine Kolonnenlänge von 400 Kilometern bedeutet. Leider macht der Text der Bibel keinerlei Angaben über die Abstände zwischen den Marschierenden. Wie auch immer man rechnet, so der Bibelexperte Manfred Barthel: »Der Zug wäre einige hundert Kilometer lang gewesen.«[11]

Die Diskussion um die Länge des Flüchtlingstrecks ist keineswegs müßiges Gedankenspiel. Stellen wir uns einen Menschenzug von 400 Kilometern Länge vor. Nehmen wir an, ein buntes Gemisch aus Jungen und Alten, Frauen, Männern und Kindern, Gesunden und Kranken legt am Tag 25 Kilometer zu Fuß zurück. Bei einer Kolonnenlänge von »nur« 100 Kilometern bedeutet das, daß es vier Tage dauert vom Abmarsch des ersten bis zum Aufbruch des letzten Israeliten. Geht man von einer Kolonnenlänge von 400 Kilometern aus, würde die ganze Prozedur sogar 16 Tage dauern!

Von einer überstürzten Flucht hätte also nicht die Rede sein können! Die ominöse Flucht wäre von den Ägyptern schon im Ansatz vereitelt worden.

Erinnert sei auch an das Wunder der Meeresteilung. Nachdem das Volk Israel geflohen war, ließ der Pharao es verfolgen: bis ans Meer. Als die Ägypter sich schon als Sieger wähnten, ließ Gott ein Wunder geschehen! Wenn man dem märchenhaft anmutenden Text glauben will, muß Gott einen wirklich erstaunlichen Zauber angewendet haben![12] Mose hob nach Anweisung Gottes die Hand über das Meer, und die Israeliten konnten es trockenen Fußes durchqueren. »Und das Wasser war ihnen eine Mauer zur Rechten und zur Linken.«[13] Der Marsch durchs Meer hätte angesichts der Formation und Menge der Flüchtenden mehrere Tage dauern müssen. Nach dem Bibelbericht[14] dauerte er aber nur eine Nacht. In der Kürze der Zeit wäre aber der Durchzug der zwei Millionen nicht möglich gewesen.

Dieses beeindruckende, aber unmögliche Mirakel ist nur in der Bibel beschrieben worden. In keiner ägyptischen Quelle gibt es auch nur den Hauch eines Hinweises auf dieses Wunder. Mit keiner Silbe wird auch der Tod der verfolgenden Ägypter erwähnt, über denen Gott die Wassermassen wieder zusammenschlagen ließ: »Und das Wasser kam wieder und bedeckte Wagen und Männer, das ganze Heer des Pharao, das ihnen nachgefolgt war ins Meer, so daß nicht einer von ihnen übrigblieb.«[15] Der Untergang des ägyptischen Heeres wäre ohne Zweifel in den ägyptischen Chroniken erwähnt worden. Und selbst wenn die Geschichtsschreiber des Pharao das Unglück zu verheimlichen versucht hätten, es hätte deutliche Spuren des Desasters geben müssen. Denn dann wäre es notwendig gewesen, ein neues Heer zu rekrutieren. Ägypten hätte es sich nicht leisten können, ohne Militär Feinden hilflos ausgeliefert zu sein. Es gibt nicht die leiseste Andeutung in ägyptischer Geschichtsschreibung, daß ein Neuaufbau des Heeres erforderlich wurde.

Überflüssig ist die Diskussion um die Fragen: Marschierte

das Volk Gottes durch das Rote Meer? Und wenn ja: Wie wurde das Rote Meer geteilt, so daß die Massenflucht auf trockenem Meeresboden möglich war? Manche Erklärungsversuche muten schon wieder rührend an. Ein Beispiel: Es war Ebbe, das Rote Meer wich zurück und deshalb konnten die Israeliten ihren Weg fortsetzen. Überflüssig ist die Diskussion deshalb, weil im hebräischen Original nirgendwo vom Roten Meer die Rede ist. In Martin Luthers Bibel von 1545 lautete allerdings die Kapitelüberschrift, wobei die Rechtschreibung des Zitats sanft an unseren Sprachgebrauch angepaßt wurde: »Des Auszugs Vollendung. Der Ägypter Untergang im Roten Meer.« Im Hebräischen steht nirgendwo etwas vom Roten Meer.

Luther war anscheinend davon überzeugt, daß es die Wogen des Roten Meeres waren, die sich teilten. Also mogelte er den falschen Begriff hinein. Im Hebräischen steht: »yam suph«. Die Übersetzung ist eindeutig: Riedmeer oder Schilfmeer. Luther handelte ganz bewußt, obwohl er es besser wußte. Denn an anderer Stelle, nämlich im Buch Josua, übersetzte Luther korrekt »yam suph« mit Schilfmeer.[16] Seit Jahrzehnten wird von Archäologen wie Theologen verzweifelt nach diesem Schilfmeer gesucht. Intensive archäologische Untersuchungen haben in der Wüste Sinai nicht den Hauch eines Hinweises auf die vierzigjährige Massenflucht durch die Wüste im allgemeinen erbracht. Und im besonderen: Das ominöse Schilfmeer ließ sich nicht lokalisieren. Aus dem völligen Fehlen auch der kleinsten Spur der millionenfachen Massenflucht bleibt für den Archäologen Israel Finkelstein nur die einzige realistische Schlußfolgerung, nämlich »daß es keinen Exodus des Volkes Israel aus Ägypten gab«.[17]

Die Story ist also frei erfunden. Eine oberflächliche Überprüfung der wenigen konkreten biblischen Daten bringt ein ernüchterndes Resultat! Die Geschichte ist schlecht erfunden. Die Zahlen passen nicht zu den inhaltlichen Behauptungen! Fazit: Die Massenflucht ist ein unmögliches Märchen!

Menschenopfer: Von Gott gefordert oder verboten? »Im Verlauf der Höherentwicklung der Religionen und der wachsenden ethischen Sensibilität wurden Menschenopfer durch andere Opfer ersetzt«, hält das »Lexikon Alte Kulturen«[1] fest. Welche Position vertritt nun die Bibel in dieser Frage? Wird das Menschenopfer von Gott gefordert oder verboten? Eindeutig läßt sich diese Frage nicht beantworten.

Fest steht: Menschenopfer werden im »Alten Testament« wiederholt beschrieben! Wie werden die blutig-mörderischen Rituale bewertet?

Bevor Jephta in den Krieg mit den Amoritern zieht, legt er ein Gelübde ab. Sobald er den Krieg beendet habe, werde er zum Dank einen Menschen opfern. Bei lebendigem Leibe werde er jenen Menschen verbrennen, der ihm zur Begrüßung in der Heimat aus dem Haus entgegentrete. Das ist dann ausgerechnet sein einziges Kind, seine Tochter. Wehklagend zerreißt sich der König sein Gewand. Sein Gelübde muß er einhalten, hat er es doch vor Jahwe abgelegt. Das sieht auch seine Tochter ein. Die junge Frau – ihr Name wird in der Bibel nicht erwähnt – bittet allerdings um eine Gnadenfrist von zwei Monaten. Anschließend kehrt sie gehorsam zurück und wird geopfert. Jahwe akzeptiert das Opfer.[2]

Ein weiteres Menschenopfer wird im zweiten Buch der Könige beschrieben. Mescha, König von Moab, erleidet mit seiner Armee im Krieg gegen die Israeliten eine vernichtende Niederlage. Gott Jahwe ist stärker. Um die gefürchteten Demütigungen nach der Niederlage abzumildern, bringt Mescha seinen eigenen Sohn dem Kemos, dem Schutzgott seines Volkes, als Menschenopfer dar: »Da nahm er seinen erstgeborenen Sohn, der an seiner statt König werden sollte, und opferte ihn zum Brandopfer auf der Mauer.«[3] Das Opfer hilft mehr als erhofft! Kemos zwingt die Israeliten dazu, den Schauplatz ihres militärischen Sieges zu verlassen: »Da kam ein großer Zorn über Israel, so daß sie von ihm abzogen und in ihr Land zurückkehrten.«[4] Der Feind Israels besiegt das Volk Jahwes. Das Menschenopfer erweist sich als höchst wirksam.

Hochbetagt werden Abraham und Sara nochmals stolze Eltern. Doch lange können sie sich ihres neuen Glücks nicht erfreuen! Fordert doch Jahwe Abraham auf, ihm den geliebten Nachwuchs zu opfern. Ohne zu zögern errichtet der zutiefst gläubige Abraham einen Altar, legt seinen gefesselten Sohn Isaak darauf und zückt schon das Messer. Im letzten Moment schickt ihm Gott einen Engel, der ihm förmlich in den Arm fallen muß. Gott habe Abraham nur prüfen wollen. Er wollte wissen, wie weit sein Gehorsam ging.[5]

Ist also Jahwe doch gegen das Menschenopfer? Oder befürwortet er die grausame »Gabe«? Rettet er Isaak, weil er grundsätzlich gegen Menschenopfer ist? Die Aussage der Bibel bleibt unklar! Denn einige Kapitel später fordert Jahwe: »Du sollst Gott nicht lästern ... Den Ertrag deines Feldes und den Überfluß deines Weinberges sollst du nicht zurückhalten. Deinen ersten Sohn sollst du mir geben. So sollst du auch tun mit deinem Stier und deinem Kleinvieh. Sieben Tage laß es bei seiner Mutter sein, am achten Tage sollst du es mir geben.«[6] Was meint das Gebot?

Wie ist zu verstehen, wenn Gott fordert, daß ihm der erstgeborene Sohn zu »geben« sei? Beim Propheten Hesekiel erklärt Gott selbst, was er mit seiner Forderung bezweckte:

»Darum gab auch ich ihnen Gebote, die nicht gut waren, und Gesetze, durch die sie kein Leben haben konnten, und ließ sie unrein werden durch ihre Opfer, als sie alle Erstgeburt durchs Feuer gehen ließen, damit ich Entsetzen über sie brachte und sie so erkennen mußten, daß ich der Herr bin.«[7]

Gott forderte demnach unmenschlichen Gehorsam von seinem Volk. Zum Bild eines gütigen, gnädigen Gottes paßt das nicht!

Michal: Fünffache Mutter ohne Kinder? Die Familienverhältnisse biblischer Gestalten sind oft mehr als verwirrend. Das trifft in besonderem Maße auf Michal zu. Die Tochter des ersten Königs über alle Stämme Israels wurde als ohnmächtige Kreatur von ihrem Vater wie eine Schachfigur hin- und hergeschoben. So zeigt es sich, daß die Bibel ein Dokument der Gesinnungen ihrer eigenen Zeit ist. Sie kann keineswegs immer auf die Gegenwart übertragen werden. Ein solcher Umgang mit Michal ist heute unakzeptabel. Er offenbart ein frauenfeindliches Bild. Der Mann befiehlt, die Frau hat bedingungslos zu gehorchen. Sie ist nicht Herrin über ihr eigenes Schicksal.

Im »Who's who in der Bibel« heißt es kurz und bündig: »Michal. Jüngere Tochter Sauls. Ihr Vater gab sie David zur Frau, nahm sie ihm später aber wieder weg und verheiratete sie mit einem anderen Mann. Nach Sauls Tod wollte David Michal wiederhaben und bekam sie, zum Leidwesen ihres Ehemannes, zurück. Als David in überschwenglicher Freude die Bundeslade nach Jerusalem brachte, schaute Michal aus dem Fenster und sah, wie er ›hüpfte und tanzte‹. Sie verachtete ihn dafür und warf ihm später vor, sich vor aller Welt bloßgestellt zu haben. Für diesen Mangel an Verständnis wurde sie mit Kinderlosigkeit bestraft.«[1]

So verwirrend Michals Familienverhältnisse waren, so widersprüchlich sind die Aussagen der Bibel über ihre Mutterschaft. An einer Stelle heißt es, daß sie keine Kinder hatte: »Aber Michal, Sauls Tochter, hatte kein Kind bis an den Tag ihres Todes.«[2]

Im gleichen biblischen Buch heißt es aber auch: »Also nahm der König … die fünf Söhne von Michal, der Tochter Sauls, die sie … geboren hatte.«[3]

Tatsache ist: Der eine Text sagt: Michal hatte keine Kinder. Der andere behauptet: Sie hatte fünf Söhne. Um diesen Widerspruch verschwinden zu lassen, greifen manche Bibelausgaben zu einem Trick. Im hebräischen Text steht zwar eindeutig, daß Michal fünf Söhne hatte. Trotzdem machen sie aus Michal Merab.[4] Man greift zu einer kuriosen Hilfskonstruktion: Michal hatte keine Kinder.[5] Aber ihre Schwester Merab, Frau des Adriel, hatte welche. Michal adoptierte die Söhne der Schwester und zog sie auf. Warum sollte sie ihrer eigenen Schwester die Kinder weggenommen haben?

Liest man aber den Bibeltext genau, so stellt man fest, daß diese »Erklärung« nicht mit der Bibel übereinstimmt: »Also nahm der König … die fünf Söhne von Michal, der Tochter Sauls, die sie … geboren hatte.« Michal wird eindeutig als leibliche Mutter bezeichnet. Von Adoption der Kinder der Schwester ist nirgendwo die Rede.

Fazit: Michal war also – laut Bibel – eine fünffache Mutter ohne Kinder.

Monotheismus – der Irrtum vom Eingottglauben Der Anhänger des Monotheismus glaubt nur an einen Gott, der Anhänger des Polytheismus geht von der Existenz vieler Götter aus. Das Judentum ist wie das Christentum und der Islam eine monotheistische Religion. Und doch läßt das »Alte Testament« keinen Zweifel an der Existenz vieler Götter.

Der wahrscheinlich bekannteste Satz der Bibel lautet: »Am Anfang schuf Gott Himmel und Erde.« So beginnt das »Alte Testament«. Wenig später: »Und Gott sprach: Lasset uns Menschen machen ...«[1] Uns? Warum spricht Gott in der Mehrzahl? Lesen wir den Schöpfungsbericht im Hebräischen, so stellen wir fest, daß dieses »uns« keineswegs der einzige Hinweis auf Götter in der Mehrzahlform ist. Der Gott, der im deutschen Text am Anfang Himmel und Erde schuf, verwandelt sich im Hebräischen zum Mehrzahlwort: Elohim.

Das »Jerusalemer Bibellexikon« versucht zu klären – und führt den Begriff der »majestätischen Mehrzahl Elohim«[2] ein. Ist damit das Problem »Gott oder Götter« gelöst? Spricht also Gott (Einzahl) »Lasset uns Menschen machen ...«, weil er den Pluralis majestatis anwendet? War die Mehrzahlform, die europäische Könige und Kaiser angewendet haben, um sich vom niederen Volk zu unterscheiden, bereits im alten Israel bekannt? Eine wortwörtliche Übersetzung aus dem Hebräischen scheint diese Überlegung zu bestätigen: »Am Anfang schuf Elohim Himmel und Erde.«

Elohim heißt wörtlich »Götter«,[3] also Mehrzahl. Buchstabengetreu übersetzt: »Am Anfang schuf Götter Himmel und Erde.« Das Subjekt steht in der Mehrzahl, das Verb aber in der Einzahl. Damit liegt aber kein klassischer Pluralis majestatis vor, denn da stehen Subjekt und Verb beide im Plural. »Wir erlassen ein Gesetz«, spricht der König. »Wir« und »erlassen« sind beide im Plural.

Jüdischer und christlicher Glaube sind beide streng monotheistische Religionen. Doch während das Christentum (wie auch das heutige Judentum) nur an einen alleinigen Gott glaubt und die Existenz weiterer Götter verneint, war das im Judentum des »Alten Testaments« anders. Die religiösen Gebote verneinen keineswegs die Existenz anderer Götter. Wer an den neuen Gott Jahwe glaubt, darf allerdings keine weiteren Götter verehren: »Du sollst keine anderen Götter haben neben mir.«[4] Verboten ist auch die Herstellung von Bildnissen anderer Götter.[5] Fremde Götter dürfen auch nicht angefleht werden: »Aber die Namen anderer Götter sollt ihr nicht anrufen, und aus euerem Munde sollen sie nicht gehört werden!«[6] Fremde Götter dürfen nicht angebetet werden. Rabiater noch: »Du sollst ihre Steinmale umreißen und zerbrechen!«[7]

Die Existenz von Göttern wird im »Alten Testament« nicht geleugnet. Jahwe verbietet aber jeden fremden Götterkult. Sie sollen vergessen werden, ihre Namen dürfen nicht mehr ausgesprochen werden, ihre Statuen sollen zerstört werden. Jahwe beansprucht für sich allein Verehrung und Gebet. Wie aber heißen jene fremden Götter, die vom jüdischen Volk nicht mehr verehrt werden durften – wenn sie nicht namentlich genannt werden? Elohim.

Erstes Buch Mose: Am Anfang schuf *Gott* Himmel und Erde.[8] Zweites Buch Mose: Du sollst keine anderen *Götter* haben neben mir.[9] In beiden Versen steht für *Gott* und *Götter* ein und derselbe hebräische Mehrzahlbegriff: Elohim. Die verbotenen Götter – Elohim. Wer schuf Himmel und Erde? Elohim.

Noch zu Zeiten des streng monotheistischen Jahwekults wurden im Heiligen Land auch andere Götter verehrt. Es gab mächtige Konkurrenz. Zum Beispiel: Baal. Prophet Elia kämpfte gegen den Baals-Kult. Baals-Tempel wurden immer wieder von Jahwe-Anhängern zerstört, von Baal-Gläubigen neu errichtet, um von der Jahwe-Konkurrenz wieder zerstört zu werden. Schließlich absorbierte der Jahwekult Baal. Ursprünglich war es

Gott Baal, der »am Himmel daherfährt« oder der »auf den Wolken reitet«. Derlei Baals-Namen wurden im monotheistischen Judentum einfach auf Jahwe übertragen.[10] Wenn man schon nicht Baal aus den Köpfen der Menschen vertreiben konnte, so ließ man ihn mit Jahwe verschmelzen.

In uralten Religionen wurden Naturgottheiten verehrt, indem man stellvertretend »heilige Tierbilder« anbetete. An einen solchen Kult erinnert die Anbetung des »goldenen Kalbes«. Obwohl doch Israels Hauptgott Jahwe sein Volk gerade aus der ägyptischen Sklaverei befreit hat, wird eine goldene Statue gefertigt und angebetet.[11]

In unterschiedlichen Religionen bäuerlicher Prägung wurde die jeweilige Stammesgottheit in Form eines Steins angebetet. Prof. Schindler-Bellamy: »Älteste Religionskulte verehrten Steine als Repräsentanten eines Gottes. Denken wir an die Kaaba der Araber, an den Bethel der Kanaaniter und an den heiligen Stein des Mithraskults. Derlei Göttersymbole gab es auch im alten Israel lange vor Einführung des Jahwe-Glaubens. Dann übernahm Jahwe alte Felsheiligtümer, um die Erinnerung an andere Gottheiten auszulöschen! Deshalb wird Jahwe häufig als ›Fels‹[12] bezeichnet! Etwa in den Psalmen!«[13]

Gott oder Götter? Diese Frage ist leicht zu beantworten: Ursprünglich glaubte man an viele Götter. Nach und nach setzte sich der Eingottglaube durch. Jahwe besiegte Konkurrenten wie Baal, indem seine Anhänger Baal und Jahwe miteinander verschmolzen. Die Spuren des Vielgottglaubens sind im »Alten Testament« nicht zu übersehen. An den alten Vielgottglauben erinnern auch die Elohim. Geschickt setzte man die Mehrzahlbezeichnung Elohim (Götter) mit dem monotheistischen Ein-Gott gleich. Der Göttername blieb und mit ihm die Erinnerung an polytheistische Viel-Götter-Zeiten.

Die anderen Götter neben Jahwe waren in der Glaubenswelt Israels fest verwurzelt. Eine umfassende, wissenschaftlich erschöpfende Erforschung des Vielgottglaubens im alten Israel steht noch aus. Wird sie je geschrieben werden? Das scheint unwahrscheinlich. Weder in der Theologie noch in der theologischen Forschung der Universitäten ist ein echtes Interesse an den Wurzeln des Eingottglaubens im Vielgottglauben zu erkennen. Auf einige Aspekte des Mehrgottglaubens in Israels Geschichte sei stichpunktartig hingewiesen:

König Omri führte im Nordreich ein mächtiges Regiment (Regierungszeit etwa 882–871 v. Chr.) und war auch im Ausland respektiert. Der Regent förderte alte Götterkulte und zog so den Groll Jahwes auf sich: »Und er tat, was Jahwe mißfiel, und trieb es ärger als alle, die vor ihm gewesen waren.«[14] Die Bibel betont immer wieder, wie Jahwe die Verehrung der Fremdgötter ablehnte. Die Existenz anderer Götter wurde aber nicht geleugnet.

Zur Zeit von König Ahab (etwa 871–852 v. Chr.) blühte neben dem Jahweglauben der Baals-Kult.[15] Baal war ein gefürchteter Sturm- und Wettergott. Häufig wurde sein Name als Sammelbegriff für eine Vielzahl von kanaanitischen Göttern verwendet.

König Ahasja (Regierungszeit etwa 852–851 v. Chr.) war alles andere als ein strenggläubiger Anhänger des Eingottglaubens. Er betete Götter an, die schon seine Eltern verehrt hatten, darunter besonders den Jahwe-Konkurrenten Baal.[16]

König Joram (Regierungszeit etwa 851–845 v. Chr.) ließ zwar einige alte Götterstatuen Baals verschwinden, in seiner Regierungszeit gediehen aber heidnische Götterkulte weiter.[17]

König Jehu (Regierungszeit etwa 845–818 v. Chr.) war ein Anhänger des Jahweglaubens. Allerdings war der Exoffizier, der durch einen Putsch an die Macht kam, alles andere als ein frommer Monotheist. Er sicherte sich nur die Unterstützung von Gegnern des Baals-Kults, um an die Macht zu kommen. Scheinheilig ließ er im ganzen Reich ein gewaltiges Baals-Fest ankündigen. Während die Baal-Anhänger beteten, ließ sie Jehu überfallen und alle töten.[18] Andere Götterkulte blieben weiter bestehen.

So blutig König Jehu unter den Baalsjüngern gewütet hatte, unter König Manasse (Regierungszeit etwa 698–642 v. Chr.) blühte der alte Baalsglaube wieder auf.[19] Wiedereingeführt wurden auch Himmelsgottheiten. Der Göttin Aschera huldigte der König selbst. Er ließ eine Statue der Himmlischen im Tempel aufstellen, also im Allerheiligsten des Gottes Jahwe. War in der langen Regierungszeit Manasses der Jahwe-Glaube in seiner Existenz bedroht? Es scheint so gewesen zu sein.

Das Judentum gehört zu den drei großen monotheistischen Religionen. Doch in den langen Anfangszeiten der uralten Religion wurde die Existenz anderer, weiterer Götter nicht bestritten! Bis ins 7. Jahrhundert vor Christi Geburt hinein, vielleicht sogar länger, war Israels Nationalgott Jahwe einer von vielen. Jahwe galt als mächtig, aber als Konkurrent etwa von Astarte, Baal, Hadad und Kemosch.

Der Religionswissenschaftler Salomon Reinach machte den polytheistischen Ursprung auch der jüdischen Religion deutlich. Die alten Israeliten glaubten ursprünglich an viele Götter und sie hielten noch Jahrhunderte an dieser religiösen Überzeugung fest, auch als Jahwe längst eine Art Staatsgottheit geworden war.[20]

Mord – im Auftrag Gottes Mord wird im »Alten Testament« mit der Todesstrafe geahndet. Gleichzeitig aber ist Mord gestattet, wenn er den Zielen Jahwes dient. Selbst heimtückische Bluttat wird dann offensichtlich als gottgefällig angesehen. So hat sich Sisera, der Heerführer des Königs von Kanaan, den Groll Gottes zugezogen. Erst sorgt Jahwe dafür, daß das gesamte Heer Siseras ausgelöscht wird. Sisera selbst kann zunächst zu Fuß fliehen. Jael vollstreckt das göttliche Urteil. Sie lädt den Flüchtling ein, bewirtet ihn und ermordet schließlich den ahnungslos Schlafenden heimtückisch. Sie nahm »einen Pflock von dem Zelt und einen Hammer und ging leise zu ihm hinein und schlug ihm den Pflock durch seine Schläfe, daß er in die Erde drang. Er aber war ermattet in einen tiefen Schlaf gesunken. So starb er.«[1]

Auch Abimelech war kein König von Gottes Gnaden, wie wir aus dem Buch Richter erfahren. Gott sandte einen »bösen Geist«, der das Volk zur Rebellion gegen den eigenen König anstachelte.[2] Zunächst aber behielt er die Oberhand und konnte erhebliche militärische Erfolge verbuchen. Er belagerte und eroberte die Stadt Sichem. Wieder muß Gott eine mörderische Frau einsetzen, um seinen Feind töten zu lassen: »Da kam Abimelech zur Burg und kämpfte gegen sie und näherte sich dem Burgtor, um es mit Feuer zu verbrennen. Aber eine Frau warf einen Mühlstein Abimelech auf den Kopf und zerschmetterte ihm den Schädel.«[3]

Auch Isebel, die Frau von Ahab, König von Israel, zog sich den Grimm Gottes zu.[4] Isebel huldigte fremden Göttern und galt bald bei den rechtgläubigen Israeliten als Hure und Götzendienerin. Ihr Schicksal war besiegelt. König Jehu von Israel ordnete an: »Stürzt sie hinab! Und sie stürzten Isebel hinab, so daß die Wand und die Rosse mit ihrem Blut besprengt wurden. Und sie wurde zertreten.«[5] Als die sterblichen Überreste bestattet werden sollten, fanden sich nur noch ihr Schädel sowie ihre Füße und Hände. Für den unbekannten Bibelautor wurde damit Gottes Wille vollstreckt, der angeblich selbst das unrühmliche Ende Isebels prophezeit hatte: »Die Hunde sollen Isebel fressen an der Mauer Jesreels.«[6]

Wer Gott Jahwe dient, so lehren solche Beispiele, der hat Glück im Leben. Wer sich aber dem Plan Gottes widersetzt, der muß mit dem Schlimmsten rechnen. Gottes Zorn droht ganzen Städten, etwa Samaria: »Samaria wird wüst werden, denn es ist seinem Gott ungehorsam. Sie sollen durch das Schwert fallen und ihre kleinen Kinder zerschmettert und ihre Schwangeren aufgeschlitzt werden.«[7]

Für den Gläubigen zu Beginn des dritten nachchristlichen Jahrtausends sind kriegerische Grausamkeiten und mörderisches Gemetzel eher Teufelswerk. Der gläubige Bibeltextautor lebte in einer über weite Zeiträume von Kriegen gekennzeichneten Zeit. Er sah Gottes Wirken auch im Krieg. Den »Guten« half Gott, den »Bösen« setzte er in oft unmenschlicher Weise zu.

Simson zum Beispiel, der als Vertreter Israels gegen die feindlichen Philister kämpfte, wurde zur Symbolfigur mystischer Kraft. Simson, der in wütender Raserei eintausend Männer mit einem Eselsknochen erschlagen hatte,[8] geriet in die Gefangenschaft der Erzfeinde. Die Philister beraubten ihn seiner märchenhaften Kraft, stachen ihm die Augen aus und zwangen ihn zu demütigender Arbeit. Mit Gottes Hilfe erstarkt Simson wieder und bringt eine Festhalle zum Einsturz. Er selbst und dreitausend Philister starben.[9]

Für die Verfasser biblischer Texte war es Gott, der in grausamen Zeiten seinen Feinden grausam zusetzen ließ. Gott strafte durch Blutvergießen. Gott ließ Menschen Menschen töten, um der »richtigen« Seite zum Sieg zu verhelfen. Aus heutiger Sicht ließ Gott Morde verüben.

Mose – schrieb nicht die fünf Bücher Mose Grimmig blickt Mose auf den Betrachter herab. So stellt man sich eigentlich den großen Mann des »Alten Testaments« nicht vor. Er wirkt nicht weise, sondern böse, ja teuflisch! Woran mag das liegen? Irgend etwas stimmt mit der Statue nicht. Irgend etwas hat der große Michelangelo (1475–1564) falsch gemacht. Aber was? Millionen von Romtouristen standen schon staunend vor der weltberühmten Statue und stellten sich diese Frage.

Michelangelo wurde Opfer eines simplen, aber folgenschweren Übersetzungsfehlers ... und verpaßte seinem Mose Hörner, wie wir sie sonst nur von mittelalterlichen Teufelsdarstellungen kennen! Warum?

Im Buch Exodus heißt es, daß das Gesicht Mose nach seiner Begegnung mit Gott ... strahlte.[1] Das hebräische Verbum heißt »krn« und hat die Grundbedeutung »strahlen«. »krn« hat aber noch eine Nebenbedeutung, nämlich »Hörner tragen«. Mag sein, daß dabei an Lichtstrahlen gedacht wurde, die wie Hörner ausgesehen haben mögen. Kirchenlehrer Hieronymus (347–419 oder 420) engte den Sinn bei seiner Übersetzung des hebräischen Textes ins Lateinische ein: »Et facies sua cornutus erat.« Und dies bedeutet eindeutig nur noch: »Und sein Angesicht war behornt.« So kam Michelangelos Mose zu seinen Hörnern. Durch einen Übersetzungsfehler.

Im Evangelium nach Johannes heißt es: »Denn das Gesetz ist durch Mose gegeben.«[2] Bis ins 18. Jahrhundert hinein gab es in der Welt der Theologie keinen Zweifel:

– Mose war der Verfasser der nach ihm benannten »Fünf Bücher Mose«.

– In seinem umfangreichen Werk, auch Pentateuch genannt, offenbarte Mose den Menschen die göttlichen Gesetze.

Fakt ist allerdings: Den biblischen Mose hat es mit an Sicherheit grenzender Wahrscheinlichkeit als historische Gestalt gar nicht gegeben. Demnach kann er auch nicht die nach ihm benannten »fünf Bücher« geschrieben haben. Sie stammen auch nicht aus der Feder eines einzelnen Verfassers, vielmehr gehen sie auf eine Vielzahl von Autoren aus unterschiedlichen Zeiten zurück.

Der Eigenname Mose wird im »Alten Testament« sprachlich gedeutet. Bedeutsame biblische Gestalten haben meist Namen, die angeblich sehr gehaltvoll sind und Wichtiges über ihre Träger aussagen. Mose wird mit einer spannenden Geschichte so erklärt: Ein böser Pharao, der nicht namentlich bezeichnet wird, wollte den Lebenswillen seiner israelitischen Sklaven brechen. Also erteilte er den Befehl, daß alle Hebräer ihre erstgeborenen Knaben zu töten hatten. Die Mutter des kleinen Mose war verzweifelt. Was konnte sie tun, damit ihr Kind am Leben blieb? Sie sah nur eine einzige Chance für ihren Sohn! Sie mußte ihn aussetzen und einem ungewissen Schicksal anvertrauen. Also »machte sie ein Kästlein von Rohr und verklebte es mit Erdharz und Pech und legte das Kind hinein und setzte das Kästlein in das Schilf am Ufer des Nils«.[3]

Die Handlung der Mutter wurde im alten Israel keineswegs als herzlose Tat angesehen. Damals waren die Israeliten, also auch die Mutter des Mose, davon überzeugt, daß der Nil unter dem Schutz einer mächtigen Göttin stand. Ihr also vertraute sie das Neugeborene an und – nach damaliger Überzeugung – nicht dem sicheren Tod. Man kann auch von einem Gottesurteil sprechen. Ihr Plan ging auf. Die Tochter des Pharaos entdeckte das Kästchen im Schlamm des Nil und rettete beherzt den neugeborenen Knaben. Sie nannte den Findling auch Mose. Warum? Weil sie ihn aus dem Wasser gezogen hatte. »Mschh« heißt auf Hebräisch »herausziehen«.

Historisch ist dieser Sachverhalt sicher nicht. Die Tochter des Pharao, eine Ägypterin höchsten Ranges, hätte niemals einem Findelkind einen hebräischen Namen verpaßt. Frei erfunden hat der biblische Autor die anrührende Story aber nicht. Er hat sie einfach abgeschrieben. Als Vorlage dazu diente ihm eine Biographie des legendären Königs Sargon von Babylonien. Ein gutes Jahrtausend vor der hypothetischen Lebenszeit des Mose, also etwa 2300 v. Chr., hieß es da von Sargon: »Meine Mutter empfing mich, sie brachte mich im geheimen zur Welt. Sie legte mich in ein Rohrkörbchen, mit Pech versiegelte sie den Deckel. Sie übergab mich dem Fluß, der mich nicht verschlang.«

Dem legendären Mose sollte offensichtlich eine passende Geburtsgeschichte angedichtet werden. Der Mann, der nach jüdischer Überlieferung das Volk Israel aus ägyptischer Gefangenschaft befreit hat, war selbst als Baby aus höchster Not gerettet worden. Eine höhere Macht hatte ihn so vor dem Tod bewahrt. Er durfte, ja er konnte nicht als Baby sterben, wenn er als Erwachsener sein Volk retten sollte. Die Vorsehung bewahrte ihn demnach, um sein Volk ins Gelobte Land führen zu können. Der kleine Sargon wurde einst angeblich aus dem mächtigen Euphratstrom gezogen. Der unbekannte Mose-Biograph übernahm die beeindruckende Story, bei ihm wurde der kleine Mose aus dem Nil geborgen. Und das von einer Pharaonentochter!

Moses Rettung aus dem Nil ist märchenhaft gestaltete Fiktion. Das paßt zu Mose. Denn es gibt nicht den geringsten historischen Beleg dafür, daß er überhaupt gelebt hat. Nach exzessiver Forschung kommt der Bibelexperte Georg Afanasjew zu einem für Bibelgläubige niederschmetternden Resultat: Mose ist eine fiktive Gestalt.[4]

Wer hat dann die »Fünf Bücher Mose« geschrieben, wenn nicht Mose? Berichtet nicht das Johannesevangelium ausdrücklich über die Bücher Mose? Keineswegs! Es ist nur die Rede davon, daß Mose die Gesetze Gottes ausgehändigt wurden. Von Mose als dem Verfasser des so genannten Pentateuchs ist nirgendwo etwas zu lesen, weder im »Neuen«, noch im »Alten Testament«. Keines der fünf Bücher Mose trägt seinen Namen. Nirgendwo im Text spricht ein Mose in der Ich-Person. Es wird stets von einem unbekannten Erzähler über den handelnden Mose in der dritten Person berichtet.

Nirgendwo wird ein Verfasser der für den gläubigen Juden vielleicht wichtigsten Texte des »Alten Testaments« genannt. Könnte er aber nicht trotzdem auf Mose zurückgehen? Nach jüdischer Überlieferung nahm Gott selbst mit Mose Kontakt auf und traf sich mit ihm auf dem Berg Sinai. Gott selbst soll Mose Weisungen und Gebote diktiert haben. Mose schrieb sie auf Befehl Gottes auf. Wiederholt wird innerhalb der »Fünf Bücher Mose« darauf hingewiesen, daß bestimmte kurze Texte von Mose selbst stammen. Wenn aber bestimmte Textpassagen explizit als von Mose verfaßt bezeichnet werden, so stellt dies eine klare Abgrenzung zum umfangreichen Resttext dar. Im »Handbuch der Bibelkunde«[5] von Mertens heißt es, »einzelne Passagen, für die Mose ausdrücklich als Verfasser genannt wird, schließen die Gesamtautorschaft des Mose fast aus«. Mertens bezieht sich auf Hinweise im 2., 4. und 5. Buch Mose.[6] Es wird deutlich, was Johannes in seinem Evangelium[7] meinte. Mose galt als der Mann, der die Gebote Gottes niederschrieb, nicht als der Verfasser der »Fünf Bücher Mose«.

Wie kann man eine Aussage, die Allgemeingültigkeit beansprucht, widerlegen? Es genügt ein konkretes Beispiel. Es wird behauptet: »Alle Raben sind schwarz!« Wird nun ein einziger Rabe ausfindig gemacht, der weiß ist, so ist damit die Behauptung widerlegt. Es ist ein grundlegendes wissenschaftliches Prinzip, daß eine Aussage widerlegbar sein muß, damit sie wissenschaftlichen Wert haben kann. Dies gilt auch für die Aussage: »Die Fünf Bücher Mose wurden ausschließlich von Mose verfaßt.«

In Kapitel 34 des 5. Buches Moses wird der Tod Moses beschrieben. Nachdem er sein Volk aus der ägyptischen Sklaverei befreit und 40 Jahre durch die Wüste geführt hat, darf er noch einen Blick auf das Gelobte Land werfen. Betreten darf er das künftige Israel nicht. Schließlich stirbt Mose und wird begraben. Josua wird Nachfolger von Mose. Mose scheidet als Verfasser von Kapitel 34 des 5. Buches Moses aus. Er kann seinen eigenen Tod mit anschließendem Begräbnis nicht selbst beschrieben haben.

Man muß nicht Theologie studiert haben, um zu erkennen, daß weitere Passagen eindeutig nicht von Mose stammen können. Wenn Mose am Ende des 5. Buches stirbt, dann können die Bücher Mose keine Ereignisse beschreiben, die nach seinem Tod stattfanden. Es sei denn, diese Texte entstanden später, nach den Zeiten von Mose.

Mose starb vor dem Einzug ins Gelobte Land. Und doch setzen »seine« Bücher Beschreibungen historischer Ereignisse voraus, die sich im Gelobten Land lange nach Moses Tod abspielten. Mose kann diese Texte also nicht geschrieben haben.[8]

Ein konkretes Beispiel: Im 1. Buch Mose werden »die Könige, welche im Lande Edom herrschten, bevor ein König über die Israeliten herrschte«[9], namentlich aufgelistet. Dieser Textpassus kann frühestens Jahrhunderte nach Moses Tod verfaßt worden sein und stammt ohne Zweifel nicht von Moses selbst.

Warum ist die Autorenschaft des Mose bei diesem Passus nicht möglich? Warum kann dieser Text nicht von Mose selbst geschrieben worden sein? Wir müssen den Text nochmals gründlich und bedacht lesen, Wort für Wort. Da steht wortwörtlich übersetzt ein unscheinbarer Satz: »... bevor ein König über die Israeliten herrschte«. Wir überlegen: Wann kann dieser Text frühestens verfaßt worden sein? Der Verfasser der biblischen Verse setzt ein geschichtliches Ereignis als bekannt voraus, nämlich daß »ein König über die Israeliten herrschte«. Wann aber ereignete sich dies? Die Regentschaft eines Königs über »die Israeliten« gab es erst lange nach Moses Zeiten. Der unbekannte Verfasser muß also zu einer Zeit gelebt haben, da der erste König bereits über die Israeliten geherrscht hatte. Und das war Saul, der viele Jahrhunderte nach Mose in Amt und Würden war! Für Gelehrte wie Heinrich Mertens steht fest: Dem Autor war eine geschichtliche Situation aus Zeiten lange nach Mose vertraut.

Es ist ein Kuriosum: Einerseits legt die Theologie evangelischen wie katholischen Glaubens sehr großen Wert darauf, eine Wissenschaft zu sein. Andererseits aber ist es nicht zu leugnen, wie lange glasklare wissenschaftliche Erkenntnisse von seiten der Kirchen ignoriert wurden. So verwahrte sich die katholische Kirche noch am 27. Juni 1906 energisch in einem Dekret dagegen, daß die fünf Bücher Mose von mehr als einem Autor verfaßt worden sind. Erst am 16. Januar 1948 kam die Kehrtwende. In einem Schreiben des Sekretärs der Bibelkommission wurde anerkannt, daß der Pentateuch des Mose eben nicht von einem einzelnen Verfasser stammt, sondern auf mehrere unterschiedliche Quellen zurückgeht.

Das hinderte aber Prof. Dr. Allan R. Ross nicht daran, die alte »traditionelle Sicht« zu vertreten, wonach Mose der Verfasser aller fünf Bücher Mose ist.[10] Dabei erkannte der Arzt Jean Astruc bereits Ende des 18. Jahrhunderts, daß das 1. Buch Mose von einem unbekannten Verfasser aus zwei Haupt- und einigen Nebenquellen wie ein Puzzle zusammengesetzt wurde. Seither gibt es in der wissenschaftlichen Bibelforschung keinen Zweifel mehr: Die fünf Bücher Mose sind das Ergebnis eines komplizierten Prozesses, der jahrhundertelang währte.

Text I entstand um 850 v. Chr. Als Gottesname wird Jahwe bevorzugt. Deshalb wird der Text als Jahwist, kurz J., bezeichnet. Text II zieht die Gottesbezeichnung Elohim vor. Er ist etwas jünger, wurde etwa 750 v. Chr. geschaffen und wird als Elohist, kurz E., bezeichnet. Hundert Jahre später, also etwa 650 v. Chr., vermischte ein unbekannter Autor J. und E. zu JE. Damit war der Prozeß noch keineswegs abgeschlossen.

Unter König Hiskia wurde etwa 621 v. Chr. Text III entwickelt. Das geschah im Rahmen einer Glaubensreformation. Auch dieser Text wurde in das Textgemisch JE eingebaut.

Zwischen 570 und 445 schließlich entstand Text IV, die sogenannte Priesterschrift P. Auch P wurde in JE eingearbeitet.

Man darf sich nicht vorstellen, daß längere Textpassagen aus den verschiedenen Quellen aneinandergefügt wurden. Unbekannte Redakteure fabrizierten die fünf Bücher Mose wie ein buntes Puzzle aus unzähligen Steinen aus den vier Quellen. Man mag darüber streiten, ob ein bestimmter Halbvers dieser oder jener Quelle zuzuordnen ist. In der wissenschaftlichen Bibelforschung gibt es aber keinen Zweifel: Die fünf Bücher Mose sind definitiv nicht das Werk eines einzelnen Verfassers!

Prof. Dr. Georg Fohrer faßt zusammen: »Dabei erweist der

Pentateuch sich als ein anonymes Werk ohne Mitteilung über seinen Verfasser und ohne mittelbaren Hinweis auf die Herkunft des Gesamtinhalts von Mose. Der überwiegende Teil des Pentateuchs beansprucht nicht, von Mose verfaßt oder von seiner Zeit an in mündlicher Überlieferung weitergegeben worden zu sein. Daß diese negative Feststellung dem Sachverhalt entspricht, ist vom 18. Jahrhundert an in einer Fülle von Untersuchungen und mit durchschlagenden Argumenten verschiedener Art nachgewiesen worden.«[11] Und weiter: »Die geschichtlichen Erzählungen des Pentateuchs haben, bevor sie in den Quellenschichten ihre endgültige Fassung fanden, einen langen Prozeß der Überlieferung und Formung durchlaufen.«[12]

Noah: Die Flutstory – ein Plagiat Die Sintflut fand nach Angaben der Bibel im Jahr 2348 v. Chr. statt. Sie wird im Buch Genesis als weltweite Katastrophe geschildert.[1] Nun liegen aus dem Nachbarland des Volkes Israel ägyptische Geschichtsbücher vor, die von etwa 3400 bis 340 v. Chr. lückenlos alle wichtigen Ereignisse vermelden. Es werden nicht nur unzählige politische Ereignisse aufgelistet, sondern die gründlichen Autoren gehen auch auf erwähnenswerte Naturereignisse ein. Aber es gibt nicht den kleinsten Hinweis auf die angebliche Sintflut. Die gewaltige Katastrophe hat es nicht gegeben.

Hat sich der unbekannte Autor der Sintflut-Story die Geschichte einfach ausgedacht? Nein, er hat sie abgeschrieben. Als Vorlage diente das babylonische »Gilgameschepos«. Auch da gibt es eine gewaltige, alle Welt vernichtende Flut. Die Übereinstimmungen zwischen den beiden Geschichten sind erstaunlich: Wie in der Bibel sollte alles Leben auf der Erde durch göttlichen Ratschluß vernichtet werden. Gott Ea warnt

Utnapischtim (den babylonischen Noah) rechtzeitig vor der drohenden Katastrophe und befiehlt ihm, eine Arche zu bauen. Seine nächsten Angehörigen »sowie lebende Wesen aller Art« werden an Bord gebracht. Alle übrigen Menschen und Tiere müssen jämmerlich ertrinken. Schließlich landet das Rettungsboot auf einem Berg. Utnapischtim schickt nacheinander drei Kundschafter los: eine Taube, eine Schwalbe und einen Raben. Letzterer zeigt an: Land in Sicht! Utnapischtim opfert dankbar den Göttern.[2]

Schon der Kirchenschriftsteller Eusebius (um 263–339 n. Chr. Bischof von Cäsarea in Palästina) erkannte das Plagiat. Dem frühen Kirchenmann lag eine griechische Übersetzung des Gilgameschepos vor. Anno 300 v. Chr. wurde sie vom babylonischen Mardukpriester Berosus niedergelegt. Eusebius zitiert den Text in seinem historischen Werk »Chronikon«. Erst 1872 wurden babylonische Originale des Gilgameschepos gefunden.

Unklar ist, welche Fassung des Gilgameschepos dem unbekannten Bibelautor vorlag. Das sogenannte »Scheil-Fragment« wurde um 2000 v. Chr. verfaßt, es hat aber mit Sicherheit ältere Versionen der babylonischen Flutstory gegeben.

Vergeblich haben mehrere Expeditionen nach Resten der biblischen Arche Noah auf dem Berg Ararat gesucht, auf dem nach der Bibel die Arche nach dem Ende der Flut gelandet sein soll. Professor Hans Schindler-Bellamy: »Ararat könnte sich als Irrtum erweisen! Die Konsonanten könnten genauso für ›Urartu‹ stehen, was so viel wie ›weit entferntes Land‹ heißt.«[3]

Der scheinbar konkrete geographische Hinweis löst sich dann plötzlich auf. Die Arche Noah setzte dann die neuen »Adams und Evas« nicht an einem greifbaren, konkreten Ort aus, sondern irgendwo im Nirgendwo.

Die Story um Noah ist kein Tatsachenbericht. Sie spiegelt die Vorstellung wider, daß der Mensch nach und nach immer sündhafter wurde und deshalb von Gott bestraft wurde.

Übrigens: Nicht nur Noah hat sumerische »Vorläufer«. Wer meint, gerade die bekanntesten Geschichten der Bibel seien »Originale«, irrt gewaltig! Lange bevor der Gott der Bibel Adam schuf, kreierte die sumerische Göttin Aruru Enkidu.

Bibel: »Da machte Gott der Herr den Menschen aus Erde vom Acker …«[4]

Gilgameschepos: »Und sie wusch sich die Hände, kratzte Ton zusammen und schuf den zweiten Helden, den tapferen Enkidu.«[5]

Adam ist kein biblisches Original, sondern nur Kopie. Adam, das biblische Pendant zu Enkidu, hat einen sumerischen Namen, der auf »adamah« zurückgeführt werden kann. »Adamah« bedeutet »Lehm, Erdklumpen«. Und der »Garten Eden« geht auf das sumerische »edin« zurück: zu deutsch »Steppe, Ebene«.

Onan: Sünder oder biblisches Justizopfer? Das Fachwort für Selbstbefriedigung »Onanie« leitet sich von einer biblischen Gestalt ab, von Onan. Der hatte allerdings mit Selbstbefriedigung überhaupt nichts zu tun. Die Bibel berichtet kurz und bündig:

Juda gab seinem erstgeborenen Sohn Ger die Thamar zur Frau. Ger verstieß offensichtlich gegen ein göttliches Gebot, das nicht näher bezeichnet wird. Vermutlich betete er fremde Götter an. Jedenfalls mißfiel sein Tun Gott, der ihn zur Strafe sterben ließ. Damit wurde Thamar zur Witwe. Nun befahl Juda seinem Zweitältesten, nämlich Onan, mit Thamar Kinder zu zeugen. Onan gehorchte nicht – und mußte sterben. Warum?[1]

Die »mosaischen Gesetze« existierten ja noch gar nicht, konnten ihm noch gar nicht bekannt sein. Erst Mose bekam sie viel später von Gott diktiert und machte sie publik. Mußte Onan sterben, weil nach einem späteren Gesetz widerspenstige Söhne gesteinigt werden mußten?[2]

Andererseits würde Gott verbieten: »Wenn jemand die Frau seines Bruders nimmt, so ist das eine abscheuliche Tat. Sie sollen ohne Kinder sein, denn er hat damit seinen Bruder geschändet.«[3]

Wie sich Onan auch entscheiden würde, er würde gegen ein göttliches Gebot verstoßen, das ihm gar nicht bekannt war. Wenn er sich widerspenstig dem Vater widersetzte, war er nach göttlichem Gesetz zu steinigen. Gehorchte er dem Vater, verstieß er gegen das Gebot der Schwagerehe.

Warum mußte Onan also sterben? Weil er ohne es zu wissen »sündigte«? Oder weil er gegen ein mosaisches Gesetz verstieß, das er noch gar nicht kennen konnte? Wobei er, wie er auch handeln würde, immer gegen ein »göttliches Gesetz« verstoßen mußte.

Orgel: Wie durch einen Übersetzungsfehler die Orgel in die Bibel kam Zwei Jahreszahlen markieren auch heute noch für den gläubigen Juden schlimme Katastrophen für das Volk Israel: 586 v. Chr. wurde der heilige Tempel in Jerusalem von den Babyloniern zerstört. 70 n. Chr. waren es die verhaßten Römer, die den neuen, den zweiten heiligen Tempel dem Erdboden gleichmachten. Unsägliche Trauer erfaßte das Volk Israel. Wie konnte man als gläubiger Jude je wieder glücklich werden, wenn es das heilige Haus Gottes in Jerusalem nicht mehr gab? Von nun an gab es so etwas wie ein ungeschriebenes Gesetz: Musizieren verschwand aus dem Leben. Weder bei öffentlichen Feiern, noch bei Gottesdiensten durfte Musik erklingen. Dabei hatte doch Musik zum festen Bestandteil des Tempelrituals gehört. Diverse Instrumente wurden gespielt und es wurde viel gesungen. Jahrhundertelang wurde das neue Gesetz beachtet. Doch das grundsätzliche Verbot war nicht auf Dauer aufrechtzuerhalten. So wurde zunächst nach und nach wieder gestattet, bei Hochzeitsfeiern Musik zu machen. Bei aller Trauer über den Verlust des Tempels sollten Hochzeitsfeiern fröhlich gestaltet werden dürfen. Musik gehörte da unbedingt dazu.

Inzwischen ist es in vielen Synagogen wieder gestattet, beim Sabbat-Gottesdienst Musikinstrumente einzusetzen. In reformierten Gemeinden im frühen Deutschland des 19. Jahrhunderts waren es hauptsächlich Orgeln.[1] Im 19. Jahrhundert erfreuten sich Orgeln auch in christlichen Kirchen großer Beliebtheit. Sowohl jüdische als auch christliche Geistliche machten sich für die Orgel als sakrales Musikinstrument stark. Das geschah aber aus ganz unterschiedlichen Motiven. In so mancher Synagoge wurde die Orgel gespielt, um das Stimmengewirr beim lauten Beten zu übertönen. Häufig hatten Nichtjuden jüdische Gottesdienste belauscht und nachgeahmt, um sich über die Juden lustig zu machen. Rabbi Alfred Kolatch erklärt das in seinem fundamentalen Werk »Jüdische Welt verstehen« so: »Das Stimmengewirr der Beter sollte nicht weiter zu Spott Anlaß geben; die Instrumentierung kann daher als eine Maßnahme gegen chilul ha-schem (›Schändung des göttlichen Namens‹ durch Nichtjuden) verstanden werden.«[2] Als Beleidigung des Gottesnamens wurde es angesehen, wenn ihn Ungläubige nachäfften und der Lächerlichkeit preisgaben.

Christliche Geistliche setzten sich aus einem ganz anderen Grund für die Orgel als Kirchenmusikinstrument ein. Sie lasen nämlich aus dem »Alten Testament« eine entsprechende Aufforderung heraus. Allerdings bezogen sie sich dabei auf einen ganz banalen Übersetzungsfehler. Der Grundstein für das Mißverständnis wurde bereits vor rund 2300 Jahren gelegt. Damals wurde die hebräische Bibel ins Griechische übersetzt. Probleme traten bei Psalm 150 auf. Da heißt es: »Halleluja! Lobet den Herrn in seinem Heiligtum. Lobet ihn in der Feste seiner Macht! Lobet ihn in seinen Taten, lobet ihn in seiner großen Herrlichkeit!«[3] Dann werden Musikinstrumente aufgezählt, die zum Lobpreis Gottes erklingen sollen: »Lobet ihn mit Posaunen, lobet ihn mit Psalter und Harfen. Lobet ihn mit Pauken und Reigen. Lobet ihn mit Saitenspiel und ›ugaf‹.«[4] Der Übersetzer stand vor einem Rätsel. Ihm war nicht bekannt, welches Instrument mit dem hebräischen Ausdruck ugaf gemeint war. Wie sollte er es dann ins Griechische übersetzen? Geschickt wählte er, seine Verlegenheit überspielend, einen allgemeinen Terminus: »organon«, was allgemein »Musikinstrument« heißt. So war sich der Übersetzer sicher, ugaf mit erfaßt zu haben, worum es sich im konkreten Falle auch gehandelt haben möge.

Im griechischen Text stand dann also – ins Deutsche übertragen: »Lobet ihn mit Pauken und Reigen. Lobet ihn mit Saitenspiel und Musikinstrument.« Doch dann, Jahrhunderte später, kam es zur zweiten Übersetzung, nämlich jetzt aus dem Griechischen ins Deutsche und andere moderne Sprachen. Aus dem griechischen »organon« für Musikinstrument wurde die Orgel. So hieß es dann in mancher deutschen Bibelausgabe im Psalm 150: »Lobet ihn mit der Orgel!«

Sicher ist: Orgeln gab es noch nicht, als Psalm 150 geschrieben wurde. Wenn »organon« nicht mit Orgel übersetzt wurde, kam viel Phantasie ins Spiel. Martin Luther griff für seine letzte, von ihm selbst bearbeitete Bibel »Die gantze Heilige Schrifft Deudsch«, erschienen 1545, zu »Pfeiffen«.[5] Dabei blieb es auch in neueren Ausgaben der Bibel nach D. Martin Luther.[6] Es wurden lediglich, der modernen Rechtschreibung entsprechend, aus »Pfeiffen« mit drei F »Pfeifen«. Bei Leopold Zunz finden wir »Flöten«.[7] Martin Buber entschied sich für »Schalmei«.[8] Prof. Dr. Pinchas Lapide ist am ehrlichsten. Er gibt zu, daß wir nicht so recht wissen, welches Instrument wirklich gemeint war. Er mutmaßt: »vermutlich ein Blasinstrument«.[9]

Übrigens: Orgeln sind in der elektronischen Internetversion der englischen »Holy Bible, King James Version« erhalten geblieben: »Praise him with stringed instruments and organs.«[10] (»Lobe ihn mit Saiteninstrumenten und Orgel.«)

Fazit: Genaueres weiß man nicht. Und: Wer meint, Bibelübersetzungen seien wissenschaftlich exakt, wortgetreu übertragen, der irrt. Manchmal ist rege Phantasie im Spiel! Und häufig gehen im Hebräischen verankerte Botschaften und Informationen selbst bei der besten Übersetzung verloren. Kritisch merkte der Schweizer Theologe Martin Koestler an: »Eine für alle Zeiten gültige Übersetzung läßt sich nie herstellen.«[11]

Propheten waren keine Hellseher Wie stellen wir uns einen biblischen Propheten vor? Als einen weißhaarigen älteren Mann mit einer dicken Buchrolle unter dem Arm? Als eine charismatische Persönlichkeit mit wallendem Rauschebart, versehen mit der Gabe, in die Zukunft blicken zu können? Als einen biblischen Nostradamus, der seine Zeitgenossen mit vieldeutigen Prognosen über die Zukunft verwirrte?

Dieses Bild vom biblischen Propheten ist falsch. Es beruht

auf einem grundlegenden Irrtum. Auch wenn wir heute unter einem Propheten gewöhnlich einen Hellseher verstehen, so war doch die ursprüngliche Bedeutung eine ganz andere. Der Prophet war zunächst kein Vorher-seher. Die erste Silbe des griechischen Wortes »prophétes« (»pro«) bedeutet »im Namen von« oder »anstelle von«. Ein Prophet ist also ein Mensch, der für einen anderen, im Namen eines anderen Menschen spricht. So hatte der große griechische Philosoph und Denker Aristoteles (384–322 v. Chr.) im zweiten Jahrhundert vor Christus Propheten. Das waren keine Hellseher, sondern Interpretatoren und Kommentatoren. Das entspricht genau der ursprünglichen Bedeutung nach biblischem Verständnis – vor der irrtümlichen Gleichsetzung von »Prophet« und »Hellseher«. So wird Aaron als »Prophet des Mose«[1] bezeichnet. Mose war nicht besonders redegewandt. »Siehe, ich bin ungeschickt zum Reden!«[2], sagt er selbst. Er benötigte einen Propheten, der für ihn sprach.

Martin Buber verdeutscht den Ausdruck mit Künder, um den irreführenden Ausdruck Prophet zu umgehen.[3] Doch auch damit wird er den vielfältigen Aufgaben eines »nabi« (so lautet der hebräische Ausdruck) nicht gerecht. »Propheten« waren Geschichtsschreiber, die die Historie ihres Königs aufzeichneten. Prophet Schemaja etwa war von König Rehabeam als Historiker engagiert worden und verrichtete so sein Prophetenamt.[4]

Propheten musizierten, freilich nicht profan, sondern zum Gottesdienst. So untermalten bei David Propheten den Gottesdienst mit »Harfen, Psaltern und Zimbeln«.[5] Sie missionierten wie Jeremia, viele Jahrhunderte vor Paulus.[6] Und sie wirkten medizinische Wunder. Prophet Elia befreite den aramäischen Feldherrn Naaman vom Aussatz.[7] So wie später

Jesus gelang dem Propheten des »Alten Testaments« eine Totenerweckung: Der Sohn der Witwe von Sarepta »wurde wieder lebendig«.[8] So verwundert es nicht, daß es Propheten waren, die »ihre« Könige öffentlich barsch kritisierten und ihnen ihre Verfehlungen vorhielten. So beschimpft Prophet Natan den mächtigen König David vehement: »Du bist der Mann, der die Armen beraubt und Ehebruch begeht!«[9]

Biblische Propheten sprachen nach alttestamentarischem Verständnis für Gott. Sie redeten ihm aber nicht nach dem Munde, sondern übten auch lautstark heftig Kritik an ihm. Der Prophet Habakuk beklagt sich bei Gott über das Unglück in der Welt: »Dies ist die Last, die der Prophet Habakuk geschaut hat. Herr, wie lange soll ich schreien, und du willst nicht hören? Wie lange soll ich zu dir rufen: Frevel, und du willst nicht helfen? Warum läßt du mich Bosheit sehen und siehst dem Jammer zu? Raub und Frevel sind vor mir. Es geht Gewalt vor Recht. Darum ist das Gesetz ohnmächtig und die rechte Sache kann nie gewinnen, denn der Gottlose übervorteilt den Gerechten, darum ergehen verkehrte Urteile.«[10] Ähnlich provokativ fragt auch der Prophet Jeremia: »Dennoch muß ich vom Recht mit dir (Gott) reden! Warum geht's den Gottlosen so gut und die Abtrünnigen haben alles in Fülle?«[11]

Bei der Vielfalt prophetischer Arbeitsbereiche, gibt es nicht auch Vorhersagen für die Zukunft aus Prophetenmund? Wirkten sie also doch auch als Hellseher, wie es nach unserem Verständnis Propheten tun? Verkündeten sie nicht auch Ereignisse von übermorgen? Ein typisches Beispiel ist der Prophet Jonas. Gott erwählt ihn zu seinem Propheten, wogegen sich Jonas zunächst vehement wehrt. Er will sich seiner ihm zugedachten Aufgabe durch Flucht entziehen. Das gelingt ihm nicht. Schließlich tritt er dann doch wie befohlen vor den König von Ninive und verkündet den Untergang der großen Metropole: »Es sind noch vierzig Tage, dann wird Ninive untergehen!« Prophezeit er also doch als ein biblischer Nostradamus die unabänderliche Zukunft? Keineswegs. Ninive bekehrt sich, die von Jonas prognostizierte Vernichtung bleibt aus. War also Jonas ein falscher Prophet, weil er etwas vorausgesagt hat, was dann nicht eintraf?

Professor Dr. Pinchas Lapide, jüdischer Theologe und profunder Kenner des »Alten« wie des »Neuen Testaments«: »Vor allem aber war es die hauptsächliche Aufgabe der ›Propheten‹, als Gewissen des Volkes die Sehnsucht nach dem Rechten und Guten zu erwecken ... Im Grunde ist die Mitte der Gesamtbotschaft aller Propheten ein einziger lautstarker Appell zur Abkehr von Vergötzung von Dingen wie etwa Reichtum ... Dieser Prophetenschrei kann als Mahnrede, als schroffe Zurechtweisung, in Form von furchterregenden Wehrufen erfolgen. Kurzum, die ›Propheten‹ beschäftigen sich mit allem möglichen – oft auch unmöglichen – mit einer bemerkenswerten Ausnahme: der eigentlichen Prophetie im klassischen Sinne des Wortes, nämlich als das Vorhersagen der Zukunft.«[12] Propheten waren also äußerst vielseitig begabt. Nur Hellseher waren sie nicht.

Quellen: Irrt die Wissenschaft? Die theologische Wissenschaft ist sich weitestgehend darin einig, daß die Bibel am besten mit einem großen Mosaik zu vergleichen ist. Unbekannte Redakteure schrieben aus älteren Texten ab und fügten dann die Einzelteile zu einem Gesamtbild des »Alten Testaments« zusammen.

Für die Kreation des »Alten Testaments« wurden angeblich drei Quellen genutzt: Der jahwistische Text, der elohistische

schlief ein. Und er nahm eine seiner Rippen und schloß die Stelle mit Fleisch. Und Gott baute ein Weib aus der Rippe.« So beschreibt die Bibel die Erschaffung der ersten Frau.[1] Vordergründig betrachtet ist der Text richtig aus dem Hebräischen übersetzt worden. Und doch irrt der Übersetzer, wenn er meint, auch den tieferen Sinn richtig vermittelt zu haben. Der bleibt verborgen. Er läßt sich nicht durch Übersetzung von Worten übertragen, denn er steckt nicht im Wort, sondern im Bild. Der Zeitgenosse lächelt milde über die naive Darstellung. Dabei war der Vers vor Jahrtausenden geradezu revolutionär.

Im alten Orient war die Stellung der Frau alles andere als gleichberechtigt. Heinrich A. Mertens faßt in seinem grundlegenden »Handbuch der Bibelkunde« zusammen: »Die Frau bedeutete nicht viel. Der Mann herrschte. Bei einer Geburt zählten nur die Söhne. Eine Mutter wurde um der Söhne willen, die sie geboren, geehrt – wenn sie geehrt wurde. Die Frau war Sklavin, Arbeitstier, ja sie galt weithin nicht einmal als Mensch. Sie war Besitz, wie das Vieh. Man kaufte sich eine Frau, weil man sie zur ›Zucht‹ brauchte. Die Väter gaben sie aber nicht ohne Gegengabe her, weil sie mit ihrer Tochter eine Arbeitskraft verloren.«[2]

Diese geringe Stellung der Frau kann man auch aus dem Bibelvers herauslesen, wenn man will: Die Frau wird aus einem Knochen des Mannes gemacht. Ist sie damit minderwertiger als der von Gott selbst kreierte Mann? Diese Interpretation ist nur möglich, wenn man die Übersetzung in dürren Worten liest und nicht das biblische Bild interpretiert. Im Zentrum des »Bildes« steht »zela«. Es kann auch mit »Rippe« übersetzt werden, aber diese Bedeutung ist eher selten. Häufiger wird es bei Gebäuden, bei der Bundeslade oder beim Tempel von Jerusalem eingesetzt. »Rippe« paßt dann gar nicht. Im Wörterbuch finden wir: »Rippe; Seite; Seitenraum, Anbau; Turmflügel; Brett; Tragbalken«.[3]

Prof. Hans Schindler-Bellamy: »Der Bibel-Bericht sagt aus, daß Eva nicht aus einer Rippe Adams gefertigt wurde, sondern daß sie von seiner Seite genommen wurde. Sie ist damit nach rabbinischem Verständnis dem Mann ebenbürtig, ihm gleichwertig.«[4]

Prof. Dr. Pinchas Lapide, jüdischer Theologe und Religionswissenschaftler von Rang, pflichtet bei: »Der Tatsache, daß Eva aus einer Seite Adams entstanden ist, gewinnen die Rabbiner einen tieferen Sinn ab. Hätte Gott der Frau beschieden, über den Mann zu herrschen, so hätte er sie aus Adams Kopf geschaffen – wie etwa Pallas Athene, die Schutzgöttin der Griechen, aus dem Haupt des Zeus gebildet wurde. Hätte Er ihr hingegen beschieden, Adams Sklavin zu sein, so hätte Er sie aus dessen Füßen gestaltet (gemäß der Bildhaftigkeit der orientalischen Symbolik). Er aber nahm sie aus Adams Seite, weil Er sie zu Adams gleichberechtigter Gefährtin bestimmt hat – auf daß sie beide Seite an Seite den Lebensweg beschreiten und vollenden mögen.«[5]

Ganz im Gegensatz zum orientalischen Denken biblischer Zeiten wird Eva im Bild von der »Rippe« als gleichberechtigte Partnerin gesehen.

Ein Kuriosum am Rande: Der Ursprung des Namens »Eva« ist umstritten. Er könnte sich von »hawwa« (Schlange) herleiten. Das Reptil stand aber zunächst keineswegs für das Böse, sondern für den »Ursprung des Lebens«. Die biblische Verfluchung der Schlange ist jüngeren Datums und steht ganz im Gegensatz zur ursprünglich äußerst positiven Bedeutung.

Manchmal irrt die Bibel, wenn sie einen Standpunkt vertritt, der heute unakzeptabel geworden ist. In der Gleichstellung von Mann und Frau war sie aber schon vor Jahrtausenden ihrer Zeit weit voraus. Ja es wäre wünschenswert, wenn sich heute die biblische Forderung nach Gleichberechtigung wirklich überall durchsetzen würde!

Salomo, der Kleine »So war Salomo Herr über alle Königreiche, vom Euphratstrom bis zum Philisterland, und bis an die Grenze Ägyptens; die brachten ihm Geschenke und dienten ihm sein Leben lang.«[1] So steht es im ersten Buch der Könige. Die historische Wahrheit sieht anders aus! Einen Großkönig Salomo, Herrscher über ein mächtiges Imperium, hat es nie gegeben. »Und Salomo hatte viertausend Gespanne für seine Kriegswagen und zwölftausend Leute für die Pferde. Und die Amtsleute versorgten den König Salomo und alles, was zum Tisch des Königs gehörte, jeder in seinem Monat und ließen es an nichts fehlen«, heißt es weiter.[2] Auch das ist maßlos übertrieben. Hermann Michael Niemann, Professor für »Altes Testament« und »Biblische Archäologie«, wirkte an wichtigen Ausgrabungen vor Ort maßgeblich mit. Mit wissenschaftlicher Akribie gelang ihm der Nachweis, daß Salomo »allenfalls ein ambitionierter Lokalfürst in dem damals noch völlig unbedeutenden, maximal 2000 Bewohner zählenden Jerusalem war«.[3]

Der historische Salomo regierte über bescheidene zweitausend Untertanen. Dann kann er nicht zwölftausend »Leute für die Pferde« gehabt haben. Es ist auch historisch völlig absurd, wenn die Bibel behauptet: »Und aus allen Völkern kam man, zu hören die Weisheit Salomos, und von allen Königen auf Erden, die von seiner Weisheit gehört hatten.«[4] Die Zeitgenossen Salomos außerhalb des kleinen Jerusalem hatten von der Existenz des biblischen Königs keine Ahnung! Und die »Königin von Saba«?

Gleich zwei Mal erzählt die Bibel ausführlich vom Besuch der Königin von Saba bei Salomo: im ersten Buch der Könige und im zweiten Buch der Chronik.[5] Salomos Reichtum und seine Weisheit haben demnach die fremde Regentin in höchstem Maße beeindruckt. Geschenke von unschätzbarem Wert sollen ausgetauscht worden sein. Von wem erhielt Salomo »120 Zentner Gold und sehr viel Spezerei und Edelsteine«?[6] Welcher herrschenden Kollegin »gab Salomo alles, was ihr gefiel und was sie erbat, außer dem, was er ihr von sich aus gab«?[7] Die Bibel nennt nur ihren Titel: Königin von Saba. Wo aber lag ihr Königreich? Lag es in Arabien, im Gebiet des heutigen Jemen? Oder im südwestlichen Arabien? War die Königin Äthiopierin? In jenen exotischen Gefilden gab es einige Herrscherinnen. Für welche Kandidatin man sich auch entscheidet, sie ist falsch. Salomo kann keine »Königin von Saba« getroffen haben, weil er um 1000 v. Chr. regierte (etwa von 1037–998 v. Chr.), die Damen aber mehrere Jahrhunderte später.

Wie steht es um die Geschichtlichkeit der Bautätigkeit Salomos, die in den Kapiteln 6 und 7 des ersten Buches der Könige so begeistert geschildert wird? Glaubt man der Bibel, so muß Salomo ein gewaltiges Vermögen aufgewandt haben, um den heiligen Gottestempel und die königlichen Paläste in verschwenderischer Pracht erstehen zu lassen. So exakt die Zahlenangaben der Bibel auch sind, so verschwenderisch der unbekannte Autor Gold verbauen läßt, so enttäuschend ist die geschichtliche Wahrheit. Es gibt kein nennenswertes Bauwerk von überdurchschnittlicher Größe, das tatsächlich so, wie die Bibel behauptet, von Salomo errichtet wurde. 1937 wähnte sich Nelson Glueck, Mitglied der fast schon legendären »American School of Oriental Research«, auf den Spuren Salomos.

In den folgenden Jahren gab es immer wieder Ausgrabungen. Voreilige Schlüsse wurden gezogen, Mauerreste als Hinweise auf Salomos Bauwut gedeutet. Heute wissen wir aber: Auch die Reste eines Palastes in der altbiblischen Stadt Meggido sind einige Jahrhunderte nach Salomo entstanden.

Die Bibel irrt, wenn sie Salomo einen mächtigen König nennt. Sie irrt auch, wenn sie ihm gewaltige Baumaßnahmen und großen Reichtum zuschreibt. War also Salomo kein Großer in der Politik, sondern ein Literat von beachtlichem Format? Zu den schönsten Zeugnissen des »Alten Testaments« zählen die umfangreichen Texte »Das Hohelied Salomos«, »Die Sprüche Salomos« und »Der Prediger Salomo«.

»Das Hohelied« wird in der hebräischen Überschrift als »schönstes Lied« Salomos bezeichnet, der ja 1005 Lieder verfaßt haben soll.[8] Vermutlich war die angebliche Autorenschaft des legendären Königs der wesentliche Grund, warum der Text in die Bibel aufgenommen wurde. Religiösen Charakter hat das Werk nämlich nicht! Gott kommt darin (wie sonst nur im Buch Esther) überhaupt nicht vor. In allen übrigen Bibelbüchern ist das anders: Stets wird das Wirken Gottes hervorgehoben. Es geht im »Hohenlied« vielmehr um Eindeutiges, wie Prof. Dr. Fohrer in seinem grundlegenden Werk »Einleitung in das Alte Testament« völlig zutreffend betont, um »die Liebe zwischen Mann und Frau«.[9] Umstritten ist in der Theologie letztlich, ob es sich um weltlich-erotische Dichtung oder um umgearbeitete religiöse Texte aus heidnischer Zeit handelt. Überliefert das Hohelied erotische Liebeslyrik oder Erinnerungen an uralte Götterkulte und rituelle Paarungen zwischen männlichen und weiblichen Himmlischen?[10]

Prof. Dr. Fohrer kritisiert, daß seit nunmehr fast 2000 Jahren den Texten nachträglich ein vermeintlich religiöser Sinn beigemessen wird. Da werden dann aus einem Liebespaar Christus und die Kirche, die einzelne Seele oder Maria.[11]

Die eindeutige Bedeutung der Lieder wird bei der Lektüre unzweideutig offenbar: »Er küsse mich mit dem Kusse seines Mundes: denn deine Liebe ist lieblicher als Wein.«[12] Und: »Wo ist denn dein Freund hingegangen, o du Schönste unter den Frauen? So wollen wir ihn mit dir suchen!«[13] Oder: »Wie schön ist dein Gang in den Schuhen, du Fürstentochter! Die Rundung deiner Hüfte ist wie ein Halsgeschmeide, das des Meisters Hand gemacht hat. Dein Schoß ist wie ein runder Becher, dem nimmer Getränk mangelt. Deine beiden Brüste sind wie junge Zwillinge von Gazellen. Dein Wuchs ist wie ein Palmenbaum, deine Brüste gleichen den Weintrauben. Laß deinen Mund sein wie guten Wein, der meinem Gaumen glatt eingeht und Lippen und Zähne mir netzt.«[14]

Nicht minder deutlich: »Meinem Freund gehöre ich, und nach mir steht sein Verlangen. Komm, mein Freund, laß uns aufs Feld hinausgehen und unter Zyperblumen die Nacht verbringen!«[15] Eine sorgsame textkritische Analyse ergibt eindeutig, daß das »Hohelied Salomos« als Ergebnis einer Verarbeitung ursprünglich selbständiger Einzellieder entstand. Vermutlich wurden mindestens zwei eigenständige Textsammlungen verarbeitet. Mindestens acht Textsammlungen dienten als Quellen für »Die Sprüche Salomos«. Weder »Das Hohelied« noch »Die Sprüche Salomos« entstanden zu Zeiten Salomos. Der legendäre König scheidet also als Verfasser aus. Das Buch Prediger beanspruchte ursprünglich gar nicht, aus der Feder Salomos zu stammen. In der hebräischen Überschrift heißt es lediglich: »Worte des Qohelet, des Sohnes Davids, des Königs in Jerusalem«.

Was »Qohelet« bedeutet, ist unklar. Gibt es eine Verwandtschaft zum hebräischen »kahal«? Kahal heißt Versammlung. Ist also Qohelet ein Titel einer Person, die etwas mit der Versammlung zu tun hat? Gemeint sein könnte »Prediger«, aber auch »Lehrer« oder »Leiter der Versammlung«. Die Übersetzung des Buchtitels mit »Der Prediger« ist also willkürlich und könnte falsch sein. Ebenso berechtigt wären »Versammlungsleiter« oder »Der zur Versammlung ruft«. Und übersetzt man streng wörtlich, dann stellt man fest, daß der Ausdruck im Hebräischen weiblich ist. Dann müßte eigentlich in unseren Bibeltexten »Predigerin« oder »Versammlungsleiterin« stehen.

»Die Sprüche Salomos« und »Das Hohelied« stammen nicht von Salomo. Auch »Der Prediger« wurde nicht von Salomo geschrieben. Klipp und klar stellt Prof. Dr. Fohrer fest: »Davon, daß Salomo der Verfasser wäre, kann freilich keine Rede sein. Die Herleitung von ihm ist eine schriftstellerische Einkleidung, die nicht folgerichtig durchgeführt wird.«[16] Fohrer erkennt: Der unbekannte Autor ahmte eine alte ägyptische Sitte nach, Weisheitslehren unbekannten Ursprungs auf einen früheren König zurückzuführen. Fohrer weiter: »In Wirklichkeit ist der Verfasser ein dem Namen nach unbekannter Weisheitslehrer.«[17]

Eine kritische Auseinandersetzung mit dem biblischen Salomo führt zu ernüchternden Erkenntnissen. Historische Wirklichkeit und Bibeltext stehen in allen zentralen Punkten in eklatantem Widerspruch zueinander: Salomo war in Wirklichkeit kein Beherrscher eines Großreiches, sondern ein unbedeutender Lokalfürst mit einer Handvoll von Untergebenen. Er war kein Bauherr von Bedeutung. Er wurde nicht von der Königin von Saba besucht. Und die ihm zugeschriebenen Bücher der Bibel stammen weder von ihm, noch von Zeitgenossen. Historisch betrachtet, schrumpft der große biblische Salomo zum kleinen zusammen.

Schöpfungsberichte: Irrtümer und Widersprüche »Die Schöpfung« lautet die erste Kapitelüberschrift über dem ersten Kapitel des ersten Buches Mose. Wer den Text sorgsam liest, der entdeckt, daß es nicht einen, sondern gleich zwei Schöpfungsberichte gibt.[1]

Studiert man den ersten der beiden Schöpfungsberichte, so entdeckt man gleich massive Irrtümer. Bekanntlich kreist die Erde um die Sonne und dreht sich dabei um die eigene Achse. Tag ist stets auf der Seite der Erde, die der Sonne zugewandt, Nacht ist auf der Seite der Erde, die der Sonne abgewandt ist. Die Sonne ist für den Tag-Nacht-Rhythmus auf der Erde verantwortlich. Im Schöpfungsbericht werden aber Tag und Nacht bereits am ersten Schöpfungstag vor der Sonne »geschaffen«. Wie kann es aber Tag werden, wenn die Sonne noch gar nicht existiert? Gott befiehlt einfach: »Es werde Licht! Und es ward Licht. Und Gott sah, daß das Licht gut war. Da schied Gott das Licht von der Finsternis. Aus Abend und Morgen der erste Tag.«[2]

Wie kann es die Einteilung in Tag und Nacht geben, wenn die Sonne noch gar nicht existiert? Wie kann es Licht und Finsternis geben, ohne daß es die Sonne gibt? Und obwohl der Text gleich zu Beginn vermerkt, daß Gott Licht und Dunkelheit trennte, wiederholt er diese eigentlich nun überflüssige Arbeit am vierten Tag.

Gras, Kräuter und Bäume können nur gedeihen, wenn sie regelmäßig von der Sonne beschienen werden. Im Schöpfungsbericht aber entstehen sie wie der Tag-Nacht-Rhythmus *vor* der Sonne, die in der Bibel erst am vierten Schöpfungstag das Licht der Welt erblickt.

Im ersten Schöpfungsbericht kreiert Gott zunächst die Tiere. Erst am Schluß seiner Arbeit, kurz bevor er sich am siebenten Tag ausruht, macht er den Menschen. Im zweiten Schöpfungsbericht ist es umgekehrt. Die Tiere sollen dem Mann die Einsamkeit vertreiben. Eine Gefährtin findet sich aber nicht für den Menschen unter den Tieren. Gott »narkotisiert« den Menschen und baut aus einer seiner Rippen die Frau.

Im ersten Schöpfungsbericht werden die Vögel von Gott am fünften, die übrigen Tiere am sechsten Tag erzeugt, also an zwei verschiedenen Tagen in zwei Schritten. Im zweiten Schöpfungsbericht geschieht dies beides an einem einzigen Tag.

Im ersten Schöpfungsbericht erschafft Gott das erste Menschenpaar nach seinem Bilde. Im zweiten Schöpfungsbericht nimmt Gott zunächst den Mann und setzt ihn in den Garten Eden. Erst später stellte er die Frau aus einer Rippe Adams her. Der Mensch ist das Ebenbild Gottes, nach seinem Bilde von Gott erschaffen. Im zweiten Bericht ist das ganz anders! Von einer Ähnlichkeit oder Gleichheit des Menschen mit seinem Schöpfer ist da nicht die Rede. Erst durch den Genuß der verbotenen Frucht[3] wird der Mensch wie Gott.[4] Was im ersten Schöpfungsakt erwünscht ist, das ist in der zweiten Version verboten und wird bestraft. Der Sündenfall kommt erst im zweiten Bericht zur Sprache. Der erste weiß davon noch nichts:

Im ersten Report dürfen die Menschen von allen Bäumen essen. Ein Verbot einer bestimmten Frucht wird nicht ausgesprochen. Erst im zweiten Bericht heißt es, daß vom Baum der Erkenntnis nicht gekostet werden dürfe. Warum weiß der erste Bericht davon nichts?

Die Rolle, die Adam und Eva zu spielen haben, ist in beiden

Texten keineswegs die gleiche. Im ersten Bericht erhalten die ersten Menschen ausdrücklich den Befehl, sich alles untertan zu machen und über alles zu herrschen. Im zweiten Bericht hingegen lautet der Auftrag anders! Der Garten Eden soll bebaut und bewahrt werden.[5]

Zwei Schöpfungsberichte stehen am Anfang der Bibel: Sie weisen Irrtümer und Widersprüche auf. Es wurde nicht der geringste Versuch unternommen, die Texte zu harmonisieren.

Seele: Kein Unterschied zwischen Mensch und Tier …, sagt die Bibel! Seelsorger ist eine weitverbreitete Berufsbezeichnung für den christlichen Geistlichen. So wie sich etwa ein Gastwirt um das leibliche Wohl der Menschen kümmert, die bei ihm speisen, so ist der Pfarrer mit der Sorge um die Seele betraut. Nach christlicher Lehrmeinung ist es nicht zuletzt die Seele, die den Menschen zur Krönung der Schöpfung macht. Als minderwertig wird das Tier angesehen. Der US-Theologe Dr. John R. Rice bringt diesen Standpunkt auf den Punkt: »Ich glaube, die Bibel sagt klar, daß Tiere keine unsterbliche Seele haben im Sinne, wie Menschen eine besitzen. Sie sind nicht nach dem Bilde Gottes gemacht. Sie haben kein Leben nach dem Tode.«[1]

Unterscheidet die Bibel wirklich zwischen dem Menschen als beseeltes und dem Tier als seelenloses Wesen? Das Gegenteil ist der Fall. Im Prediger Salomo wird klipp und klar ausgesagt, daß es diesen angeblichen Unterschied nach biblischem Verständnis nicht gibt: »Denn es geht dem Menschen wie dem Vieh. Wie dies stirbt, so stirbt auch er. Und sie haben alle einen Odem. Und der Mensch hat nichts voraus vor dem Vieh, denn es ist alles eitel. Es fährt alles an einen Ort. Es ist alles aus Staub geworden und wird wieder zu Staub. Wer weiß, ob der Odem der Menschen aufwärts fahre und der Odem des Viehs hinab unter die Erde fahre.«[2]

Der Text ist in seiner Aussage eindeutig: Der Mensch hat dem Tier nichts voraus, also auch nicht die Seele. Demnach sind also Mensch und Tier beseelte Wesen. Mensch und Tier besitzen, so der Text im Hebräischen, »ruach«. Dieser »ruach« begegnet uns ganz zu Anfang des ersten Buches Mose: »Und die Erde war wüst und leer, und es war finster auf der Tiefe. Und der Geist (ruach) Gottes schwebte auf dem Wasser.«[3]

Schon zu Beginn der Schöpfung gab es ruach Gottes. Und »ruach« besitzen laut Prediger Salomo Mensch wie Tier.

Der Mensch hat nach christlicher Lehrmeinung eine Seele. Sie ist heilig, weil sie von Gott selbst erschaffen wurde. Dies hielt Papst Pius XII. in seiner Enzyklika »Humani generis« 1950 ausdrücklich fest. Diese Aussage basiert auf einer klaren Aussage im 1. Buch Mose. Da heißt es: »Da machte Gott der Herr den Menschen aus Erde vom Acker und blies ihm den Odem des Lebens in seine Nase. Und so war der Mensch ein lebendes Wesen.«[4]

Gott formt also den Leib des Menschen aus Erde und bläst ihm etwas ein: den Odem des Lebens. Dieser Odem ist der göttliche Anteil des Menschen. Durch diesen göttlichen Akt wird nach dem biblischen Text der Mensch ein »lebendes Wesen«. Nehmen wir den hebräischen Text zur Hand, so stellen wir fest, daß die Übersetzung falsch ist. Wortwörtlich übersetzt müßte es heißen: »Da machte Gott der Herr den Menschen aus Erde vom Acker und blies ihm den lebenden Atem in seine Nase. Und so wurde der Mensch ein beseeltes Wesen.« Im Falle des Menschen steht im Hebräischen »nephesch hayyah«.

Unterscheidet nun der Schöpfungsbericht zwischen dem

Menschen als beseeltes Wesen und dem Tier als nur lebendem Wesen? Nein! Ein Blick in den hebräischen Text zeigt eindeutig, daß auch den Tieren eine Seele zugesprochen wird!

– Und Gott sprach weiter: »Die Wasser sollen ein Gewimmel lebender Seelen hervorwimmeln …«[5]

– »Und Gott machte sich daran, die großen Seeungeheuer zu erschaffen, und jede lebende Seele, welche sich regt, welche die Wasser hervorwimmelten nach ihren Arten …«[6]

– »Und Gott sprach weiter: Die Erde bringe lebende Seelen nach ihren Arten hervor, Haustiere und sich regende Tiere und solche, die wild leben …«[7]

– »Und einem jeden wild lebenden Tier der Erde und jedem fliegenden Tier der Himmel und allem, was auf der Erde kriecht und kreucht, darin eine lebende Seele ist, habe ich alle grünen Pflanzen zur Speise gegeben.«[8]

In scharfen Worten prangert Joseph Wheless den klaren christlichen Irrtum an: Nach der Bibel haben sowohl Mensch als auch Tier eine Seele.[9] Durch falsche Übersetzung wurden die Tiere lediglich lebende Wesen und nur der Mensch korrekt als lebende Seele bezeichnet. Diesen Unterschied macht der hebräische Text nicht!

Nach dem »Katechismus der Katholischen Kirche« gilt: »Die Kirche lehrt, daß jede Geistseele unmittelbar von Gott geschaffen ist – sie wird nicht von den Eltern ›hervorgebracht‹ – und daß sie unsterblich ist: Sie geht nicht zugrunde, wenn sie sich im Tod vom Leibe trennt, und sie wird sich bei der Auferstehung von neuem mit dem Leib vereinen.«[10] Dies muß dann, nachdem laut Bibel Mensch wie Tier beseelt sind, natürlich sowohl für Mensch als auch für Tier gelten. Glaubt man an die Unsterblichkeit der Seele, muß man auch an ein Weiterleben nach dem Tode glauben: und zwar von Mensch und Tier.

Für den gläubigen Christen muß es ein großer Trost sein, im Jenseits nicht nur die geliebten Verstorbenen wiedersehen zu dürfen, sondern auch die treuen Tiere.

Unklar und für den Menschen zu Beginn des dritten Jahrtausends mehr als schwer nachvollziehbar ist die Vorstellung der unsterblichen Seele. Mit dem Tod löst sie sich vom Körper. Irgendwann einmal gibt es eine Auferstehung des Leibes, mit dem sich die Seele dann vereint. Wo sich in der Zwischenzeit die unsterbliche Seele aufhält, verraten weder die Bibel noch der Katechismus.

Eine Aussage des Katechismus allerdings ist nach einer konkreten Aussage der Bibel falsch. Die Seele ist unsterblich, heißt es klipp und klar mit Anspruch auf Allgemeingültigkeit. Nach Hesekiel allerdings wird manche Seele sehr wohl dahingerafft, nämlich die Seele des Sünders. Da aber nach der christlichen Lehre von der Erbsünde jeder Mensch durch seine Geburt ein Sünder ist, müßten konsequenterweise alle Seelen sterben.

Hesekiel besagt eindeutig: »Die Seele, sündigend, wird sterben.«[11] In der Übersetzung wird daraus allerdings: »Denn nur wer sündigt, der soll sterben.« Wurde hier bewußt falsch übersetzt, um die Lehrmeinung von der unsterblichen Seele aufrechtzuerhalten?

Seelsorger ist eine weitverbreitete Berufsbezeichnung für den christlichen Geistlichen. Der Pfarrer ist mit der Sorge um die Seele betraut. Nachdem nach der Basis christlichen Glaubens, nach der Bibel, Mensch wie Tier beseelt sind, müßten sich Geistliche konsequenterweise auch um das Seelenheil der Tiere bemühen. Leider verschwinden die klaren biblischen Aussagen über die Seelen der Tiere durch falsche Übersetzungen. So heißt es in gängigen Übersetzungen eines Verses der »Sprüche Salomos«: »Der Gerechte erbarmt sich seines

Viehs.«[12] Wörtlich steht da allerdings im Hebräischen: »Der Gerechte erbarmt sich der Seele seines Viehs.« Wie soll das geschehen? Durch Verzehr von Tieren?

Terach: Widersprüchliche Altersangaben Im ersten Buch Mose erhält Abram von Gott selbst den Befehl, seine angestammte Heimat Ur zu verlassen und in die Fremde zu ziehen. Zusammen mit seiner Frau Sara macht er sich auf den Weg. Unterwegs baut er seinem Gott Altäre. Unterwegs erfährt er nach und nach, daß Gott Großes mit ihm vorhat. Er soll zum Stammvater aller Völker zwischen Nil und Euphrat werden. Deshalb ändert Gott seinen Namen in Abraham um, was soviel wie »Vater der Völker« heißen soll.[1] Und in der Tat: Gott hält, so das »Alte Testament«, Wort. So wichtig der biblische Abraham auch ist, die Existenz eines historischen Abraham läßt sich bis heute nicht nachweisen. Und die wenigen konkreten biographischen Angaben der Bibel sind widersprüchlich:

Einerseits erfahren wir, daß Terach 70 Jahre alt war, als sein Sohn Abram geboren wurde.[2] Abram machte sich laut Bibel 75 Jahre später, nach dem Tod seines Vaters, auf Wanderschaft.[3] Das ergibt ein stolzes Alter von 145 Jahren für Terach. Andererseits erfahren wir aber auch an anderer Stelle: »Und Terach wurde 205 Jahre alt und starb in Haran.«[4]

Der Widerspruch ist offensichtlich! Welche Angabe aus dem ersten Buch Mose stimmt denn nun? Starb Terach mit 145 Jahren, als Sohn Abram 75 Jahre war, wie die Bibel auf der einen Seite behauptet? Oder wurde Terach 205 Jahre alt, wie die Bibel auf der anderen Seite aussagt? Abram verließ nach Terachs Tod die Heimat mit 75 Jahren. Das hieße aber, daß Terach 130 war und nicht 70 Jahre, als Abram geboren wurde.

Oder: Wenn Terach bei der Geburt Abrams 70 Jahre alt war,

und Terach mit 205 Jahren starb, dann war Abram beim Tod seines Vaters 135 Jahre alt. Um es auf die Spitze zu treiben: War nicht Abram 75 Jahre alt beim Tod des Vaters? Dann verließ Abram die Heimat mit 75 Jahren, nachdem er 135 Jahre gelebt hatte. Fazit: Die unterschiedlichen Altersangaben widersprechen einander!

Teufel – Absturz aus dem Himmel Wie stellen wir uns den Teufel vor? Als ein furchteinflößendes, schwarzes stinkendes Wesen mit Huf und Hörnern, das Blitze schleudert, wenn es wütend wird. Wo ist diese Kreatur beschrieben? In der Bibel? Wer auf diese naheliegende Vermutung kommt, irrt gewaltig. Das auch heute noch weit verbreitete Bild vom Teufel wurde von Papst Gregor I. in seiner Amtszeit (590–604) entworfen. Und zwar als eine Mischung aus diversen heidnischen Göttern. Der Teufel sollte eine Mixtur aus dem nordischen Loki (schwarz), dem germanischen Thor (Gestank), dem griechischen Pan und germanischen Waldgeistern (Hufe) und dem Chef des nordischen Götterhimmels Wotan (Blitze) sein. Dieser Teufel kommt nirgendwo in der Bibel vor, er leistete aber in der frühen Heidenmissionierung gute Dienste.

Unser Wort Teufel geht auf das griechische »diabolos« zurück. Diabolos wiederum ist die Übersetzung des hebräischen »stn« oder Satan. Satan ist im »Alten Testament« nicht wie in der heutigen christlichen Vorstellung das negative Gegenstück zum guten Gott.

Luzifer wurde ursprünglich durchaus eher positiv gesehen, meint Prof. Fohrer. Er hatte eine würdevolle Position inne, war eine Art sorgsamer Staatsanwalt, der die Vergehen der Beschuldigten aufzählt. Er wurde zum Ankläger vor dem himmlischen Gott.[1]

Nach dem Verständnis des »Alten Testaments« war Gott nicht allein, er verfügte vielmehr über eine Art von Hofstaat. Der Psalmist bezeichnet diese Gruppierung um Gott als »Gottesgemeinde«.[2] Buch Hiob beschreibt eine himmlische Zusammenkunft als Konferenz.[3] Gott führt den Vorsitz und stellt Fragen. Zum »Gefolge Gottes«[4] gehört auch Satan. Satan hebt sich von der anonymen Schar der Getreuen Gottes ab. Er widerspricht, provoziert. Schließlich kommt es sogar zu einer Art Wette zwischen Gott und Satan. Wird Hiob fromm und gottesfürchtig bleiben oder vom Glauben abfallen?

Mit Erlaubnis Gottes fügt Satan Hiob und seinen Angehörigen schlimmstes Leid zu, der aber verliert seinen Glauben nicht.

Auch in einer Vision des Propheten Sacharja wird Satan in himmlischen Gefilden gesehen.[5] Er übt die Funktion eines Staatsanwalts im Jenseits aus. Der tote Hohepriester Josua steht vor dem Engel des Herrn, Satan klagt ihn an.

Nach und nach scheint Satan negativer gesehen worden zu sein. Vom Mitglied in Gottes Hofstaat wurde er zum Bösewicht. Das wird deutlich, wenn man zwei Beschreibungen ein und desselben Vorgangs miteinander vergleicht. Es geht um eine Volkszählung. Bei Samuel wird berichtet: »Und der Zorn des Herrn entbrannte abermals gegen Israel, und er reizte David gegen das Volk und sprach: Geh hin, zähle Israel und Juda.«[6] Es ist der wütende Gott selbst, der David dazu bringt, Israel und Juda zählen zu lassen. Im ersten Buch der Chronik ändert sich der Sachverhalt: »Und der Satan stellte sich gegen Israel und reizte David, daß er Israel zählen ließe.«[7] Jetzt ist nicht mehr der zornige Gott die treibende Kraft, sondern Satan! Wie ist das zu erklären?

Der Gott der Bibel wurde nach und nach positiver gezeichnet. Seine negativen Seiten verschwanden allmählich – und gleichzeitig wurde aus dem Angehörigen von Gottes Hofstaat Satan ein Bösewicht! Für den war aber kein Platz mehr im Himmel. Er mußte aus den Gefilden der Guten verschwinden. Dieser Schritt wurde aber erst im »Neuen Testament« vollzogen! Erst im »Neuen Testament« stürzt er aus dem Himmel. Und wiederum Jahrhunderte später entstand der teuflische Luzifer. Um das nachvollziehen zu können, muß man allerdings um mindestens eine Ecke denken können. Hieronymus aus Stridon in Dalmatien (etwa 345–420) übersetzte die Bibel ins Lateinische.[8]

Der gelehrte Bibelkenner kombinierte ein Jesuswort mit einem alten Jesajatext. Da heißt es über den Sturz des Königs von Babylon: »Wie bist du vom Himmel gefallen, du schöner Morgenstern!«[9] Hieronymus kombinierte diesen Vers mit einem Jesuswort. Jesus sagte nach Lukas: »Ich sah den Satan vom Himmel fallen wie einen Blitz.«[10] Beide Texte entstanden unabhängig voneinander, haben keinen sachlichen Bezug zueinander. Und doch läßt sich ein Berührungspunkt konstruieren. Und zwar so: Jesaja bezeichnete den Herrscher von Babylon als gefallenen »Morgenstern«. Und den kannte man in der römischen Mythologie als Luzifer. Das war durchaus positiv gedacht, wie man leicht nachempfinden kann! Noch ist es Nacht, die Dunkelheit ist düster, bedrückend. Doch der Tag naht schon. Er hat einen Vorboten, der noch in der Finsternis erscheint, nämlich die Venus. Sie bringt erstes Licht: Venus ist also Luzifer (deutsch: Lichtbringer).

Jesus will nun Satan wie einen Blitz vom Himmel stürzend gesehen haben. Da bei Jesaja der Morgenstern vom Himmel fiel, setzte Hieronymus nun den Satan aus dem Jesuswort mit dem Morgenstern gleich … und so wurde aus Satan der Lichtbringer Luzifer. So entstand das Kuriosum, daß der böse Satan einen positiven Beinamen erhielt!

Durch und durch böse aber wurde der Satan des »Neuen Testaments«. Es ist Satan,

– der Jesus in der Wüste herausforderte: »Und er (Jesus) war in der Wüste vierzig Tage und ward versucht von dem Satan.«[11] Satan wollte Jesus dazu bringen, Gott zu lästern.

– der Judas dazu bringt, Jesus zu verraten: »Es war der Satan gefahren in den Judas, genannt Ischariot, der da war aus der Zahl der Zwölfe.«[12] Erst nachdem der Jünger besessen vom Satan war, ging er zu den Hohenpriestern, um ihnen seinen Herrn gegen Geld auszuliefern. Der Glaube an teuflische Besessenheit führte rund anderthalb Jahrtausende nach Christus zum Hexenwahn, dem Hunderttausende von Menschen, hauptsächlich Frauen (oft mit ihren Tieren), zum Opfer fielen. Sie wurden gefoltert und verbrannt.

– dem der sündige Mensch ausgehändigt wird »zum Verderben des Fleisches«.[13] Satan ist zum Widersacher Gottes geworden.

– der die ganze Welt verführt.[14] Satan ist nunmehr das Böse schlechthin, der die Welt verderben will.

– der noch gebändigt ist, weil ihn ein Engel gefesselt hat.[15]

– der nach seiner Befreiung im apokalyptischen Kampf das Gute zu besiegen versuchen wird.[16]

Den Teufel *der* Bibel, so wie ihn der heutige Volksglaube kennt, gibt es nicht in der Bibel. Aus einem Mitglied von Gottes Hofstaat – »Altes Testament« – ist das böseste Wesen überhaupt – »Neues Testament« – geworden. Diese Entwicklung setzte sich weiter fort. Im Mittelalter brüteten unzählige Theologen über Fragen über den Teufel. *Ein* Teufel genügte nicht mehr. Man fühlte sich von wahren Teufelsheeren bedroht. Phantasiebegabte Theologen errechneten die Gesamtzahl der Teufel auf 7 405 926.[17]

Die Bibel ist menschliches Reden über Gott – und den Teufel. Sie vermittelt nicht feststehende Erkenntnisse, sondern zeigt Entwicklungen in Glaubensfragen auf. Gerade was die Bibel über Satan aussagt, belegt, daß sich der Glauben ständig änderte. Dieser Prozeß wird in der Bibel selbst dokumentiert. Man kann annehmen, daß sich der Glaube auch weiterentwickelt hätte, wäre die Bibel fortgeschrieben worden. Die Konsequenz aus dieser Erkenntnis ist: Muß man nicht Glaubenssätze und Vorschriften der Bibel dahingehend überprüfen, ob sie noch zeitgemäß sind?

Todesstrafe: Was die Bibel alles fordert! Die »Zehn Gebote« sind weithin bekannt. Sie regeln alle Aspekte des menschlichen Lebens. Häufig werden sie mißachtet oder falsch verstanden voreilig vereinnahmt. Ein Beispiel: Seit vielen Jahren wird in den USA über die Todesstrafe diskutiert. Gegner der Todesstrafe verweisen gern auf das biblische Gebot, verzeichnet bei Mose, das da kurz und bündig fordert: »Du sollst nicht töten!«[1]

Im hebräischen Text allerdings wird nicht allgemein jegliches Töten untersagt, sondern ausschließlich das gegen den Buchstaben des Gesetzes verstoßende Morden. Als legitime Tötungsart wird die Hinrichtung von Verbrechern nicht nur geduldet, das »Alte Testament« bejaht eindeutig und fordert die Todesstrafe.

Kapitel 24 des dritten Buches Mose wird in vielen Bibelausgaben mit der Überschrift »Gesetze über die Lampen und Schaubrote« versehen. Wer vermutet unter dieser eher langweilig und für den heutigen Zeitgenossen unwichtig erscheinenden Titulierung ein Gesetz über die Todesstrafe? Und doch heißt es in eben diesem Kapitel eindeutig: »Wer irgendeinen Menschen erschlägt, der soll des Todes sterben.«[2]

Die Bibel befürwortet also die Todesstrafe für Tötungsdelikte der verbotenen Art. Hinrichtungen galten als ebenso legitim wie das Töten im Krieg.

Vorsicht ist geboten! Wer meint, man könne biblisches Rechtsverständnis auf heutige Zeiten übertragen, der irrt gewaltig! Befürworter der Todesstrafe mag es freuen, daß die Bibel auch für das schlimme Delikt der Vergewaltigung die Todesstrafe vorsieht, allerdings in vielen Fällen sowohl für den Täter als auch für das Opfer.

Wenn ein Mann eine verlobte Frau in der Stadt zum Geschlechtsverkehr zwingt, die Frau sich aber nicht hinreichend wehrt, müssen nach der Bibel beide gesteinigt werden![3] Findet die Vergewaltigung einer mit einem anderen Mann verlobten Frau in der freien Natur statt,[4] so kommt das Opfer mit dem Leben davon. Jetzt wird nur der Täter hingerichtet. Ist das Opfer aber nicht verlobt, so ist für die Bibel die Vergewaltigung nicht so schlimm.[5] Jetzt muß der Sittenstrolch dem Vater des Mädchens 50 Silberstücke zahlen, sein Opfer ehelichen und darf sich nicht von ihr scheiden lassen.

»Geschützt« wird nicht nur die verlobte junge Frau, geschützt werden soll auch ihre Jungfräulichkeit. Genauer gesagt, stellt sich heraus, daß eine Frau vor der Ehe ihre »Unschuld« verloren hat, so fordert die Bibel die Todesstrafe für das Mädchen![6] Wenn sich zeigt, daß sie vor Antritt der Ehe nicht mehr Jungfrau war, »so soll man sie heraus vor die Tür des Hauses ihres Vaters führen, und die Leute der Stadt sollen sie zu Tode steinigen, weil sie eine Schandtat in Israel begangen und in ihres Vaters Haus Hurerei betrieben hat. So sollst du das Böse aus deiner Mitte wegtun.«

Das Thema Sexualität scheint die biblischen Rechtsprecher besonders interessiert zu haben. Explizit wurde festgelegt, wer mit wem »keinen Umgang« haben darf. Verstöße werden ausnahmslos mit der Todesstrafe geahndet. Tabu sind zum Beispiel die Frau des eigenen Vaters (leibliche Mutter und Stiefmutter) und die Schwiegertochter.[7] Homosexualität wird ebenso mit dem Tode bestraft[8] wie wenn ein Mann eine Frau heiratet und auch mit ihrer Mutter Sex hat.[9]

Ohne Zweifel kann man die sogenannte antiautoritäre Erziehung ablehnen. Aber die Todesstrafe für widerspenstige Söhne geht doch entschieden zu weit! Genau die fordert die Bibel ausdrücklich: »Wenn jemand einen widerspenstigen und ungehorsamen Sohn hat, der der Stimme seines Vaters und seiner Mutter nicht gehorcht und auch, wenn sie ihn züchtigen, ihnen nicht gehorchen will, so sollen ihn Vater und Mutter ergreifen und zu den Ältesten der Stadt führen und zu dem Tor des Ortes und zu den Ältesten der Stadt sagen: ›Dieser Sohn ist widerspenstig und ungehorsam …‹ So sollen ihn steinigen alle Leute seiner Stadt, daß er sterbe, und du sollst das Böse aus deiner Mitte wegtun.«[10]

Wenn schon »ungeratene Söhne« nach biblischem Rechtsverständnis hinzurichten sind, dann wundert es nicht, daß die gleiche Strafe vorgesehen ist für Kinder, die ihre Eltern verfluchen[11] oder schlagen.[12]

Wem ist nicht schon einmal ein Fluch über die Lippen gekommen? Wer sich beim Umgang mit Werkzeug mit einem Hammer auf den Finger schlägt und ein »Verdammt noch mal« hören läßt, ist ein Flucher und schlimmer Sünder. Nach biblischem Verständnis muß er gesteinigt werden.[13]

Auf diese Weise hingerichtet werden muß auch, wer den Feiertag nicht heiligt. Wer zum Beispiel am Feiertag »Holz aufliest«, der verstößt gegen göttliches Gebot, ist nach biblischem Rechtsempfinden zu Tode zu bringen.[14] Dem Priester ist, fordert biblisches Gebot, mit Respekt zu begegnen und zu gehorchen, andernfalls droht die Todesstrafe![15] Zu verehren ist ausschließlich der offizielle Gott der Bibel Jahwe. Wer andere Götter anbetet, soll gesteinigt werden![16]

Zu Beginn des dritten Jahrtausends ist es alles andere als akzeptabel, wenn dazu aufgerufen wird, Anhänger anderer Religionen zu steinigen. Ebenso ist es nicht akzeptabel, in welch großem Umfang für echte und vermeintliche »Vergehen« die Todesstrafe gefordert wird. Die Texte der Bibel entstanden als Dokumente längst vergangener Zeiten und einer teilweise fremden und sehr befremdlichen Denkweise. Die Strafforderungen des »Alten Testaments« sind auf unsere Zeiten in ihrer Gesamtheit nicht übertragbar! Aus heutiger Sicht irrt die Bibel, wenn sie zum Beispiel freche Kinder oder junge Frauen, die nicht als Jungfrauen heiraten wollen, steinigen läßt.

Turmbau und Sprachverwirrung Die Bibel erzählt eine Vielzahl von Geschichten. Eine der bekanntesten ist die vom Turmbau zu Babel. Bei Mose lesen wir, wenn wir den Text möglichst wortgetreu aus dem hebräischen Original ins Deutsche übertragen:

»Und es war über die Gesamtheit der Erde eine Art von Sprache und einerlei Art von Worten. Und es war, da sie in Richtung Osten zogen: Sie fanden eine Niederung im Lande Schinear und dort ließen sie sich nieder. Und sie sprachen, ein Mann zum anderen Mann: Herbei, wir wollen Backsteine backen und sie brennen zu Gebranntem. Und es war ihnen der gebackene Stein an Stelle des Natursteines und das Erdharz war ihnen statt des Lehmmörtels.

Und sie sprachen: Herbei, wir wollen uns bauen einen Turm, und sein Kopf reiche hinein bis in den Himmel, und wir wollen uns einen Namen machen, auf daß wir nicht verstreut werden weithin über das Angesicht der Gesamtheit der Erde. Und Jahwe fuhr herab, um zu betrachten die Stadt und den Turm, den die Menschen errichteten. Und Jahwe sprach: ›Siehe da, da ist ein Volk und eine Sprache ihm, und es ist nun erst der Anbeginn ihres Handelns und nichts wäre ihnen von nun an zu steil aufragend, von alledem was sie zu tun sich vornehmen. Auf, auf, steigen wir hinab und vermischen wir dort ihre Sprache, auf daß sie nicht verstehen mögen, nicht der eine Mann den Mund des anderen Mannes.‹ Und Jahwe zerstreute sie von dort her weg über das gesamte Angesicht der Erde, und sie gaben es auf, die Stadt zu bauen.

Deshalb nannte man sie beim Namen Babel (Gemenge), denn Jahwe hat vermengt dort die Sprache der Erdenmenschen und von dort her weg zerstreute er sie alle über die Gesamtheit des Angesichts der Erde.«[1]

Die Quintessenz der Story: Aus menschlichem Hochmut wurde ein sehr hoher Turm erbaut. Gott zerstörte empört das Denkmal der irdisch-menschlichen Arroganz. Zur Strafe wurden die Menschen auch noch »verwirrt«. Keiner verstand den anderen mehr. So entstanden, behauptet die Bibel, die verschiedenen Sprachen.

Gleich mehrere Irrtümer fallen auf. Natürlich gab es auch vor dem Turmbau auf der ganzen Welt nicht eine, sondern viele Sprachen. Die absurde These von der angeblichen Einsprachigkeit vor der Zerstörung des Turms zu Babel steht zudem in eklatantem Widerspruch zur Bibel selbst! Nur wenige Verse vor dem Bericht über den »Turmbau zu Babel« heißt es: »Das sind die Söhne Japhets nach ihren Ländern, ihren Sprachen und Geschlechtern und Völkern.«[2] Mit anderen Worten: Schon bevor der Bau des Turms zu Babel begonnen wurde, gab es bereits mehrere Sprachen. Die von der Bibel im elften Kapitel des ersten Buches Mose behauptete Einsprachigkeit der Völker vor dem Turmbau hat es nach dem zehnten Kapitel des gleichen Buches Mose gar nicht gegeben! Wenn das kein Widerspruch ist!

Zudem ist die von der Bibel angebotene sprachliche Erklärung von Babel völlig falsch. Babel hat mit dem hebräischen »balal«, zu deutsch »verwirren«, nichts zu tun. Babel leitet sich eindeutig vom babylonisch-sumerischen »bab-ili« her, zu deutsch von »Tor der Götter«. Damit wird auch schon rein sprachlich klar: Vorbild für den Turmbau ist der babylonische Zikkurat, mehrstufige Türme. Vielleicht dienten sie als Ersatz für heilige Berge rein sakralen Zwecken. Vielleicht wurden sie auch als Observatorien zur Sternbeobachtung benutzt.

Rund zwei Jahrtausende v. Chr. stand das Vorbild für den biblischen Turm, der »Etemenanki« in Babylon, direkt beim Tempel des Gottes Marduk. Errichtet wurde er nicht aus menschlicher Arroganz, nicht zum Hohn, sondern zu Ehren der babylonischen Götter. Hauptgott Marduk stieg nach uralter babylonischer Überlieferung zum Jahresanfang über den Turm vom Himmel zur Erde herab. Dieses Motiv findet sich auch in der Bibel wieder. Auch Jahwe steigt vom Himmel zur Erde herab, ganz wie sein babylonischer Kollege Marduk.

Der unbekannte Autor der Geschichte vom Turmbau versucht mit einer sprachlich unsinnigen Erklärung das großartige Bauwerk in die Geschichte Israels mit einzubeziehen. Unmittelbar auf die Babel-Geschichte folgt das »Geschlechtsregister von Sem bis Abram«.[3] Ein Kuriosum fällt auf. Die biblischen Urväter sollen alle wahrhaft methusalemisch alt geworden sein. Methusalem zum Beispiel soll demnach mit 187 Sohn Lamech gezeugt haben. Erst mit 969 starb er. Die biblische Geschlechterliste basiert auf außerbiblischen, älteren Quellen: Aus den sumerischen Urkönigen wurden die Urväter des Volkes Israel. Schon den sumerischen Urahnen wurden methusalemische Lebensspannen nachgesagt.

Prof. Dr. Georg Fohrer in seinem Standardwerk über das »Alte Testament«: Diese biblischen Berichte »enthalten zu einem sehr großen Teil ursprünglich fremdes Gut, das ihnen im Laufe der Jahrhunderte zugewachsen ist. Wenn man das fremde, nichtisraelische Gut abzieht, dann schmilzt die Patriarchenüberlieferung auf wenige Notizen und Erzählungen zusammen.«[4]

Fazit: Die Story vom »Turmbau zu Babel« ist nicht original biblisch im Ursprung. Sie wurde vom unbekannten Autor übernommen und eingefügt. Ein offensichtlicher Widerspruch zu dem unmittelbar davor stehenden Text entstand. Er wurde beibehalten. Aus Respekt vor den einzelnen Textteilen, die man wie ein Mosaik zusammenfügte, aber nicht abzuändern wagte? So erweist sich die immer noch vertretene Ansicht, die Bücher Mose stammten von einem einzelnen Verfasser, als Irrtum. Schon vor dem Turmbau gab es, so die Aussage der Bibel, mehrere Sprachen und nicht nur eine. Die angebliche babylonische »Sprachverwirrung« hat es nicht gegeben. So realistisch der Bibeltext auch klingt, er beschreibt keine historische Realität.

Unsterblichkeit: Unbekannt im »Alten Testament« Das fünfte Lateran-Konzil legte erst anno 1513 fest, daß der menschliche Leib zwar stirbt, daß der Mensch aber unsterblich ist, weil seine Seele ewiges Leben hat.[1] Das »Alte Testament« allerdings kennt die Vorstellung von Unsterblichkeit nicht. Die Ausdrücke »unsterblich« und »Unsterblichkeit« kommen kein einziges Mal vor. Ausdrücklich wird aber darauf hingewiesen, daß die Seele, die sündigt, sterben soll.[2]

In Griechenland sah man den Tod als Trennung von Leib und Seele an. Der Körper verfiel, die Seele vegetierte als kümmerlicher Schatten in der Unterwelt dahin.

Im »Alten Testament« ist immer wieder vom Tod der Seele die Rede. Allerdings schwindet diese Aussage durch die Kunst der Übersetzung. Für das »Alte Testament« hatte der Mensch keine Seele, der Mensch war Seele. Durch den Schöpfungsakt »wurde der Mensch eine lebende Seele«.[3] War das Leben des Menschen bedroht, so war damit im gleichen Maße auch seine Seele bedroht. Wurde einem Menschen das Leben gerettet, so lebten sein Körper und seine Seele weiter.

Beispiel: Abram gibt seine Frau als seine Schwester aus. Er befürchtet, daß ihn ein Nebenbuhler ermorden würde, sobald bekannt würde, daß Sara seine Frau ist. Abram fürchtet um sein Leben. Dabei unterscheidet er aber nicht zwischen seinem Körper und seiner Seele. Sollte er ermordet werden, dann sterben Körper und Seele. Deshalb bittet er seine Frau: »Sag, du seist meine Schwester, damit ... meine Seele ... bestimmt lebt.«[4]

Lot fürchtet, als er von der drohenden Vernichtung von Sodom und Gomorra hört, nicht nur um sein Leben, sondern auch um seine Seele. Für Lot gibt es da keinen Unterschied. Stirbt sein Leib, dann stirbt auch seine Seele. So bittet er, allerdings nur in der wortgetreuen Übersetzung: »Laß mich entrinnen und meine Seele wird am Leben bleiben!«[5]

Für den gläubigen Menschen des »Alten Testaments« gab es keinen Zweifel: Wer einen Menschen erschlägt, der tötet damit auch seine Seele. Als Josef von seinen eigenen Brüdern ermordet werden sollte, flehte Bruder Ruben: »Laßt uns seine Seele nicht totschlagen!«[6]

Mord soll, so fordert es das mosaische Gesetz, mit dem Tode bestraft werden. Das Gebot hält in der wortgetreuen

Übersetzung exakt fest, worum es geht. Der Mörder vernichtet nicht nur das physische Leben, er löscht auch seine Seele aus. So heißt es im dritten Buch Mose: »Und wenn ein Mann eine Seele eines Menschen totschlägt, so soll er des Todes sterben.« Der Tod der Seele findet sich wiederum nur im hebräischen Original, in den Übersetzungen verschwindet er. Da heißt es dann nur noch:[7] »Wenn jemand einen Menschen erschlägt, der soll des Todes sterben.«[8]

Luther dachte ja auch ganz anders als der unbekannte Autor des biblischen Textes. Für Luther war die Seele unsterblich. Ermordet werden konnte seiner Überzeugung nach nur der Leib, nicht die Seele.

Für den Menschen des »Alten Testaments« waren Seele und Leib nicht nur eine Einheit, sondern wer den toten Leib eines Menschen berührte, der berührte damit auch die tote Seele des Menschen. So heißt es ausdrücklich in den Reinheitsgeboten im vierten Buch Mose: »Jeder der berührt (einen) Toten, die Seele und sich nicht entsündigen will, der macht die Wohnung Gottes unrein.«[9]

Für den gläubigen Menschen des »Alten Testaments« gab es die untrennbare Einheit von Leib und Seele. Die christliche Vorstellung, wonach nach dem physischen Tod die Seele den Körper verläßt und ins Jenseits reist, widerspricht den Aussagen des »Alten Testaments«: Der Mensch wird als Ganzheit aus Leib und Seele gesehen. Und beide, Leib und Seele, sterben. Die Unsterblichkeit gab es für den Menschen des »Alten Testaments« nicht: weder für den Leib, noch für die Seele.

Urknall – oder Schöpfung? Der moderne Mensch glaubt zu Beginn des dritten Jahrtausends nach Christus zu wissen, daß es einen elementaren Gegensatz zwischen biblischer Lehre einerseits und wissenschaftlicher Erkenntnis andererseits gibt. Auf der einen Seite wird angeblich behauptet, daß Gott alles aus dem Nichts erschaffen hat. Dem setzt die Wissenschaft die Idee der Evolution entgegen. Das Universum ist demnach nicht das Produkt göttlichen Wirkens und Handelns, ist nicht urplötzlich erzeugt worden. Vielmehr ist es das Ergebnis eines laufenden Prozesses, der auch heute noch nicht zum Abschluß gekommen ist.

Am Anfang – vor etwa zehn bis zwanzig Milliarden Jahren – gab es demnach noch nicht unser unendliches Universum, so wie wir es heute kennen. Die Materie, aus der Planeten, Sterne, Galaxien und Galaxienhaufen bestehen, die heute auf das gesamte Universum verteilt ist, war in unvorstellbarer Weise verdichtet. Sie war auf die Größe eines mathematischen Punktes konzentriert.

Dieser Urzustand läßt sich nicht wirklich begreifbar machen. Wir können ihn uns nicht wirklich vorstellen. Wie und warum sollten sich unendliche Masse und unendliche Energie zu einem Punkt ohne Ausdehnung und Dimension zusammenziehen? Damit dieser Vorgang möglich wird, ist Energie erforderlich. So kostet es ja auch Kraft, wenn man einen weichen wattigen Schneeball zu einer kleineren »Eiskugel« zusammendrückt. Grundsätzlich gilt: Um etwas (zum Beispiel Materie) von großem Rauminhalt auf ein Etwas von kleinem Rauminhalt zusammenzuquetschen, ist Energie erforderlich. Woher soll diese Energie vor zehn bis zwanzig Milliarden Jahren gekommen sein? Oder gab es von Anfang an nur die Zusammenballung aller Masse und Energie auf einen Punkt? Wo befand sich dieses Superkonzentrat? Wir können uns zur Not, wenn auch schwer, eine winzige Kugel vorstellen, in der sich alle Energie und alle Materie des Universums zusammengezogen hatten.

Da sich aber nach geltender astrophysikalischer Lehrmeinung

das gesamte Universum in eben dieser Miniaturkugel befand, gab es keinen Raum, der sie umgab. Und damit wird unsere Vorstellungskraft über Gebühr strapaziert. Carl Sagan verdeutlicht, wie unbegreifbar dieser Urzustand ist: »Aber man darf sich nun nicht vorstellen, die ganze Materie und Energie wäre irgendwo in einem kleinen Winkel des heutigen Universums hineingepreßt gewesen. Vielmehr war das ganze Universum, Materie und Energie und der Raum, den sie ausfüllten, auf ein äußerst kleines Volumen beschränkt, womit sich nicht viel Raum für Ereignisse bot.«[1]

Nach dieser in der Welt der Wissenschaft weithin akzeptierten Lehre ist das existierende Universum Ergebnis eines evolutionären Ablaufs, der auch heute noch nicht abgeschlossen ist. Der vermeintlich aufgeklärte Zeitgenosse glaubt heute zu wissen, daß den Autoren der Bibel die allmähliche Entwicklung des Universums unbekannt war. Aber ist dem wirklich so? Geht man biblischen Texten des »Alten Testaments« auf den Grund, so entdeckt man einen fundamentalen Irrtum! Die Lehre vom sich ständig ausdehnenden Universum war ursprünglich sehr wohl bekannt. Falsche Übersetzungen irrender »Bibelkundiger« ließen korrekte Aussagen verschwinden. Häufig irrt die Bibel. In Sachen »Schöpfung« verfälschten irrende Übersetzer wahre Aussagen. Es ist endlich an der Zeit, diese fundamentalen Irrtümer aufzuzeigen und durch bessere Übersetzungen zu beseitigen.

Der Prophet Jesaja preist Gottes Größe. Um zu verdeutlichen, wie groß und mächtig Gott ist, weist der biblische Autor darauf hin, daß Gott der Urheber des Universums ist. Ist es doch Gott, der »den Himmel spannt wie einen Schleier«.[2] Bibelforscher Prof. Dr. Hans Schindler-Bellamy hält dies für eine reichlich freie Übertragung.[3] Im Hebräischen lesen wir »kadok«. Der Ausdruck geht auf das hebräische Verb »dakak« zurück.[4]

Seine Bedeutung kann am besten erschlossen werden, wenn man sämtliche Wörter aus semitischen Sprachen heranzieht, die auf die gleiche Wurzel zurückgehen. Dabei begegnen wir dem kleinen, ja unscheinbaren Wort im Ugaritischen, Phönikischen und Akkadischen. Sprachforscher Karel Claeys: »Die Grundbedeutung von ›dakak‹ ist zweifellos, etwas in feine Teilchen zermahlen, zermalmen, zerstoßen.«

Folgerichtig übersetzt er die Aussage von Jesaja anders als alle gängigen Bibelausgaben, hält sich aber genauer an den hebräischen Wortlaut des Originals. Gott breitet demnach die Sternenhimmel »gleich einer Menge Stäubchen aus«.[5] Ausbreiten ist dabei nicht der beste deutsche Begriff. »Natah«: Nach Königs Hebräischwörterbuch verdeutlicht der hebräische Terminus vielmehr weniger eine Bewegung des Ausbreitens (wie eine Decke) als der Expansion, der Ausdehnung also.[6]

Geht man auf den hebräischen Originaltext zurück, so stößt man auf eine in höchstem Maße genau zutreffende Aussage. Gott wird als Erschaffer des Universums angesehen. Aber er kreierte das Universum der Sterne »ausdehnend gleich einer Menge Stäubchen«. Damit wird in leicht poetischer Sprache ausgedrückt, was auch heutige Anhänger der Big-Bang-Theorie vertreten: Die Sterne expandieren wie eine Menge Stäubchen.

Strittig ist zwischen dem Bibelautor und dem heutigen Anhänger der Big-Bang-Theorie nur eine Frage: Wer steckt hinter dem Prozeß der Ausdehnung? Wurde sie von einer wie auch immer gearteten Naturgewalt ausgelöst? Oder wurde sie von Gott veranlaßt?

Irgend etwas löste den Prozeß der Expansion aus. Irgend etwas setzte eine gewaltige Ausdehnung in Gang, an dessen Anfang das unendlich kleine und an dessen Ende das unendlich Große steht. Für den biblischen Wissenden steckt Gott hinter diesem Prinzip, das schon im »Alten Testament« beschrieben wird. Für den heutigen atheistischen Naturwissenschaftler ist es ein anonymes Naturgesetz. Bei Jesaja finden sich noch einige weitere deutliche Hinweise auf Gott als Kraft, die hinter der Ausdehnung des Big Bang steht, allerdings nur in der wörtlichen Übersetzung! Die Aussage der Texte ist so verblüffend korrekt, daß ich gleich mehrere leicht unterschiedliche Formulierungen des identischen Sachverhalts anführen möchte – wortgetreu nach dem hebräischen Text:

– Jesaja: »So spricht der Herr, Jahwe, der geschaffen hat die Himmel ausdehnend …«[7]

– Jesaja: »Ich, Jahwe, bin es, der die Dinge alle erschafft ausdehnend.«[8]

– Jesaja: »Und du hast Jahwe vergessen, welcher gemacht hat die Himmel ausdehnend …«[9]

– Hiob lobt Gott, weil er weise sei und stark an Kraft »die Himmel ausdehnend«.[10]

– Auch der Psalmist frohlockt: »(Jahwe), du bist ausbreitend die Himmel ausdehnend«.[11]

Der Zeitgenosse mag es als naiv empfinden, wenn immer wieder als Urheber der »Ausdehnung« Gott vermutet wird. Er mag getrost statt dessen die Vokabel »Kraft« verwenden. Doch auch der Skeptiker muß zugeben: Schon Autoren des »Alten Testaments« war das Prinzip der ständig anhaltenden Ausdehnung des Universums bekannt. Der Prozeß ist – so steht's richtig im »Alten Testament« – noch keineswegs abgeschlossen. Er hält noch an.[12]

Vegetarismus: Widersprüchliches und Irrtümer Was soll der Mensch nach den Vorschriften der Bibel essen? Fordert der Gott der Bibel den Menschen zum Fleischverzehr auf?

Oder zum Vegetarismus? Die Bibel bietet Antworten, die einander vollkommen widersprechen.

Gleich zu Beginn des ersten Buches Mose weist Gott dem Menschen rein pflanzliche Kost zu: »Hier habe ich euch alle samentragenden Pflanzen gegeben, die es auf der Oberfläche der ganzen Erde gibt, und jeden Baum, an dem es samentragende Früchte gibt. Euch diene es als Speise.«[1] Der Mensch des Paradieses soll also Vegetarier sein. Doch wenige Kapitel später erfolgt ein zweiter Befehl Gottes, der konträr zum ersten steht. Jetzt heißt es, daß der Mensch sich nicht nur von pflanzlicher Kost ernähren soll, jetzt soll ihm auch »jedes sich regende Tier, das am Leben ist … zur Speise dienen«.[2] Soll nun der Mensch als Fleischesser leben oder als Vegetarier? Die konträren Aussagen der Bibel sind widersprüchlich und teilweise unverständlich.

Wie ist denn die Forderung zu verstehen, jedes sich regende Tier, das am Leben ist, solle der Ernährung des Menschen dienen? Wird etwa das Essen von lebenden Tieren verlangt? Das wohl nicht. Offensichtlich vertritt der unbekannte Bibelautor ein Verständnis von »Leben«, das der Mensch zu Beginn des 21. Jahrhunderts nicht nachvollziehen kann. Totes Fleisch ist tabu, lebendes nicht. Als »lebendes Fleisch« wird Fleisch bezeichnet, »das noch lebt in seinem Blut«.[3] Die grausame Konsequenz: Anhänger des judaischen Glaubens schächten Tiere, lassen sie bei lebendigem Leibe ausbluten, bevor ihr Fleisch als eßbar freigegeben wird.

Wie mag es zu dieser Vorstellung gekommen sein? Ein führender, umfangreicher Bibelkommentar versucht es mit Logik. Demnach sollte das Gebot den Menschen vor Krankheit bewahren, die er sich womöglich durch den Verzehr von unhygienischem Fleisch zuziehen könnte.[4] Die vermutete

Menschenfreundlichkeit dieser Vorschrift hält sich allerdings in Grenzen! Denn hygienisch bedenkliches Fleisch durfte auf keinen Fall konsumiert werden. Der Gesetzestreue mußte es, so heißt es wiederum auch bei Mose, »vor die Hunde werfen«.[5] Andererseits durfte es »einem Ausländer« ruhig verkauft werden.[6] Heißt das: Das göttliche Hygienegesetz sollte die Menschen des eigenen Volkes vor unhygienischer Kost bewahren, den Ausländer aber nicht? Bedenkt man, daß in der orientalischen Welt der Hund als niedriges Tier angesehen wurde, so ist die Verachtung ausländischen Menschen gegenüber eklatant. Indirekt werden Hund und Ausländer gleichgesetzt.

Angesichts dieser unakzeptablen Ausländerfeindlichkeit muten biblische Irrtümer auf dem Gebiet der Nahrungsmittelgebote schon wieder skurril-witzig an. Da wird eine Liste aufgereiht von Vögeln, die nicht als Speise dienen dürfen – und die Fledermaus wird als Vogel bezeichnet.[7] Falsch: Die Fledermaus ist ein Säugetier. Da wird der Verzehr von Tieren untersagt, die es gar nicht gibt: »Auch alles kleine Getier, das Flügel hat und auf vier Füßen geht, soll euch ein Greuel sein.«[8]

Andere Tiere wiederum, die es auch nicht gibt, werden als erlaubte Speisen genannt: Tiere, die Flügel und vier Füße haben, die auf der Erde hüpfen.[9]

Hasenbraten ist verboten, sagt die Bibel,[10] angeblich weil der Hase ein Wiederkäuer ist, aber keine durchgespaltenen Klauen hat. Falsch: Der Hase ist kein Wiederkäuer. Noch absurder wird es im fünften Buch Mose. Da heißt es: »Diese Tiere aber sollt ihr nicht essen unter denen, die wiederkäuen und die gespaltene Klauen haben: das Kamel, den Hasen …«[11] Das ist gleich doppelt falsch: Der Hase ist kein Wiederkäuer und der Hase hat keine »gespaltene Klaue«. Tiere mit gespaltener Klaue gibt es nicht, nur solche mit gespaltenem Huf.

Nun kann das hebräische Wort »pars« nicht nur Klaue, sondern auch Huf bedeuten. Um die gespaltene Klaue zu vermeiden, müßte man dann gespaltenen Huf übersetzen. Aber gespaltene Hufe hat ein Hase schon gar nicht.

Fazit: Die Nahrungsvorschriften enthalten einige gravierende Fehler. Sie beweisen, daß Bibelautoren teilweise gewaltig irrten, wenn es um die Zoologie ging. Das weist die entsprechenden Gebote als Menschenworte aus. Niemand wird Gott unterstellen wollen, über teilweise fehlerhafte Grundkenntnisse zu verfügen! Und niemand wird Gott nachsagen, daß er Ausländer schlecht behandelt sehen will!

Walfisch: Jonas und Jesus Ein Übersetzer kann einen biblischen Text wortgetreu übertragen, und dennoch bleibt die wahre Aussage verborgen. Im »Alten Testament« berichtet das kleine Büchlein »Der Prophet Jonas« eine kurze Geschichte, die auch von Theologen gern als märchenhafte Fiktion abgetan wird.

Prophet Jonas bekommt von Gott den Auftrag, nach Ninive zu gehen und dort den 120000 Einwohnern ihr lasterhaftes Leben vorzuhalten und die Zerstörung der Stadt anzukündigen. Jonas will sich diesem himmlischen Auftrag entziehen und flieht auf einem Schiff in die entgegengesetzte Richtung. Gott läßt nun einen fürchterlichen Sturm aufkommen, der das Schiff zu versenken droht. Die Matrosen ermitteln per Losentscheid Jonas als »Schuldigen« an der Misere und werfen ihn nach kurzer Diskussion und mit Jonas' Einverständnis über Bord. Nun schickt Gott einen großen Fisch, der Jonas verschlingt. Erst nach drei Tagen und Nächten wird er wieder ausgespuckt: wohlbehalten und an Land. Jetzt akzeptiert er seinen Auftrag und predigt den Menschen von

Ninive. Seine Worte zeigen Wirkung, die Menschen von Ninive bereuen ihren Lebenswandel und Gott wird milde gestimmt. Er vernichtet Ninive nicht.

Jahrhundertelang wurde über diese Schilderungen heftig diskutiert. Immer wieder wird von skeptischer Seite mit Recht darauf hingewiesen, daß kein noch so großer Walfisch einen Menschen verschlucken und ihn lebendig und gesund nach drei Tagen wieder ausspucken kann. Andererseits fordern Theologen wie Prof. Dr. Gleason L. Archer vom »wahrhaft Gläubigen«, die Story von Jonas im Leib des Wales als Tatsachenbericht zu akzeptieren: »Jesus war überzeugt, daß alles so geschah, wie es das Buch Jonas vermittelt. Deshalb müssen seine wahren Anhänger das auch glauben!«[1]

Wir wissen aber nicht, ob Jesus an »Jonas im Wal« glaubte oder nicht. Wir wissen nur, daß die unbekannten Verfasser der Evangelien nach Matthäus und Lukas davon überzeugt waren, daß Jesus an die Episode mit dem Wal glaubte.[2]

Die Texte des »Alten Testaments« sind nur ein kleiner Ausschnitt sehr umfangreicher jüdischer Literatur. Unzählige Texte wurden nicht in den offiziellen Kanon des »Alten Testaments« aufgenommen. Andere Texte entstanden nach und nach als Ergänzungen und Erklärungen, die der unermüdliche Louis Ginzberg in Jahrzehnte währender Kleinarbeit zusammentrug. Über Jonas heißt es da: »Als Gott die Welt schuf, machte er einen Fisch, der Jonas beherbergen sollte. Er war so groß, daß es der Prophet in seinem Inneren bequem wie in einer geräumigen Synagoge hatte. Die Augen des Fisches dienten Jonas als Fenster und außerdem war da ein Diamant, der so hell schien wie die Sonne am Mittag, so daß Jonas alle Dinge im Meer bis auf den tiefen Grund sehen konnte.«[3]

Des Rätsels Lösung: Man muß einen Text nicht nur Wort

für Wort übersetzen, um ihn zu verstehen. Im Fall von orientalischen Texten werden auch Bilder benützt, die symbolhaft auszulegen sind.

Der Fisch steht in der semitischen Bildsprache für Unruhe, Angst und Unentschlossenheit.[4] Der Walfisch bedeutet dann eine Steigerung. Jonas steht für den Menschen, der versucht, vom Lebensweg abzuweichen, der von Gott für ihn vorgesehen ist. Er lehnt die ihm von Gott zugeteilte Aufgabe ab. Jonas im Wal bedeutet: Jonas ist in großer Unruhe, von großer Angst befallen und unentschlossen. Der Wal spuckt Jonas an Land, Gott bringt ihn wieder auf den richtigen Weg.

Der Bibelleser irrt, der den Text als kuriosen Bericht über ein Ereignis versteht, das sich so wie beschrieben nicht abgespielt haben kann. Erst wenn nicht nur die fremdsprachigen Worte der Bibel, sondern auch symbolhafte Bilder in unsere heutige Sprache übersetzt werden, wird die Aussage der Bibel verständlich. Ob man sie akzeptiert oder nicht, das steht auf einem anderen Blatt.

Weltbilder – Irrtümer der Übersetzer Bis zu seinem Tod am 20. Mai 1506 hielt Kolumbus an seinem Irrtum fest, den westlichen Seeweg nach Indien gefunden zu haben. Und wenn wir heute, mehr als ein halbes Jahrtausend nach der »Entdeckung« Amerikas, an seine abenteuerliche Seereise denken, unterliegen wir nur allzu gern einem uralten Irrtum. Wir stellen uns den wackeren Kolumbus vor, der Johann II., König von Portugal, für seine Idee zu begeistern versuchte. Da die Erde eine Kugel ist, muß man nur weit genug nach Westen segeln, um schließlich in Indien anzukommen. In unserem Gedankenszenario wird Kolumbus höhnisch ausgelacht. Die Erde eine Kugel? Wahnvorstellungen eines Irren!

Wir wissen heute: Niemand hat Kolumbus ausgelacht, weil er wußte, daß unser Planet Kugelgestalt hat. Das war den gebildeten Zeitgenossen des Amerikaentdeckers durchaus vertraut. Es war Kolumbus, der sich irrte, denn er hielt die Erdkugel für sehr viel kleiner, als sie in Wirklichkeit ist. Schon im 12. und 13. Jahrhundert wurde den Studenten aus ganz Europa an den maurischen Universitäten Spaniens das richtige Weltbild von der Kugelgestalt der Erde beigebracht.

Irrig ist auch die Annahme, Kolumbus sei der erste Mensch gewesen, der die Möglichkeit, Indien auf dem Westweg zu erreichen, ins Auge faßte.

Schon der griechische Gelehrte Strabo notierte vor gut zwei Jahrtausenden in seinem siebzehnbändigen enzyklopädischen Werk über die Welt: »Man nimmt an, daß der Umfang der bewohnten Erde etwa 70000 Stadien (13500 Kilometer) beträgt und daß dies die Hälfte des gesamten Kreises sei, auf dem diese Entfernung gemessen wurde. Wie es heißt, würde man, mit Ostwind von Sonnenaufgang segelnd, in ebenso viel Stadien Entfernung zu den Indern gelangen.«[1] Auch der Gelehrte Eratosthenes (um 275–195 v.Chr.) hatte keinen Zweifel: Man mußte nur weit genug über das Meer nach Westen fahren, um irgendwann in Indien anzukommen. Eratosthenes, dem die gewaltige Bibliothek von Alexandria unterstand, errechnete sogar den Umfang der Erdkugel mit 39690 Kilometer erstaunlich genau. Und er hielt es für möglich, ja wahrscheinlich, daß im Weltmeer westlich von Europa noch ein weiterer, bislang unbekannter Kontinent der Entdeckung harrte.

König Johann II. mußte nicht erst von Kolumbus auf die Idee gebracht werden, daß man bei westlicher Seefahrt nach Indien gelangt. Der Herrscher hatte sich bei dem Arzt und Geographen Paolo de Pozzo Toscanelli erkundigt, wie man denn möglichst einfach nach Indien gelangen könne. Der Gelehrte antwortete ihm am 25. Juni 1474 aus Florenz klipp und klar, die Route nach Indien über den Atlantik sei die einfachere als jene um Afrika.

Die Westroute nach Indien war in Europa den gebildeten Zeitgenossen des Kolumbus durchaus vorstellbar, ja fast vertraut. Und doch hatte der selbstbewußte Mann enorme Schwierigkeiten mit seinem Projekt. Warum weigerte sich zum Beispiel König Johann II., Kolumbus zu finanzieren? Lag es etwa am angeblich falschen Weltbild der Bibel, wie es oft behauptet wird? Johann II. glaubte nicht daran, daß die Erde eine flache Scheibe sei. Er hatte nicht die Vorstellung, daß ein Schiff, wenn es nur weit genug gen Westen fährt, schließlich irgendwann den Rand der Erde erreicht und in einen unvorstellbaren Abgrund stürzt. Johann II. war mit der Kugelgestalt der Erde durchaus vertraut. Er hielt das Projekt des Kolumbus nicht etwa für unmöglich, sondern schlicht und einfach für zu teuer.

Abgelehnt wurde Kolumbus' Plan zunächst auch vom spanischen Königshaus. Auch das Königspaar Ferdinand und Isabella hatte zunächst erhebliche Einwände. Eine eigens einberufene Kommission tagte von 1486 bis 1490, um dann den Antrag abzulehnen. Niemand aber hielt Kolumbus entgegen, daß die Erde nach biblischem Verständnis ja eine Scheibe sei. Kein Mitglied der Kommission bezweifelte die Kugelgestalt der Erde. Die Spanier befürchteten unkalkulierbar hohe Ausgaben und unnötige Auseinandersetzungen mit den Portugiesen. Unbekannt ist bis heute, warum das spanische Königshaus 1492 doch einen Vertrag mit Kolumbus unterschrieb und weitreichende Privilegien einräumte. Lange Jahre des Wartens waren für Kolumbus zu Ende. Am 3. August 1492 brach er im

Hafen von Palos auf. Am 12. Oktober 1492 entdeckte er Amerika. So mühsam der Weg zum neuen Kontinent auch war, das vermeintlich falsche biblische Weltbild von der Erde als Scheibe stand seiner wagemutigen Unternehmung zu keinem Zeitpunkt im Wege.

Wir irren uns, wenn wir glauben, Kolumbus sei ausgelacht worden, weil er wußte, daß die Erde eine Kugel ist. Und wir irren nicht minder, wenn wir ein falsches biblisches Weltbild unterstellen. Welches Weltbild hatten denn die Autoren des »Alten Testaments«? Wie sahen sie Erde und Kosmos? Etwa so, wie das vor Jahrtausenden in der Welt des Orients üblich war? Glaubten sie an eine scheibenförmige Erde, die auf massiven Säulen steht wie eine Plattform? Darunter muß man sich das Totenreich vorstellen. Über der Scheibe wölbt sich eine harte Kuppel, an der Sonne und Mond sowie die Sterne kleben wie an einer schlichten Theaterkulisse einer Laienspielbühne. Die Kuppel trennt uns von den himmlischen Wasserspeichern darüber, die gelegentlich ihre Schleusen öffnen kann. Dann regnet es, oder es bricht eine neue Sintflut über uns herein.

So in etwa sah das orientalische Weltbild aus. Entsprechend war auch die Kosmologie der biblischen Autoren, meinen heute fast alle Theologen. Allerdings gibt es nirgendwo im »Alten Testament« eine zusammenhängende Beschreibung, der man entnehmen könnte, wie zu biblischen Zeiten Erde und Weltall gesehen und verstanden wurden. Es gibt einzelne, verstreute Hinweise. Die gilt es nun zu interpretieren. Die Übersetzer gingen vom altorientalischen Weltbild aus und bestätigten ihre von Anfang an feststehende Überzeugung. Irrten die Übersetzer? Vermutlich ist das so!

Geht man nämlich den biblischen Texten auf den hebräischen Grund, dann entdeckt man, daß das Weltbild des »Alten

Testaments« ganz anders gewesen sein kann als in den umliegenden Ländern des Orients! Man kann nur darüber staunen, wie modern und korrekt das biblische Weltbild war. Die Übersetzer ließen vermutlich erstaunliche Erkenntnisse über das wissenschaftlich korrekte Weltbild früher biblischer Autoren gar nicht bewußt verschwinden. Sie waren voreingenommen und lasen nur das aus den Texten heraus, was ihrer Meinung nach nur darin stehen konnte.

Um die ursprüngliche Aussage eines Textes zu erkennen, bedarf es oftmals geradezu detektivischer Recherche.

Beim Propheten Jesaja heißt es lapidar: »Er (Gott Jahwe) thront über dem Kreis der Erde.«[2] Der Bibelübersetzer stellte sich dabei die Erdscheibe vor, die zu Füßen Jahwes lag. Ist das aber auch die Aussage des Originaltextes? Dort heißt es wortwörtlich: »Der (Jahwe) thronend auf ›chug‹ der Erde.«[3]

Was aber ist »chug«? Der Begriff leitet sich vom Verb chagag ab. »Chagag« bedeutete zunächst: sich kreisend drehen oder rotieren. Im weiteren Sinne wurde daraus die tanzende Bewegung, schließlich Feste begehen, zelebrieren. Der niederländische Bibelforscher Karel Claeys kommt nach sorgsamer Überprüfung aller Varianten von »chug« im »Alten Testament« zu folgender Erkenntnis: »Beim Überdenken der einzelnen Begriffe wird deutlich, daß sie alle eine Umspannung, ein Umfassen, ein Bedecken oder Bekleiden eines bestimmten dreidimensionalen Körpers, und zwar eines rundlichen Körpers, bezeichnen.«[4] Nach Claeys muß es sich dabei um die »Kugelschale« oder ganz einfach »die Kugel« gehandelt haben.

Man kann also den eben zitierten Jesajavers auch so übersetzen: »Er (Jahwe) thront über der Kugel der Erde.« Erstaunliche Zusatzinformationen bietet Hiob: »Er (Jahwe) ...

hängt die Erde über das Nichts.«[5] Was Luther mit Nichts übersetzt, heißt im Hebräischen »belimah«. Belimah ist ein zusammengesetztes Wort, bestehend aus »beli« (ohne) und »mah« (etwas). Wenn wir etwas näher beim Hebräischen bleiben wollen: »Er (Jahwe) hängt die Erde über das Nicht-Etwas.«

Nicht-Etwas? In modernere Wissenschaftssprache übersetzt: Vakuum. Kombinieren wir Jesaja mit Hiob: Gott hängte die Erdkugel über das Nicht-Etwas. Wobei der Ausdruck für Kugel das Moment des Drehens enthält. Geht man also den Worten auf den Grund, erhält man diese Information: Die Erde wurde als eine sich drehende Kugel über oder im Vakuum gesehen.

Hinweise auf das Erdinnere dürfen im »Alten Testament« auch nicht fehlen. Nach Psalm 246 gehört unser Planet Gott Jahwe, auch »was darinnen ist«. Was aber ist im Inneren der Erde? Aufschluß gibt wiederum ein Psalm, der in der heutigen Übersetzung eigentlich unverständlich ist. Im Psalm 136 heißt es über Gott Jahwe: »Danket dem Herrn, denn er ist freundlich, und seine Güte währet ewiglich. Der die Erde über den Wassern ausgebreitet hat, und seine Güte währet ewiglich.«[7] Wie ist »der die Erde über den Wassern ausgebreitet hat« zu verstehen?

Wo »majim« im Hebräischen steht, da wird gewöhnlich Wasser übersetzt. Der Sprachkundler und Lexikograph König sieht dies weitaus differenzierter. So schreibt er in seinem Lexikon, »majim« sei zu verstehen als »leicht strömende und zerrinnende Masse«.[8] Unter diesem Gesichtspunkt erhält der Psalmvers eine ganz andere Bedeutung: »Danket dem Herrn, denn er ist freundlich … Der die Erde über der leicht strömenden und zerrinnenden Masse ausgebreitet hat.«

Interessant ist auch das Verb »ausbreiten«. Im Hebräischen wird »raqa« verwendet. Was bedeutet es? Die spezielle, konkrete Bedeutung wird klar, wenn wir uns verwandte Begriffe ansehen: »raq« heißt dünn sein, »raqqah« das Dünne. Ein Vergleich mit stammverwandten Wörtern aus dem Arabischen, Äthiopischen, Assyrischen und Syrischen, aber auch mit dem nachbiblischen Hebräischen legt eine ganz spezielle Bedeutung nahe, wie Karel Claeys ausführt, nämlich, »das Ausbreiten einer dünnen Schicht«.[9]

Eine Überprüfung von drei Vergleichsstellen im »Alten Testament« bestätigt diese Übersetzung. Bei Jesaja wird von einem Künstler berichtet, der ein »Bild gießt«. Der Goldschmied überzieht es dann mit einer dünnen Schicht Goldes.[10] Im zweiten Buch Mose geht es um die Herstellung von Goldplatten, die dünn gehämmert, also ausgedehnt wurden.[11] Auch im vierten Buch Mose wird ein kunsthandwerklicher Vorgang beschrieben: Räucherpfannen wurden zu dünnen Blechen umgearbeitet.[12] In allen Fällen beschreibt »raqa« eindeutig einen konkreten Vorgang, nämlich das Überziehen mit einer dünnen Schicht.

So gelangen wir zu einer wortgetreuen Übersetzung: »Danket dem Herrn, denn er ist freundlich … Der die Erde über der leicht strömenden und zerrinnenden Masse in einer dünnen Schicht ausgebreitet hat.«

Für den Menschen zu Beginn des dritten Jahrtausends gibt es keinen Zweifel an der Kugelgestalt der Erde. Auch über das Erdinnere weiß er Bescheid. Die Erde ist keineswegs ein kompakter, harter Ball. Vielmehr schwimmen die Erdteile, wie es in einem populären Lexikon heißt, »wie Eisschollen im Wasser auf dem schweren magmatischen Untergrund«.[13] Mit anderen Worten: Die Erdteile, die Kontinente und Länder sind eine dünne Schicht Erde, die auf dem aus Magma bestehenden weicheren Erdinneren driftet. Auf dem weich-zähflüssigen Brei ruht eine verhältnismäßig dünne Kruste. Dieser durch moderne geologische Forschungen bestätigte Sachverhalt wird bereits im Psalm 136 äußerst prägnant und zutreffend beschrieben, wenn man den ursprünglichen Sinn des hebräischen Wortlauts sorgsam rekonstruiert: »... Der (Gott Jahwe) die Erde über der leicht strömenden und zerrinnenden Masse in einer dünnen Schicht ausgebreitet hat.«

Das »Alte Testament« ist in hebräischer Sprache verfaßt. Wer meint, es sei leicht, die richtige Übersetzung zu erstellen, irrt. Übersetzen ist häufig nicht von Interpretieren zu unterscheiden. Es gibt selten eine eindeutige Variante. Frühere Übersetzer irrten. Sie unterstellten den Verfassern das falsche Weltbild von der Erde als Scheibe. Etwas anderes durfte im »Alten Testament« nicht stehen. Also übertrugen sie die Texte entsprechend, wobei sie ihre Voreingenommenheit zu bestätigen suchten. Geht man aber unvoreingenommen an die hebräischen Aussagen, versucht man der ursprünglichen Bedeutung der Worte auf den Grund zu gehen, entdeckt man in den uralten Versen ein unglaublich modernes Weltbild: die Kugel Erde im Vakuum des Alls ebenso wie Wissen über die Magmaströme unter der dünnen Erdschicht.

Xerxes – und Esther, das »Kuckucksei« der Bibel Die Bibel erweckt oft bewußt den Anschein, ein genaues Geschichtswerk zu sein. Da gibt es Namen, Titel und Jahreszahlen im Überfluß. Sucht man aber konkret nach großen historischen Persönlichkeiten aus biblischen Zeiten, wird man oft enttäuscht. Der Name des Perserkönigs Xerxes (Regierungszeit 486–465), zum Beispiel, taucht im »Alten Testament« gar nicht auf. Der Kundige weiß: Er verbirgt sich im Buch Esther hinter dem Falschnamen Ahasveros. Oder ist die Bibel doch kein vordergründig weltliches Werk? Ist sie nur eine Sammlung religiöser Texte über das Wirken und Handeln Gottes. Irrtum!

Was wie ein unbestreitbarer Allgemeinplatz klingt, trifft nicht auf die Bibel in ihrer Gesamtheit zu. In einem der biblischen Bücher kommt nämlich Gott überhaupt nicht vor. Der Text ist insgesamt fremdartig unreligiös und paßt überhaupt nicht in die Bibel. Professor Georg Fohrer bezeichnet es als »weltlich«.[1] Aus einem weiteren Grund ist das Buch einzigartig: Wir finden in unseren Bibeln nur einen Teil des ursprünglichen Werkes, nämlich Kapitel 1 bis Kapitel 10, Vers 3.

Luther kommentierte diesen Sachverhalt so: »HJE FOLGEN ETLICHE STÜCKE: SO WIR IM PROpheten Daniel vnd im buch Esther nicht haben wöllen verdeutschen/ Denn wir haben solche Kornblumen ausgerauft/Vnd doch/ das sie nicht verdörben/hie in sonderliche Würtzgertlein oder Bete gesetzt/weil dennoch viel guts/.../... drinnen funden wird.«[2] In die Sprache unserer Tage übertragen: »Hier folgen einige Stücke, die wir vom Propheten Daniel und vom Buch Esther nicht verdeutschen wollten. Denn wir haben solche Kornblumen ausgerissen und doch, damit sie nicht verderben würden, hier in gesonderte Gewürzgärtlein oder Beete gesetzt, weil noch viel Gutes darin gefunden wird.«

Mit anderen Worten: Schon Luther nahm nur ein Bruchstück vom Buch Esther in seine Bibelübersetzung auf. In einem Anhang schob er ergänzende Texte nach. Das komplette Buch Esther ist aber auch bei Luther nicht zu finden.

Worum geht es im Buch Esther? Um Sex and Crime, um Intrigen, blutige Rache und Massenmord. Angetrunken befahl

Perserkönig Ahasveros, die Königin solle seinen Gästen bei einem Zechgelage vorgeführt werden: nackt, nur mit dem Diadem bekleidet, »damit das Volk und die Fürsten ihre Schönheit bewunderten«.[3]

Vasthi, die zeitgleich eine Feier für »die Frauen, die im Palast lebten«, zelebrieren ließ, weigerte sich.[4] Der König sah seine Autorität untergraben und verstieß deshalb die Gemahlin. Im ganzen Reich ließ er nach den schönsten Frauen Ausschau halten. Die Schönsten der Schönen wurden dann ein Jahr lang kosmetisch vorbereitet.

Im Text der Bibel heißt es: »Ihre Pflege brauchte so viel Zeit, nämlich sechs Monate mit Balsam und Myrrhe und sechs Monate mit kostbarer Spezerei und was sonst zur weiblichen Pflege gehört.«[5] Dann erst wurde ein Schönheitswettbewerb durchgeführt. Der König entschied sich schließlich für Esther als Ersatz. Die verheimlichte dem Herrscher, daß sie eine Jüdin aus dem Stamm Benjamin war. Ihr Onkel Mardochai, Türhüter am Königshof, kam einer Verschwörung gegen den Regenten auf die Spur. So machte er sich verdient um das Königreich.[6] Allerdings stieß er den Großadministrator und Stellvertreter des Königs, einen Perser namens Haman, vor den Kopf, verweigerte ihm die Ehrerbietung. Der hohe Beamte fühlte sich von Mardochai nicht seiner Stellung entsprechend behandelt. Haman empfand bald Haß gegen alle Juden und veranlaßte den König, per Gesetz alle Juden töten zu lassen. Der Termin wurde dem Zufall überlassen:

»Im ersten Monat ... wurde das Pur, das Los, geworfen vor Haman ... und das Los fiel auf den dreizehnten Tag im zwölften Monat, das ist der Monat Adar (Februar/März).«[7] Esther erfuhr vom festgelegten Holocaust und nutzte ihren Einfluß auf den Herrscher, um ihre Volksgenossen zu retten. Mehr noch! Sie verlangte, daß nicht die Juden, sondern nun ihre Feinde getötet werden. Der König gehorchte und es kam zu einem grausamen Blutbad. »So metzelten die Juden all ihre Feinde mit dem Schwert nieder!«[8] 75 000 Perser sollen ihr Leben gelassen haben. Großadministrator Haman selbst endete an jenem Galgen, der bereits für Mardochai errichtet worden war. Mardochai aber wurde geehrt und erhielt den hohen Posten seines toten Erzfeindes übertragen.

Das Buch Esther wirkt wie ein Kuckucksei in der Bibel. Es paßt nicht etwa deshalb nicht in den Kontext, weil es um grausames Abschlachten von Feinden geht. Derlei blutrünstige Schilderungen sind so selten nicht im »Alten Testament«. Das Buch Esther fällt aus dem Rahmen, weil nirgendwo auf Gott hingewiesen wird. Da drohte den Juden ein gemeinsames blutiges Ende, aber sie beteten nicht. Sie jammerten und wehklagten, zerrissen ihre Kleider und hüllten sich in Sack und Asche. War das Buch deshalb den Mönchen im Essenerkloster von Qumran zu unreligiös, zu weltlich? Fertigten sie deshalb nicht eine einzige Kopie des Buches an? In den Höhlen von Qumran fanden sich unzählige ganze Schriftrollen und Teile von den Texten des »Alten Testaments«.

Jedes Buch lag meist in mehreren Exemplaren vor. Es gibt nur eine einzige Ausnahme: Nur vom Buch Esther fand sich in Qumran keine Spur. Warum nicht? Uwe Topper meint die Antwort gefunden zu haben: Weil das Buch Esther erst im 12. Jahrhundert geschrieben wurde und daher den Essenern im 1. Jahrhundert nach Christus nicht bekannt gewesen sein kann.[9] Demnach wäre das Buch Esther ein Kuckucksei aus dem Mittelalter und hätte im »Alten Testament« nichts zu suchen. Wann das Buch Esther niedergeschrieben wurde, kann nicht mit Sicherheit gesagt werden. Läßt sich aber die

Geschichtlichkeit der beschriebenen Ereignisse nachweisen? Der unbekannte Autor versucht, seinen Text als einen historischen Tatsachenbericht erscheinen zu lassen. Eine kritische Überprüfung ergibt aber, daß die vorgegebene Historizität ein frommer Wunschtraum ist. Die genannten Jahreszahlen stimmen alle nicht. Ahasveros alias Xerxes kann als historisch identifiziert werden. Alle übrigen Personen sind offensichtlich frei erfunden. Das gilt auch für den Massenmord an den Persern. Selbst wenn die Zahl der Opfer des blutigen Gemetzels stark übertrieben sein sollte, so hätte doch die exakte persische Geschichtsschreibung die vom eigenen König geduldete Ermordung unzähliger Landsleute überliefert. Es ist auch völlig undenkbar, daß ein persischer Herrscher den beschriebenen Rachefeldzug der Juden in seinem Reich gegen seine Landsleute auch nur stillschweigend hingenommen hätte. Und einen Fremden hätte er mit Sicherheit nicht zu seinem Stellvertreter ernannt! Professor Fohrer spricht von »novellistischen und märchenhaften Stoffen«.[10]

In den Gottesdiensten der evangelischen wie der katholischen Kirche spielt das Buch Esther keine Rolle. In der jüdischen Glaubenswelt sieht man es als Erklärung für den Ursprung des Purim, das alljährlich im Frühjahr etwas karnevalartig gefeiert wird. Erst fastet man, dann zecht man ausgiebig, verkleidet sich. Da es aber nicht mit den religiösen Vorschriften der jüdischen Thora beschrieben wird, gilt es als minderes Fest.[11]

Vermutlich wurde das Buch Esther geschrieben, um dem Purimfest rückwirkend einen vermeintlich historischen jüdischen Hintergrund zu geben. Nach alter Tradition muß als Urheber des Festes der Perser Haman angesehen werden. Den Tag, an dem im ganzen Perserreich alle Juden getötet werden sollten, ließ er durch das Los, persisch Pur, bestimmen. Der wahre Ursprung von Purim geht aber weit in vorjüdische Zeiten zurück. Lose, purim, wurden zur Jahreswende gezogen, um einen Blick in die Zukunft zu wagen. Aber auch das Orakelfest, vergleichbar mit unserem Bleigießen zu Silvester, mag noch ältere persische Wurzeln gehabt haben. Vermutlich verschmolzen uralte, weithin in Vergessenheit geratene persische Kultfeiern zu einem neuen Fest, das von der jüdischen Gemeinde übernommen wurde.

Yesod: Verborgene Aussagen Man kann einen biblischen Text richtig übersetzen. Und doch irrt der Leser, wenn er meint, seine Aussage zu kennen. Es gibt nämlich bei biblischen Texten nicht nur die vordergründige Sinnebene, sondern noch zusätzlich eine verborgene, die sich hinter den Worten und in den Worten versteckt. Nach Prof. Dr. Schindler-Bellamy gibt es das Geheimnis von Yesod: die verschlüsselte Bedeutung von Worten, die sich einer Übersetzung entzieht. Der Ausdruck Yesod ist der jüdischen Geheimlehre der Kabbala entlehnt.

Das »Alte Testament« ist in hebräischer Sprache verfaßt. Dabei handelt es sich um eine Konsonantenschrift. Die Vokale wurden beim Verfassen der altehrwürdigen Texte weggelassen. Erst später wurden die Vokale durch besondere Zeichen ergänzend hinzugefügt. Der Hebräischkundige las nicht nur die Texte als Aneinanderreihung von Konsonanten, er studierte sorgsam Wort für Wort und fand verborgene Botschaften, die bei jeder Übersetzung zwangsläufig verschwinden.

Im ersten Buch der Könige lesen wir: »Und siehe, du hast bei dir den Simei, den Sohn Geras, der mich schändlich fluchte.«[1] Die deutsche Übersetzung verrät kaum etwas darüber, was nun dem Simei vorgeworfen wird. Im Hebräischen heißt »Flüche« mit Vokalen »Nimrezet«. In der Konsonantenschrift steht: »nmrzt«. Jeder Buchstabe steht nur als Abkürzung für je ein Wort:

N für »noeph« (Ehebrecher),
M für »Moabiter« (von Ruth abstammend),
R für »rozeach« (Mörder),
Z für »zores« (Gewalttätiger),
T für »thoeb« (Grausamer).[2]

Und schon offenbart sich die Bedeutung, die hinter den Worten steht. Simei wird als arger Unhold beschrieben. Der Nachkomme Ruths soll ein grausamer, gewalttätiger Mensch sein, der Ehebruch begangen und gemordet hat.

Der kundige Leser von Schriften aus dem »Alten Testament« hatte ein schier unerschöpfliches Betätigungsfeld. So galt es zu bedenken, daß jeder Konsonant zugleich auch einen Zahlenwert hatte. Worte konnten also in Zahlen ausgedrückt werden. Auch ermittelte man den Zahlenwert von Worten, indem man die Zahlenwerte ihrer Konsonanten zusammenzählte. Worte mit gleichem Zahlenwert hatten eine innere Verbindung miteinander und durften zudem, davon war man überzeugt, im Text gegeneinander ausgetauscht werden. »Achad« (Einheit) und »ahabha« (Liebe) haben beide den Zahlenwert 13. »Maschiách« (Messias) und »nachásch« (Schlange) haben beide den Zahlenwert 358.

Zahlen wiederum haben eine tiefe, innere Bedeutung, die auch bei Übersetzungen nicht zu erkennen ist. Häufig werden in der Bibel Zeitangaben gemacht. Es ist aber ein Irrtum, anzunehmen, daß sie wörtlich und konkret zu nehmen sind. Auch hier gibt es wieder den tieferen, inneren Sinn. Die »4« zum Beispiel steht für die vier Himmelsrichtungen. Sie ist die »Weltzahl« und steht für die Gesamtheit des Geschaffenen.

Mal zehn genommen ergibt sich die große »Weltzahl«, die für die Perfektion göttlichen Schaffens steht. Liest man das »Alte Testament« gründlich, so fällt eine Häufung der 40 auf. Sie steht nicht im Sinne historischer Korrektheit für reale zeitliche Fristen, sondern symbolisiert die Vollständigkeit allen Geschehens im göttlichen Plan.

Eine Auswahl soll das verdeutlichen: 40 Tage und Nächte ließ Gott es bei der Sintflut regnen.[3] 40 Jahre lang mußte sich das Volk Israel in der Wüste Sinai von Manna ernähren.[4] 40 Tage dauerte die Erkundung des Gelobten Landes.[5] Othniel richtete 40 Jahre lang.[6] Unter Gideon gab es eine Frist von 40 Jahren Frieden.[7] Die Philister unterdrückten Israel 40 Jahre lang.[8] Saul, David und Salomo regierten je 40 Jahre.[9] 40 Tage lang marschierte Elias durch die Wüste zum Berg Horeb.[10] Isaak heiratete mit 40,[11] Esau ebenso.[12]

Eine weitere göttliche Zahl ist die »7«. Sie ist die Zahl der Fülle. 7 Tage dauert die Schöpfung.[13] Der 7. Tag der Schöpfung ist der geheiligte Tag.[14] 7 Paare der »reinen Tiere« soll Noah mit in der Arche unterbringen.[15] Und sind Mensch und Tier erst einmal verstaut, so dauert es noch 7 Tage, bis der Sintflutregen herniederprasselt.[16] 7 Kühe und 7 Ähren stehen in den Träumen des seherischen Josef für 7 gute und 7 magere, schlechte Jahre.[17]

Jakob ist so sehr verliebt in Rahel, daß er bereit ist, dafür 7 Jahre beim Schwiegervater zu arbeiten.[18] Und als der ihm hinterlistigerweise dann Lea als Frau unterschob, mußte er nochmals für den Schwiegervater hart arbeiten: Wiederum 7 Jahre![19]

Die Bedeutung der »7« war auch den Autoren des »Neuen Testaments« wohlvertraut. Wenn beispielsweise gesagt wird, Jesus habe der Maria Magdalena 7 böse Geister ausgetrieben,[20] dann ist damit nicht der genaue Zahlenwert gemeint. Manchmal, so heißt es bei Matthäus,[21] wird ein Geist vertrieben, kommt aber später wieder zurück: mit 7 noch schlimmeren Geistern. 7 Körbe Brot wurden nach Matthäus nach dem Brotwunder aufgelesen, nachdem sich die Massen erst tüchtig satt gegessen hatten.[22] Der Zahl »7« begegnen wir auch in der Apokalypse des Johannes immer wieder. 7 Siegel verschließen das Buch,[23] 7 Engel erscheinen mit den 7 letzten Plagen.[24]

Der heutige Bibelleser muß bei der Lektüre zwangsläufig irren: Weil er nicht erkennen kann, was sich hinter Buchstaben und Zahlen bildhaft oder symbolisch ausgedrückt verbergen kann. Es ist an der Zeit, daß in aktuellen Bibelausgaben auf die Aussagen hinter den Aussagen verwiesen wird. Denn nur dann besteht für jeden die Chance, die Bibel wirklich zu verstehen.

Zahlen: Hier irrt die Bibel! Wer sorgsam die Texte der Bibel studiert, stößt immer wieder auf schnell ermüdende Zahlenangaben, die den Eindruck erwecken (sollen?), daß man ein detailreich-genaues historisches Werk vor sich hat. Doch Vorsicht ist geboten. Oftmals wird ein Sachverhalt an zwei verschiedenen Stellen von verschiedenen Autoren der Bibel beschrieben. Vergleicht man beide Versionen, dann wird deutlich: Einer der beiden Berichterstatter muß sich gewaltig irren. Denn die Zahlen weichen oftmals sehr stark voneinander ab!

Es würde den Rahmen eines Lexikonstichwortes sprengen, wollte man versuchen, auch nur auf die gravierendsten Irrtümer und Widersprüche hinzuweisen. So muß eine kleine, aber typische Auswahl genügen.

Version 1 nach Samuel: »Aber die Aramäer flohen vor Israel und David vernichtete von den Aramäern siebenhundert Wagen und vierzigtausend Mann ...«[1]

Version 2 nach den Chroniken: »Aber die Aramäer flohen vor Israel. Und David vernichtete von den Aramäern siebentausend Wagen und tötete vierzigtausend Mann zu Fuß.«[2]

Wie viele Wagen hat nun David vernichtet? 700 oder 7000? Keine theologische Erklärung kann über diese enorme Zahlendifferenz hinwegtäuschen. Ähnliche Irrtümer gibt es auch in friedlicherem Zusammenhang. Über den angeblichen Tempelbau Salomos, den es tatsächlich nie gegeben hat, finden sich wiederum zwei widersprüchliche Fassungen. Die eine kann im ersten Buch der Könige, die andere im zweiten Buch der Chronik nachgelesen werden. Beide Texte beeindrucken mit wahren Zahlenkolonnen. Die Widersprüche sind evident!

Version 1 nach dem Königsbuch: 3300 Aufseher überwachten die Bauarbeiten.[3]

Version 2 nach dem zweiten Buch der Chronik: Es wurden 3600 Aufseher eingesetzt.[3] Waren es nun 3300 oder 3600 Aufseher?

Enorme Arbeiterheere sollen für den Tempel geschuftet haben: 30000 Fronarbeiter aus ganz Israel, 70000 Lastträger, 80000 Steinhauer![5] Sieben Jahre lang waren gewaltige Menschenmassen mit dem Bauwerk beschäftigt.[6] Bei diesen enormen Zahlen von Arbeitskräften, die in der Geschichte des »Alten Israel« aber nie zur Verfügung standen, stellt sich die Frage: Welche enormen Ausmaße muß der Tempel gehabt haben, damit über sieben Jahre hinweg so viele Menschen mit seinem Bau beschäftigt waren? Hätte nicht ein Weltwunder wie eine der ägyptischen Pyramiden entstanden sein müssen?

Das Resultat der gewaltigen Arbeitsanstrengungen steht allerdings in extremem Gegensatz zum erzielten Resultat! Der Tempel hatte nach dem ersten Buch der Könige mehr als bescheidene Ausmaße: Länge 30 m, Breite 10 m und Höhe 15 m![7]

Dazu kam noch eine kleine Vorhalle. Es grenzt schon fast an ein Wunder, wie an einem solch kleinen Vorhaben Zigtausende sieben Jahre mitgewirkt haben sollen.

Den Verfassern von Bauversion 28 erschienen womöglich die Dimensionen des Projekts angesichts der beteiligten Arbeitskräfte als viel zu klein. Sie vervierfachten die Höhe der Vorhalle auf stolze 60 m! Das Ergebnis muß mehr als merkwürdig ausgesehen haben! Denn dann hätte die 60 m hohe »Vorhalle« das eigentliche, nur 15 m hohe Tempelbauwerk, um 45 m überragt. Oder anders ausgedrückt: Die Vorhalle wäre vier Mal so hoch wie das eigentliche Bauwerk gewesen! Selbst wenn man von diesen absurden Größenangaben ausgeht, können trotzdem nicht Zigtausende Arbeiter erforderlich gewesen sein! Auch hier irrt die Bibel ganz gewaltig!

Bleiben wir bei Salomo. Wie viele Pferde hatte er? Wieso besaß er nach dem zweiten Buch der Chronik 4000[9] und nach dem ersten Buch der Könige 40000[10] Pferdeboxen? Und wieso werden in den Übersetzungen aus diesen 40000 Pferdeboxen 4000 Gespanne?[11] Offensichtlich um zu tarnen, daß sich einer der Autoren ganz erheblich irrte. Nebenbei: In beiden Fällen werden den Pferden 12000 Stallknechte zugebilligt.

Es sind die Bücher der Chronik und die Bücher der Könige, die wiederholt mit Zahlenangaben zu beeindrucken versuchen.

Es ist erstaunlich, wie stark die Angaben voneinander abweichen, wo sie eigentlich identisch sein und exakt übereinstimmen sollten.

So soll es vor dem Tempel Salomos ein gewaltiges Ritualbecken gegeben haben, wofür bislang allerdings trotz langjähriger intensiver archäologischer Grabungen auch nicht der Hauch eines Hinweises gefunden wurde. Das kunstvoll gestaltete Ritualobjekt mußte von Hand mit Wasser gefüllt werden. Unzählige Tempelangestellte müssen es herbeigeschafft haben – in Eimern, sagt die Bibel. Wieviel Wasser aber in das Becken paßte, darüber konnten sich die Bibelautoren nicht einigen: Waren es nun 2000 Eimer[12] oder gar 3000 Eimer?[13]

Zahlen über Zahlen werden von der Bibel angeboten. Widersprüche sind unübersehbar. Aber sind diese Irrtümer überhaupt von Bedeutung? Sie spielen keinerlei Rolle, wenn es um die rein geschichtlichen Abläufe der Bibel-Historie geht. Sie sind aber entscheidend, wenn es um die Frage der Urheberschaft der Bibel geht. Zu Beginn des dritten Jahrtausends gibt es vor allem in Amerika eine theologische Tendenz, die die biblischen Texte zumindest als von Gott inspiriert ansieht. Menschliche Autoren sind dann nur noch »Sekretäre« Gottes. Diese Theologie sieht die Bibel als vollkommen fehlerfrei an. Sie beruft sich auf Worte wie: »Denn alle Schrift, von Gott eingegeben, ist nütze zur Lehre, zur Aufdeckung der Schuld, zur Besserung, zur Erziehung in der Gerechtigkeit.«[14]

Zedekias »friedlicher« Tod und falsche Vorhersagen Der biblische Prophet war kein Hellseher, wie gewöhnlich fälschlich angenommen wird, sondern ein Mensch, der für Gott sprach. Er war das Sprachorgan Gottes. Warum setzt man dann Propheten gern mit Hellsehern gleich? Eine mögliche Erklärung ist: Tatsächlich verkündeten Propheten mitunter auch Ereignisse von morgen und übermorgen. Aber wenn sie das taten, dann nicht als Ergebnis eigenen Vorhersehens, sondern auch dann als die angebliche Stimme Gottes. Sie gaben stets an, sie würden Ankündigungen Gottes verkünden: »So spricht Gott der Herr …«

Hält diese Behauptung einer kritischen Überprüfung stand? Wohl eher nicht! Denn würde Gott der Allmächtige selbst offenbaren, was die Zukunft bringt, dann würden doch die Vorhersagen durch die Ereignisse bestätigt. Der allwissende Gott irrt sich nicht! Nun sind unzählige Prophezeiungen im »Alten Testament« überliefert. Vergleicht man überlieferte Vorhersagen mit den Ereignissen, wie sie später tatsächlich eintraten, so muß man feststellen, daß so manche Prophetie völlig falsch war.

Dabei ist das »Alte Testament« teilweise erstaunlich offen. Denn es enthält sowohl konkrete Vorhersagen als auch die davon dann abweichenden historischen Ereignisse, die Propheten Lügen straften. Jeremia zum Beispiel lebte im 7. Jahrhundert vor Christus, vorwiegend in Jerusalem. Aus einer angesehenen Priesterfamilie stammend, war er geradezu zum Propheten prädestiniert. Das nach ihm benannte Bibelbuch enthält einige wichtige Prognosen, die ganz und gar nicht in Erfüllung gingen. In einer geht es um König Zedekia: Ihm wird ein friedlicher Tod prophezeit, allerdings unter der Bedingung, daß er Jahwe gehorcht. Das tut er nicht. Voreiligen Bibelkritikern zum Trotz bewahrheitet sich mit seinem grausamen Tod die Vorhersage.[1]

Der reale Tod von König Zedekia (um 607 v. Chr.) wird etwas später am Schluß des Jeremia-Buches beschrieben. Er war grausam und alles andere als friedlich! Zunächst ließ der König von Babel vor Zedekia dessen Söhne töten. Zedekia selbst wurde geblendet: »Aber Zedekia ließ er die Augen ausstechen und ihn in Ketten legen. So führte ihn der König von Babel nach Babel und legte ihn ins Gefängnis, bis er starb.«[2]

Auch König Josia von Juda wurde ein »friedlicher Tod« verkündet: »So spricht der Herr, der Gott Israels: Darum will ich dich (Josia) zu deinen Vätern versammeln, damit du mit Frieden in dein Grab kommst.«[3] Wenig später wird der Tod des

Herrschers geschildert. Josia durfte weder friedlich noch in friedlichen Zeiten ins Jenseits eintreten. Josia zog im Krieg gegen Necho, den König der Ägypter. Bei Meggido wurde er um 629 v. Chr. auf dem Schlachtfeld getötet.[4]

Hesekiel gehört zu den ehrlichen Propheten, die einräumen, daß sie sich irrten. In den Kapitel 26 bis 28[5] offenbart er eine konkrete Zukunftsvision im Auftrag Gottes. Demnach wird die Festungsstadt Tyrus im Auftrag Gottes vom assyrischen König Nebukadnezar belagert und erobert werden. Die Prophezeiung sieht glasklar den assyrischen Herrscher als Sieger über Tyrus. Das vorausgesagte Ereignis findet aber nicht statt! Die Inselstadt aber erweist sich als uneinnehmbar und Nebukadnezar muß unverrichteter Dinge wieder abziehen. Die geplatzte Prophezeiung wird von Hesekiel selbst wenige Verse später zugegeben.[6]

Zahlreiche biblische Bücher sind schon im Titel als Werke von »Propheten« zu erkennen: Prophet Jesaja, Prophet Jeremia, Prophet Hesekiel, Prophet Daniel, Prophet Hosea, Prophet Joel, Prophet Amos, Prophet Obadja, Prophet Jonas, Prophet Micha, Prophet Nahum, Prophet Habakuk, Prophet Zephania, Prophet Haggau, Prophet Sacharja und Prophet Melachi. Bei anderen Texten vermutet man zunächst keine Weissagungen. Und doch sind es welche. Psalm 89[7] weissagt König David und seinen Nachkommen eine grandiose Zukunft. Gott selbst, so heißt es, gelobte: »Für ewig steht die Gnade fest … Ich habe David, meinem Knechte, geschworen: Ich will deinem Geschlecht festen Grund geben für ewig und deinen Thron bauen für und für.« Der Thron Davids sollte also auf alle Zeiten bestehen. Oder anders ausgedrückt: Bis in alle Ewigkeiten würde der König Israels aus dem Hause David stammen. David regierte etwa von 1001 bis 968 v. Chr. Seine

Nachfolger kamen in der Tat zunächst aus seinem Geschlecht. Doch schon um 607 v. Chr. wurde die Linie unterbrochen. Rund ein halbes Jahrtausend gab es keinen Nachfahren mehr auf dem Thron aus dem Hause Davids.

Prophet Jeremia sah in Ägypten den großen, verachtenswerten Feind. Es empörte ihn zutiefst, daß es Landsleute auch nur in Betracht ziehen konnten, in dieses verhaßte Land auszuwandern. Ihnen prophezeite er Schlimmes: »Denn sie seien, wer sie wollen: Wer sein Angesicht nach Ägypten richtet, um dorthin zu ziehen und dort zu wohnen, der soll sterben durch das Schwert, Hunger und Pest, und es soll keiner übrigbleiben noch dem Unheil entrinnen, das ich über sie kommen lassen will.«[8] Dessen ungeachtet wanderten Jeremia zum Trotz Juden nach Ägypten aus. Sie wurden weder ermordet, noch durch Krankheiten dahingerafft. Vielmehr errichteten sie schließlich sogar ein kulturelles Zentrum in Alexandrien, wo ihre Nachkommen auch heute noch leben.

Prophet Hesekiel, er lebte vor etwa 2500 Jahren, verkündete gleich dem Reich Ägypten, es werde »das kleinste aller Königreiche sein«.[9] Gewiß, als jene Worte gesprochen wurden, war die glorreiche Zeit des ägyptischen Imperiums längst schon Geschichte. Aber mehr als zwei Jahrtausende später, zu Beginn des 19. nachchristlichen Jahrhunderts, besiegte Ägypten den Sudan und beherrschte das fremde Land. Ägypten wurde also keineswegs das »kleinste aller Königreiche«.

Schlimmes wurde auch Babylon aus Prophetenmund geweissagt. Jeremia[10] und sein Prophetenkollege Jesaja waren sich über das angeblich bevorstehende Unheil für Babylon einig. Jesaja kündet drohend: »So soll Babel, das schönste unter den Königreichen, die herrliche Pracht der Chaldäer, zerstört werden von Gott wie Sodom und Gomorra, daß man hinfort nicht mehr da wohne noch jemand da bleibe für und für, auch daß Araber dort keine Zelte aufschlagen noch Hirten ihre Herden lagern lassen.«[11]

Wie es dazu kommen wird, behauptet Jeremia im voraus zu wissen. Schreckliche Ereignisse prognostiziert er ausführlich und in teils drastischen Worten. Da greifen mörderische Horden an, voller Wut und blutrünstig. Sie belagern die Stadt, nehmen sie schließlich ein, metzeln alles nieder, was da kreucht und fleucht. Die Zerstörungswut der barbarischen Feinde richtet sich auch gegen die weiten, stolzen Mauern der Stadt. Sie werden bis auf den Grund niedergerissen. Die prächtigen Häuser, einst stolze Wahrzeichen der Metropole, werden genüßlich in Brand gesteckt und in Schutt und Asche gelegt.[12]

Was den Propheten besonders wichtig war: Sie sahen die Macht oder Ohnmacht der Menschen stets als Folge der richtigen oder falschen Religion. Wer den richtigen Gott anbetete, konnte mit seiner Unterstützung auch in weltlichen Belangen rechnen. Wer in den Augen der Propheten falsche Götter verehrte, der war zum Untergang verdammt. Deshalb wird für Babylon die totale Vernichtung prognostiziert, der auch Babylons Götter zum Opfer fallen werden. Die Statuen von Bel und Marduk (in der Bibel zu Merodach verfälscht) werden zertrümmert.

Soweit die Prophetie, die mit einer einzigen Ausnahme in allen Punkten falsch war. Babylon, das traf tatsächlich ein, fiel in die Hand der Feinde. Aber es gab keinerlei Kriegsgemetzel, keine wüsten Attacken. Die Übernahme erfolgte ohne jedes Blutvergießen. Verräter ließen die Perser in die Stadt. Und als sich König Cyrus selbst in Babylon zeigte, da wurde der Sieger begeistert empfangen. Der Regent der Feinde wurde bejubelt, man legte ihm Palmenzweige auf den Weg. Was die Götter

Babylons anging, so ließ Cyrus deren Statuen nicht wie prophezeit umstoßen und zerschlagen. Vielmehr wurden Bel und Marduk auch nach der Übernahme der Stadt in hohen Ehren gehalten. Cyrus selbst anerkannte den fremden Kult und huldigte demonstrativ den fremden Göttern. 539 v. Chr. gliederte er Babylon in sein Großreich ein.

Alexander der Große sah die immer noch lebende Stadt rund zwei Jahrhunderte nach ihrer sanften Eroberung in immer noch prächtigem Glanz. 323 v. Chr. starb er, der mächtige Herrscher, in ihren Mauern.

Gewiß, auch das Großreich von Babylon hörte als »Weltmacht« auf zu existieren. Aber die Stadt wurde nicht wie prophezeit zerstört, sie verfiel nach dreitausend Jahren langsam. Das Siedlungsgebiet von Babylon, am Euphrat gelegen, wurde keineswegs menschenleer und unbesiedelt, wie die Prophezeiung besagt. C. Dennis McKinsey stellt zutreffend fest: »Es ist wichtig, festzustellen, daß es seit Jesaja keine Zeit gegeben hat, in der Babylon unbewohnt war. Menschen lebten dort in den Zeiten des ›Neuen Testaments‹ und einige tun es noch heute. Araber besuchen es immer noch.«[13] Babylon blieb das vorhergesagte Schicksal von Sodom und Gomorra erspart. Wenn es diese Städte, deren Namen zu Synonymen des Lasterhaften geworden sind, jemals gab, so sind ihre Spuren restlos ausgetilgt worden.

Aber genau dieses Los hatte Jeremia für Babylon verkündet! Die Stadt würde so restlos vernichtet werden, »daß man weder Ecksteine noch Rundsteine nehmen«[14] könne. Die Wirklichkeit sieht auch in diesem Detail völlig anders aus: Noch zu Beginn des 20. Jahrhunderts dienten die Ruinen von Babylon als reiche Fundgrube für Baumaterial.

Es ist ein Irrtum, anzunehmen, die biblischen Propheten

seien im wortwörtlichen Sinne des Wortes Wahr-sager gewesen. Ein gründliches Studium ihrer Vorhersagen, die gewöhnlich im Namen Gottes erfolgten, belegt, daß sie sich immer wieder irrten. Dies spricht für die Wahrhaftigkeit der Bibel: Falsche Prophetenworte von gestern wurden nicht aus den Texten gestrichen, wenn morgen die realen Ereignisse völlig anders verliefen als vorhergesagt.

Zeugen Jehovas: Wie ein falscher »Gottesname« entstand Manche biblischen Irrtümer sind uralt. Sie sind bereits so fest verwurzelt, daß sie schon von einer Mehrheit als »Wahrheiten« angesehen werden. Ein Irrtum bleibt aber ein Irrtum, auch wenn man ihn noch so oft wiederholt.[1] Beispiel: »Die Israeliten durften den Gottesnamen Jahwe nicht aussprechen, weil er zu heilig war!« Diese Aussage ist in ihrer Absolutheit definitiv falsch. Jesaja liefert keinerlei Anhaltspunkt für ein Verbot, den Namen Gottes zu gebrauchen. Er betont ausdrücklich, daß der Gottesname auch den Feinden bekannt gemacht werden müsse.[2] Sie sollten erzittern vor Gottes Namen. Die frommen Israeliten wurden aufgefordert: »Halleluja! Lobet ihr Knechte des Herrn, lobet den Namen des Herrn! Gelobt sei der Name des Herrn, von nun an bis in Ewigkeit!«[3] Das ging schlecht, ohne den Gottesnamen auszusprechen. Der Gottesname Jahwe wurde auch keineswegs nur in sakralen Texten zum Gottesdienstgebrauch verwendet. Im 7. Jahrhundert kommt er in Alltagsbriefen häufig vor.

Um das Jahr 150 n.Chr. schlich sich ein Irrtum ein. Der übereifrige Schriftgelehrte Abba Schaul verstand ein striktes Gebot falsch. Im dritten Buch Mose heißt es: »Ein Lästernder den Namen Jahwes Töten er werde getötet – Überschütten müssen sie ihn überschütten – alle von der Gemeinschaft wie die Leute mit Gastrecht ...«[4] In etwas moderneres Deutsch übertragen heißt das eindeutig: »Wenn einer den Namen Jahwe lästert, so werde er getötet, steinigen müssen sie ihn, alle Bewohner der Gemeinschaft und die Fremden mit Gastrecht.« Abba Schaul ging aber einen Schritt weiter. Er proklamierte, daß allein schon die Aussprache des heiligen Namens mit dem Tode geahndet werden müsse. Abba Schaul interpretierte den klaren Bibeltext um: »Wer den Namen in seinen vier Buchstaben schmäht, wird mit dem Tode bestraft.« Und als Schmähung scheint der Schriftgelehrte schon das laute Aussprechen von Jahwe angesehen zu haben.

Ein Einzelgänger mit einer abweichenden Meinung? Keineswegs! Ganz offensichtlich scheint es schon in den letzten Jahrhunderten vor der Zeitenwende eine wachsende Scheu gegeben zu haben, Jahwe als Wort zu benutzen und zu artikulieren. Um 280 v. Chr. wurde mit einer Übersetzung der hebräischen Schriften ins Griechische begonnen. In der Septuaginta liest man nicht mehr Jahwe. Die vier Konsonanten »jhwh« wurden nicht im Griechischen wiedergegeben, sondern durch »Kyrios« (Herr) ersetzt.

Im 1. Jahrhundert n. Chr. hielt der jüdische Historiker Josephus fest: »Da verkündete ihm Gott seinen Namen, der früher noch keinem Menschen war kundgetan worden. Diesen Namen darf ich nicht aussprechen.«[5]

Die hebräische Schrift war zunächst eine reine Konsonantenschrift. Vokale wurden weggelassen und mußten beim Lesen in Gedanken ergänzt werden. Probleme entstanden, als die klassische hebräische Sprache nach und nach in Vergessenheit geriet. Im 7. Jahrhundert n. Chr. war sie vermutlich in Israel so tot wie zu Beginn des dritten Jahrtausends n. Chr. das Lateinische. Schriftgelehrte sorgten sich um das Hebräische als Kultsprache. Wenn es schon aus dem Alltagsleben weitestgehend verschwunden war, so sollte es doch als religiöse Sprache fortbestehen. Deshalb entschied man sich, den Texten des »Alten Testaments« Vokale hinzuzufügen. Dabei ging man sehr behutsam vor. Um so wenig wie nötig am Textbild ändern zu müssen, fügte man die Vokalzeichen nicht zwischen den Konsonanten ein. Man entwickelte vielmehr ein System aus Punkten und Strichen, die unter oder über die Konsonanten gesetzt wurden. Zunächst gab es mehrere, leicht voneinander abweichende Systeme, aber etwa im 7. Jahrhundert n.Chr. setzte sich die tiberiensische Vokalbezeichnung durch.

Ziel der jüdischen Gelehrten war es, »die Aussprache einheitlich zu überliefern«.[6] Dank der vokalisierten Texte wissen wir nun, wie der heilige Gottesname ausgesprochen wurde. Er taucht als »jhwh« in der hebräischen Ausgabe des »Alten Testaments« 6828mal auf. 6828mal kann man den Namen Gottes lesen, Buchstabe für Buchstabe korrekt … und kann sich dabei doch gewaltig irren.

Die jüdischen Schriftgelehrten wollten vermeiden, daß man beim Vorlesen eines Textes aus dem »Alten Testament« aus Unachtsamkeit vorlas, was da stand. »Jhwh« war geschrieben, »Herr« aber sollte laut vorgelesen werden. Um auch dem Vorleser, der mit seinen Gedanken womöglich abgeschweift war, zu helfen, griff man zu einem Trick. Das Vorgehen war höchst einfach und sehr effektiv! Unter die Konsonanten des Gottesnamens »jhwh« setzte man die Vokale des hebräischen Wortes für »Herr«.

Auf dem Papier wurden die Konsonanten »jhwh« durch die Vokale vom hebräischen Wort für »Herr« ergänzt, laut vorgelesen wurde »Herr«. Vermischt man nun die Konsonanten von

»jhwh« mit den Vokalen des hebräischen Wortes für »Herr«, so ergibt sich »jehowa« oder »jehova«.

Die »Elberfelder Bibel«, die als besonders wortgetreu gelten kann, kommentiert: »Damit man beim Vorlesen aus der Bibel erinnert wurde, ›Herr‹ zu lesen und nicht versehentlich ›Jahwe‹, setzten die Juden in ihren Bibelhandschriften zu den Konsonanten des Namens ›Jahwe‹ die Vokale des Wortes ›Adonaj‹, so daß Nichteingeweihte daraus ›Jehova‹ lesen konnten. Daraus ergibt sich folgerichtig, daß ›Jehova‹ kein Name ist und man ihn deshalb in unserer Sprache auch nicht so schreiben und aussprechen sollte.«[7] Etwas härter formuliert es das »Hebräische Schulbuch«: »Nur Unkenntnis konnte daraus im Spätmittelalter den Gottesnamen Jehova gewinnen.«[8]

6828mal kommt in der hebräischen Ausgabe des »Alten Testaments« die Kombination Jehova vor. Und doch ist es ein Irrtum, anzunehmen, der Gott Israels habe Jehova geheißen. So sehr kann der Schein trügen.

Für besonders Interessierte sei hier der etwas komplizierte Sachverhalt vereinfacht dargestellt. Dabei bleibt es aber schwierig genug. Wenn Sie die folgende Erklärung nicht verstehen, machen Sie sich nichts daraus! Kompliziert wird der an sich einfache Vorgang dadurch, daß das Alef als A-Laut im Deutschen ein Vokal wäre. Im Hebräischen ist es aber ein Konsonant. Das hebräische Wort für Herr ist Adonaj. Es schreibt sich ohne Vokale so: Alef/Dalet/Nun/Jod. In lateinische Buchstaben übertragen: »adnj«.

Der A-Laut zu Beginn ist im Deutschen ein Vokal, im Hebräischen aber ein Alef und ein Konsonant. Wie wurde nun »adnj« mit Vokalen versehen, damit Adonaj entstand? Auf das A folgt sofort der zweite Konsonant, das D. Nun wurde unter das A ein :-ähnliches Zeichen gesetzt. Dieses Zeichen besagt: Es folgt kein Vokal, sondern gleich der nächste Konsonant. Dieses Zeichen kann aber auch als Vokal e gelesen werden. Über das D wird ein Punkt gesetzt, für das o aus Adonaj. Unter das N kommt ein Zeichen, das wie ein T aussieht: für das A vor dem j. Nun sollen unter die Konsonanten von jhwh die Vokale von Adonaj gesetzt werden. Versuchen wir es.

Wenn man nun die Konsonanten von Jahwe mit den Vokalen von Adonaj kombiniert, so ergibt sich Folgendes: Eine künstliche Mischform aus zwei Worten, die man entweder als »Jehowa« oder »Jehova« lesen kann, die es aber zu biblischen Zeiten niemals gegeben hat. Ein kundiger Schriftgelehrter im »Alten Israel« hätte nichts damit anfangen können. Ich muß wiederholen: Eine Mischung aus den hebräischen Konsonanten des Gottesnamens »jhwh« und den Vokalen des hebräischen Wortes für »Herr« ergibt die völlig unsinnige Kombination »jehova« oder »jehowa«. Es ist, als füge man einige Steine von zwei verschiedenen Puzzles zu einem neuen, aber sinnlosen Bild zusammen. Das Ergebnis ist eine willkürliche Neuschaffung, die beide Puzzles zur Unkenntlichkeit verfremdet. Man muß dann mühsam die beiden ursprünglichen Bilder rekonstruieren.

Neues Testament

Abendmahl – Widersprüche und eine mögliche Erklärung Das Pessachfest gehört auch heute noch zu den großen jüdischen Festtagen. Dankbar erinnert sich der gläubige Jude daran, wie die Vorfahren von Mose aus der ägyptischen Sklaverei ins Gelobte Land geführt wurden. Das Volk der Israeliten lebte im Land der Ägypter, zu Sklavendiensten verdammt. Mose wurde von Gott selbst, so berichtet es das »Alte Testament«, aufgefordert, den Pharao zu bitten, das Volk Israel ziehen zu lassen. Der mächtigste Mann Ägyptens weigerte sich.[1]

So schickte Gott zehn schlimme Plagen: die Gewässer verwandelten sich in Blut, Frösche traten epidemieartig auf, Stechmücken und Stechfliegen peinigten Mensch und Tier, eine Viehpest wütete unter den Eseln, Kamelen, Rindern und Schafen des Pharao, Blattern töteten unzählige Menschen und Tiere, Hagelschauer richteten unvorstellbare Schäden an. Heuschrekkenschwärme vertilgten, was den Hagel überstanden hatte, und eine dreitägige Finsternis verbreitete Angst und Schrecken. Der Pharao aber blieb hart und unnachgiebig. So kam es zur Androhung der zehnten Plage.[2] Schlimmes Unheil sollte über die Ägypter hereinbrechen! Gott selbst wollte in ganz Ägyptenland alle Erstgeborenen töten »unter Mensch und Vieh«.[3] Verschont werden sollten die Israeliten. So befahl Gott: »Ihr sollt aber ein Lamm nehmen, an dem kein Fehler ist, ein männliches Tier, ein Jahr alt. Von den Schafen und Ziegen sollt ihrs nehmen. Und sollt es verwahren bis zum vierzehnten Tag des

Monats. Da soll es die ganze Gemeinde Israel schlachten gegen Abend. Und sie sollen von seinem Blut nehmen und beide Pfosten an der Tür und die obere Schwelle damit bestreichen an den Häusern, in denen sie es essen.«[4]

Gott ist nicht nur unglaublich grausam, er braucht auch ein blutiges Zeichen, um nicht Ägypter und Israeliten miteinander zu verwechseln. Zu einem gütigen und allwissenden Gott paßt beides nicht.

Der Pharao aber gab nicht nach. Gott machte seine Drohung wahr: »Und zur Mitternacht schlug der Herr alle Erstgeburt in Ägyptenland vom ersten Sohn des Pharao an, der auf seinem Thron saß, bis zum ersten Sohn des Gefangenen im Gefängnis und alle Erstgeburt des Viehs.«[5] Jetzt erst ließ der Pharao das Volk Israel ziehen.

Seither wird, folgt man dem »Alten Testament«, das Pessachfest in dankbarer Erinnerung an die Befreiung aus der Sklaverei zelebriert. Getreu den Vorschriften Gottes wird ein Pessachlamm geschlachtet und mit ungesäuertem Brot und Bitterkräutern von jeder Hausgemeinschaft verspeist.[6] Der Name des Festes wird rückwirkend so erklärt: Gott schritt an den Häusern der Israeliten vorüber, tötete nur bei den Ägyptern. Die hebräische Wortwurzel »psch« bedeutet vorübergehen. An dieses Vorüberschreiten soll angeblich der Name des Fests erinnern.

Mit historischer Wirklichkeit hat diese Erklärung aber nichts zu tun. Der biblische Autor irrt, wenn er behauptet, das Pessachfest sei erst bei der Flucht der Israeliten aus Ägypten entstanden. Es ist Jahrtausende älter und stammt aus archaischen Zeiten. Ein Opfertier wurde mit Gott gleichgesetzt und stellvertretend verspeist, »um die restlose Vereinigung mit Gott selbst zu erneuern und damit göttliche Lebenskraft zu gewinnen«.[7]

sachfest der orthodoxen Juden (Johannes!). Die Bibelautoren begingen also einen entscheidenden Fehler! Sie verwechselten die Feier der Essener mit der der orthodoxen Juden!

Wie aber feierte Jesus mit seinen Jüngern? Die älteste Beschreibung findet sich im »Codex Bezae Cantabrigiensis«, in der Urfassung des Lukasevangeliums: »Als die Stunde gekommen war, setzte er (Jesus) sich zu Tisch und die Apostel mit ihm. Und er sagte: Mich hat lebhaft verlangt, dieses Pascha mit euch zu essen, denn ich sage euch, daß ich nicht mehr essen werde, bis daß das Reich der Himmel kommt. Er nahm den Kelch und sprach: Nehmet ihn und teilt ihn unter euch. Denn ich sage euch, daß ich von diesem Saft des Weinstocks nicht mehr trinken werde, bis daß das Reich der Himmel kommt. Dann nahm er das Brot, brach es und sprach: Tut auch ihr es zu meinem Gedächtnis.«[13]

Jesus veränderte also die Pessach-Zeremonie. Aus der jüdischen Danksagung für die Befreiung aus der ägyptischen Sklaverei wurde ein Fest der Erinnerung an Jesus und der Hoffnung auf das kommende Reich Gottes. In diesem Sinne feierte auch die junge christliche Gemeinde![14]

Das heute von den christlichen Kirchen zelebrierte Abendmahl geht allerdings auf eine weitere Bearbeitung zurück, die Paulus vornahm. Während Jesus in der Urfassung des »Codex Bezae Cantabrigiensis« noch vom »Saft des Weinstocks« spricht, kommt es nach der Theologie des Paulus zu einer Verwandlung. Aus dem Rebensaft wird das Blut Jesu und aus dem Brot der Leib Christi. Dazu kommentierte der Jesusbiograph Marcello Craveri: »Der Evangelientext wurde durch die von Paulus gemachten Ergänzungen noch erweitert … In Anlehnung an griechisch-orientalische Riten überträgt Paulus die Vorstellung, daß der Uneingeweihte, der an der Mahlzeit teilnimmt, von Gott bestraft wird (unter Umständen sogar mit dem Tode).«[15]

Der lutherische Protestantismus ging wieder einen Schritt zurück. Demnach werden mit Brot und Wein Leib und Blut Christi nur symbolhaft konsumiert. Für den gläubigen Katholiken verwandeln sich die Hostie tatsächlich in den Körper Jesu, der Wein in sein Blut. Unzählige Diskussionen werden seither ausgefochten, die in ihrer Skurrilität alles andere als zeitgemäß sind. Verändern sich Masse und Gewicht der Hostie nach der Umwandlung in Leib und Blut Christi? Ist in der Hostie der gesamte Körper Jesu enthalten, oder nur das Fleisch, nicht aber die Knochen? Verwandelt sich beim Abendmahl jede einzelne Hostie in den Leib Jesu? Wenn also 1 000 000 Hostien geweiht werden, sind dann 1 000 000 Leiber Jesu zugegen? Wenn eine Hostie zu Boden fällt und zerbricht, geschieht dann Gleiches mit dem Leib Jesu? Oder wird sein Körper auf alle Hostien, die bei einem Abendmahl geweiht werden, aufgeteilt?

Auferstehung Christi: Widersprüche in den Evangelien Für die Anhängerschaft Jesu war es eine schlimme Zeit der Trauer nach dem Schock des gewaltsamen Todes Jesu. Jesus war von den Römern verurteilt am Kreuz gestorben und schließlich beigesetzt worden. Was geschah danach? Schon die frühe Christengemeinde glaubte: Jesus ist auferstanden! Was geschah nach der Grablegung Jesu?

Was können wir der Bibel über das für den christlichen Glauben zentrale Ereignis entnehmen?

Die vier Evangelisten Johannes, Markus, Matthäus und Lukas berichten über die Ereignisse an der Grabstätte.[1] So kurz die Berichte auch sind, so widersprechen sich die wenigen

Verse doch in zahlreichen Punkten. Einig sind sich die vier Autoren nur darin, daß es Frauen waren, die als erste Jesu Grab besuchten. Aber wie viele waren es und welche Frauen? Schon da gehen die Meinungen auseinander!

Johannes: Eine Frau, nämlich Maria von Magdala.

Matthäus: Zwei Frauen, nämlich Maria von Magdala und die »andere Maria«.

Markus: Drei Frauen, nämlich Maria von Magdala, Maria (Mutter des Jakobus) und Salome.

Lukas: Mindestens fünf Frauen, nämlich Maria von Magdala, Johanna, Maria (Mutter des Jakobus) und »die anderen mit ihnen«. Drei Frauen werden namentlich genannt. Die »anderen mit ihnen« müssen mindestens zwei Frauen gewesen sein.

Wie viele Frauen eilten also ans Grab und wann? War es nur eine Frau oder waren es zwei, drei oder mehr? Und wann kamen sie zum Grab?

Johannes: Nachts, als es »noch finster war«.

Markus: Beim Sonnenaufgang.

Das Grab konnte mit einem gewaltigen Stein verschlossen werden. War der Eingang zum Grab frei oder offen?

Matthäus: Das Grab war geschlossen. Ein Engel mußte den Stein erst wegwälzen. Nur Matthäus berichtet von »Wachen«, die einen Diebstahl des Leichnams Jesu verhindern sollten. Markus, Lukas und Johannes wissen nichts von diesem wichtigen Detail.

Markus, Lukas und Johannes: Das Grab war bereits offen.

Wen trafen die ersten Zeugen?

Matthäus: Den Engel des Herrn.

Markus: Einen Jüngling.

Lukas: »Zwei Männer mit glänzenden Kleidern«.

Johannes: Zwei Engel.

Waren der Engel des Herrn von Matthäus und der Jüngling von Markus ein und derselbe? Waren die »zwei Männer« von Lukas die »zwei Engel« von Johannes? So uneins wie sich die Evangelisten über die Männer/Engel sind, so uneins sind sie sich darüber, wo sie sich befanden und was sie genau taten.

Matthäus: Der eine Engel befand sich außerhalb des Grabes.

Markus: Der Jüngling saß in der Gruft, und zwar rechts von Jesu Totenbahre.

Lukas: Die zwei Männer standen (vermutlich) in der Gruft.

Johannes: Die zwei Engel saßen in der Gruft, und zwar je einer am Kopf- und Fußende von Jesu Totenbahre.

Einig sind sich die vier Evangelisten in einer Beobachtung: Jesus, der Gekreuzigte, lag nicht mehr auf seiner Totenbahre. Er war verschwunden. Verkündeten nun die Frauen, was sie beobachtet hatten? Selbst bei dieser wichtigen Frage gibt es einen eklatanten Widerspruch!

Matthäus: Die Frauen teilten es »seinen Jüngern« mit großer Freude mit.

Markus: Die Frauen flohen entsetzt und »sagten niemandem etwas, denn sie fürchteten sich«.

Lukas: Die Frauen »verkündeten das alles den elf Jüngern und den anderen allen«.

Johannes: Maria Magdalena bleibt zunächst beim Grab.

Jesu Totenbahre ist leer. Was ist mit dem Gekreuzigten geschehen?

Matthäus: Maria von Magdala und »die andere Maria« erfahren vom Engel: Jesus ist auferstanden.

Markus: Maria von Magdala, Maria (Mutter des Jakobus) und Salome erfahren vom »Jüngling«: Jesus ist auferstanden.

Lukas: Mindestens fünf Frauen, nämlich Maria von Magdala, Johanna, Maria (Mutter des Jakobus) und »die anderen mit ihnen« erfahren von den »zwei Männern«: Jesus ist auferstanden.

Johannes: Maria von Magdala vermutet, der Leichnam Jesu sei gestohlen worden. Maria glaubt zunächst nicht an die Auferstehung. Schließlich tritt ihr Jesus gegenüber, aber sie erkennt ihn zunächst nicht. Jesus selbst verkündet, er sei auferstanden. Nur bei Johannes erscheint Jesus am leeren Grab. Bei Matthäus, Markus und Lukas findet die Begegnung erst später, zu einem nicht genau bestimmbaren Zeitpunkt, statt.

Man kann sich die Freude Marias gut vorstellen. Eben noch war sie zutiefst betrübt über den Kreuzestod Jesu. Jetzt erfährt sie: Er ist auferstanden! Begeistert will sie Jesus begrüßen. Der aber weist sie mit einer seltsamen Begründung zurück! Bei Johannes lesen wir: »Rühre mich nicht an! Denn ich bin noch nicht aufgefahren zum Himmel!«[2]

Nachzuvollziehen ist diese Begründung nicht. Maria darf Jesus nicht berühren, da er noch nicht gen Himmel gefahren sei. Aber nach der Himmelfahrt kann sie ihn nicht mehr berühren, da er dann ja im wahrsten Sinne des Wortes nicht mehr greifbar ist. Bei Matthäus gibt es dieses Tabu nicht.[3] Jesu Jünger, zu denen ganz offensichtlich auch Maria Magdalena gehört, dürfen ihn zur Begrüßung anfassen. Und das, obwohl er zu diesem Zeitpunkt ja auch noch nicht zum Vater gen Himmel gefahren war!

Der Theologe John Wenham gehört nicht gerade zu den kritischen Vertretern seiner Zunft. Für ihn ist die Bibel das Buch der Wahrheit. Aber auch er muß in seinem Buch »The Easter Enigma« konstatieren: »Nun wird die Geschichte von Jesu Auferstehung von verschiedenen Autoren erzählt, deren Berichte voneinander in einem erstaunlichen Maße abweichen.

So sehr, daß herausragende Gelehrte kategorisch festgestellt haben, daß sie nicht miteinander in Einklang gebracht werden können.«[4]

Bethlehem: So wurde ein heidnischer Kultort christianisiert Wo wurde Jesus geboren? Diese Frage werden auch viele Zeitgenossen beantworten können, die ansonsten wenig Ahnung von biblischer Geschichte haben: in Bethlehem. Sucht man die Antwort aber in biblischen Schriften, dann stößt man auf Unklarheiten, Irrtümer und Widersprüche. Die Texte der Bibel sind am ehesten mit Mosaiksteinchen vergleichbar, die man zu einem großen Bild zusammengefügt hat. Bei näherem Hinsehen erkennt man aber, daß manche Steinchen so ganz und gar nicht zusammengehören.

Nachdem Maria vom himmlischen Boten erfahren hatte, daß sie schwanger war, wurde sie von Unruhe erfaßt. Sie wollte sich mit einer Verwandten besprechen. Besonders geeignet erschien ihr Elisabeth, die ebenfalls in anderen Umständen war.[1] Wo Elisabeth genau wohnte, wird nur umschrieben. Ein konkreter Ort wird nicht genannt. Sie war im gebirgigen Teil von Juda zu Hause. Damit scheidet Nazareth als Wohnort von Maria und Josef aus. Denn wenn es Nazareth überhaupt zu Jesu Lebzeiten gegeben haben sollte, dann muß es irgendwo im Galiläischen, unweit des Sees Genezareth gelegen haben. Von hier aus ins Gebirge von Judäa sind es gut 150 Kilometer. Eine solche Strecke legte in biblischen Zeiten keine Schwangere zurück, um sich mit einer Verwandten zu unterhalten. Maria hätte sich einer Karawane anschließen müssen und wäre wochenlang unterwegs gewesen.

Im Evangelium nach Lukas wird aber Nazareth als Wohnort von Maria und Josef angegeben.[2] Wegen einer Volkszählung hätten Maria und Josef den beschwerlichen Marsch nach Bethlehem antreten müssen. Eine solche Vorgehensweise, wie sie Lukas beschreibt, wäre aus der Sicht der Römer geradezu absurd gewesen. Die Steuern waren am aktuellen Wohnort zu entrichten. Von Interesse war also nur, wer zum Zeitpunkt des Zensus wo lebte und wieviel er verdiente. Alles andere war ohne Belang. Wenn Maria und Josef in Nazareth gelebt hätten, wären sie in Nazareth registriert worden. Den Römern war mit Sicherheit der ursprüngliche Herkunftsort ihrer Untertanen gleichgültig gewesen.

Die Unterteilung in zwölf Stämme war mehr als tausend Jahre vor Jesu Geburt erfolgt. Den meisten Juden wäre es damals kaum noch möglich gewesen, festzustellen, zu welchem Stamm seine Vorväter einst gehörten und wo seine Ahnen einst – vor mehr als tausend Jahren – gelebt hatten. Jeder Jude hätte dann eruieren müssen, ob es diesen Ort überhaupt noch gab, um dann seinen Heimatort zu verlassen und in die Fremde zu reisen. Das hätte erhebliche Unruhe ins Land gebracht, woran den Römern mit Sicherheit nicht gelegen war. Und für ihre Steuerpolitik war es belanglos, wo etwa die Vorväter Josefs 1000 Jahre früher gelebt haben mögen. Und Josef mußte an seinem Wohnort Steuern zahlen, nicht wo seine Vorväter mehr als 1000 Jahre zuvor gelebt hatten. Aber wo?

Folgt man dem Evangelium nach Matthäus, dann lebten Maria und Josef von Anfang an in Bethlehem:[3] Maria wurde schwanger vom Heiligen Geist. Josef wollte sie verlassen, wurde vom Engel des Herrn davon abgehalten und blieb bei seiner Frau. Schließlich wurde das Baby in Bethlehem geboren. Es ist von keiner Reise die Rede. War also Bethlehem die ursprüngliche Heimatstadt der Familie Jesu? Wurde Jesus in Bethlehem geboren?

Im ältesten im »Neuen Testament« enthaltenen Evangelium, also in jenem nach Markus, fehlt jeder Hinweis auf die Stadt, in der Jesus geboren wurde. Erst Matthäus bringt ein Bethlehem ins Spiel.[4] Die Betonung liegt auf »ein«, denn es stehen zwei Bethlehems zur Auswahl. Matthäus erklärt auch gleich, warum er den Geburtsort in ein Bethlehem verlegt: Jesus muß seiner Ansicht nach dort zur Welt gekommen sein, »denn also steht geschrieben durch den Propheten: ›Und du, Bethlehem im jüdischen Lande, bist mitnichten die kleinste unter den Städten in Juda; denn aus dir soll mir kommen der Herzog, der über mein Volk Israel ein Herr sei.‹«[5]

Damit spielt er auf den Propheten Micha an. Leider zitiert er ihn aber nicht ganz korrekt. Bei Micha heißt es nämlich: »Und du, Bethlehem Ephrata, die du klein bist unter den Städten in Juda, aus dir soll mir der kommen, der in Israel Herr sei, dessen Ausgang von Anfang und von Ewigkeit her gewesen ist.«[6]

Matthäus spricht von »Bethlehem«, Prophet Micha hingegen »Bethlehem Ephrata«. Es wird verwirrend, denn es gibt zwei verschiedene Orte, die leicht miteinander verwechselt werden können. Da ist Ephrata, genannt Bethlehem. Es liegt im jüdischen Land, südwestlich von Jerusalem. Und da ist Ephrata, nordwestlich von Jerusalem, in der Gegend von Rama. Hier soll die alttestamentliche Stammutter Rahel begraben worden sein. Wo, in welchem Bethlehem, wurde Jesus geboren? Diese Frage wurde schon vor Jahrhunderten intern in Theologenkreisen diskutiert. Die Öffentlichkeit erfuhr davon nichts. Die Laienwelt sollte nicht irritiert werden.

Der Erlanger Theologe Ethelbert Stauffer entschied sich für das Bethlehem südwestlich Jerusalems.[7] Mit historischer Forschung hat seine hypothetische Annahme freilich nichts zu tun, eher mit theologischem Wunschdenken: Jesus sollte nach Matthäus und Lukas ein Nachfahre des legendären König David sein. Also mußte er – so Stauffer – in Bethlehem geboren werden, das auch als Geburtsort Davids angesehen wird.

Für beide Bethlehems spricht: Sie lagen beide unweit der Berge Judäas. Wenn Maria und Josef in Bethlehem lebten, dann konnte Maria bequem ihre Verwandte Elisabeth besuchen. Dann aber ist die Geschichte vom anstrengenden Marsch von Nazareth nach Bethlehem eine frei erfundene fromme Legende. Ist die Story von Bethlehem wahrer?

Nach dem Kreuzestod Jesu hatte es die kleine christliche Glaubensgemeinschaft sehr schwer. Es gab noch andere religiöse Gruppen, die schon viel älter waren. Die Hauptkonkurrentin aber war zweifelsohne die Anhängerschaft von Johannes dem Täufer. Im frühen 1. Jahrhundert nach Christus gab es nicht wenige Menschen aus dem Volk Israel, die Johannes den Täufer für den von Gott gesandten Helfer, für den Messias hielten. Welche Gruppe sich durchsetzen würde, war damals nicht abzusehen.

Um 90 n. Chr. benötigten die Anhänger Jesu einen Beleg für die Überlegenheit ihres Meisters über den Rivalen Johannes. Und so nahm der Verfasser des nach Lukas benannten Evangeliums den Kampf auf: Er ließ die schwangere Maria ihre Verwandte Elisabeth besuchen, die ebenfalls ein Kind erwartet: Johannes, später Johannes der Täufer genannt.[8] Kaum erblickte Elisabeth Maria, rief sie angeblich begeistert aus: »Gebenedeit bist du unter den Weibern, und gebenedeit ist die Frucht deines Leibes! Und woher kommt mir das, daß die Mutter meines Herrn zu mir kommt?«[9] Und der noch ungeborene Johannes hüpfte vor Freude im Leib der Mutter.

Der Text läßt keinen Zweifel aufkommen: Jesus soll als der

Überlegene angesehen werden. Das wird ausdrücklich von der Mutter des Johannes und symbolhaft auch vom noch ungeborenen Täufer selbst anerkannt. Prof. Dr. Lüdemann: »Durch das Hüpfen des Kindes im Mutterleib wird die Unterlegenheit des Täufers unterstrichen: Schon vor der Geburt übt Johannes seine prophetische Vorläufer-Funktion aus.«[10]

Wurde Jesus in Bethlehem geboren? So sehr die christlichen Kirchen in den Weihnachtsgottesdiensten an Bethlehem als Geburtsort Jesu auch festhalten, in der wissenschaftlichen Literatur hat man sich längst von dieser Vorstellung verabschiedet. Nach Prof. Dr. Lüdemann sind die Hinweise sowohl bei Matthäus als auch bei Lukas auf Bethlehem als Jesu Geburtsort historisch bedeutungslos.[11] Neutestamentler Rudolf Hoppe, Passau, fordert, man müsse darauf verzichten, Geschichten wie die vom Geburtsort Bethlehem »auf der historischen Ebene zu suchen«.[12]

Warum entschieden sich die Verfasser der Evangelien nach Matthäus und Lukas um 90 n.Chr. trotzdem für Bethlehem? Es gibt vier Gründe:

Bethlehem erfüllte scheinbar eine Prophezeiung Michas.

Bethlehem lag in der Nähe von Elisabeths Wohnort. So konnte Maria bequem ihre Verwandte besuchen. Und Elisabeth sowie das ungeborene Baby wurden dazu in die Lage versetzt, die Überlegenheit Jesu zu bekunden. Die Episode gilt als frei erfunden.

Bethlehem war ursprünglich ein religiöses Zentrum. Verehrt wurde die babylonische Gottheit Lah. Bet-Lahama war das Haus des Gottes Lah. Ein alter heidnischer Kultplatz wurde so in den neuen Glauben integriert. Es fiel den Anhängern des alten Glaubens dann leichter, den neuen anzunehmen.

Noch älter ist eine zweite Kultstätte. In einer Höhle wurde etwa zweieinhalb Jahrtausende vor Christus Dumu-zi verehrt. Dumu-zi, bei den Hebräern später Tammus genannt, war ein früher Vorläufer Jesu. Sein Name läßt sich mit »rechter Sohn« übersetzen. Freiwillig stieg er in die Unterwelt hinab, um dann wieder Auferstehung zu feiern. Noch etwa um 500 v. Chr. wurde in wiederkehrenden Feiern sein Tod beweint, wie Hesekiel bitter beklagt.[13] Dies war den frühen Christen ohne Zweifel ein Dorn im Auge. Sie vermochten es nicht, einen uralten Glauben auszurotten. Also vereinnahmten sie ihn für die neue Religion. Wo Dumu-zi als »rechter Sohn« jahrtausendelang angebetet worden war, wurde nun ein anderer »rechter Sohn« verehrt: Jesus. Die heilige Grotte des Dumu-zi wurde zur Geburtsstätte Jesu umfunktioniert. Im 4. Jahrhundert nach Christus wurde über dem heidnischen Heiligtum die Geburtskirche Jesu errichtet.

»CMB«: »Könige« waren Astrologen Alle Jahre wieder ziehen um den 6. Januar »orientalisch« verkleidete Kinder durch katholische Regionen. Sie erzählen von den »Heiligen Drei Königen«, sammeln für wohltätige Zwecke und schreiben »CMB« über die Haustür, bevor sie weitergehen. Im Volksglauben stehen diese Initialen für Caspar, Melchior und Balthasar, die »Königsnamen«. Davon distanziert sich die katholische Kirche inzwischen und interpretiert um: »CMB« soll nun für »Christus Mansionem Benedicat«, »Christus segne dieses Haus« stehen. Doch was als offizielle Lehrmeinung gilt, das ist eine Sache. Was uralter Volksglauben ist, das ist eine andere.

Es ist finstere Nacht. Die drei Könige Caspar, Melchior und Balthasar reiten auf ihren Kamelen. Sie folgen einem großen, hellen Kometen, der ihnen den Weg nach Bethlehem weist. Er soll ihnen zeigen, wo der neue König Judäas auf die Welt kommen würde, um ihn zu beschenken und anzubeten.

Diese Szene gehört zu den beliebtesten Bildern christlichen Glaubens. Doch in der Bibel kommen die im Volksglauben so beliebten Herrscher gar nicht vor. Nur bei Matthäus gibt es einen Hinweis: »Siehe, da kamen Magier aus dem Osten nach Jerusalem und sprachen: ›Wo ist der neugeborene König der Juden? Wir haben seinen Stern gesehen im Osten und sind gekommen, ihn anzubeten.‹«[1]

Die geographischen Angaben sind knapp und können so nicht stimmen. Die Magier kamen aus dem Osten, von Jerusalem aus betrachtet. Der Stern muß ihnen also von ihrer Heimat aus gesehen im Westen erschienen sein, nicht im Osten. Im Osten Jerusalems lag Persien, das Mutterland der Astrologie. Menschen, die »einem Stern folgen«, waren offensichtlich Sterndeuter. Im Griechischen werden sie als »magoi« bezeichnet. Der Ausdruck leitet sich vom Persischen »magusch« ab. Ein »magusch« war ein Mitglied der Priesterklasse. Astrologie war eines seiner wichtigsten Betätigungsfelder.

Wir stellen uns einen Kometen vor, der sich vor den Sternkundigen bewegte und ihnen den Weg zeigte. Das kann nicht sein, denn Kometen galten stets als Vorboten für Unglücke wie Krieg und Tod, nicht als himmlisches Zeichen für die nahende Geburt eines irdischen Herrschers. Unsere Unterstellung ist falsch: Die Bibel verwendet eine orientalische Redensart, die besagt, daß sich die Männer »in Richtung nach dem Stern« begaben.[2] Aber nach welchem Stern?

Diese Frage kann die Astrologie beantworten! Wir müssen bedenken, daß in der Astrologie Planeten fälschlich als Sterne bezeichnet wurden. Welche Planeten galten zu Jesu Zeiten als günstige Vorzeichen?

Jupiter wurde immer als Künder von Günstigem verstanden. Saturn deutet auf gute und edle Menschen hin. Mars steht für Stärke, Merkur für Frömmigkeit und Venus für die Liebe zu Mensch und Gott. Welcher dieser Planeten mag nun Astrologen aus Persien ins Land der Bibel gelockt haben? Astrologen lesen Prophezeiungen aus Planetenkonstellationen, nicht aus einzelnen Planeten. Am 17. April 6 v.Chr. gab es eine erstaunliche Kombination, wie sie nur höchst selten auftritt! Die fünf Planeten Jupiter, Saturn, Mars, Merkur und Venus traten gemeinsam auf: im Sternbild Widder. Dazu gesellte sich die schmale Sichel des zunehmenden Mondes. Widder war das Sternzeichen Judäas. Die Glücksplaneten im Widder zusammen mit dem Mond ließen sich einfach interpretieren. In Judäa würde ein König geboren werden, ein guter, edler, starker, frommer, von Gott und den Menschen geliebter Regent!

Erwarteten die Magoi für den 17. April 6 v.Chr. die Geburt von Judäas neuem König? Die seltene Konstellation mag tatsächlich Astrologen aus Persien angelockt haben. Wurde Jesus wirklich 6 v.Chr. geboren? Nach Matthäus[3] und Lukas[4] herrschte Herodes, als Jesus zur Welt kam. Da Herodes 4 v.Chr. starb, könnte Jesus 7 v.Chr. geboren worden sein. Andererseits aber soll es gleichzeitig eine Volkszählung gegeben haben. Lukas sagt konkret: als Quirinius Statthalter in Syrien war.[5] Nach Herodot fand diese Zählung aber 6 n.Chr. statt. Beide Aussagen widersprechen sich eklatant.

Eindeutig falsch ist eine Information, die wir bei Matthäus finden. Herodes ließ demnach »alle Hohenpriester« zusammenkommen, um von ihnen zu erfahren, wo denn der neue König das Licht der Welt erblicken würde.[6] Es gab aber stets nur jeweils einen Hohenpriester und niemals mehrere.[7]

Dreifaltigkeit: In der Bibel unbekannt! Im Jahre 1572 wurde zur Weihnachtszeit auf dem Marktplatz von Heidelberg Johannes Silvanus enthauptet. Silvanus, immerhin Superintendent von Ladenburg, hatte öffentlich bestritten, daß es »einen einzigen Gott in drei Personen« gebe. Das aber ist bis heute christliche Grundlehre. So heißt es im »Katechismus der Katholischen Kirche«: »Das Dogma der Heiligen Dreifaltigkeit. Wir bekennen nicht drei Götter, sondern einen einzigen Gott in drei Personen. Die göttlichen Personen teilen die einzige Gottheit nicht untereinander, sondern jede von ihnen ist voll und ganz Gott.«[1] Im Widerspruch zu dieser dogmatischen Glaubenslehre stehen diverse Bibeltexte. Einige wenige seien stellvertretend angeführt.

Wenn Gottvater, Sohn und Heiliger Geist eins sind, wie ist dann folgende Bibelstelle zu erklären? Bei Matthäus geht es um das Weltgericht am Ende der Zeit. Wann wird es stattfinden? Jesus beantwortet diese Frage so: »Himmel und Erde werden vergehen; aber meine Worte werden nicht vergehen. Von dem Tage aber und von der Stunde weiß niemand, auch die Engel nicht im Himmel, auch nicht der Sohn, sondern allein der Vater.«[2]

Wenn Gottvater und Sohn eins sind, wie ist es dann möglich, daß der Vater etwas weiß, was dem Sohn unbekannt ist? Einmal distanzierte sich Jesus deutlich von der Vorstellung der Dreifaltigkeit. Bei Markus lesen wir: »Was heißt du mich gut? Niemand ist gut als allein Gott!«[3] Lukas und Matthäus zitieren fast wortgleich.[4] Jesus wehrt sich dagegen, als gut bezeichnet zu werden, da dies auf Gott allein zutreffe! Nach der Vorstellung von der Dreifaltigkeit ist aber Jesus selbst auch Gott und damit, wie Gott, auch gut! Jesus selbst aber lehnt diese Gleichsetzung ganz offensichtlich ab!

Zu den dramatischsten und ergreifendsten Szenen des

»Neuen Testaments« zählen ohne Zweifel die Beschreibungen der Stunden vor Jesu Gefangennahme im Garten Gethsemane bei den vier Evangelisten. Alle vier berichten übereinstimmend über Jesu Verzweifelung. Er hofft, daß ihm das drohende Schicksal erspart bleiben möge.[5] In seiner Not betete er zu Gott: zu sich selbst?

So muß der Theologe M.R. DeHaan in seinem Werk »508 Answers to Bible Questions« zugeben: »Es gibt keinen Vers in der Bibel, der aussagt, daß Gott eine Dreifaltigkeit ist, bestehend aus drei Personen.«[6]

Der Theologe Karl-Heinz Ohlig brachte es 1999 in seinem Buch »Ein Gott in drei Personen?« auf den Punkt: Die Lehre von der Dreifaltigkeit »besitzt keinerlei biblische Grundlage«.[7]

Wenn aber die Bibel die Dreifaltigkeit gar nicht kennt, wie entstand dann die christliche Lehre?

Die christliche Trinität hat uralte Vorläufer. In der sumerischen Religion wird die Götterhierarchie durch das Dreigespann An, Enlil und Enki angeführt. Man übernahm sie im babylonisch-assyrischen Raum als Anu, Ellil und Ea. Auch die alten Ägypter verehrten ein göttliches Dreigespann: Osiris, Isis und Horus. Bei den Römern dominierten zunächst Jupiter, Mars und Quirinus. Und in den ältesten indischen Texten, in den Veden, bestimmen Agni, Vayu und Surya die kosmischen Geschicke. Selbst im Buddhismus sind eindeutig vergleichbare Strukturen zu erkennen.

Wann und wie genau die Dreifaltigkeit im Christentum aufkam, ist nicht exakt zu bestimmen. Offenbar wurden die jüdische Vorstellung vom alleinigen Gott mit Göttervorstellungen aus dem hellenistischen Bereich miteinander vereint. Auf dem 1. Konzil von Nizäa anno 325 n.Chr. legte man zunächst nur die Gleichheit von »Sohn« und »Vater« fest. Sie galten als

»wesensgleich«. Der »Heilige Geist« fehlte zunächst noch. Erst anno 381 n. Chr. setzte sich die Ansicht durch, auch der »Geist« sei heilig. Erst fast vierhundert Jahre nach Christus wurde der »Geist« als anbetungswürdig anerkannt.

Auch wenn frühe Theologen von »Dreifaltigkeit« sprachen, so verstanden sie darunter Unterschiedliches. Eine Vielzahl von Lehrmeinungen standen einander gegenüber. Der Subordinationismus sah das Dreigespann Gottvater, Sohn und Heiliger Geist als Hierarchie. Der Sohn hatte sich dem Vater unterzuordnen. Die Monarchianer verstanden Jesus nicht als Gott. In ihren Augen war er also keineswegs gottgleich, vielmehr gingen sie davon aus, daß er von einer unpersönlichen göttlichen Kraft erfüllt und von Gott als Sohn angenommen wurde. Die Modalisten stellten sich Gott vor, der in verschiedenen »Arten« wirkt, eben als Vater, Sohn oder Heiliger Geist.

Über Jahrhunderte hinweg stritt man über die Dreifaltigkeit und definierte die Glaubenslehre wiederholt. 553 erklärte das 2. Konzil von Konstantinopel, man habe nicht an drei Götter, sondern an einen »einzigen Gott in drei Personen« zu glauben. Zur Rangordnung innerhalb der Dreifaltigkeit stellte die 11. Synode von Toledo anno 675 fest, daß der Vater derselbe wie der Sohn, der Sohn derselbe wie der Vater und Vater und Sohn derselbe wie der Heilige Geist seien.

Offensichtlich taten sich viele Christen mit diesen Begriffen schwer. Das 4. Lateran-Konzil versuchte 1215 hilfreich zu klären: »Jede der drei Personen ist jene Wirklichkeit, das heißt göttliche Substanz, Wesenheit und Natur.« 1442 ließ das Konzil von Florenz verlautbaren: »Wegen dieser Einheit ist der Vater ganz im Sohn, ganz im Heiligen Geist. Der Sohn ist ganz im Vater, ganz im Heiligen Geist. Der Heilige Geist ist ganz im Vater, ganz im Sohn.«

Fazit: Die Vorstellung von der Dreifaltigkeit war den Verfassern des »Alten« wie des »Neuen Testaments« völlig unbekannt. Sie begann sich etwa vom zweiten oder dritten nachchristlichen Jahrhundert an zu entwickeln. Heute stellt sie, so der »Katechismus der Katholischen Kirche«, »das zentrale Geheimnis des christlichen Glaubens« dar.[8] Sie ist das Ergebnis einer langen Entwicklung.

E wie Ehe, Ehescheidung und Ehebruch »Du sollst nicht ehebrechen!«, fordert das sechste Gebot. An zwei Stellen im »Alten Testament« wird klar und deutlich ein scheinbar eindeutiges Verbot ausgesprochen.[1] Was aber verstand Jesus unter Ehe? Für ihn als gläubigen Juden galt das mosaische Denken. Eine Ehe im Sinn einer partnerschaftlichen Gleichberechtigung gab es nicht. Für den Mann genügte es ursprünglich, seine Frau einfach zu verstoßen. Schon war das Paar getrennt, schon konnte sich der Mann einer neuen Partnerin zuwenden. Es galt dann schon als Fortschritt zugunsten der Frau, daß der Mann ein schriftliches Dokument anfertigen mußte. Das geschieht nach der Rechtsvorstellung des »Alten Testaments« immer, »wenn jemand eine Frau zur Ehe nimmt und sie nicht Gnade findet vor seinen Augen, weil er etwas Schändliches an ihr gefunden hat, und er einen Scheidebrief schreibt und ihr in die Hand gibt und sie aus seinem Hause entläßt«.[2]

Wenn ein Mann, nach langer Ehe der alten Ehefrau überdrüssig geworden, eine neue, junge Frau ehelichen wollte, so mußte er sich deswegen nicht scheiden lassen. Die Einehe war weder Vorschrift noch Norm, er konnte sich einfach eine Zweitfrau nehmen. Das mosaische Gesetz regelte eindeutig das Erbrecht von Nachwuchs von Erst- und Zweitfrau.

Wie stand Jesus zur Ehescheidung? Seine Vorstellungen

waren weitaus strenger als das allgemein als hart angesehene mosaische Gesetz. Das »Alte Testament« gestattete die Ehescheidung, Jesus verbot sie grundsätzlich. Sowohl das Evangelium nach Markus[3] als auch das Evangelium nach Matthäus[4] berichten übereinstimmend, daß Jesus die im »Alten Testament« noch akzeptierte Auflösung einer Ehe mit dem verbotenen Ehebruch gleichsetzte. In seinen Augen war es »Hurerei«, wenn sich ein Mann von einer Frau scheiden ließ, um eine neue Frau zu ehelichen. Ein solches Verständnis muß als unzeitgemäß bezeichnet werden. Kein Zeitgenosse wird beispielsweise einem namhaften Bundespolitiker, der augenblicklich in vierter Ehe lebt, unmoralisches Verhalten vorwerfen.

Jesu Haltung ist durchaus frauenfreundlich gemeint und auch so zu verstehen: Nach mosaischem Gesetz war die Frau nichts anderes als Besitz des Mannes. Diesen Sachverhalt verdeutlichten das neunte und zehnte Gebot.[5] Demnach gehörte die Ehefrau zum Besitz des Mannes. Sie wird als solcher aufgelistet: »Du sollst nicht begehren deines Nächsten Haus. Du sollst nicht begehren deines Nächsten Weib, Knecht, Magd, Rind, Esel noch alles, was dein Nächster hat.« Im »Alten Testament« galt die Frau juristisch als Sache, von der sich der Mann ohne Schwierigkeit durch eine formlose Ehescheidung trennen konnte. Eine Scheidung konnte nur zu Ungunsten der Frau verlaufen. Getrennt vom Ehemann, war sie in der Regel mittellos und ohne jegliche Versorgung.

Der einfach zu vollziehenden Trennung zum Nachteil der Frau setzte Jesus das strikte Verbot der Ehescheidung entgegen. Was verstand Jesus unter Ehebruch? So banal die Frage auch klingen mag, ganz so einfach ist sie nicht zu beantworten! Liest man bei Matthäus nach, so scheint Jesus einen sehr weitgefaßten Begriff von Ehebruch gehabt zu haben, der weit über die körperliche Untreue hinausging: »Jeder, der eine Frau begehrlich anblickt, hat in seinem Herzen schon die Ehe mit ihr gebrochen.«[6]

Diese Aussage ist recht allgemein gefaßt und unsinnig formuliert. Denn die Ehe kann natürlich nur mit einer verheirateten Frau oder von einem verheirateten Mann gebrochen werden. Der »begehrliche Blick« eines unverheirateten Mannes nach einer unverheirateten Frau ist selbst bei übertriebener Sittenstrenge kein Verstoß gegen das sechste Gebot. Des Rätsels Lösung: Der Übersetzer irrte, als er das hebräische »ischah« allgemein mit Frau wiedergab. »ischah« aber bedeutet verheiratete Frau, die zu Jesu Zeiten einen verhüllenden Schleier trug. Jesus sagte also: »Wer eine verheiratete Frau begehrlich anblickt, hat in seinem Herzen schon die Ehe mit ihr gebrochen.«[7]

Gestattete das »Alte Testament« die Ehescheidung, so sah es für Ehebruch die Todesstrafe vor. Der Bibeltext wird sehr konkret, was die Auswahl der Henker angeht. Wenn mehrere Zeugen den Verstoß gegen das sechste Gebot registriert hatten, sollten sie das Urteil auch gleich selbst vollstrecken.[8] Gewöhnlich wurden die Delinquenten vor die Stadtmauern gezerrt und zu Tode gesteinigt. Man mag versuchen, diese Vorschrift human zu verstehen. Wollte man auf diese Weise voreilige Anschuldigungen, jemand habe es mit der ehelichen Treue nicht so ganz ernst genommen, vermeiden? Über einen Mitmenschen Tratsch zu verbreiten, das liegt in der Natur des Menschen, ihn aber zu töten hoffentlich nicht.

Das Evangelium nach Johannes schildert in dramatischen Worten eine gefährliche Situation.[9] Eine aufgebrachte Menschenmenge will eine Ehebrecherin im dafür vorgesehenen

Schnellverfahren hinrichten. Die Schriftgelehrten und Pharisäer sehen Jesus herankommen und wollen ihn in Verlegenheit bringen. In arglistiger Weise soll er als ein Mensch überführt werden, der die Vorschriften des »Alten Testaments« nicht gelten läßt. Sie vermuten und hoffen, daß sich Jesus über das mosaische Gesetz hinwegsetzt. Sie gehen davon aus, daß er die Sünderin vor der Steinigung bewahren will. Das Gesetz aber fordert eindeutig den Tod der Frau. Sobald sich Jesus für sie einsetzt, wollen sie ihn der Gesetzesuntreue überführen. Jesus aber umgeht die Fallgrube. Er findet einen klugen Ausweg. Es gelingt ihm, die Todesstrafe für Ehebruch zu befürworten, aber gleichzeitig die Frau zu retten. »Wer unter euch ohne Sünde ist, der werfe den ersten Stein.« Beschämt »gingen sie hinaus, einer nach dem anderen, von den Ältesten an«.

So gut die Geschichte in das Bild des mildtätigen Jesus paßt, dem ein Menschenleben wichtiger ist als strikte buchstabengetreue Befolgung von Geboten und Gesetzen, so irrte der Verfasser doch. Die ausschließlich im Evangelium nach Johannes geschilderte Episode kann sich nicht abgespielt haben. Zu Jesu Zeiten gab es die Todesstrafe für Ehebruch nur noch im Text des mosaischen Gesetzes. Praktiziert wurde sie längst nicht mehr. Palästina stand unter römischer Gerichtsbarkeit. Es galt römisches Gesetz. Jüdische Glaubensgesetze, die die Hinrichtung eines Menschen forderten, waren aufgehoben.

Deutlich zu erkennen ist die antijüdische Tendenz der Geschichte um die Ehebrecherin. Dem guten Jesus auf der einen Seite stehen die bösen Schriftgelehrten auf der anderen Seite gegenüber. Sie wünschen den Tod der Frau. Ja sie wollen Jesus seine Milde als Gesetzesbruch anlasten. Geschildert wird der Vorfall allerdings nur im Evangelium nach Johannes, und auch nur in jüngeren Abschriften. In älteren Johannes-Texten fehlt diese Passage völlig. Die Theologin Martina Janßen kommentiert: »Die Perikope[10] von Jesus und der Ehebrecherin ist nicht ursprünglich Bestandteil des Johannesevangeliums. Dies wird daran deutlich, daß der Text in vielen Handschriften fehlt, in einigen Handschriften an anderer Stelle erscheint. Auch der Charakter der Perikope ist nicht johanneisch.«[11]

Die Geschichte von der Ehebrecherin fehlt zudem in allen syrischen, koptischen und armenischen Übersetzungen. Augustinus, der Jesus wegen seiner übertriebenen Milde kritisiert, scheint sie nicht gekannt zu haben. Der evangelische Theologe Rudolf Bultmann kommt nicht zuletzt wegen des für das Evangelium nach Johannes untypischen Stils zur Überzeugung, daß die Passage »später niedergeschrieben« wurde.[12] Aber wann und von wem? Was die Angelegenheit noch komplizierter macht: In anderen Handschriften taucht sie als Einfügung im Evangelium nach Lukas auf, und das in unterschiedlichen Varianten.

Fazit: Es ist ein Irrtum, anzunehmen, es habe *den* Urtext der Bibel gegeben. Unsere heutigen Bibelausgaben sind das Ergebnis einer Entwicklungsgeschichte. Auf dem Weg zu unserem heutigen Text gab es voneinander abweichende Versionen, die erst nach und nach miteinander verwoben und verarbeitet wurden.

Engel hatten keine Flügel Alle Jahre zur Weihnachtszeit schmücken Weihnachtsengel unsere Wohnstuben. Auf Weihnachtsmärkten treten junge Frauen in wallenden Gewändern auf, mit langem Lockenhaar und mächtigen Flügeln auf dem Rücken. Sie sind aus dem Weihnachtstrubel unserer Zeit nicht mehr wegzudenken. Weihnachtsengel sind christlichen Ursprungs? Irrtum!

Nachdem Gott Adam und Eva aus dem Paradies geworfen hatte, setzte er Cherubim als Wächter ein. Diese mythologischen Wesen aus der babylonischen Welt hatten zwar Flügel, waren aber ursprünglich keine Engel. Engel kommen auch im »Alten Testament« vor. Aber da haben die himmlischen Wesen keine Flügel. Nach biblischem Verständnis leben sie im Himmel und sprechen häufig direkt aus den luftigen Höhen zum Menschen. Ein Beispiel: »Da rief ihn der Engel des Herrn vom Himmel und sprach: Abraham! Abraham! Er antwortet: Hier bin ich ... Und der Engel des Herrn rief Abraham abermals vom Himmel her.«[1]

Manchmal kamen auch Engel von den himmlischen Gefilden zur Erde herab. Da sie keine Flügel hatten, war der Weg zwischen den Welten, folgt man dem biblischen Text, recht beschwerlich: »Und ihm (Jakob) träumte, und siehe, eine Leiter stand auf Erden, die rührte mit der Spitze an den Himmel, und siehe, die Engel Gottes stiegen daran auf und nieder.«[2]

Für den gläubigen Christen sind Engel ganz besondere Wesen. Seit Jahrhunderten werden sie in der abendländischen Kunst meist als attraktive menschliche Wesen gezeigt. Nicht selten sind es ansehnliche junge Frauen. Und immer haben Engel mächtige Flügel am Rücken. Die Engel der Bibel aber haben mit den Engeln der Kunst und unzähliger kitschiger Darstellungen der letzten Jahrhunderte nichts zu tun. Es sind auch keine Frauen, sondern immer Männer ... ohne Flügel. Sie haben eine prosaische Funktion: Botschaften von Gott werden übermittelt. Diese Funktion wird deutlich, wenn wir im Hebräischen nachlesen. »Mal'ach« steht da in der Biblia Hebraica, Engel heißt es viele Male in den Übersetzungen. Wortgetreu wäre schlicht und einfach Bote.

So betreut Gott zwei Boten mit der Aufgabe, Lot vor der

bevorstehenden Zerstörung von Sodom und Gomorra zu warnen.[3] Lot empfängt die beiden Herren höflich, bietet ihnen die orientalische Gastfreundschaft an. Die ging zu biblischen Zeiten sehr weit. Als lüsterne Männer von Sodom die Fremden offensichtlich sexuell belästigen wollten, offerierte ihnen Lot als Ersatz seine jungfräulichen Töchter. Die Boten schlagen die unverschämten Sodomiten mit Blindheit und retten Lot und seine Familie.

Ähnlich prosaisch ist das Buch Hiob. Engel werden dort schlicht als »Mittler« bezeichnet.[4] Solche Verbindungsleute zwischen Himmel und Erde hießen bei den Hopi-Indianern Nordamerikas Katchinas, bei den alten Indern Sris.

Engel ist in unserem Sprachgebrauch nicht zuletzt durch den Mißbrauch des Weihnachtsfestes – durch manchmal unerträglichen Kommerz – inzwischen fast schon negativ belastet. Im Hebräisch des »Alten Testaments« heißt es einfach »mal'ach«, im Griechisch des »Neuen Testaments« »aggelos«. Auch Aggelos bedeutet verdeutscht Bote. Flügellos bewegten sich auch die Boten Gottes in der Welt des »Neuen Testaments«. Sie besuchten gelegentlich menschliche Familien, manchmal um zu erkunden, ob denn auch die christliche Nächstenliebe im täglichen Leben praktiziert wurde. Dabei fielen die himmlischen Wesen überhaupt nicht auf, können sich also im Aussehen nicht von Menschen unterschieden haben. So heißt es im Brief an die Hebräer: »Bleibet fest in der brüderlichen Liebe. Gastfrei zu sein, vergesset nicht; denn dadurch haben etliche ohne ihr Wissen Engel beherbergt.«[5]

Im ersten Jahrhundert nach Christus wurden auch religiöse Fragen im Ältesten Rat (»Sanhedrin« genannt), bestehend aus 70 Weisen, diskutiert. Streit gab es zwischen zwei Gruppen im Rat. Die Sadduzäer kamen meist aus höheren Schichten und bildeten eine Art Aristokratie. Für sie galt nur das geschriebene Gesetz Moses. Die Pharisäer gingen einen Schritt weiter. Auch sie glaubten an die Schriften des »Alten Testaments«. Die mosaischen Gesetze, so forderten sie, müßten strengstens befolgt werden. Aber nicht nur sie! Auch Vorschriften, die nur mündlich überliefert wurden, mußten ihrer Ansicht nach bis ins kleinste beachtet werden. Es gab noch einen wesentlichen Unterschied zwischen beiden Gruppen! Die Sadduzäer bestritten nämlich vehement die Existenz der himmlischen Hilfstruppe Gottes, während zur Glaubenswelt der Pharisäer auch Engel gehörten. Diese wesentliche Differenz in Glaubensfragen wird in der Apostelgeschichte betont: »Die Sadduzäer sagen, es gäbe keine Auferstehung noch einen Engel noch einen Geist, die Pharisäer aber lehren das alles.«[6] Anfangs dominierten die Sadduzäer, nach und nach setzten sich die Pharisäer durch, damit auch der Glaube an Engel.

Der Wiener Archäologe und Bibelforscher Hans Schindler-Bellamy setzte sich intensiv mit der Entwicklung von Glaubensinhalten auseinander. Der Gelehrte: »Es gehört zu den großen biblischen Irrtümern, anzunehmen, daß religiöse Inhalte aus dem Nichts entstehen und dann unverändert erhalten bleiben.«[7] So seien die biblischen Engel keine biblischen Erfindungen. Engel wurden bereits im alten Persien verehrt. Sumerische Rollsiegel zeigen sie als beflügelte Wesen. Engel mit Flügeln wurden im assyrischen Raum auf Wandreliefs verewigt. Und die Römer stellten den Götterboten Merkur mit Flügeln dar. Die biblischen Engel aber waren zunächst flügellos, wohl um sie von den heidnischen Engeln zu unterscheiden. Erst seit dem 4. Jahrhundert finden sich die himmlischen Wesen in der frühchristlichen Kunst als geflügelte Wesen dargestellt. Eines der ältesten Beispiele ist das Mosaik am Triumphbogen in Santa Maria Maggiore, Rom. Wie aber kamen die christlichen Engel zu ihren Flügeln? Durch irrtümliche Verwechslungen der Engel-Boten mit den Cherubim und Seraphim. Die stierleibigen Cherubim wurden aus Babylon übernommen. Sie waren keine Engel, hatten aber Flügel. Die Seraphim waren ursprünglich feurige fliegende Schlangen mit sechs Flügeln, also alles andere als Engel im christlichen Sinne. Sie stammen aus der chaldäischen Mythologie, wurden aber ins »Alte Testament« übernommen. Bei Jesaja tauchen sie kurz auf: mit jeweils sechs Flügeln.[8]

In den ersten nachchristlichen Jahrhunderten wurde in der jungen christlichen Kirche weitestgehend auf die Verehrung von Engeln verzichtet. Vom vierten Jahrhundert an änderte sich das.[9] Vielen Gläubigen war der Glaube an unsichtbare Himmelskräfte zuwenig. Neben den biblischen Schriften kursierten in jener Zeit eine Vielzahl von magischen Papyri.[10] In den umfangreichen Sammlungen von Anrufungsformeln und Zaubersprüchen, Flüchen und frommen Sprüchen wimmelt es nur so von Göttern und Dämonen, Geistern und Engeln. Diese Texte waren ebenso Konkurrenz für das biblische Schrifttum wie weiterhin mündlich überlieferte Geschichten von heidnischen Göttern und ihren Boten. Die junge Kirche nahm geschickt fremdes Gedankengut auf. Sachlich stellt Karl Heussi in seinem fundamentalen Werk über die Kirchengeschichte fest: »Es war eine wesentliche Vorbedingung des Sieges der Kirche: indem sie alle anziehungskräftigen Elemente aus den heidnischen Religionen herübernahm und in sich vereinigte, beraubte sie diese der Fähigkeit des Rivalisierens.«[11]

Manche Bibeltexte muten seltsam, ja unverständlich an. So fordert beispielsweise der erste Brief an die Korinther für den Gottesdienstbesuch: »Darum soll eine Frau ein Tuch auf dem

Haupte haben um der Engel willen.«[12] Warum das? Barbara Walker rekonstruierte den ursprünglichen Sachverhalt.[13] Paulus spricht in seinem Text von »daemones« (Dämonen), die christianisiert zu Engeln wurden. Die Dämonen hatten einst keinen besonders guten Ruf. Einige von ihnen galten als geradezu lüstern. Der Anblick und der Geruch von Frauenhaaren machte sie ganz wirr.

Stark verändert hat sich das Bild vom biblischen Engel zum Engel im christlichen Glauben. Weit ist die Spanne vom Engel des »Alten Testaments« zum Engel der Weihnachtsgeschichte. Die Himmlischen waren zunächst alles andere als nur positiv, sie konnten auch Unheil bringen, zum Beispiel der Engel des Verderbens, beschrieben im zweiten Buch Samuel: »Als aber David den Engel sah, der das Volk schlug ...«[14] Auch der Psalmist kennt und beschreibt die negative, gefürchtete Seite der Himmelsboten. Er weist gleich auf eine »Schar Verderben bringender Engel« hin.[15] Im alltäglichen Glauben bekamen die Gottesboten die Flügel der Cherubim und Seraphim verpaßt. Am Ende der Entwicklung über mehr als drei Jahrtausende steht der Weihnachtsengel, der den Christbaum ziert.

Erlöst – nicht Erlöser Beim Propheten Sacharja findet sich eine der rätselhaftesten Stellen der Bibel überhaupt, allerdings nicht in unseren Übersetzungen. Da lesen wir: »Du Tochter Zion, freue dich sehr, und du, Tochter Jerusalem, jauchze! Siehe, dein König kommt zu dir, ein Gerechter und Helfer, arm und reitet auf einem Esel, auf einem Füllen der Eselin.«[1] Ein Übersetzungsfehler entstellt dabei den Text erheblich. Aktiv und Passiv werden verwechselt, aus dem Erretteten wurde ein Retter.

Prof. Pinchas Lapide weist auf diesen gravierenden Unterschied hin: »Im hebräischen Grundtext steht aber nichts von ›deinem König, der zu dir kommt, ein Gerechter und ein Helfer‹ …, sondern ›Ein Gerechter und ein Erlöster‹ (zadik we'-noscha im Passivum).«[2]

Wer kommt da? Kein Helfer (Aktiv!), kein Erlöser (Aktiv!), sondern einer, dem geholfen wurde (Passiv!), ein Erlöster (Passiv!). Bereits im 2. Jahrhundert n. Chr., nach der zweiten Zerstörung des Tempels von Jerusalem, versuchte Rabbi Abbahu, einer der großen Gelehrten jener Zeit, den Sachverhalt zu erklären. Demnach geht es um ein für unser Empfinden fremdartiges Gottesbild. Es gehe, so Rabbi Abbahu, um die Erlösung Gottes. Demnach läßt sich auch Gott selbst zusammen mit seinem Volk Israel erlösen.

Schon für die Zeitgenossen Sacharjas, aber auch für die junge christliche Kirche, war dies unbegreiflich: Gott ist am Anfang allmächtig. Gott aber nimmt sich selbst zurück, um Platz für die Schöpfung zu lassen. Die ersehnte Erlösung wird dann nicht nur der Schöpfung (den Menschen) zuteil werden, sondern dem Schöpfer selbst. Überträgt man das Prophetenwort auf Jesus, so wird auch er vom Erlöser zum Erlösten.

Esel: Ein biblisches Märchen und Jesu Ritt auf zwei Eseln Zwei Geschichten über Esel erzählt die Bibel recht ausführlich. Und eine ist kurioser als die andere. In der ersten sieht ein Grautier einen Engel (korrekter: einen Boten Gottes!) und spricht mit seinem Menschen. In der zweiten gelingt Jesus das Unmögliche. Er reitet auf zwei Eseln gleichzeitig.

Die erste Episode wird im »Alten Testament« erzählt.[1] Bileam ist auf seiner treuen Eselin unterwegs. Da tritt ihm ein Bote Gottes in den Weg. Der Mensch sieht das himmlische Wesen nicht, wohl aber die Eselin. Daraufhin weicht das

»dumme Tier« aus und »Bileam schlug die Eselin, um sie wieder auf den Weg zu bringen«.[2] Der Bote Gottes postiert sich erneut. Links und rechts begrenzen Steinmauern den Weg. Wieder sieht Bileam nicht den Überirdischen. Und die Eselin drängte sich an die Mauer, quetschte einen Fuß ihres Herrn ein. Wieder schlug der das arme Tier. Auch ein dritter Versuch des Boten scheitert. Jetzt endlich greift Jahwe ein.

Jahwe ermöglicht es dem Grautier zu sprechen.[3] Als sei es das Natürlichste von der Welt, kommt es zu einem Streit zwischen Mensch und Tier. Die sonst stumme Kreatur beklagt sich, zu Unrecht geschlagen worden zu sein. Niemals gab der Vierbeiner Anlaß zu Verdruß. »Bin ich nicht deine Eselin, auf der du geritten bist von jeher bis auf diesen Tag?«, empört sich das hellsichtige Tier.[4] Hellsichtig ist nämlich in der anrührenden Episode nur das Tier. Nur die Eselin sieht den Boten Gottes. Der Mensch Bileam sieht ihn erst, nachdem ihm Gott die Augen geöffnet hat.[5]

An Märchen wie das von den Bremer Stadtmusikanten glauben heute schon kleine Kinder nicht mehr. Sprechende Tiere gibt es nun einmal nicht, außer in Zeichentrickfilmen. An das Gespräch zwischen Bileam und seiner Eselin dürfte heute selbst der frömmste Bibelleser kaum noch glauben. Die Episode kann nicht als Tatsachenbericht, sondern allenfalls als märchenhafte Darstellung der Überlegenheit des Tieres über den Menschen gesehen werden. Auf der einen Seite ist der Mensch, der sich nur auf seine Ratio verläßt. Deshalb nimmt er die unsichtbare Welt der Boten Gottes nicht wahr. Das Tier, auf der anderen Seite, aber nimmt mehr wahr als der Mensch. Die Eselin hat keine Vorurteile und sieht den himmlischen Boten sofort. Ihr offenbart sich – so die Bibel – auch die Welt der unsichtbaren Kräfte.

Für den skeptischen Bibelleser ist die Bileam-Episode Beweis dafür, daß die Bibel märchenhafte Texte bietet, an die der vernünftige Mensch nicht glauben kann. Der Esoteriker mag sie als bildhafte Beschreibung verstehen: Tiere nehmen eine geistige Welt wahr. Nur wundergläubige Menschen werden glauben, daß Gott der Eselin den Mund öffnete und sie vernehmbar und verständlich redete.

Aber selbst ein naivgläubiges Kind wird erkennen, daß Matthäus Unfug erzählt, wenn er behauptet, Jesus sei auf zwei Eseln gleichzeitig geritten. Im Evangelium nach Matthäus wird eine absurd anmutende Geschichte erzählt.[6]

Jesus marschierte demnach mit seinen Jüngern nach Jerusalem. In einem Dorf vor der Stadt angekommen, befiehlt Jesus seinen Gefolgsleuten, zwei Esel zu besorgen. Nach Erledigung des Auftrags ritt dann Jesus in Jerusalem ein, auf zwei Eseln gleichzeitig: »Als aber die Jünger hingegangen waren und getan hatten, wie Jesus ihnen aufgetragen hatte, brachten sie die Eselin und das Füllen … und Jesus setzte sich auf sie.«[7]

Die Unsinnigkeit dieser Behauptung ist augenscheinlich. Niemand kann auf zwei Eseln gleichzeitig sitzen, geschweige denn reiten. Thomas von Aquin versucht die Situation zu retten und greift zu einem Trick. Nach dem Kirchenlehrer ist das Ganze symbolisch zu verstehen. Demnach steht die Eselin für die Synagoge, das Eselfohlen für »das freie Heidenvolk«. Wird also Jesus sinnbildlich sowohl vom alten Judentum als auch vom noch nicht bekehrten Heidentum »getragen«? Sehr überzeugend ist die Erklärung von Thomas von Aquin nicht!

Der Sachverhalt ist viel einfacher, wenn auch ein wenig peinlich für den Verfasser des Evangeliums nach Matthäus! Wer auch immer den Text schrieb, hat sich geirrt und einen einfachen Vers aus dem »Alten Testament« falsch übersetzt! Der

Verfasser des Matthäusevangeliums hielt Jesus für den von Gott gesandten Erlöser, für den Messias. Deshalb berichtete er nicht einen historischen Sachverhalt, sondern erfand eine Geschichte in Anlehnung an einen Vers aus dem »Alten Testament«. Weil er den aber falsch übersetzte, wurden aus einem Esel zwei.

Lesen wir zunächst bei Matthäus nach: »Das geschah aber, damit erfüllt würde, was gesagt ist durch den Propheten, der da spricht: ›Sagt der Tochter Zion: Siehe, dein König kommt zu dir sanftmütig und reitet auf einem Esel und auf einem Füllen, dem Jungen eines Lasttiers.‹«[8] Ein solches Prophetenwort findet sich allerdings nirgendwo im »Alten Testament«. Gemeint ist ohne Zweifel Sacharja als Urheber des Prophetenworts. Der schreibt aber keineswegs vom unsinnigen Kunststück des Reitens auf zwei Eseln: »Siehe, dein König kommt zu dir … und reitet auf einem Esel, auf einem Fohlen, dem Jungen einer Eselin.«[9] Es waren demnach zwar zwei Esel vorhanden, das Muttertier und das Fohlen. Jesus ritt auf dem Fohlen: auf dem Esel, dem Jungen einer Eselin. Im Evangelium nach Matthäus wurde aus »auf dem Esel, dem Jungen einer Eselin« völlig sinnentstellend »auf dem Esel und dem Jungen einer Eselin«. Und schon ritt Jesus gleichzeitig auf zwei Eseln statt auf einem!

Übrigens: In der wissenschaftlichen Theologie ist dieser Sachverhalt hinlänglich bekannt! So konstatiert Prof. Gerd Lüdemann: »Matthäus verarbeitet Markus Kapitel 11, Verse 1–11. Aus einem Esel macht er zwei und setzt dies im Folgenden voraus.«[10]

Historisch ist wohl Jesu Einzug in Jerusalem. Die vier Evangelisten berichten darüber. Der älteste Text, das Evangelium nach Markus, entstand etwa 70 n. Chr. Der Verfasser berichtet lediglich, daß Jesus ein Eselsfüllen und keineswegs gleichzeitig zwei benützte.[11] Etwa zwanzig Jahre später entstand das Evangelium nach Lukas. Auch hier ist nur von einem Reittier die Rede. Das Evangelium nach Matthäus wurde ebenfalls um 90 n. Chr. niedergeschrieben. Jetzt wurde der Hinweis auf den Propheten nachgeschoben. Weil der Verfasser des Evangeliums nach Matthäus Sacharja falsch übersetzte, wurde aus einem Esel zwei. Wiederum etwa zwanzig Jahre später, um das Jahr 110 n. Chr., entstand der letzte Bericht der Jerusalemepisode. Im Evangelium nach Johannes ritt Jesus nur auf einem Esel und der Prophet kündigt auch keinen Ritt auf zwei Tieren an.[12] Es erfüllte sich bei Matthäus also kein Prophetenwort, sondern die falsche Übersetzung eines Prophetenworts.

Es ging also dem Verfasser des Evangeliums nach Matthäus nicht um die historisch korrekte Beschreibung von Jesu Einzug in Jerusalem. Der lag immerhin rund 60 Jahre und damit zwei bis drei Generationen zurück. Augenzeugen dürfte es kaum noch gegeben haben. Vielmehr sollte die theologische Überzeugung »Jesus wurde vom Propheten vorhergesagt« bestätigt werden.

Eine kritische Analyse des Matthäus-Textes fällt leicht. Ein falsch übersetztes Sacharja-Wort wurde als Vorlage benutzt, die Texte nach Markus und Lukas wurden einbezogen. Das Ergebnis ist der Matthäus-Text vom Einzug Jesu in Jerusalem, eher Fiktion als Historie. Die wissenschaftliche Bibelforschung geht von einer Fiktion aus.

Evangelien: Fragen verboten? Noch für viele Zeitgenossen gilt auch zu Beginn des dritten Jahrtausends: Der inhaltliche Schwerpunkt der Bibel ist das »Neue Testament«. Das wiederum wird als eine fromme Lebensgeschichte Jesu betrachtet, verfaßt von namentlich bekannten historischen Weggefährten und Zeitzeugen Jesu. Für Christen bringen sie der Menschheit »frohe Botschaft«: »eu-aggélion« (Griechisch), verdeutscht: Ev-angelium. Überbringer froher Botschaften gab es allerdings schon im »Alten Testament«. Jesaja nennt sie »Freudenboten, die da Frieden verkündigen, Gutes predigen, Heil verkündigen«.[1]

Frohe Botschaften über Jesus und sein Leben verbreiten unzählige Autoren. Dutzende von Evangelien sind überliefert. Noch viel mehr gingen im Verlauf der Jahrhunderte verloren. Warum wurden gerade die vier Evangelien, die wir aus der Bibel kennen, ausgewählt? Weil wir wissen, wer die Texte schuf? Auch Martin Luther unterlag dem Irrtum, daß die vier bekannten Evangelisten ihre Texte selbst verfaßt haben. So bezeichnete er die Kernstücke der Bibel als »Evangelium des heiligen Matthäus«, »Evangelium des heiligen Markus«, »Evangelium des heiligen Lukas« und »Evangelium des heiligen Johannes«. Von diesem Irrtum sind wissenschaftliche Theologie und christliche Kirchen längst abgerückt. Allerdings wird ein alter durch einen neuen Irrtum ersetzt. Auch in lutherischen Bibelausgaben unserer Tage lesen wir heute stets von »Evangelium nach …« anstatt »Evangelium von«.

Das älteste Evangelium soll um 70 n.Chr. entstanden sein. Es wird bezeichnet als »Evangelium nach Markus«. Diese Titulierung unterstellt, daß der uns heute vorliegende Text zwar nicht von Markus selbst stammt, daß es aber sehr wohl einen echten Markustext gibt, nach dem der biblische Text gestaltet wurde. Demnach haben wir zwar keinen Original-Markus mehr, wohl aber einen Text nach Markus. Das aber ist historisch falsch. Nirgendwo im Evangelium nach Markus wird auch nur ein leiser Hinweis auf einen Markus als Verfasser gegeben! Dieser Name taucht erst Mitte des 2. Jahrhunderts in den Schriften von Papias, Bischof aus Phrygien (heute Türkei) auf. Dazu der renommierte Theologe Hans Conzelmann: »Was Papias schreibt, ist Gewäsch … ist samt und sonders geschichtlich wertlos«.[2] Der Kirchengeschichtler Eusebius wurde noch deutlicher. Seiner Meinung nach war Papias »geistig sehr beschränkt«. Und doch ist er der Begründer der Lehre, eines der vier Evangelien stamme von einem gewissen Markus.

Auch der Verfasser des »Evangeliums nach Matthäus« ist unbekannt. Es soll um 90 n.Chr. entstanden sein. Wiederum wird durch die Bezeichnung suggeriert, daß es etwas wie einen »Ur-Matthäus« gab, dessen Manuskript als Vorlage für das Evangelium »nach Matthäus« diente. Ein solcher Urtext läßt sich nicht nachweisen. Im Text des »Evangeliums nach Matthäus« wird kein Hinweis auf den Verfasser gegeben. Es ist wiederum Bischof Papias, der erstmals im zweiten Jahrhundert nach Christus von einer Verfasserschaft des Matthäus spricht. Dafür gibt es aber keinen historischen Beleg. Vermutlich gab es einen Bibelautor Matthäus gar nicht. Das nach ihm benannte Werk dürfte vielmehr von einem Gremium von theologischen Schriftgelehrten erstellt worden sein.

Ebenso fiktiv ist wohl auch der Evangelist Lukas. Ein »Ur-Lukas« konnte bislang nicht ausfindig gemacht werden. Der Lukas zugeschriebene Text, angeblich ebenfalls um 90 n.Chr. entstanden, ist anonym verfaßt. Er wurde erstmals 180 n.Chr. von Bischof Irenäus von Lyon mit Lukas, dem missionarischen Gehilfen des Paulus, in Verbindung gebracht.

Das vierte Evangelium soll sehr spät, nämlich erst um 100 bis 110 n.Chr., aufgeschrieben worden sein. Wiederum trägt es die bekannte Bezeichnung »nach« in »Evangelium nach Johannes«. Wiederum ist kein »Ur-Johannes-Text« bekannt, der dem Bibel-Johannes als Vorlage hätte dienen können.

Doch anders als bei den drei älteren Evangelien taucht im Falle Johannes der Verfassername eindeutig auf: im 21. Kapitel! Ganz klar und eindeutig wird hier Johannes als der Jünger bezeichnet, »der von diesen Dingen zeugt und geschrieben hat«.[3]

Steht also den drei anonymen Evangelien das »nach Johannes« als Ausnahme gegenüber? Keineswegs! Die wissenschaftliche Theologie ist sich heute einig: Wer auch immer das Evangelium nach Johannes schrieb, ließ das Werk mit Kapitel 20 enden. Das gesamte Kapitel 21 – mit dem Hinweis auf den Verfasser Johannes – wurde eindeutig von späteren Bearbeitern nachträglich angefügt.

Jahrhundertelang wurde von der katholischen Kirche die Irrlehre verbreitet, gerade das sogenannte Johannes-Evangelium sei eine besonders verläßliche Quelle, habe es doch der Lieblingsjünger Jesu selbst verfaßt. Es galt als Werk eines Augenzeugen. Noch 1996 wurde dieser eklatante Irrtum in der weitverbreiteten »Einheitsübersetzung der Heiligen Schrift«, gedacht für Katholiken und Protestanten, verbreitet.[4]

Kann man noch von Irrtum sprechen, wenn in einer Volksausgabe der Bibel anno 1996 Jünger Johannes als Autor des »Evangeliums nach Johannes« bezeichnet wird, obwohl die wissenschaftliche Theologie das Gegenteil lehrt? Klipp und klar stellt der katholische Münchner Neutestamentler Joachim Gnilka fest: »Daß der Apostel Johannes das vierte Evangelium herausgebracht habe, ist heute weitgehend auch im Bereich der katholischen Exegese fallengelassen worden. Den Verfasser des Evangeliums kennen wir nicht.«[5]

Die wissenschaftliche Theologie sieht heute das »Evangelium nach Johannes« nicht mehr als vertrauenswürdigste, sondern als unzuverlässigste Quelle an. Der Theologe Gerd Lüdemann bringt es auf den Punkt: »Wer auf der Suche nach dem historischen Jesus ist, wird ihn im Johannesevangelium nicht finden. Denn das, was Jesus wirklich sagte und tat, hat das 4. Evangelium bereits weit hinter sich gelassen. Dieses Urteil ist in der neutestamentlichen Forschung längst zum Konsens geworden.«[6]

Fazit: Wir wissen nicht, wer die Autoren der vier Evangelien des »Neuen Testaments« waren. Generationen von Theologen haben sich mit den Texten auseinandergesetzt. Die Evangelien nach Matthäus und Lukas ähneln einander über weite Strecken sehr stark. Beide Texte haben etwa in einem Drittel erstaunlich starke inhaltliche Gemeinsamkeiten. Diese Parallelen finden sich weder bei Markus noch bei Johannes. Die Theologie schloß aus diesem Sachverhalt, daß es einst eine Sammlung von Jesusworten gegeben haben müsse, die von den Verfassern der Evangelien nach Matthäus und nach Lukas unabhängig voneinander als Quelle benutzt wurde. An der Existenz dieser Quellensammlung »Q« läßt die deutsche wissenschaftliche Theologie keinen Zweifel.

Den Laien wird es kaum verwundern, wie wenig Einigkeit über »Q« besteht, da es ja keine auch noch so kleine schriftliche Spur von »Q« außerhalb der Bibel gibt. Dann wäre ein seriöses Gespräch allenfalls als willkürliche Spekulation möglich.

Mehr als befremdlich sind folgende Tatsachen: Einerseits wird in der deutschsprachigen Theologie kein Zweifel an der Existenz von »Q« zugelassen. Andererseits wird höchst Widersprüchliches über »Q« diskutiert. In welcher Form lag »Q« vor? Wurde »Q« nur mündlich überliefert? Oder gab es »Q« als schriftlich fixierten Text? Und wenn es »Q« als Manuskript gab, in welcher Sprache lag es vor? Wurde »Q« in Aramäisch geschrieben ... oder in Griechisch? Gab es eine oder mehrere Textversionen, vielleicht in unterschiedlichen Sprachen verfaßt?

Wer sich mit den Diskussionen deutscher Theologen über die Urquelle »Q« auseinandersetzt, muß staunend erkennen, was an Universitäten als »theologische Wissenschaft« betrieben wird! Da wird ernsthaft die angebliche Zitatensammlung »Q« in unzähligen umfangreichen Werken erörtert, obwohl niemand weiß, wie »Q« ausgesehen hat. Selbst die Existenz von »Q« ist letztlich mehr als zweifelhaft! Während für deutsche Theologen »Q« unbezweifelbare Realität ist, sehen das französische Theologen ganz anders. In Frankreich gehen führende Theologen davon aus, daß es »Q« gar nicht gegeben hat.[7] Beide Seiten sehen sich als Verfechter und Anwender strenger wissenschaftlicher Grundsätze. Aber eine Seite irrt. Welche?

Uneinigkeit herrscht heute in der wissenschaftlichen Theologie darüber, wer wann wo genau in welcher Sprache die vier Evangelien unserer Bibel für wen geschrieben hat. Auf diesem wahrlich unsicheren Fundament der vier Evangelien steht der christliche Glaube.

Die junge christliche Kirche mag in den Anfängen ihrer Geschichte noch ohne Vorbehalt geglaubt haben. Der Mensch der Gegenwart hinterfragt aber die vier Evangelien, die den Anschein erwecken, über historische Taten Jesu zu berichten. Wer meint, dies müsse auch Ziel einer ehrlich-kritischen Theologie sein, irrt gewaltig. Knallhart stellt Rudolf Bultmann, einer der führenden christlichen Theologen des 20. Jahrhunderts, fest, »daß nach der historischen Zuverlässigkeit des Überlieferten nicht gefragt werden darf«.[8] Für Bultmann stellt sich gar nicht die Frage, ob denn ein beschriebenes Ereignis wahr ist oder nicht. Was in den Evangelien steht, das hat als Gottes Wort zu gelten und darf nicht bezweifelt werden. Für den Christen gibt es nur eine Frage: Will er glauben oder will er es nicht. Wie unzeitgemäß und nach einem auf Logik aufbauenden Empfinden geradezu abstrus diese Haltung ist, formuliert Rudolf Augstein: »Gefragt werden darf nicht, ohne Fragen muß geglaubt werden, Rückfrage ist schon Ablehnung. Ob das auch anders geht? Wohl nicht. Denn wer fragt, hört auf zu glauben.«[9]

Fels: Warum nannte Jesus Simon »Petrus«? Zahlreiche Namen werden in der Bibel erklärt. Oftmals sind die Begründungen für Namen sprachlich nicht so ohne weiteres nachvollziehbar und eher Eselsbrücken ohne echte linguistische Legitimation. Eine der wichtigsten »Erklärungen« für einen biblischen Namen bezieht sich auf Simon, der auch Petrus genannt wurde. Warum? Jesus bestimmt, so will es das Evangelium nach Matthäus wissen: »Du bist Petrus, und auf diesen Felsen will ich bauen meine Gemeinde.«[1]

So einleuchtend die Erklärung anmutet, so unlogisch ist sie. Denn Jesus sprach Aramäisch und nicht Griechisch. Jesus hätte einem Jünger nie einen griechischen, sondern natürlich einen aramäischen Beinamen verliehen. Warum nun nannte Jesus Simon Petrus? Die Antwort findet sich im Aramäischen. Sie ist weit weniger schmeichelhaft.

George M. Lamsa, profunder Kenner der Sprache Jesu, führt aus: Der Name Simon (aramäisch Schimun) wurde von vielen Müttern gewählt, die um einen Sohn gebetet hatten und erhört worden waren. Dankbar nannten sie ihr Kind dann Schimun, nämlich im Sinne von »Gott hat mich erhört!« Schimun bedeutet nämlich »gut hörend«, allerdings auch »schnell begreifend«.

Nun war aber Simon, Lamsa weist darauf hin, alles andere als schnell von Begriff, sondern schwerfällig und langsam im Denken. Deshalb wurde er von Freunden offensichtlich spöttisch Kepa, also Steinblock, gerufen, eben, weil er träge im Denken war. Die theologische Erklärung »auf diesen Felsen baue ich meine Gemeinde« muß als Interpretation im nachhinein gesehen werden. Jesus hat Simon auch nicht in Schimun Kepa (Simon Petrus) umbenannt, ihm war offensichtlich bekannt, daß er diesen Beinamen trug. In östlichen Evangelientexten gibt es den Namen Simon Petrus nicht, sondern nur Schimun Kepa.[2]

Galiläa: Synonym für Rebellion? Wo war Jesus beheimatet? Diese grundlegende Frage wird im »Neuen Testament« unterschiedlich beantwortet. Folgt man dem Evangelium nach Johannes, dann wirkte Jesus hauptsächlich in der Umgebung von Jerusalem. Schenkt man hingegen dem Evangelium nach Markus Glauben, dann war Jesus in Galiläa zu Hause.

Der Theologe Günther Bornkamm schließt sich Markus an: »Jesu Heimat ist das halb heidnische, verachtete Galiläa ... Jesu Muttersprache ist das galiläische Aramäisch.«[1] Tatsächlich? Willi Marxsen faßte in seinem Standardwerk »Einleitung in das Neue Testament« zusammen: »Als heute durchweg anerkannt kann die Feststellung gelten, daß alle Galiläa-Stellen im Markus-Evangelium redaktionell sind.«[2] Mit anderen Worten: Die Hinweise auf Galiläa wurden erst nachträglich eingefügt. Warum?

Für die Autoren und Bearbeiter der Texte stand nicht die Erstellung einer historisch korrekten Biographie im Vordergrund des Interesses. Sie schufen nach Jesu Tod Beschreibungen des Lebens Jesu in Anlehnung an möglichst viele »prophetische Texte« des »Alten Testaments«. Und bei Jesaja heißt es, »Er (der »Friedensfürst«)« werde »zu Ehren bringen ... das Galiläa der Heiden«.[3] Und da in ihren Augen Jesus eben dieser »Friedensfürst« war, mußte er aus Galiläa stammen. Mag sein, daß sie daran glaubten nach dem Motto: »Wissen heißt nicht glauben, glauben heißt wissen!«

Außerdem ist das »Neue Testament« reich an bildhaften

Symbolen, die nicht unbedingt wörtlich genommen werden müssen. Im ersten Jahrhundert nach Christus stand der Begriff »galiläisch« sehr häufig als ein Schlüsselwort für aufrührerisch.[4] Die »Galiläer« waren für sehr viele Zeitgenossen Jesu Rebellen, die gegen die Römer kämpften. Sollte Jesus als Widerständler gegen Rom gekennzeichnet werden, indem man ihn zum »Galiläer« machte?

Haß: Fordert Jesus Haß gegen die Eltern? »Wenn jemand zu mir kommt und haßt nicht seinen Vater und seine Mutter und seine Frau und seine Kinder, Brüder, Schwestern, auch dazu sein eigenes Leben, der kann nicht mein Jünger sein!«, fordert Jesus im Evangelium nach Lukas.[1] Ist also Jesus ein Missionar des Hasses und nicht der Liebe? Liest man den zitierten Vers, so drängt sich diese Aussage auf.

Des Rätsels Lösung: Hier wurde keine vermeintlich »verborgene Aussage Jesu«, sondern eine falsche Übersetzung entdeckt.

Jesus sprach Aramäisch. Im nach wie vor erhaltenen aramäischen Text des Evangeliums lesen wir »saney«, das mit »hassen« übersetzt wurde. »Saney« hat zwei Bedeutungen: »hassen« einerseits und »zur Seite setzen« andererseits. Welche Übersetzung die richtige ist, verrät der Textzusammenhang: In feindlicher Umgebung ist das Leben des Menschen, der Jesu Lehre predigt, in großer Gefahr. Jesus fordert nun von potentiellen Missionaren, sich zu entscheiden. Wer als Apostel durch die Lande ziehen möchte, wie soll er sich zum Beispiel seinen Eltern gegenüber verhalten? Er soll sie keineswegs hassen, sondern muß Prioritäten setzen. Die nächsten Verwandten und das eigene Privatleben müssen hinter dem Leben für Jesus zurücktreten. Haß fordert Jesus nicht.

Wer auch immer den Text aus dem Aramäischen ins Griechische übersetzte, irrte sich. Und wir irren uns, wenn wir annehmen, daß es nur den Liebe predigenden Jesus gab. Auch richtig übersetzte Jesus-Worte können sehr brutal sein. So sagt Jesus nach Lukas: »Doch jene meiner Feinde, die nicht wollen, daß ich über sie herrsche, bringt sie her und macht sie vor mir nieder.«[2] Ältere Ausgaben wie die Luther-Bibel von 1915 sind in der Ausdrucksweise drastischer. Da sollen dann Jesu Feinde vor seinen Augen »erwürgt« werden.[3]

Hochzeit zu Kana: Die wahre Bedeutung des »Weinwunders« Von Kapernaum aus durchstreifte Jesus das Land. Die fruchtbaren Gefilde um den See Genezareth hatten es ihm angetan. Kana lag auf seinem Weg zwischen Tiberias und Nazareth. Jesus hat diesen kleinen Ort, der heute Kefar Kana heißt, öfter besucht. Und hier in Kana soll sich das berühmte »Weinwunder« abgespielt haben.

Nur im Evangelium nach Johannes lesen wir: »Und am dritten Tage war eine Hochzeit zu Kana in Galiläa, und die Mutter Jesu war da. Jesus aber und seine Jünger waren auch zur Hochzeit geladen. Und als der Wein ausging, spricht die Mutter Jesu zu ihm: ›Sie haben keinen Wein mehr.‹ Jesus spricht zu ihr: ›Was geht's dich an, Frau, was ich tue? Meine Stunde ist noch nicht gekommen.‹«[1]

Düstere Prophezeiungen werden in den kurzen Text hineininterpretiert. »Am dritten Tage« wird auf Jesu Auferstehung »am dritten Tage« hin interpretiert. Die wirkliche Bedeutung ist weit weniger dramatisch. Am dritten Tage der Schöpfung war laut dem ersten Schöpfungsbericht Gott besonders zufrieden mit seinem Werk. Hatte er doch die sprießenden Pflanzen geschaffen.[2] Gott war begeistert, weil alles so schön grünte und wuchs. So wurde der »dritte Tag« für das Volk Israel der

Tag des Wachsens und des keimenden Lebens, also zum idealen Hochzeitstag. Deshalb wird noch heute besonders gern »am dritten Tag« der Woche geheiratet. Das ist nach jüdischem Brauch der Dienstag. »Am dritten Tag« ist also eine schlichte Angabe des Wochentages. Jesus sagt zu seiner Mutter: »Meine Stunde ist noch nicht gekommen.« Wieder wird gern Prophetisches in diesen schlichten Satz hineingeheimnißt. Jesus meinte damit angeblich die Stunde seines Todes am Kreuz.

Ein Blick in den griechischen Text indes genügt, um einen Übersetzungsfehler ausfindig zu machen. »Ora« kann in der Tat »Zeit/Stunde« bedeuten, aber auch »Sorge/Befürchtung«. Jetzt muß man den Textzusammenhang beachten. Der Weinvorrat geht zur Neige. Jesu Mutter ist besorgt. Und Jesus antwortet: »Meine Sorge ist nicht gekommen.« Oder etwas unserem heutigen Sprachgebrauch angepaßt: »Ich mache mir keine Sorgen!« Jesus will also seine vermutlich arg aufgeregte Mutter besänftigen.

Unverständlich ist das barsche »Was geht's dich an, Frau, was ich tue?«[3] Wiederum liegt ein Übersetzungsfehler vor: Im Original wurde gar keine Frage gestellt. Im Original steht, wortwörtlich übersetzt und damit etwas holperig: »Etwas ist mir, etwas ist dir, Frau.« Wie mag das zu verstehen sein? Wieder im Kontext: Der Wein ist von den Gästen schon fast verkonsumiert. Jesu Mutter ist unruhig. Ihr Sohn beschwichtigt: »Ich mache mir keine Sorge. Etwas ist mir, etwas ist dir, Frau, schon möglich.« Oder etwas freier: »Der Wein ist alle? Ich mache mir keine Sorgen. Etwas wird uns schon einfallen!«

Dann folgt das »Weinwunder«.[4] Lesen wir zunächst den Bibeltext: »Seine Mutter spricht zu den Dienern: ›Was er euch sagt, das tut.‹ Es standen aber dort sechs steinerne Wasserkrüge für die Reinigung nach jüdischer Sitte, und in jeden gingen zwei oder drei Maße.« Jesus läßt sie mit Wasser füllen – und verwandelt es in köstlichen Wein. »Als aber der Speisemeister den Wein kostete, der Wasser gewesen war, und nicht wußte, woher er kam, die Diener wußten's, die das Wasser geschöpft hatten, ruft der Speisemeister den Bräutigam und spricht zu ihm: ›Jedermann gibt zuerst den guten Wein und, wenn sie betrunken werden, den geringeren; du aber hast den guten Wein bis jetzt zurückgehalten.‹ Das ist das erste Zeichen, das Jesus tat, geschehen in Kana in Galiläa, und er offenbarte seine Herrlichkeit. Und seine Jünger glaubten an ihn.« Bediente sich Jesus der Zauberei? Wohl kaum!

Die Pointe des Textes ist tatsächlich bildhaft zu verstehen. Jesus schenkt Wasser aus. Und »verwandelt« es in Wein. George M. Lamsa, profunder Kenner der aramäischen Welt Jesu, erklärt: »Dieses erste Wunder Jesu hat geistige Bedeutung. Seine Lehre war die beste, welche die Galiläer bisher je gekostet hatten. Sollte Jesus die Kraft, die er besaß, wirklich dazu gebraucht haben, um Menschen, die schon zu viel getrunken hatten, noch mehr von dem berauschenden Getränk zu verschaffen? Die Heilige Schrift verurteilt die Betrunkenheit: ›Lasset euch nicht irreführen! Weder die Unzüchtigen noch die Götzendiener noch die Trunkenbolde werden das Reich Gottes ererben.‹ (1. Brief des Paulus an die Korinther Kapitel 6, Verse 9 und 10).«[5]

INRI – Die Kreuzinschrift hat es nie gegeben Das vielleicht bekannteste Symbol schlechthin ist das für den christlichen Glauben: das Kreuz. Es steht für den gläubigen Christen für den Opfertod Jesu, der die Schuld der Welt auf sich nahm und stellvertretend für die Menschheit starb. Das christliche Kreuz ist so bekannt, daß die Frage, wie wohl das Kreuz Jesu aussah, verwundern mag. Sie ist aber berechtigt.

Die vermutlich älteste Darstellung eines Kruzifixes wurde erst 1856 in Rom, an einer Mauer des kaiserlichen Palastes auf dem Palatin entdeckt. Es fand sich in einem der Kellerräume und zeigt ein Graffiti, von einem Verächter des christlichen Glaubens in die Wand geritzt. Man sieht einen Gekreuzigten mit Eselskopf. Soll Jesus dargestellt werden? Links neben dem Gekreuzigten kniet ein Mensch. Erklärt wird die Szene mit den Worten »Alexamenos verehrt seinen Gott.«

Welchen Gott? Es ist bekannt, daß die Römer den Juden und vermutlich auch den frühen Christen Onolatrie vorwarfen: Eselsanbetung.

Umstritten ist das Alter der blasphemischen Darstellung. Nach Marcello Craveri[1] stammt sie aus dem 3. Jahrhundert nach Christus. Michael Hesemann hält das einzigartige Dokument für wesentlich älter. Demnach entstand es in »der Zeit vor der neronischen Christenverfolgung im Jahre 64«.[2] Warum nicht danach? Die Annahme Michael Hesemanns ist rein spekulativ.

Das Kreuz ist nur angedeutet und es erinnert mehr an ein T als an ein Kreuz im klassischen Sinne. Tatsächlich war das T-förmige Kreuz (»crux commissa« genannt) die zu Zeiten Jesu benutzte, ursprüngliche Variante.

Wie sah nun das Kreuz aus, an dem Jesus starb? Auskunft bieten die vier Evangelisten. In den Texten nach Matthäus, Markus, Lukas und Johannes finden wir im Griechischen übereinstimmend das Wort »staurós«,[3] das einheitlich mit »Kreuz« übersetzt wird. »Staurós« bezeichnet aber im klassischen Griechisch einen stehenden Stamm oder Pfahl, keineswegs aber einen Stamm mit Querbalken. Schon 1896 kam John D. Parsons zur Überzeugung, daß Jesus nicht an einem Kreuz, so wie wir es uns heute vorstellen, starb, sondern an einem Marterpfahl.

Er schreibt: »Im griechischen Text der Schriften, die das »Neue Testament« bilden, ist kein einziger Satz zu finden, der auch nur andeutungsweise den Beweis liefern würde, daß es sich bei dem im Falle Jesu verwandten staurós um einen anderen als einen gewöhnlichen staurós handelte. Von einer Andeutung, daß es sich dabei nicht um ein einziges Holzstück, sondern um zwei zusammengenagelte Holzstücke in Form eines Kreuzes gehandelt hätte, ganz zu schweigen.«[4]

W. E. Vine schreibt in seinem Fachwörterbuch »An Expository Dictionary of New Testament Words«: »Staurós bezeichnet in erster Linie einen aufrecht stehenden Pfahl oder Stamm. Übeltäter wurden zur Hinrichtung daran genagelt. Sowohl das Substantiv als auch das Verb stauroo, an einem Stamm oder Pfahl befestigen, sind ursprünglich von der kirchlichen Form eines aus zwei Balken bestehenden Kreuzes zu unterscheiden.«[5]

Jesus wurde also nicht an ein Kreuz, so wie wir es in unzähligen Variationen aus Kirchen kennen, genagelt, sondern an einen aufrecht stehenden Marterpfahl ohne Querbalken. Die Urform des Kreuzes war auch der Pfahl, der bei den Persern als Hinrichtungsinstrument benutzt wurde. Diese Methode kam über Karthago zu den Römern. Die älteste Darstellung eines Kreuzes, so wie es heute schlechthin als »das Kreuz« angesehen wird, dürfte rund ein halbes Jahrtausend nach Christus angefertigt worden sein. Sie ziert ein wertvolles Elfenbeinkästchen, das heute im »British Museum«, London, verwahrt wird. Wie aber wurde aus dem einfachen Pfahl das christliche Kreuz, auch lateinisches Kreuz genannt? Mag sein, daß erst eine falsche Übersetzung vom Griechischen ins Lateinische zu diesem Irrtum führte, daß aus einem »Pfahl« ein »Kreuz« wurde.

Oder das Kreuz mit dem senkrechten Balken, der über den

waagrechten Balken hinausragt, ist das Ergebnis einer rein praktischen Überlegung. Angeblich war ja am Kreuz Jesu eine Inschrift angebracht. Der so genannte »titulus« wird von allen vier Evangelisten erwähnt. Die ideale Form eines Kreuzes mit einem guten Platz für ein Täfelchen ist die klassische! Der senkrechte Kreuzbalken ragt über den waagrechten hinaus. Und ganz oben, am senkrechten Pfahl und über dem Querbalken, kann gut so etwas wie ein Schild mit einigen Worten angebracht werden.

Über den genauen Wortlaut der Jesusinschrift gibt es keine Übereinstimmung zwischen den vier Evangelisten. Angesichts der zentralen Bedeutung dieses Details von Jesu Tod ist das eigentlich verwunderlich.

Evangelium nach Matthäus: »Das ist Jesus, der Juden König.«[6]

Evangelium nach Markus: »Der König der Juden.«[7]

Evangelium nach Lukas: »Das ist der Juden König.«[8]

Evangelium nach Johannes: »Jesus der Nazarener, der König der Juden.«[9]

Die aus zahllosen künstlerischen Darstellungen der Kreuzigungsszene bekannte abgekürzte Inschrift lautet: INRI. Die Buchstaben stehen für das Lateinische »Iesus Nazarenus Rex Iudorum«, »Jesus, Nazarener, König der Juden«. Nur der Evangelientext nach Johannes stützt diese Abkürzung. Gegeben hat es sie wohl nie. Jüdische Zeitgenossen Jesu hätten mit den Buchstaben nichts anfangen können. Der Text müßte schon ganz ausgeschrieben worden sein: In Latein, wie das Kürzel INRI suggeriert? Wohl kaum! Denn Jesu jüdische Zeitgenossen, für die ja die erklärende Inschrift gedacht gewesen sein muß, sprachen in der Regel Aramäisch und nicht die Sprache der Römer. Wenn es also ein Schild mit einem Text am oder neben dem Kreuz gab, müßte der in aramäischer Sprache verfaßt gewesen sein.

Oder sollte man sich gar die Mühe gemacht haben, mehrsprachig auf den Mann am Kreuz hinzuweisen? Das zumindest behauptet das Evangelium nach Johannes: »Und es war geschrieben in hebräischer, lateinischer und griechischer Sprache.«[10] Warum fehlt dann ausgerechnet Aramäisch, die einzige Sprache, die die Mehrheit der Juden verstanden? Wie unzuverlässig Johannes in Sachen Kreuzinschrift ist, beweist ein unscheinbarer Vers. Angeblich beschwerten sich die Hohenpriester bei Pilatus. Jesus dürfe nicht als »König der Juden« bezeichnet werden, sondern als »der, der gesagt hat, er sei der König der Juden«.[11] Es ist freilich eine unumstößliche Tatsache, daß es im alten Israel stets nur einen einzigen Hohepriester gegeben hat und niemals mehrere. Beschwerden von *den Hohenpriestern* kann es also nicht gegeben haben. Wer immer auch das Evangelium nach Johannes verfaßt hat, kann sich mit den Grundkenntnissen jüdischen Glaubens nicht ausgekannt haben.

Fragen über den Text des »titulus« können nur spekulativ beantwortet werden. Sie sind letztlich auch müßig. Zweifel an der Existenz dieses Schildchens sind angebracht. Denn außer in den vier Evangelien gibt es keinerlei zeitgenössischen Hinweis auf die heiß diskutierte Tafel.

In der »Stuttgarter Erklärungsbibel« wird behauptet: »Es entspricht römischer Praxis, dem Verurteilten auf dem Weg zur Hinrichtung eine Tafel mit der Angabe seiner Schuld vorauszutragen oder umzuhängen, die dann auch am Kreuz befestigt wurde.«[12] Leider wird diese Behauptung nicht belegt. Das verwundert nicht, denn die Behauptung läßt sich nicht beweisen.

Heinz-Wolfgang Kuhn, Neutestamentler aus München, hat intensivst antike Quellen auf der Suche nach Tafeln, die man mit dem Jesus-Titulus vergleichen könnte, durchforstet.[13] Er fand nicht einen einzigen Parallelfall, der auch nur annähernd mit Jesu Kreuzigung vergleichbar wäre. Trotz umfangreichster Recherchen entdeckte er ganze vier Fälle, in denen Menschen mit schuldzuweisenden Tafeln versehen wurden. Keiner der so Gekennzeichneten war von einem Gericht verurteilt worden wie Jesus. Drei der Fälle werden aus Rom, einer wird aus Lyon vermeldet. Kein Fall ist aus Palästina überliefert, keiner aus der Zeit Jesu. Nur ein einziger Fall steht dabei überhaupt im Zusammenhang mit einer Kreuzigung: Er ereignete sich rund ein Vierteljahrtausend nach Jesu Tod. Ein verbitterter Vater aus Rom ließ damals einem Sklaven eine Tafel mit seinem Vergehen um den Hals hängen. So mußte er auf dem Marktplatz ausharren. Er hatte den Sohn des Römers auf der Flucht verlassen. Für dieses Vergehen wurde er ohne Gerichtsverfahren gekreuzigt.

Resümee: Es hat bei den Römern zu keiner Zeit den Brauch gegeben, am Kreuz eines zum Tode Verurteilten und Hingerichteten so etwas wie eine Tafel anzubringen. Die Hinweise der vier Evangelien sind widersprüchlich und müssen als fromme Fiktion betrachtet werden: Die Kreuzesinschrift INRI hat es nie gegeben. Sie ist Ausdruck tiefen Glaubens der frühen christlichen Gemeinde.[14] Sie ist Zeugnis von fester religiöser Überzeugung.

Israel: Falscher Widerspruch um seinen Tod Zwei verschiedene Versionen von Israels Tod finden sich in der Bibel: Im »Alten« und im »Neuen Testament«. Nach dem ersten Buch Mose verschied er im Bett: »Da neigte sich Israel anbetend über das Kopfende des Bettes hin.«[1] Nach dem Hebräerbrief war es ganz anders: Der unermüdliche, gottesfürchtige Wandersmann starb im Stehen. Demütig »neigte er sich gegen seines Stabes Spitze.«[2]

Vergleicht man die beiden Versionen, ist der Widerspruch

offensichtlich. Wer irrte nun? Der Verfasser des nach Mose benannten Buches oder der Autor des Briefes an die Hebräer? Keiner von beiden! Oder die Übersetzer? Keiner von ihnen!

Wo die gängige Fassung des Verses nach Mose lautet »Kopfende des Bettes«, da steht im hebräischen Original »mth«. Diese drei Konsonanten können für zwei Worte stehen, nämlich für Bett, aber auch für Stab. Ob »Bett« oder »Stab« gemeint ist, hängt von den Vokalen ab, die ursprünglich in der Konsonantenschrift des alten Hebräischen nicht auftauchten. Erst im 9. Jahrhundert n. Chr. fügten die sogenannten Masoreten Zeichen für die Vokale hinzu, um Irrtümer beim Lesen zu vermeiden. Das alte Hebräisch dürfte in jener Zeit bereits längst eine tote Sprache gewesen sein, vergleichbar mit dem Latein. Gelegentlich wird Latein noch in katholischen Gottesdiensten benutzt, vom gewöhnlichen Gemeindeglied aber ebensowenig verstanden wie das Bibelhebräisch vom Durchschnittsjuden des 9. Jahrhunderts. Damals machte man durch falsche Vokale aus dem Stock ein Bett.[3]

Beim Brief an die Hebräer kann eindeutig nur der Stab gemeint sein. Die Doppeldeutigkeit gibt es hier nicht. Damit ergibt sich eine klare Antwort auf die Frage: »Wo also starb Israel?«: Stehend, auf seinen Stock gestützt, das Haupt geneigt.

Jungfrau: Geboren von der Jungfrau? Von zentraler Bedeutung ist im christlichen Glauben katholischer wie evangelischer Prägung das Wunder der jungfräulichen Geburt Jesu. So heißt es im großen Credo: »Wir glauben ... an den einen Herrn Jesus Christus, Gottes eingeborenen Sohn, aus dem Vater geboren vor aller Zeit, gezeugt, nicht geschaffen, hat Fleisch angenommen, durch den Heiligen Geist, von der Jungfrau Maria und ist Mensch geworden.« Weniger blumig, aber genauso konkret heißt es im apostolischen Glaubensbekenntnis: »Ich glaube ... an Jesus Christus, geboren von der Jungfrau Maria.«

Karl Barth (1886–1968), alles andere als ein schwärmerischer Katholik, sondern protestantischer Theologe aus der Schweiz, stellte in seinem Werk »Die kirchliche Dogmatik« fest: »Die Kirche weiß wohl, was sie getan hat, indem sie dieses Dogma sozusagen als Wache vor die Tür zu dem Geheimnis der Weihnacht stellte. Sie wird als kirchliche Ordnung verkündigen: Es gehört zum wirklichen christlichen Glauben auch die Bejahung der Lehre von der Jungfrauengeburt.«[1]

Katholiken wie Protestanten bekennen auch heute in den Kirchen betend, wovon in Wirklichkeit ganz offensichtlich allenfalls nur noch eine Minderheit der Gläubigen überzeugt ist. 1999 ergab eine Umfrage unter deutschen Katholiken, daß 60 Prozent nicht mehr an das Dogma von der Jungfrauengeburt glauben.[2] Weit höher noch ist vermutlich der Prozentsatz der Christen, die keine Ahnung davon haben, was das »Neue Testament« über »geboren von der Jungfrau Maria« bekundet.

Die ältesten Dokumente des »Neuen Testaments«, Jahrzehnte vor den vier Evangelien verfaßt, sind die diversen Briefe des Apostel Paulus. Paulus ist somit der früheste Zeuge. Er nennt weder Maria noch Josef als Eltern Jesu. Der Name der Mutter Jesu ist heute auch bibelunkundigen Zeitgenossen geläufig, weniger den Verfassern der Evangelien des »Neuen Testaments«. Bei ihnen spielt sie eine eher untergeordnete Rolle. Evangelist Markus erwähnt Jesu Mutter nur am Rande, ohne ihren Namen zu nennen. Jesus behandelt sie aus heutiger Sicht eher geringschätzig.[3] Beim Evangelisten Johannes kommt Jesu Mutter nur zweimal vor, in beiden Fällen wird ihr Name nicht genannt.[4]

Ein Kuriosum am Rande: Johannes weist darauf hin, daß bei

Jesu Kreuzigung seine Mutter (deren Name nicht genannt wird) und deren Schwester zugegen waren.[5] Und die hieß angeblich Maria. Sollte Jesu Großmutter ihre beiden Töchter Maria genannt haben?

Maria als Name taucht in der Form Mirjam gelegentlich bei Matthäus und bei Lukas auf. Die entsprechenden Verse sind bei Matthäus vielleicht, bei Lukas aber mit großer Wahrscheinlichkeit erst später eingefügt worden.

Es muß gefragt werden, ob Jesu Mutter wirklich »Maria« hieß. Oder handelte es sich ursprünglich gar nicht um einen Eigennamen, sondern um ein höchst bedeutsames Wort oder ein Wortspiel? Um es zu begreifen, benötigt man freilich einige Hintergrundinformationen.

Jesu Mutter war offensichtlich bereits schwanger, bevor Josef sie ehelichte[6] – und zwar, so Matthäus, »vom Heiligen Geist«.[7] Aus der Sicht profan denkender damaliger wie heutiger Zeitgenossen mußte ein vor-, somit also außerehelicher Geschlechtsverkehr stattgefunden haben. Das aber galt als höchst verwerflich. Denn zu Jesu Zeiten gab es nicht die Unterscheidung zwischen Verlobung und Heirat. Sobald eine Frau einem Mann versprochen war, war sie verlobt mit ihm und mußte treu sein. Starb der Mann noch vor der Eheschließung, galt sie als Witwe. So war Jungfräulichkeit selbstverständliche Voraussetzung für die Heirat. War die Frau nicht mehr unberührt, galt dies als Ehebruch.

Zurück zu Josef. Seine Verlobte war schwanger. Wer kam als potentieller Vater in Frage? Etwa gar Josef selbst? Er war sich keiner Schuld bewußt und vermutete seinerseits unkeuschen Lebenswandel seiner Verlobten. Er dachte daran, sie zu verlassen.[8] War ihm die junge Frau schon vor der Eheschließung untreu geworden? Man bedenke: Es ging nicht nur um

Josefs eventuell verletzte Eitelkeit als Mann! Vor- wie außerehelicher Geschlechtsverkehr wurde mit dem Tod bestraft!

Um Klarheit zu gewinnen, mußte in solchen Fällen ein merkwürdiger »Test« durchgeführt werden. Die seltsame Prozedur ist angeblich von Gott selbst ersonnen und seinem Propheten Mose diktiert worden. Demnach wurde die verdächtigte Braut oder Ehefrau vor den örtlichen Priester gezerrt. Der füllte einen irdenen Krug mit Wasser, gab Staub vom Boden der Stiftshütte hinzu und sprach: »Hat kein Mann bei dir gelegen und bist du deinem Mann nicht untreu geworden, daß du dich unrein gemacht hast, so soll dir dies bittere Wasser nicht schaden.«[9] Dann mußte die der Untreue Beschuldigte die ekelhafte Brühe trinken. Überstand sie das, ohne Schaden zu nehmen, galt sie als unschuldig. Die aus heutiger Sicht mehr als merkwürdige Prozedur hieß »mar jam«, bitteres Wasser. Wurde Jesu Mutter in der beschriebenen Weise geprüft? Ist ihr vermeintlicher Name nichts anderes als eine Verballhornung von »mar jam« – Mirjam?

In den Texten des »Neuen Testaments« findet sich kein direkter Hinweis auf die Treue-Probe. Im Buch von der Geburt der seligen Maria und der Kindheit des Erlösers wird sie aber beschrieben. Maria nimmt den Trunk ein, umschreitet den Altar sieben Mal und überlebt die Prozedur: »Kein Makel wurde an ihr offenbar.«[10]

Josefs Verlobte, die vielleicht Maria hieß, war schwanger. Aber war sie auch wirklich noch Jungfrau, wie es im Glaubensbekenntnis heißt? Das behaupten nur Matthäus und Lukas. Weder Markus noch Johannes wissen etwas von einer jungfräulichen Geburt. Bei Lukas erfährt Maria von einem Engel, daß sie als Jungfrau gebären werde.[11] Bei Matthäus vernimmt der staunende Josef, daß seine jungfräuliche Verlobte ein Kind bekommen werde. Warum? Damit eine Prophezeiung erfüllt werde: »Siehe, eine Jungfrau wird schwanger sein und einen Sohn gebären, und sie werden ihm den Namen Immanuel geben.«[12]

Der Text, auf den sich Matthäus bezieht, steht beim Propheten Jesaja. Er wird alle Jahre wieder in weihnachtlichen Gottesdiensten zitiert. Leider wird er völlig aus dem Zusammenhang gerissen! Das muß auch der Laie erkennen, wenn er den Text im Zusammenhang liest: »Siehe, eine Jungfrau ist schwanger und wird einen Sohn gebären, den wird sie Immanuel nennen.«[13] Ist da im »Alten Testament« von Jesus zu lesen? Daß das nicht der Fall ist, erkennen wir aus dem Kontext. Lesen wir weiter: »Butter und Honig wird er essen, bis er weiß, Böses zu verwerfen und Gutes zu erwählen. Denn ehe der Knabe lernt, wird das Land verödet sein, vor dessen zwei Königen dir graut.«

Theologische Fachkenntnisse sind nicht erforderlich, um den Text zu verstehen, so wie er wirklich gemeint ist: Jesaja und König Achaz unterhalten sich. Achaz hat Angst vor seinen Feinden, den Königen der Länder Syrien und Israel. Jesaja versucht Achaz zu besänftigen. Er äußert sich ganz konkret zur Situation der Könige, wie sie unmittelbar bevorsteht. So sagt er: »Eine junge Frau ist schwanger. Sie wird ein Kind gebären. Das Kind wird Butter und Honig essen.«

Noch wirkt die Situation bedrückend. Denn Achaz wird von seinen zwei Feinden gleichzeitig bedroht. Die militärische Lage ist ernst, das Volk hungert. Aber: In wenigen Monaten wird das Kind geboren werden: Dann wird es keine Not mehr geben, das Baby wird Butter und Honig essen können. Es wird dem kleinen Erdenbürger gutgehen! Denn schon bald wird die Gefahr beseitigt sein! Schließlich wird man dem Baby einen erfreulichen Namen geben: Immanuel, zu deutsch »Gott hilft«.

Wann wird Gott seinen positiven Einfluß wirken lassen? Schon bald, in allenfalls vier oder fünf Jahren. Dann wird es zwischen Gut und Böse unterscheiden können. Dann, so ist die Prophezeiung zu verstehen, werden die Feinde, die Achaz so bedrängen, besiegt sein.

Die beschriebene Episode spielte sich vermutlich zwischen 761 und 746 v. Chr. ab. Dem Leser wird deutlich: Es liegt ein Prophetenwort vor, das eindeutig situationsbezogen ist, auf die unmittelbare Zukunft abzielt, auf die zweite Hälfte des 8. vorchristlichen Jahrhunderts. Von Jesus ist nicht die Rede. Und eine »Jungfrau« kommt bei Jesaja auch nicht vor. Da heißt es im Hebräischen nämlich »alma«. Eine »alma« ist eine »heiratsfähige junge Frau«. Über ihre Jungfräulichkeit sagt das Wort nichts aus.

Fazit: Die Evangelien nach Matthäus und Lukas wurden um das Jahr 90 n. Chr. verfaßt. Rund 60 Jahre zuvor, also zwei Generationen früher, war Jesus am Kreuz gestorben. Die Texte stammen nicht von Augenzeugen, ja nicht einmal von Zeitgenossen Jesu. Sie wurden von Mitgliedern der jungen christlichen Gemeinde verfaßt, die davon überzeugt waren, daß Jesus der Messias war. Die Autoren versuchten erst gar nicht, eine historische Biographie zu verfassen. Ihr Ziel war es, ihren Glauben zu begründen. So wurde aus einer jungen Frau, deren Namen wir nicht sicher kennen, Maria, die als Jungfrau gebar. Die jungfräuliche Geburt Jesu ist Fiktion, sie wurde ersonnen, um ein Prophetenwort in Erfüllung gehen zu lassen, das sich in Wirklichkeit gar nicht auf Jesus bezog.

Je mehr Zeit seit dem Kreuzigungstod Jesu verstrich, desto klarer wurde formuliert, was bei Matthäus vergleichsweise nur angedeutet war. Apokryphe Texte, die nicht in die Bibel aufgenommen wurden, bieten explizite, erbauliche Informationen.

In »Die Himmelfahrt des Isias«, etwa 100 n. Chr. entstanden, heißt es: »Und ich sah eine Frau aus dem Geschlechte des Propheten David, namens Maria; die war Jungfrau, und anverlobt einem Manne namens Josef, Zimmermann seines Zeichens, der stammte ebenfalls aus dem Geschlechte Davids des Gerechten, aus Bethlehem in Judäa. Und es begab sich, daß er einen Erben von seiner Braut wollte und sie schwanger fand. Da wollte er sie verstoßen. Und der Engel des Heiligen Geistes erschien in der Welt. Und nach diesem Gesichte verstieß Josef Maria nicht und offenbarte niemandem, was er von ihr wußte. Und er näherte sich nicht Maria, sondern bewahrte sie an seiner Seite wie eine Jungfrau, obwohl sie schwanger war.«[14]

Erst im 2. Jahrhundert n. Chr. erfreute sich das Protoevangelium des Jakobus höchster Beliebtheit. Der unbekannte Autor begnügt sich nicht mehr mit zarten Andeutungen und Hinweisen. Die junge christliche Kirche hat sich inzwischen fester etabliert. Zu den kargen Informationen der Evangelien sind üppige Ausschmückungen hinzugekommen. Maria und Josef haben Zuflucht in einer Höhle gefunden. Jungfrau Maria ist schwanger, die Geburt Jesu steht unmittelbar bevor. Josef wird immer nervöser und sucht aufgeregt nach einer Hebamme. Zufällig kommt im Gebirge eine des Wegs. Gebraucht wird sie freilich nur als Zeugin: »Sie hielten an vor der Grotte, und siehe, eine lichte Wolke verhüllte sie. Da rief die Wehmutter (Hebamme, der Verfasser) aus: ›Heute ist meine Seele verklärt, denn meine Augen haben Wunderdinge gesehen. Ein Heiland ist Israel geboren!‹ Und auf einmal war die Wolke über der Grotte verschwunden und es erschien ein so mächtiges Licht, daß unsere Augen es nicht ertragen konnten. Dann verschwand dieses Licht langsam, bis zu dem Augenblick, als das Kind sichtbar wurde und die Brust seiner Mutter Maria nahm.«[15]

Vor der Grotte taucht eine Salome auf. Ihr erzählt die Hebamme begeistert: »Salome, Salome, ich habe dir Wunderbares zu erzählen! Eine Jungfrau hat geboren, wider alle Natur.« Salome aber zweifelt. Sofort wird sie in die Grotte geführt, um Maria gewissermaßen gynäkologisch zu untersuchen. Salome »erforscht mit der Hand die Natur Marias«. Auch nach der Geburt Jesu ist sie noch Jungfrau. Die Strafe für die Zweifel folgt sofort: »Und nun fällt meine Hand von mir ab, als hätte sie Feuer versengt!« Tief erschüttert bittet Salome um Vergebung. Sie wird erhört! Der frisch geborene kleine Jesus vollzieht seine erste Heilung. Salome, nun gänzlich überzeugt, berührt das Baby und wird geheilt.

Die biblischen wie die außerbiblischen Texte belegen eine Entwicklung vom zarten Glauben an die Jungfräulichkeit bis hin zur religiösen Überzeugung. Diese Entwicklung wurde im Christentum weiter fortgesetzt:

– Gegen Ende des 4. Jahrhunderts erklärte Johannes Chrysostomus, Maria sei zeitlebens Jungfrau geblieben.

– 649 n. Chr. wurde die Meinung des Chrysostomus auf dem Lateran-Konzil ausdrücklich von der katholischen Kirche zum Dogma erhoben.

– 675 wurde das Dogma der immerwährenden Jungfräulichkeit Marias bekräftigt.

– 1546 erklärte das Konzil von Trient ganz offiziell: Maria war nicht nur bis zu ihrem seligen Tode Jungfrau, sie war auch stets frei von jeglicher Sünde.

– 1854 löste Papst Pius IX. heftige Proteste unter den Protestanten mit einem neuen Dogma aus. Seither gilt es als unbezweifelbares Glaubensgut, daß Maria auch frei von der Erbsünde war.

– 1950 machte es Papst Pius XII. zum Dogma, daß Maria

nach ihrem Dahinscheiden mit Seele und Leib gen Himmel gefahren ist.

– 1964 forderte Kardinal Stefan Wyszyński vom II. Vatikanischen Konzil, Maria per Dogma zur »Mutter der Kirche« zu ernennen. Das ging vielen katholischen Würdenträgern viel zu weit. Doch zwei Monate später verkündete Papst Paul VI.: Maria ist die »Mater Ecclesiae«, die »Mutter der Kirche«.[16]

Fazit: Eine nähere Beschäftigung mit der »unbefleckten Empfängnis« Marias dokumentiert einen zentralen biblischen Irrtum. Die Bibel dokumentiert keine feststehenden Fakten über die Historie des alten Israel! Sie schildert keine unveränderlichen Fakten, sondern die Entstehung von Glaubensvorstellungen. Dieser Prozeß begann vor Jahrtausenden zu Zeiten des »Alten Testaments«, setzte sich in den Jahrhunderten nach Christi Geburt fort – und hält bis in unsere Tage an!

Kaiser: Wie aus einem revolutionären Jesuswort eine Belanglosigkeit wurde In den Jahren 167 v.Chr. bis 135 n.Chr. kam es zu 62 Aufständen der Juden gegen die verhaßte Besatzungsmacht der Römer. Äußerer Anlaß für die immer blutigen Auseinandersetzungen war die Weigerung der Juden, an die Römer Steuern zu zahlen. Sie haßten die fremde Macht, verabscheuten sie als ungläubige Gottlose.

So war die Situation höchst brisant, als Jesus im Frühjahr des Jahres 30 n.Chr. direkt vor dem Tempel predigte.[1] Unzählige Anhänger lauschten den Worten Jesu. Viele von ihnen waren potentielle Aufständische, die in den Priestern Handlanger der Römer sahen. Zugegen waren aber auch Sadduzäer, Mitglieder der kleinen, stolzen Priesterkaste. Ganz gewiß war auch die römische Macht präsent: Legionäre und Polizei, von auffällig unauffälligen Spitzeln ganz zu schweigen.

Jesus bekam eine Frage vorgelegt, nämlich: »Ist es recht, daß man dem Kaiser Steuern zahlt?«[2] Wie würde Jesus antworten? Würde er sagen: »Ja, man darf den Römern Steuern zahlen!«? Dann hätte das in weiten Teilen des jüdischen Volkes heftige Empörung ausgelöst. Jesus hätte sich in ihren Augen als feiger Kollaborateur erwiesen, der sich mit den Mächtigen arrangiert hat. Oder würde Jesus antworten: »Nein, man darf den Römern keine Steuern zahlen!«? Diese Antwort wäre gewiß auf Zustimmung in weiten Kreisen der Juden gestoßen. Für die Sadduzäer, aber vor allem für die Römer, wäre diese Antwort das Geständnis eines Verbrechers gewesen, der nicht nur die Autorität der Römer nicht anerkennt, sondern auch noch in aufrührerischer Weise zum Aufstand gegen die Römer auffordert. Ohne Zweifel wäre Jesus nach so einer Antwort sofort verhaftet, vor Gericht gestellt und als politischer Revolutionär am Kreuz hingerichtet worden.

Gebannt lauschten die Menschen. Sie erwarteten eine klare, eindeutige Antwort. Jesus selbst hatte ja gefordert: »Eure Rede sei: Ja, ja; nein, nein! Was darüber ist, das ist von übel!«[3]

Wie antwortet Jesus nach den Berichten der Evangelisten Matthäus, Markus und Lukas? Blieb er seinem eigenen Motto treu? Jesus erkannte nach übereinstimmendem Bericht von Matthäus, Markus und Lukas die hinterlistige Falle, die man ihm gestellt hat. Er antwortete nicht mit einem klaren Ja oder einem eindeutigen Nein, sondern flüchtete sich in ein Sowohl-als-auch, zum schwammigen Jein: »So gebt dem Kaiser, was des Kaisers ist, und Gott, was Gottes ist!«[4]

Martin Luther sah in der Antwort Jesu den Hinweis auf zwei Reiche: ein geistliches und ein weltliches. Demnach war der gute Christ einerseits gehalten, die göttlichen Gebote zu erfüllen. Andererseits mußte er aber auch gleichzeitig die irdische

Obrigkeit anerkennen. Sie war nach Luther von Gott selbst eingesetzt, um die Welt vor der Zerstörung durch das Böse zu bewahren. Der Mensch war nun einmal schwach und bedurfte der weltlichen Obrigkeit und Gesetze.

Jesus wich einer klaren Antwort aus, so man den deutschen Bibelübersetzungen folgt. Liest man allerdings den Text im Griechischen, so steht da in allen drei Fällen nicht »Gebt dem Kaiser …«, sondern »Gebt dem Kaiser zurück, was des Kaisers ist!« Der kleine aber feine Unterschied ist von grundlegender Bedeutung und dreht die Aussage Jesu in ihr Gegenteil um.

Jesus ließ sich vom Fragesteller eine Münze zeigen. Er fragte: »Wessen Bild und Aufschrift ist dies?« Die Antwort lautete: »Des Kaisers!«

Für den frommen Juden war eine solche Münze mit dem Abbild des Kaisers ein unglaublicher Affront! Nach jüdischem Glauben war die kaiserliche Münze gotteslästerlich, da sie gegen das strikte Bilderverbot verstieß. In den Büchern Mose heißt es klipp und klar: »Du sollst dir kein Bildnis noch irgendein Abbild machen, weder von dem, was oben im Himmel, noch von dem, was unten auf Erden, noch von dem, was im Wasser unter der Erde ist.«[5]

Für den gläubigen Juden war das im Auftrag des Kaisers geprägte Geld gotteslästerlich, weil es ein menschliches Antlitz zeigte. Für den gläubigen Juden war die Antwort Jesu alles andere als zweideutig: »Gebt dem Kaiser *zurück*, was des Kaisers ist.« Prof. Pinchas Lapide verdeutlicht, wie explosiv Jesu Antwort ist: »Gebt dem Kaiser doch sein sündiges Geld zurück und benützt es nicht, wie ich es euch eben demonstriert habe, auf daß ihr Gott geben könnt, was Gottes ist, nämlich die Anerkennung Seiner Alleinherrschaft über die ganze Schöpfung ohne Heidentyrannei und ohne Götzendienst.«[6]

Jesu Worte waren für einen Juden seiner Zeit unmißverständlich »eine Absage an die Okkupanten und ihre Kollaborateure – um des Reiches Gottes willen«.[7] Jesus forderte also *nicht*, man möge sowohl dem Kaiser als auch Gott dienen. Für Jesus schloß das eine das andere aus. Wer gottgefällig leben wollte, der mußte dem Kaiser sein sündiges Geld zurückgeben. Luthers Lehre von den zwei Reichen läßt sich nicht mehr begründen, wenn man das brisante Wort Jesu richtig übersetzt.

Fast resignierend stellt Prof. Pinchas Lapide fest: »Die jesuanischen Worte damals in Jerusalem waren für die Römer unanfechtbar – für die Juden aber ein deutliches Fanal zum Aufbruch. Für deutsche Bibelleser bleiben sie leider bis auf den heutigen Tag sinnentstellend falsch übersetzt.«[8] In englischen Bibeln findet sich die korrekte Formulierung: »give back« oder »render«, also zurückgeben!

Auf die falsche Übersetzung beruft sich auch Prof. Gerd Lüdemann in seinem kritischen Werk »Der große Betrug«. Prof. Lüdemann kommt nach kritischer Untersuchung der überlieferten Jesusworte zur Überzeugung, daß die meisten von ihnen stark verändert oder völlig falsch sind. Das falsch übersetzte »Gebt dem Kaiser, was des Kaisers ist!« hält er für eines der wenigen echten Jesusworte.[9] Die richtige Übersetzung müßte demnach falsch sein. Aber Jesu Kreuzestod beweist: Jesus wurde von den Römern als Aufständischer hingerichtet, der die römische Autorität nicht anerkannte.

Jesu klare Absage an die Römer verschwand allerdings durch eine falsche Übersetzung. Wie kam es dazu? Liegt ein Irrtum vor? Oder wurde bewußt falsch übersetzt, um staatlicher Autorität die Zustimmung Jesu zu verleihen?

Die Folgen jedenfalls waren verheerend! Als sich zu Luthers Zeiten die Bauern gegen die erdrückende Ausbeutung durch die Obrigkeit wehrten, wurden sie mit Gewalt niedergemetzelt. Und das mit der vermeintlich biblischen Begründung, man müsse ja der weltlichen Macht gehorchen. Und selbst im Dritten Reich sahen es viele Christen als ihre Pflicht an, den nationalsozialistischen Tyrannen zu gehorchen, dem »Kaiser« zu geben, was des Kaisers ist.

Kamel: durch's Nadelöhr? In der Stadtmauer Jerusalems, so heißt es, gab es ein enges, verwinkeltes Tor, das im Volksmund »Nadelöhr« genannt wurde. Hatte Jesus vielleicht jenes Tor im Sinn, als er eine seiner berühmten Gleichnisreden hielt?

Die Evangelien nach Matthäus, Markus und Lukas erzählen übereinstimmend, daß es nach Jesus ein Reicher besonders schwer haben werde, ins Himmelreich einzutreten: »Es ist leichter, daß ein Kamel durch ein Nadelöhr gehe, als daß ein Reicher ins Reich Gottes komme.«[1] Hatte nun Jesus ein enges Tor im Sinn, durch das ein Kamel nicht hindurchgehen kann? Wohl kaum!

Ein Übersetzungsfehler liegt vor! Wenn Jesus die ihm nachgesagten Worte wirklich gesprochen hat, dann in seiner Muttersprache, also in Aramäisch. Im noch heute erhaltenen aramäischen Text des »Neuen Testaments« ist es ein »gamala«, das nicht durch ein Nadelöhr paßt. Ein »gamala« kann verschiedene Bedeutungen haben. Welche gemeint ist, ergibt der Zusammenhang. »gamala« kann Kamel, Balken und Seil bedeuten. »Gamala« und Öhr legen eine Übersetzung mehr als nahe: »Es ist leichter, daß ein Seil durch ein Nadelöhr gehe, als daß ein Reicher ins Reich Gottes komme.«

Wird also die himmlische Seligkeit jedem Reichen verwehrt? Jesu Gleichnis legt diese Vermutung zunächst nahe. Sollte er ein Kommunist gewesen sein, der reichen Menschen den Zugang zum himmlischen Jenseits versagte und nur Armen ein glückliches Leben nach dem Tode gönnte? Keineswegs. Denn er widerrief seine Aussage sogleich wieder: »Bei den Menschen ist's unmöglich, aber bei Gott sind alle Dinge möglich.«[2] Erst heißt es: Genausowenig wie ein Seil durch ein Nadelöhr paßt, kommt ein Reicher in den Himmel. Und dann: Aber bei Gott ist alles möglich, also kann ein Reicher doch ins Paradies eingehen. Jesus widerspricht sich also innerhalb weniger Sätze.

Kindermord von Bethlehem: Eine fromme Erfindung und noch Wundersameres Eine der dramatischsten Geschichten der Bibel überhaupt ist die vom Kindermord zu Bethlehem. Sie wird allerdings ausschließlich im Evangelium nach Matthäus überliefert, die drei übrigen Evangelientexte schweigen.[1] Als Herodes nach Matthäus durch die Weisen (Astrologen!) aus dem Morgenland erfuhr, daß in Israel angeblich der neue König geboren worden sei, bekam er es mit der Angst zu tun. Wuchs da ein Rivale heran, der ihn vom Herrscherthron stürzen werde? Um das zu verhindern, ordnete der grausame Herodes einen schrecklichen Massenmord an. Er ließ »alle Kinder in Bethlehem töten und in der ganzen Gegend, die zweijährig und darunter waren«.

So recht einzusehen ist diese Maßnahme nicht. Herodes hatte zu jener Zeit erwachsene Söhne, die als Nachfolger zur Verfügung standen. Die Chance für den Sohn einer ärmlichen jüdischen Familie, Herodes von seinem Amt zu verdrängen, lag bei null. Zudem gibt es nicht den Hauch eines Hinweises in historischen Quellen für ein solches Massaker. Keine Biographie des Herodes erwähnt dieses angebliche Verbrechen an unschuldigen Kindern. Man muß also davon ausgehen, daß es den legendären Kindermord von Bethlehem nicht gegeben hat.

Es muß allerdings konstatiert werden, daß Herodes tatsächlich sehr grausam war. Kaiser Augustus soll über Herodes gesagt haben: »Lieber ein Schwein des Herodes als sein Sohn!« Auch dieses Zitat ist umstritten, basiert es doch auf einem Wortspiel im Griechischen: »Lieber ein Hys (Schwein) des Herodes als sein Hyios (Sohn).« Und warum sollte der römische Kaiser Augustus, der doch Lateinisch sprach, eine Äußerung getan haben, die nur im Griechischen als Wortspiel zu erkennen ist?

Weshalb wurde Herodes das Verbrechen von Bethlehem angedichtet? Darüber kann man nur spekulieren. Wiederholt gab es in der engsten Familie des Herodes Verschwörungen gegen ihn. Im Jahr 7 v. Chr. wollten ihn seine Söhne Alexander und Aristobulus stürzen, vermutlich ermorden. Herodes-Sohn Antipater war es vermutlich, der den Plan seiner Brüder aufdeckte. Herodes reagierte mit brutaler, blutiger Gewalt. Herodes ließ seine eigenen Söhne erwürgen. 300 ihrer Komplizen wurden in Jericho brutal hingeschlachtet. Soll dieser historische Vorgang die Vorlage für den fiktiven Kindermord zu Bethlehem gewesen sein?

Zur Zeit Jesu erwarteten die gläubigen Juden einen Messias, der sie vom Joch der verhaßten Römer befreien würde. So wie angeblich einst Mose das Volk Israel aus der ägyptischen Gefangenschaft führte, so sollte der neue Messias die Kinder Israels von der Unterdrückung durch die Römer erlösen. Da lag es nahe, Jesus und Mose gleichzusetzen. Mose wurde der fiktiven Überlieferung nach schon nach dem Leben getrachtet, als er noch ein Kleinkind war. Auf Befehl des ägyptischen Herrschers sollten alle neugeborenen Knaben der Hebräer getötet werden.[2]

So wie die Kindermordgeschichte um Mose eine Kopie einer uralten Legende um König Sargon II. war, so ist auch das Mordkomplott gegen das Jesusbaby der Mose-Geschichte nachempfunden. Offenbar neigen Biographen berühmter Persönlichkeiten dazu, ihren Helden lebensgefährliche Bedrohung schon in der Kindheit anzudichten, der sie dann auf oft wundersame Weise entkommen können. Bibelexperte Manfred Barthel: »Sargon und Mose sind nicht die einzigen, aus deren ersten Lebensjahren solch eine Rettung aus der Gefahr berichtet wird.

Vielen berühmten Männern soll Ähnliches widerfahren sein: Alexander der Große, Perseus, Romulus und Remus gehören dazu. Daß Jesus vor dem kindermordwütigen Herodes bewahrt worden sein soll, paßt ebenfalls in die Reihe dieser Kinderrettungen.«[3] So sollte verdeutlicht werden, daß bei Großen der Geschichte schon in der Kindheit feststand, daß sie von Gott auserwählt waren, der natürlich nicht zulassen konnte, daß sie schon als Kleinkinder dahingerafft wurden.

Der unbekannte Verfasser des Evangeliums nach Matthäus nahm einen weiteren Text aus dem »Alten Testament« als Vorlage für seine erfundene Geschichte. Dank der dramatischen Episode mit dem blutrünstigen Herodes sah der Jesusbiograph nun ein Wort des Propheten Jeremia bestätigt. Da heißt es: »So spricht der Herr: Man hört Klagegeschrei und bitteres Weinen in Rama: Rahel weint über ihre Kinder und will sich nicht trösten lassen, denn es ist aus mit ihnen.«[4]

Josef wird im Traum vor der drohenden Gefahr gewarnt. Im letzten Moment kann die kleine Familie nach Ägypten fliehen. Auch dieses Detail hat der Bibelautor nach einer Vorlage aus dem »Alten Testament« formuliert. Beim Propheten Hosea heißt es nämlich: »Als Israel jung war, hatte ich ihn lieb und rief ihn, meinen Sohn aus Ägypten.«[5] Deshalb mußte die Flucht nach Ägypten erfolgen: um einen Text, der eigentlich gar nicht als Prophetie gedacht war, im nachhinein doch als solche zu bestätigen.

Nach dem Tode des Herodes war die Gefahr gebannt. Die Familie konnte wieder in die Heimat zurückkehren. Aber wohin genau? Wiederum gab es eine göttliche Warnung im Traum: Josef solle sich mit seinen Lieben auf keinen Fall in Judäa niederlassen.[6] Zwar war Herodes tot, aber in Judäa herrschte nun sein Sohn Archelaus. Und von dem ging wohl auch noch Gefahr aus. Also lenkte Gott die Schritte Josefs nach Nazareth im galiläischen Land. Dort aber regierte ein anderer Sohn des Herodes. In Galiläa war es also für den kleinen Jesus genauso gefährlich wie in Judäa. Warum ließ dann der Bibelautor Josef seine Familie nach Nazareth in Galiläa bringen? Um eine weitere angebliche Prophezeiung in Erfüllung gehen zu lassen, nämlich »auf daß erfüllt werde, was da gesagt ist durch den Propheten: Er wird Nazarener heißen«.[7]

In der wissenschaftlichen Theologie gibt es kaum noch einen Zweifel daran, daß der Kindermord von Bethlehem frei erfunden ist. Theologe Gerd Lüdemann: »Der vorliegende Text ... ist zudem uneinheitlich, denn die Verbindung der Geschichte von den Magiern mit der vom Kindermord ist sicher sekundär und entspringt einer ungeschichtlichen Verknüpfung, die in der Dogmatik wurzelt. Der Verfasser zeichnet eine heilige Vergangenheit, die unter dem Gedanken der Erfüllung alttestamentlicher Weissagung steht.«[8] Mit anderen Worten: Nicht um eine wahrheitsgetreue Biographie ging es dem Verfasser des Evangeliums, sondern um eine Bestätigung seines Glaubens. Er sah Jesus als den Messias an, der schon als Baby durch ein Wunder dem sicheren Tod entgeht.

Den Autoren ging es nicht um historisch belegbare Biographie. Sie faßten ihren Glauben an das Wundersame in Worte. Sie ersannen Geschichten, die für sie »wahr« waren, weil sie ihren Glauben greifbar machten. Je länger die Zeit Jesu zurücklag, desto phantasievoller wurden die poetischen Ausschmückungen. Die jüngeren Autoren setzten fort, was die älteren vorexerziert hatten. Sie erfanden fromme Legenden zur Untermauerung des Glaubens.

Im Lauf der Jahrhunderte erschienen manchen Gläubigen die Geschehnisse um Jesu wundersame Errettung vor Herodes als nicht wundersam genug. So entstanden weitere Texte, die nicht in die Bibel aufgenommen wurden. Im »Protoevangelium des Jakobus« trachtete Herodes auch Johannes dem Täufer nach dem Leben, als der noch ein Kleinkind war. Johannes wird durch ein Wunder gerettet: »Als aber Elisabeth (Mutter des Johannes) hörte, daß man Johannes suchte, nahm sie ihn, ging in die Berge und blickte um sich, wo sie ihn verbergen könnte; doch fand sie kein Versteck. Da jammerte sie und rief mit lauter Stimme: Berg Gottes, nimm eine Mutter mit ihrem Kinde auf! Denn sie konnte nicht zum Gipfel hinaufsteigen. Alsbald spaltete sich der Berg und nahm sie auf. Und ein Licht gab ihnen Helle, denn ein Engel war bei ihnen und schützte sie.«[9]

Die Verfasser des »Evangeliums des Pseudo-Matthäus« waren offensichtlich enttäuscht von der Kürze der Schilderung im Evangelium nach Matthäus.[10] Was mochte sich auf der Flucht nach Ägypten abgespielt haben?

Der Phantasie schienen kaum Grenzen gesetzt! Da suchten Maria und Josef mit dem Jesusbaby und drei weiteren Knaben sowie einem Mädchen Zuflucht in einer Höhle. Auf einmal »krochen mehrere Drachen hervor, und bei ihrem Anblick schrien die Kinder laut vor Entsetzen. Da sprang Jesus von Marias Schoß und richtete sich auf vor den Drachen, die aber beteten ihn an.«[11] Auch Löwen und Leoparden in der Wüste stellten auf der Flucht vor Herodes keine Gefahr dar. Auch diese wilden Tiere beteten Jesus an »und begleiteten ihn in der Wüste. Sie schritten Maria und Josef voraus, wohin sie auch gingen, wiesen ihnen den Weg und neigten ihr Haupt in Anbetung vor Jesus.«

Jesus vollbrachte wahre Wunder. Mächtige Palmen verneigten sich auf seinen Befehl, so daß Maria bequem ihre Früchte pflücken und essen konnte. Und auf Jesu Anweisung öffneten die Palmenwurzeln dem Wasser, das tief im Wüstenboden unerreichbar schien, den Weg nach oben, so daß sich Mensch und Tier satt trinken konnten.

Longinus: Vom namenlosen Soldaten zum Heiligen Die Kreuzigung war nicht nur als Hinrichtungsart gedacht. Der Delinquent sollte nicht nur getötet, sondern möglichst auch noch gleichzeitig lange gequält werden. So brachte man häufig unter den Füßen ein Brett oder Bälkchen an. Der am Kreuz leidende Mensch konnte sich so immer wieder abstützen und nach Luft schnappen. Auf diese Weise verlängerte er selbst sein Martyrium. Häufig wurden den Todeskandidaten die Beinknochen zerschlagen. Sie erstickten dann schneller, weil ihr eigenes Gewicht das Atmen fast unmöglich machte.

Dieses grausame Detail der Kreuzigung war dem Verfasser des Evangeliums nach Johannes bekannt. Er sah die Möglichkeit, ein Wort aus dem zweiten Buch Mose als Prophezeiung auf Jesus umzudeuten. Da heißt es über das Pessachmahl zur Erinnerung an die Befreiung des Volkes Israel aus Ägypten: »In einem Hause soll man es verzehren, ihr sollt nichts von seinem Fleisch hinaus vor das Haus tragen und sollt keinen Knochen an ihm zerbrechen.«[1] Was als kultische Anweisung für das Pessachessen gemeint war, deutet Johannes auf Jesus um, wobei er sich nur auf das Brechen der Beine bezieht.

Hinzu kommt ein dunkles Sacharjawort: »Und sie werden mich ansehen, den sie durchbohrt haben, und sie werden um ihn klagen wie um ein einziges Kind, und werden sich um ihn betrüben, wie man sich betrübt um den Erstgeborenen.«[2]

Die Worte vom Verbot des Knochenbrechens und der Durchbohrung formuliert der Evangelist um, indem er sie auf Jesus bezieht. Der Gekreuzigte war bereits tot, so daß ihm nicht die Beinknochen zerschlagen werden mußten.[3] Warum aber sollte Jesus, der tot am Kreuz hing, auch noch durchbohrt werden? Dafür gab es keinen wirklich plausiblen Grund. So bringt der Evangelist als Einziger einen namenlosen »Soldaten« ins Spiel:

»Einer der Soldaten stieß mit dem Speer in seine Seite und sogleich kam Blut und Wasser heraus.«[4] Diskret wird verschwiegen, daß es sich bei dem Mann nur um einen römischen Soldaten gehandelt haben kann. Die Autoren der frühen Evangelien-Texte waren sehr darauf bedacht, nicht den Groll der römischen Obrigkeit auf sich zu lenken. Jede Schuld von Römern am Tod Jesu wurde möglichst intensiv bestritten.

Das doch sehr drastische, blutige Detail wird nur von Johannes, sonst aber von keinem anderen der übrigen Evangelisten erwähnt. Das spricht gegen die Historizität des Lanzenstichs. Zu vermuten ist: Der Verfasser des Evangeliums nach Johannes hat seine Beschreibung so verfaßt, daß die »Prophetenworte« in Erfüllung gingen. Bibelforscher Prof. Gerd Lüdemann: »Der geschichtliche Ertrag ist gleich null.«[5] Auch Rudolf Bultmann verneint die Historizität des Lanzenstichs. In seinem umfangreichen Werk über das Evangelium nach Johannes spricht er von reiner »Symbolik«.[6] Vor allem hatte die Einführung des Soldaten auch rein praktische Gründe. So sollte von vornherein sichergestellt werden, daß Jesus auch wirklich am Kreuz gestorben war und nicht scheintot überlebt hatte.

So gewann der zunächst namenlose »Soldat« zusehends an Bedeutung. Die Beschreibung der »Vorfälle« am Kreuz war keineswegs mit dem Evangelium nach Johannes bereits abgeschlossen. So erhielt der anonyme Soldat schließlich einen Namen: Longinus. Als »Longinus« taucht er zum Beispiel in den »Pilatusakten«[7] auf, ein weiteres Evangelium, das nicht in den Kanon des »Neuen Testaments« aufgenommen wurde.

Bei der Benennung des Mannes mit der Lanze blieb es nicht. Er soll sich als einer der ersten zum christlichen Glauben bekannt und für seinen Glauben massiv eingesetzt haben. So wurde er angeblich später schließlich Bischof von Kappadokien. Sein Leben beendete er der Legende nach als Märtyrer. Deshalb wurde er auch noch in den griechischen und römischen Heiligenkalender aufgenommen.

Maranatha – Von der Schwierigkeit beim Übersetzen Am Ende des ersten Briefes an die Korinther steht ein Ausruf, der in der griechischen Fassung wie in der deutschen Übersetzung »Maranatha« heißt.[1] Anders verfuhr der Autor der biblischen Apokalypse. Ihm lag das aramäische »Maranatha« vor.[2] Der griechisch schreibende Verfasser übersetzt in seine Muttersprache und Luther übertrug ins Deutsche: »Ja, komm doch Herr!«

Die Übersetzung von »Maranatha« ist aber alles andere als eindeutig. Unterschiedliche Handschriften legen unterschiedliche Bedeutungen nahe. Knackpunkt ist die Frage, wie das aramäische »Maranatha« genau gesprochen wurde: Als »Maran-atha« oder als »Marana-tha« oder gar als »Mar-antha?« Welche Version ist die richtige?

Geht man von der Version »Maran-atha« aus, so lautet die Übersetzung: »Unser Herr ist (in der Vergangenheit) gekommen.« Eine andere Variante ist aber auch statthaft: »Der Herr ist da!«

»Marana-tha« hingegen ist als Befehlsform zu sehen: »Herr,

komm!« Andere Übersetzungen von »Maran-atha« verstehen den Sinn ganz anders als: »Unser Herr ist das Zeichen!« Die dritte Variante »Mar-antha« fällt völlig aus dem Rahmen: »Ein Herr bist du!«

Hat man deshalb im ersten Brief an die Korinther das »Maranatha« im Aramäischen stehen lassen und nicht übersetzt, weil schon der griechisch schreibende unbekannte Autor der biblischen Apokalypse nicht mehr so recht wußte, was denn nun gemeint war? Und war vielleicht Luther etwas voreilig?

Was sich wie das akademische, letztlich aber doch bedeutungslose Gezänk von Wissenschaftlern anhört, ist aber der theologisch brisante Streit um des »Pudels Kern«. Es geht um die wahrscheinlich wichtigste Frage nicht nur des »Neuen Testaments«, sondern der Bibel überhaupt. Denn schon die Verfasser der Schriften des »Alten Testaments« glaubten an einen Erlöser-Messias.

Die Sehnsucht nach eben diesem Messias bestimmte auch das Denken vieler Zeitgenossen Jesu. Und dieses wirklich zentrale Thema kommt in diesem kurzen Wortgebilde zum Ausdruck!

Heißt nun »Maranatha«, »der Herr (›Messias‹) ist (in der Vergangenheit bereits) da gewesen?« Müssen, ja können wir gar nicht mehr auf ihn warten? Oder gilt vielmehr: »Der Messias ist (eben) gekommen?« Ist damit Jesus gemeint? Oder heißt es: »Messias, komm doch!« Steht die Ankunft also noch bevor?[3]

»Maranatha« verdeutlicht die Schwierigkeit biblischer Übersetzungen. Es gibt eben keineswegs immer ein eindeutiges Übertragen von der einen Sprache in eine andere. Übersetzungen bestätigen oft die vorgefaßte Meinung des Übersetzers. Er glaubt etwas, hält es für richtig und bestätigt es dann mit seiner Übersetzung.

Wünschenswert wäre es, bei Problembegriffen wie »Maranatha« zumindest in einer Fußnote auf abweichende Übersetzungsmöglichkeiten hinzuweisen. Es ist an der Zeit, daß wir uns vom Glauben an die *richtige* Übersetzung verabschieden.

Messias: Warten auf den Erlöser Der Titel »Messias« läßt sich auf das hebräische »masiah« zurückführen und kann mit »Gesalbter« übersetzt werden. Gesalbt wurde der weltliche Herrscher, der König. Er wurde auf diese Weise zusätzlich autorisiert und galt dann auch als Auserwählter Gottes.

Im Land der Bibel wurde der Überlieferung des »Alten Testaments« zufolge nach den goldenen Zeiten unter König David (um 1000 v. Chr.) das Gesamtreich wieder aufgeteilt. Es zerfiel in die Einzelstaaten Israel und Judäa. Schnell wurde der Zustand der Einigkeit im Rückblick idealisiert und wieder herbeigesehnt. In der späten Königszeit (um das 8. und 7. Jahrhundert v. Chr.) herum hoffte man auf einen religiös-weltlichen Herrscher. Als nach dem Babylonischen Exil (um etwa 538 v. Chr.) kein Nachfahre aus dem Hause Davids mehr auf dem Königsthron saß und der Hohepriester als Repräsentant des Volkes angesehen wurde, war der Wunsch nach einem »Gesalbten« stärker denn je.

Die Vorstellung vom »Messias« hatte sich nach und nach gewandelt. Man hoffte im Heiligen Land auf einen Idealkönig à la »King Arthur«, der in perfekter Weise die Gottesherrschaft auf Erden vertreten würde. Verstärkt verband man damit die Vorstellung der Endzeit. Der Messias würde als Vorbote himmlischer Gerechtigkeit erscheinen, aber auch das Ende der Zeiten einleiten. Dann würden ebenso irdische Herrscher wie Normalsterbliche ihre Strafen für begangenes Unrecht erhalten.

Zu Jesu Zeiten war die Sehnsucht nach dem Messias besonders groß. Die Regentschaft der Römer empfand man als unerträgliche Last, von der man befreit zu werden wünschte. So verwundert es nicht, wenn Jesus für viele Zeitgenossen zum Hoffnungsträger wurde. Rudolf Augstein in seiner umfangreichen Biographie »Jesus Menschensohn«: »Jesus hingegen hat mit seiner Person das Kommen der Endzeit verbunden, er sagt sie an, er fordert Gehorsam gegenüber dem Willen des Vaters, den er interpretiert, er sammelt die Heilsgemeinde, er versichert seinen Anhängern das Heil.«[1] Jesus vertagte seine Rückkehr als Messias nicht auf einen fern in der Zukunft liegenden Sankt Nimmerleinstag, sondern auf die unmittelbar bevorstehende Zukunft. Darin sind sich die Evangelien nach Matthäus, Markus und Lukas einig. Die drei Evangelisten überliefern in fast gleich lautenden Worten Jesu präzise Ankündigung: Der Messias kommt innerhalb einer Generation.[2] Er meinte damit die Generation der Zuhörer. Stellvertretend sei das Evangelium nach Lukas zitiert: »Wahrlich, ich sage euch: Es stehen einige hier, die werden den Tod nicht schmecken, bis sie den Menschensohn kommen sehen in seinem Reich!«[3]

Lukas wiederholt diese Aussage Jesu in ebenso klarer Form an anderer Stelle: »Wenn ihr seht, daß dies alles geschieht, so wißt, daß das Reich Gottes nahe ist. Wahrlich ich sage euch: Dieses Geschlecht wird nicht vergehen, bis es alles geschieht.«[4] Zumindest einige aus Jesu Zuhörerschaft, so hat ihnen ganz den Texten zufolge Jesus selbst versichert, würden noch am Leben sein, wenn der Messias kommen und das Ende der Zeiten einläuten würde.

Die Zuversicht Jesu mag groß gewesen sein, seine Vorhersage aber hat sich nicht erfüllt. Inzwischen sind fast zwei Jahrtausende verstrichen und der Messias ist noch nicht zur Erde zurückgekehrt. Allerdings kommt mancher Zeitgenosse angesichts der aktuellen Weltlage ins Grübeln. Der Weltuntergang in Gestalt eines Weltkriegs ist so unwahrscheinlich nicht. Stehen wir kurz vor dem Anfang der letzten Tage?

Im Christentum glaubt man daran, daß Jesus der Messias ist, und erwartet seine Wiederkehr am Anbeginn der letzten Tage. Im Judentum glaubt man nicht an Jesus, hofft aber nach wie vor wie schon vor zwei Jahrtausenden auf den Erlöser.

Nazareth: Jesus kam nicht aus Nazareth Für den Menschen zu Beginn des dritten nachchristlichen Jahrtausends sind Nachnamen eine Selbstverständlichkeit. Vor einigen Jahrhunderten war das in Europa noch ganz anders. Menschen hatten nur einen Vornamen. Um Verwechselungen zu vermeiden, wurden zum Beispiel Berufsbezeichnungen angefügt. Aus Fritz, dem Schneider, und Fritz, dem Müller, wurden Fritz Schneider und Fritz Müller. In Israel war dies vor rund zwei Jahrtausenden nicht anders. Leider hat sich, was den Namen Jesus von Nazareth angeht, falsches vermeintliches Wissen in unser Bewußtsein eingeprägt, das einer Überprüfung anhand der biblischen Texte nicht Stand hält.

So dumm die Frage »Wie hieß Jesus von Nazareth?« auch klingen mag, so berechtigt ist sie. Eine etwas gründlichere Lektüre von Texten des »Neuen Testaments« läßt gravierende Irrtümer erkennen. Das fängt schon mit dem vermeintlichen Vornamen an: Jesus hieß Jeschua. Der kleine Unterschied ist höchst bedeutsam. Denn wie so häufig in den Schriften des »Alten« wie des »Neuen Testaments« sind Namen alles andere als Schall und Rauch.

Im Evangelium nach Matthäus erhält Josef folgende Kunde von einem himmlischen Boten: »Und sie (Maria) wird einen Sohn gebären, des Namen sollst du Jesus heißen, denn er wird sein Volk retten vor ihren Sünden!«[1]

Dem unvoreingenommenen Leser müßte die angebotene Namenserklärung unverständlich bleiben. Er müßte sich eigentlich fragen, warum denn nun Josefs Sohn Jesus heißen soll. Der deutsche Text läßt keinen Zusammenhang zwischen »Jesus« und der Errettung des Volkes erkennen. Des Rätsels Lösung ist einfach: Jesus war natürlich Jude und hatte als solcher keinen lateinischen Namen. Er hieß also gar nicht Jesus, sondern Jeschua. Das hebräische Jeschua heißt verdeutscht »Er wird erretten.« Erst damit wird der Bibelvers verständlich: »Und sie (Maria) wird einen Sohn gebären, des Namen sollst du Jeschua heißen (= Er wird erretten), denn er wird sein Volk retten vor den Sünden.« Damit folgte die Namengebung einer ursprünglichen Tradition des Judentums, wichtigen Persönlichkeiten Namen zu geben, die eine konkrete Aussage beinhalten. Nur wer des Hebräischen kundig ist, versteht auch die Botschaften, die sich hinter den Namen verbergen.

(Kurzer Ausflug in das »Alte Testament«: »Darum sollst du Abraham heißen, denn ich habe dich zum Vater vieler Völker gemacht.«[2] Wirklich verständlich wird dieser Satz erst, wenn man weiß, daß Abraham keine sinnlose Aneinanderreihung von Buchstaben, kein bedeutungsloser Name ist, sondern »Vater vieler Völker« bedeutet.) Der Jude Jesus wurde also mit an Sicherheit grenzender Wahrscheinlichkeit von seiner Mutter Jeschua und garantiert nicht Jesus gerufen. Vom Vor- zum »Nachnamen« Jeschuas. Der Sachverhalt scheint klar zu sein: Er hatte den beigefügten Namen »von Nazareth«, weil er aus Nazareth stammte. Auch diese Annahme ist ein Irrtum, der allerdings fest verwurzelt ist im »Neuen Testament«! Nach dem Evangelium nach Johannes bekannte sich Jeschua zweimal zum Namen »Jesus von Nazareth«.[3]

Zweimal fragte er die Kriegsknechte, die ihn verhaften sollten, »Wen suchet Ihr?«, zweimal antworteten sie »Jesus von Nazareth«, und zweimal erwiderte er »Ich bin's!«.

Die griechischen Originalverse sind hier aber, was den Namen angeht, nicht präzise wiedergegeben. Denn da ist keineswegs von einem »Jesus von Nazareth«, sondern von »Jesus dem Nazoräer« die Rede. Nach Walter Bauers Werk »Griechisch-deutsches Wörterbuch zu den Schriften des Neuen Testaments und der übrigen urchristlichen Literatur« muß damit gerechnet werden, daß der Ausdruck »der Nazoräer« erst nachträglich mit einer Ortsbezeichnung »Nazareth« in Verbindung gebracht wurde.[4] »Jesus von Nazareth« taucht noch an anderer Stelle bei Markus auf: »Und es begab sich zu der Zeit, da kam Jesus von Nazareth in Galiläa und ließ sich taufen.«[5] Dieses wichtige Ereignis aus dem Leben Jesu wird auch im Evangelium nach Matthäus beschrieben. Der Evangelist spricht freilich lediglich von »Jesus aus Galiläa«, einen Ort namens »Nazareth« nennt er nicht.[6] Lukas[7] und Johannes[8] begnügen sich beide mit dem Vornamen Jesus und verzichten auf einen Beinamen.

Wie wurde aus Jeschua Jesus von Nazareth? Überprüfen wir weiter das »Neue Testament«! Es heißt in diversen Übersetzungen korrekt dem griechischen Original entsprechend im Evangelium nach Markus: »Und er (Jesus) kam nach Hause, und da kam abermals das Volk zusammen.«[9] Sowohl in der katholischen »Jerusalemer Bibel« (Freiburg 1969) als in der evangelischen »Senfkornbibel« (Frankfurt 1971) wurde in Zwischenüberschriften klammheimlich Nazareth eingefügt. Damit kam eine klare Ortsangabe in Bibelausgaben, die im Originaltext nicht zu finden ist.

Die zusätzliche Einfügung von Nazareth in die Texte verstärkt allerdings das eindeutige Bestreben des »Neuen Testaments«, Jeschua und Nazareth miteinander in Verbindung zu bringen. Einige Beispiele mögen dies belegen! Nach Matthäus erkannte das Volk von Jerusalem: »Das ist Jesus, der Prophet aus Nazareth in Galiläa!«[10] Davon hörte auch Bartimäus, ein blinder Mann aus Jericho: »Und als er hörte, daß es Jesus von Nazareth war, fing er an zu schreien und zu sagen: ›Jesus, du Sohn Davids, erbarme dich meiner!‹«[11]

Lukas bringt ebenfalls Jesus mit Nazareth in Verbindung: »Und er (Jesus) kam nach Nazareth, wo er aufgewachsen war, und ging nach seiner Gewohnheit am Sabbat in die Synagoge.«[12] Und nach Markus soll ein »Jüngling« nach Jesu Auferstehung zu einigen Frauen gesagt haben: »Entsetzt euch nicht! Ihr sucht Jesus von Nazareth, den Gekreuzigten? Er ist auferstanden, er ist nicht hier! Siehe da die Stätte, wo sie ihn hinlegten!«[13]

So oft auch Jesus mit einem Ort Nazareth in direkte Verbindung gebracht wurde, Jesus kann trotzdem nicht aus Nazareth stammen. Die zu Jesu Zeiten oder unmittelbar danach entstandenen Texte können eine solche Ortsangabe auch gar nicht enthalten, gab es doch zu Jesu Zeiten ein »Nazareth« noch gar nicht. Der verläßliche Historiker Josephus listet 63 Orte im kleinen Galiläa auf. Ein Nazareth findet sich nicht darunter. Vergeblich wird man auch nach Nazarat, Nazarath, Nazara und Nazaret suchen. Und so unbedeutend kann der Wohnort Jesu gar nicht gewesen sein. So gab es eine Synagoge, in der Jesus nach den Evangelien aus den heiligen Schriften vorlas.

Warum legt aber das »Neue Testament« so gesteigerten Wert darauf, Jesus als Nazarener zu bezeichnen? Der Jesus-Experte Schalom Ben-Chorin bringt es auf den Punkt: Jesus wurde ein Heimatort Nazareth angedichtet, um nachträglich eine Prophezeiung aus dem »Alten Testament« in Erfüllung gehen zu lassen.[14] Welche Prophezeiung? Die Antwort findet sich bei Matthäus: »Und im Traum empfing er (Josef, Vater des Jeschua) Befehl von Gott und zog ins galiläische Land und kam und wohnte in der Stadt, die da heißt Nazareth, auf daß erfüllt werde, was da gesagt ist durch die Propheten: Er soll Nazarener heißen.«[15] Leider gibt Matthäus nicht an, wo denn welcher Prophet einen Nazarener vorhergesagt hat. In der Theologie[16] ist man sich heute darin einig, daß er sich auf den Propheten Jesaja bezieht: »Und es wird ein Reis hervorgehen aus dem Stamm Isais, und ein Zweig aus seiner Wurzel Frucht bringen. Auf ihm wird ruhen der Geist des Herrn, der Geist der Weisheit und des Verstandes, der Geist des Rates und der Stärke, der Geist der Erkenntnis und der Furcht des Herrn.«[17]

Mit Reis ist ein Zweig oder ein Sprößling gemeint, im übertragenen Sinne ein Nachkomme aus dem Stamm Isais. Isai war der Vater von König David. Aus seiner Nachkommenschaft sollte der Messias als Sprößling oder Reis hervorgehen. Zweig oder Sprößling heißt auf hebräisch »nezer«. Jesus bekam demnach den »Wohnort« Nazareth verpaßt, damit er das Prophetenwort vom »nezer« erfüllt. Es verwundert nicht, daß Matthäus nur vage von einer Prophezeiung spricht und nicht den Urheber seiner Quelle nennt und schon gar kein genaueres Zitat angibt. Denn von »nezer« zu Nazaröer und von Nazoröer zu Nazareth zu kommen, setzt eine gehörige Portion Gutgläubigkeit voraus.

Fazit: Es ging den Evangelisten keineswegs vordergründig um eine historisch korrekte Biographie Jesu. Sie dichteten ihm einen Heimatort an, den es zu seinen Lebzeiten gar nicht gab, um zu bekräftigen: Jesus ist der Messias, den das »Alte Testament« vorhersagte. Der heutige Rationalist vermag nur zu glauben, was er als Tatsache weiß. Die frühen Christen hingegen meinten zu wissen, woran sie glaubten.

Ostern: Wie der Hase in die Bibel kam Das zentrale Fest der christlichen Konfessionen ist Ostern. Es ist auch zugleich das älteste christliche Fest und wurde bereits in der ersten Hälfte des zweiten nachchristlichen Jahrhunderts gefeiert. In der jungen Gemeinde gedachte man allerdings zunächst mehr des Kreuzestodes Jesu und nicht, wie heute, seiner Auferstehung. Um den genauen Zeitpunkt von Ostern stritt man sich jahrzehntelang. Fast hätte der Disput zu einer Kirchenspaltung geführt. Erst im Jahr 325 n. Chr. einigte man sich auf dem Konzil von Nizäa auf den heute noch gültigen Termin.

Heute ist Ostern das wichtigste Fest im christlichen Kirchenjahr. Sein Ursprung ist allerdings alles andere als christlich. Er reicht weit in vorchristliche Zeiten zurück. Ostern hatte zwei heidnische Vorläufer: ein germanisches Frühlingsfest und die Feierlichkeiten zu Ehren der Göttin Ostara. Auf sie geht auch der Name Ostern zurück. Über die nordische Gottheit Ostara gelingt aber wiederum der Brückenschlag, so erstaunlich das klingen mag, zur Bibel: Die Frühlingsgöttin entspricht der biblischen Astarte.

Astarte allerdings war offiziell alles andere als beliebt bei den Anhängern des biblischen Jahweglaubens. Die Herrin von Byblos dürfte aber schon Jahrtausende vor dem Eingott Israels angebetet worden sein. Sumerische Rollsiegel aus Lagasch zeigen sie schon um 2300 v. Chr. als Himmelskönigin. Sie führte das Regiment über Sterne und Tote. Salomo, so berichtet es das erste Buch der Könige, betete Astarte an. Dadurch zog sich der berühmte König Israels den Zorn Gottes zu. Jahrtausende später war es kurioserweise ein Text Salomos, der den Hasen in die Glaubenswelt des »Neuen Testaments« einführte.

Verwirrend sind die Familienverhältnisse der Göttin. Angeblich war sie eine Tochter von Ascherah und El, der im »Alten Testament« häufig mit Jahwe gleichgesetzt wird. Dank der syrischen Angewohnheit, wichtigen Göttinnen stets zwei Namen zu verleihen, waren Verwechselungen geradezu vorprogrammiert. Sorgsamen Götterrecherchen zufolge sind Astarte und Anath ein und dieselbe Himmlische.

Astartes Name bedeutete ursprünglich, sinngemäß übersetzt, »die, die gebärt«. Sie wurde als Symbol der Fruchtbarkeit verehrt. Im »Alten Israel« spielte sie eine wichtige Rolle.[1] Häufig wurden sogar Orte nach ihr benannt, zum Beispiel »Beth Aschtaroth«.[2]

Eine Göttin der Fruchtbarkeit aber war auch Ostara, die Namensgeberin des Osterfestes. Wie aber kam der Osterhase zu Ostern? Darüber wurde viel spekuliert. Ist der Hase das Symboltier für Ostara geworden, weil er so besonders fruchtbar und ein wahrer Meister der Vermehrung ist? Kam deshalb der Hase zum Osterfest?

Es ist Salomo, der dafür – indirekt – die Verantwortung trägt. Die Spur läßt sich fast lückenlos verfolgen. In seinen Sprüchen erwähnt der legendäre König eine Tierart, die einem gewissen Onkelos, dem Übersetzer des hebräischen Textes ins Griechische, nicht bekannt war. Bei Salomo steht: »Die Klippdachse, ein schwaches Volk, dennoch bauen sie ihr Haus in den Felsen.«[3] Da nun Onkelos im 2. Jahrhundert n. Chr. den Klippdachs nicht kannte, suchte er nach einer Tierart, die ihm passend erschien. Er wählte den Hasen. Und so hieß es dann in der griechischen Fassung der Sprüche Salomos: »Die Hasen, ein schwaches Volk, dennoch bauen sie ihr Haus in den Felsen.«

Da Luther die griechische Fassung des »Alten Testaments« für seine Übersetzung benutzte, kam so der »salomonische Hase« auch in den deutschsprachigen Raum.

1545 hieß es bei Luther: »Caninchen ein schwach volck/ Dennoch legst sein haus in den felsen/«[4]; 1915 heißt es in der Lutherbibel, etwas modernisiert in der Sprache, aber immer noch falsch: »Kaninchen – ein schwaches Volk; dennoch legt es sein Haus in den Felsen –.«[5] Die Ausgabe von 1978 kehrte dann zu den »Klippdachsen« zurück.[6]

So kam der Hase ins »Alte Testament«, aber auch schon in die Predigten der frühen Missionare. Und er wurde nun stark mit dem christlichen Glauben des »Neuen Testaments« verknüpft. War nicht der Fels das Fundament, auf dem die Kirche Jesu gebaut werden sollte? Und als Bewohner des Felsens galt, welch absurde Vorstellung, eben der Hase! Und so wie der Hase in der falschen Bibelübersetzung als Fundament seines kleinen Tierlebens den Fels hat, so war für den missionierten Neuchristen von seiner Taufe an Jesus das Fundament des frommen Lebens.

So kam der Hase in die christliche Predigt über das »Neue Testament«. Wie er aber zum Osterhasen mutierte, ist unbekannt. Fakt ist aber: Simple Übersetzungsfehler können kuriose Geschichten nach sich ziehen.

Petrus: Verrat und der Schrei des Hahns Kurz vor seiner Verhaftung durch die Römer machte Jesus eine traurige Prophezeiung: Petrus, einer seiner getreuesten Jünger, würde ihn verraten: »Der Hahn wird nicht krähen, bis du mich dreimal verleugnest!«[1] Diese düstere Prognose findet sich fast wortgleich auch bei Matthäus und Lukas.[2] Experten wie Schindler-Bellamy und English wenden ein: Derlei könne Jesus gar nicht gesagt haben, da es zu seinen Lebzeiten ein Verbot von Federviehhaltung in Jerusalem gab.[3]

Einwand: Mit dem Hahnenschrei kann entweder der Ton einer römischen Trompete, die zur Morgenstunde erklang, gemeint sein oder allgemein die Zeitangabe »am Morgen«. Beide Vermutungen stehen im Widerspruch zu Markus: »Ehe der Hahn zweimal kräht, wirst du mich dreimal verleugnen.«[4] Die Trompete römischer Soldaten zum Morgen ertönte einmal, nicht zweimal. Und wenn der Hahnenschrei allgemein für die Morgenstunde steht, ist ein zweimaliges Krähen erst recht absurd.

Ging Jesu Prophezeiung in Erfüllung?

Richtig ist, daß alle vier Evangelisten von einer dreifachen Verleugnung Jesu durch Petrus berichten. Allerdings krähte der Hahn nach Markus, anders als von Jesus vorhergesagt, schon nach dem ersten Verrat und nicht erst nach dem dritten.[5] Und bei Johannes erklingt schon nach der zweiten Verleugnung die Stimme des Hahns.[6]

Fazit: Es ist sehr wahrscheinlich, daß Jesu »Hahnenschrei-Weissagung« nicht authentisch ist. Theologie-Professor Lüdemann bezeichnet sie gar als »mit Sicherheit unhistorisch«.[7] Der Wissenschaftler geht davon aus: Markus hat die Episode erdacht.

Gewiß, man mag der kritischen Vorgehensweise heutiger Bibelanalysten ablehnend gegenüberstehen. Aber davon einmal abgesehen:

Nach zwei der vier Evangelisten geht die präzise formulierte Prophezeiung nicht wirklich in Erfüllung.

Pilatus – Menschenfreund oder Despot? Den Evangelien zufolge stand der römische Statthalter Pontius Pilatus der jüdischen Priesterschaft gegenüber. Geradezu einfühlsam befragt der Römer Jesus, um schließlich festzustellen: »Ich finde keine Schuld an diesem Menschen!«[1] Seiner Ansicht nach ist die Anklage gegen Jesus ohne Grundlage. Jesu offenes Auftreten imponiert dem Römer so sehr, daß er beschließt, ihn freizulassen.[2] Nun wird Jesus Herodes vorgeführt, der auch keinen Anlaß sieht, ein Todesurteil zu verhängen. Also schafft man den Gefangenen zurück zu Pilatus. Wiederum kommt der Statthalter zu dem eindeutigen Schluß: Jesus hat nichts verbrochen, was den Tod verdient.[3]

Der Haß der jüdischen Priester- und Schriftgelehrtenschaft aber scheint den mächtigen Pilatus doch zu beeindrucken. So wagt er es nicht, ihn freizugeben. Offenbar hofft er nun auf das Mitleidgefühl und läßt Jesus blutig schlagen. Nun bietet Pilatus die Freigabe eines Gefangenen an. Das Volk soll entscheiden, wer freigelassen werden soll: Jesus oder Barabbas, »ein berüchtigter Gefangener«.[4]

Pilatus ist überzeugt: Jetzt muß sich doch das Volk für Jesus entscheiden und gegen den Verbrecher. Wieder irrt er sich: Das Volk will den Tod Jesu und fordert die Freilassung des Kriminellen.

Ausdauernd, so schildern es die Evangelisten, setzt sich Pilatus für Jesus ein. So menschenfreundlich er auch ist, der Haß der Feinde Jesu ist viel stärker. Schließlich gibt er entnervt auf: »Als ihn (Jesus) die Hohenpriester und die Knechte sahen, schrien sie: ›Kreuzige! Kreuzige!‹ Pilatus spricht zu ihnen: ›Nehmt ihn hin und kreuzigt ihn.‹«[5]

Die biblischen Geschehnisse um Jesus und Pilatus sind dramatisch-packend geschildert. Mit der Realität im Sinne von geschichtlichen Tatsachen haben sie nichts zu tun. Den angeblichen Brauch, zum jüdischen Pessachfest einen Gefangenen freizugeben, hat es nicht gegeben. Die Episode um den Mörder Barabbas ist somit frei erfunden.

Keine einzige römische Geschichtsquelle berichtet über die Verhöre von Jesus durch Pilatus. Wir sind ausschließlich auf die Evangelientexte angewiesen. Sind sie glaubwürdig? Es gibt zeitgenössische Berichte über Pilatus, wie er wirklich war. Entspricht das Bild der Evangelien dem historischen Pilatus?

Diese Frage muß eindeutig mit einem klaren »Nein« beantwortet werden. Pilatus war keineswegs der milde, ja fürsorgliche Menschenfreund, als den ihn die Evangelien übereinstimmend zeichnen. Er war vielmehr ein grausamer Mensch, in dessen Amtszeit schlimme Zustände herrschten. Der jüdische Philosoph Philo, der zu Zeiten des Apostels Paulus lebte, berichtet von »Bestechlichkeit, Gewalttaten, Räubereien, Mißhandlungen, Kränkungen, fortwährenden Hinrichtungen ohne Urteilsspruch, endlosen und unerträglichen Grausamkeiten«.[6]

Es ist unglaubwürdig, daß Pilatus zwar Jesus freigeben wollte, daß er ihn aber den Juden zur Kreuzigung aushändigte. Auf das Geschrei der Juden hätte der historische Pilatus nicht gehört. So ließ er zum Beispiel aus Geldknappheit den Tempelschatz in Jerusalem heranziehen, um eine Wasserleitung zu bauen. Der Historiker Josephus berichtet, wie empört das Volk auf diese Gotteslästerung reagierte.[7] Die aufgebrachte Menge bedrängte Pilatus massiv. Eine schreiende Schar rückte bedrohlich nah heran. Pilatus aber reagierte gelassen. Eine Gruppe von Soldaten in Zivilkleidung stand parat, die auf ein Zeichen hin einschritt. Die wütenden Schreier wurden mit Knüppeln traktiert. »Als es aber plötzlich Schläge hagelte, gingen viele Juden unter den Streichen zugrunde, viele andere aber wurden auf der Flucht von ihren eigenen Landsleuten niedergetreten. Erschreckt über das Schicksal der Getöteten, verstummte das Volk.«

Eindeutiges Fazit: So wie uns Pilatus aus glaubwürdigen Geschichtsquellen bekannt ist, hätte er, wenn dies sein persönlicher Wunsch gewesen wäre, Jesus ohne Bedenken freigelassen. Die haßerfüllten Schreier hätte er ohne Skrupel von seinen Soldaten niedermachen lassen.

Der historische Pilatus hätte es als Statthalter seinen jüdischen Untertanen schon gar nicht gestattet, eine Hinrichtung durch Kreuzigung vorzunehmen. Allein die römische Obrigkeit durfte Kreuzigungen durchführen lassen. Das biblische »Nehmt ihr ihn hin und kreuzigt ihn!« des Pilatus kann es nicht gegeben haben.

Irrten also die Evangelienschreiber? Wohl kaum: Sie schoben die Schuld an Jesu Tod bewußt der Jerusalemer Priesterschaft und dem Straßenpöbel zu. Die römische Obrigkeit hingegen wurde als völlig unschuldig am Kreuzestod dargestellt. Man wollte sich mit eben diesen Autoritäten gut stellen und jede Provokation vermeiden.

Qumran: Damaskus lag am Toten Meer Eine wichtige Aussage der Bibel kann klar und eindeutig sein. Und doch kann sie auch den sorgsam Lesenden in die Irre führen. Dann stellt sich die Frage: Wer irrt sich? Der Verfasser des biblischen Textes oder der lesende Bibelinterpret?

»Saulus aber schnaubte noch mit Drohen und Morden wider die Jünger des Herrn und ging zum Hohen Priester und bat ihn um Briefe nach Damaskus an die Synagogen, auf daß, wenn er etliche von der neuen Lehre fände, Männer und Frauen, er sie gebunden führe nach Jerusalem.« So steht es in der Apostelgeschichte.[1] Paulus erbat demnach vom Hohenpriester in Jerusalem Schreiben, die ihm Autorität in Damaskus verschaffen sollten. Das syrische Damaskus gehörte damals zum Hoheitsgebiet von König Aretas IV. Philodemos. Dem waren religiöse Streitigkeiten im fernen Jerusalem völlig gleichgültig. Vor allem verbat sich der Herrscher stets Einmischung in seine souveräne Landespolitik. Einen Gesandten aus Israel hätte er vermutlich als Spion gefangengenommen und – so er bei guter Laune gewesen wäre – außer Landes verwiesen. Ein von der Priesterschaft aufgesetztes Schreiben hätte er hohnlachend zerfetzt. Die Autorität der in Jerusalem mächtigen Geistlichkeit endete an seiner Landesgrenze.

Der Jesusforscher Joseph Klausner schenkt deshalb dem biblischen Text keinen Glauben. Die Passage über die Reise des Saulus ins syrische Damaskus entspreche nicht den Tatsachen, sei »unecht«.[2] Der Theologe T.H. Schelkle kommt zum gleichen Resultat. In seinem Werk über Paulus stellt er klar, daß der Hohepriester keineswegs die Autorität hatte, im syrischen Damaskus Verhaftungen vornehmen zu lassen.[3] Die Bibel mag oft Recht haben. Aber wenn sie behauptet, Saulus habe sich von Jerusalem aus nach Syrien aufgemacht, dann ist das eindeutig historisch falsch.

Des Rätsels Lösung: Damaskus lag am Toten Meer! Bereits 1896 wurde in einer Synagoge in Altkairo ein seltsamer Text entdeckt, dessen große Bedeutung erst Jahrzehnte später erkannt wurde: die Damaskusschrift. In den Höhlen vier und sechs des Wüstenklosters von Qumran fanden sich noch weitere Kopien des Textes. Demnach sammelte ein »Lehrer der Gerechtigkeit« strenggläubige Juden um sich, die den Vorschriften der biblischen Lehre besonders wortgetreu folgten. Peinlich genau achteten sie darauf, religiöse Gebote selbst zu den nichtigsten Alltagsbanalitäten buchstabengetreu einzuhalten. Damit machten sie sich keineswegs nur beliebt. Es kam zu teilweise heftigen Auseinandersetzungen.

Vereint verließen sie Jerusalem und siedelten sich im Kloster von Qumran an. Dort schloß man einen neuen Bund mit Gott. Der Ort der religiösen Rückbesinnung wurde »Damaskus in der Wüste« genannt.

Saulus reiste also nicht nach Syrien, wie irreführenderweise im »Neuen Testament« steht, sondern in die Abgeschiedenheit einer sektiererhaften Glaubensgemeinschaft am Toten Meer! Paulus reiste zu den Essenern und hielt sich »drei Jahre lang« bei ihnen auf.[4] Dadurch erhält die Berufung des Paulus einen ganz anderen, geheimen Sinn. Wurde aus dem Christenverfolger ein militanter Essener? Der lange Aufenthalt im militanten Mönchsorden läßt zumindest darauf schließen, daß dem Paulus das Gedankengut der Essener alles andere als fremd war.

Es findet sich essenisches Gedanken- und Glaubensgut im Schrifttum des Paulus, worauf Professor Pinchas Lapide, profunder Kenner des »Alten« wie des »Neuen Testaments«, hinweist: »In den Briefen des Paulus findet man nicht nur deutliche Spuren qumranischer Gedankengänge, sondern auch ganze Lehrstücke, die aus dem essenischen Glaubensgut entfaltet worden sind. Die Qumran-Gemeinde hielt sich für das ›wahre Israel‹ (hallt wider in Philipper Kapitel 3, Vers 3) und für die ›Erwählten Gottes, seit Seiner Gnadenwahl (Gottes)‹ – die bereits bei der Schöpfung erfolgte (Echo in Epheser Kapitel 1, Vers 4).

Viele der späteren kirchlichen Lehren der Prädestination (Vorherbestimmung, der Autor), die auf der unverdienbaren Gnade Gottes fußen, entstammen auch essenischen Einflüssen auf paulinische Episteln. Insbesondere die Selbstbezeichnung der Qumraner als die ›Söhne des Lichts‹ hallt bei Paulus des öfteren wider. (Epheser Kapitel 5, Vers 8; Thessalonicher Kapitel 5, Vers 5). So finden wir im Römerbrief (Kapitel 9, Verse 6–23) ein klassisches Resümee der Lehre von der doppelten Prädestination – zum Verderben oder zur Herrlichkeit – ganz im Sinne der Qumraner, die nicht müde wurden zu betonen, daß der Mensch, ohne die Gnade Gottes, ein erbärmliches Geschöpf sei, der Sünde immer wieder verfallen.

Der Licht-Finsternis-Dualismus, der später im johanneischen Schrifttum eine zentrale Rolle spielt, ist auch für die paulinische Theologie kennzeichnend. ›Laßt uns also ablegen die Werke der Finsternis und anziehen die Waffen des Lichts!‹ So lautet sein Aufruf an die Römische Gemeinde (Römerbrief Kapitel 13, Vers 12). ›Was hat das Licht für Gemeinschaft mit der Finsternis?‹ So warnte er die Korinther (2. Brief an die

Korinther Kapitel 6, Vers 14) vor jedwedem Rückfall in den Götzendienst – in Worten, die lebhaft an die Weisung im qumranischen Sekten-Kanon (I QS 3,20–25) erinnern.«[5]

Man muß nur das Schrifttum des Paulus mit den Dokumenten, die die Essener hinterlassen haben, gründlich studieren, um erstaunliche Parallelen zu erkennen! So heißt die Teufelsgestalt, Verkörperung alles Bösen, bei den Essenern (Sektenkanon I QS 1,18, Kriegsrolle I QM 17,6) Belial. Dieser Name taucht auch im »Neuen Testament« auf – bei Paulus: »Was hat das Licht für Gemeinschaft mit der Finsternis? Wie stimmt Christus mit Belial (überein)?«[6] Ohne Zweifel: Paulus war ein gelehriger Schüler der Essener, überarbeitete ihre Texte und übernahm sie in seine Schriften! In seinem Brief an die Galater listet Paulus Sünden wie gute Taten auf.[7] Als Quelle benutzte er eindeutig den Qumran-Sektenkanon (I QS 4,2–14).

Der biblische Saulus reiste nicht ins syrische Damaskus, sondern zu den Qumran-Einsiedlern. Das Damaskus des »Neuen Testaments« lag am Toten Meer und nicht in Syrien. Wie kam es zu diesem gravierenden Mißverständnis? Wer irrte? Für die Essener selbst gab es keinen Zweifel, wofür der Ausdruck Damaskus stand. War das aber auch den Leserinnen und Lesern der jungen christlichen Gemeinde noch bekannt? Oder war es im 1. und 2. Jahrhundert schon nicht mehr erwünscht, eine Verbindung zu Qumran am Toten Meer zu sehen? Zu Beginn des dritten nachchristlichen Jahrtausends können die Texte der Gemeinschaft von Qumran endlich wieder nachgelesen werden![8]

Rabbi: Wie Jesus wirklich angeredet wurde Jesus wird von seinen Jüngern in der Regel mit dem Titel »Meister« bedacht. Fremden gegenüber bezeichneten sie ihn so: »Deine Tochter ist gestorben. Was bemühst du weiter den Meister?«[1] Sie selbst sprachen ihn mit diesem Titel an: »Meister, fragst du nichts danach, daß wir verderben?«[2] Fremde griffen auch zu dieser Anrede: »Und siehe, einer trat zu ihm und sprach: ›Meister, was soll ich Gutes tun?‹«[3] Selbst Schriftgelehrte titulierten ihn so: »Und es trat zu ihm ein Schriftgelehrter und sprach zu ihm: ›Meister, ich will dir folgen.‹«[4] Und auch die Pharisäer sprachen den Jüngern gegenüber vom »Meister«.[5] Die Zöllner standen den anderen nicht nach: »Meister, was sollen wir denn tun?«[6] Überall schallt dieser »Meister« Jesus entgegen. Allerdings nur in unseren Übersetzungen.

Wie aber wurde Jesus wirklich angeredet? Mit Rabbi! Warum verschwand »Rabbi Jesus«? Warum wurde er in »Meister Jesus« umgewandelt? Die Antwort finden wir bei Johannes: »Sie aber sprachen zu ihm: ›Rabbi – das ist verdolmetscht Meister – wo bist du zu Hause?‹«[7]

So ganz einfach ist der Weg vom jüdischen Rabbi zum Meister nicht. Machen wir die Übersetzungen rückläufig. In der lateinischen Vulgata-Übersetzung finden wir die Anrede »Magister«, in der älteren griechischen Textausgabe »Diadaskalos«. Die beiden Begriffe bezeichnen den Unterrichtenden, den Lehrer. Unterrichtet haben in den jüdischen Gemeinden die gleichen Männer, die auch das Wort Gottes in den Synagogen predigten: die Rabbis. Und Rabbi war ganz offensichtlich der ehrerbietige Titel Jesu. Nur in unseren Bibelübersetzungen ist er weitestgehend verschwunden.

Warum? Sollten da immer noch antijüdische Ressentiments anklingen? Hoffentlich nicht![8]

Scheiterhaufen: Wurde Jesu Leichnam verbrannt? Das Symbol der christlichen Kirchen ist das Kreuz. Es symbolisiert Jesu Tod. Kreuze hängen in unzähligen Amtsstuben und

Pfarrhäusern, Kreuze mahnen in Kirchen zum Gebet, und hoch auf Kirchtürmen sollen sie weithin sichtbar machen: Dies Haus ist ein Gotteshaus.

Die Schriften des »Alten Testaments« wurden zum überwiegenden Teil in Hebräisch, in kleinen Teilen in Aramäisch verfaßt. Die Texte des »Neuen Testaments« liegen in Griechisch, aber auch in der Sprache Jesu, in Aramäisch, vor.

Den Aussagen der Bibel auf den Grund zu gehen, das heißt immer in alten Sprachen lesen und in neue Sprachen zu übersetzen. Es ist ein weitverbreiteter Irrtum, daß etwa ein griechischer Text immer ganz einfach in eine moderne Sprache übersetzt werden kann. Häufig liegen bei Worten, die auf den ersten Blick ganz einfach verdeutscht werden können, komplexe Mehrdeutigkeiten vor.

Ein Beispiel soll das verdeutlichen. Wenn im »Neuen Testament« von Jesu Kreuzigung die Rede ist, dann kommt immer wieder ein Verb vor: »stauró«.[1] Es wird mit »kreuzigen« übersetzt. Francesco Carotta macht nun darauf aufmerksam, daß die Grundbedeutung dieses Verbs gar nicht »kreuzigen«, sondern »Pfähle aufstellen oder Latten oder eine Palisade« heißt.[2] Die herkömmliche Übersetzung lautet: »Und als sie ihn gekreuzigt hatten, verteilten sie seine Kleider und warfen sie das Los darum.«[3] Nach Carotta könnte sie aber auch so heißen: »Und während sie Pfähle, Latten und Palisaden um ihn aufstellten, zerteilten sie die Kleider und warfen die guten Stücke darauf.«[4] Seine Schlußfolgerung: »Ein seltsamer Satz. Er scheint eher die Aufstellung eines Scheiterhaufens und das rituelle Daraufwerfen von Totengaben zu beschreiben als die Aufrichtung eines Kreuzes.«

Wahrlich, das ist eine ganz andere Sicht der Dinge. Sollte der Leichnam Jesu auf einem Scheiterhaufen verbrannt worden sein? Eine wirklich ungewohnte Vorstellung. Es gibt allerdings keinen Hinweis dafür, daß die Römer hingerichtete Menschen verbrannten.

Carottas Überlegungen mögen weit hergeholt sein. Sie verdeutlichen aber ein Problem beim Übersetzen alter biblischer Texte. Interpretiert man auch nur einzelne Worte in ihrer Mehrdeutigkeit anders, erhalten Texte schon einen vollkommen anderen Sinn! Übersetzer müssen sich davor hüten, durch ihre Übertragung – bewußt oder unbewußt – den Texten einen gewünschten Sinn zu verleihen.

Simon: Wie aus einem Essener ein Aussätziger wurde Es war vielleicht der sensationellste archäologische Fund des 20. Jahrhunderts: 1947 stieß ein Beduine in einer Höhle am Nordwestufer des Toten Meeres zufällig auf sieben Schriftrollen in steinernen Krügen. In den folgenden Jahren rissen die Entdeckungen nicht ab. In mehreren Höhlen wurden weitere Kostbarkeiten gefunden. Bald waren sich Archäologen und Theologen einig: Die Sektengemeinschaft der Essener hatte in 270 verschiedenen Höhlen ihre heiligen Texte, sorgsam konserviert in Tonkrügen, vor den verhaßten Legionen der Römer versteckt. Anno 68 n. Chr. hatte Kaiser Titus Flavius Vespasian das Heilige Land besetzt. Mochte er auch die Menschen knechten, Aufständische niedermetzeln, die heiligen Texte sollte er nicht beschlagnahmen! Unweit der Ruinen von Qumran wurden sie sorgsam versteckt. Von wem? Von der Klostergemeinschaft der Essener.

152 v. Chr. hatte es in Jerusalem einen heftigen Streit um die Priesterschaft gegeben. Ein Hasmonäer war höchster geistlicher Würdenträger geworden. Die Essener sahen darin eine unerlaubte Unterbrechung der hohepriesterlichen Erbfolge und trennten sich von der Jerusalemer Tempelgemeinschaft.

Sie zogen in die Wüste. Etwa 130 v. Chr. scharten sie sich in Qumran unter Leitung eines »Lehrers der Gerechtigkeit«. Der Historiker Josephus Flavius berichtet in seinem Werk über den Jüdischen Krieg, daß sich die sektenartige Gemeinschaft streng an das jüdische Glaubensgesetz hielt. Ihre Anhänger schufteten im Schweiße ihres Angesichts in der Wüste, versuchten Land urbar zu machen. Verzweifelt hofften sie auf himmlische Hilfe. Ein Messias sollte kommen und das Land von den Besatzungstruppen der Römer befreien.

Manfred Barthel faßt einen weitverbreiteten biblischen Irrtum zusammen: »Im Neuen Testament wird zwar oft und ausführlich von zwei sektiererischen Strömungen im damaligen jüdischen Glauben gesprochen, die Essener jedoch werden mit keinem Wort erwähnt! Dabei waren sie mindestens so populär wie die immer wieder erwähnten Pharisäer und Sadduzäer. Flavius Josephus nennt zum Beispiel diese beiden und die Essener in einem Atemzug als gleichwertig. Warum also werden sie im ›Neuen Testament‹ totgeschwiegen?«[1]

Auch der Qumran-Spezialist F. M. Cross wundert sich: »Es ist im höchsten Maße erstaunlich, daß die Essener im ›Neuen Testament‹ dem Namen nach nicht vorkommen. Auf ihre Unbekanntheit kann es nicht zurückzuführen sein.«[2]

Tatsächlich wird man in keiner heutigen Ausgabe des »Neuen Testaments« die Gemeinschaft der Essener auch nur einmal namentlich genannt finden. Das aber liegt an einem simplen »Schreibfehler«. Wenn man den heutigen Bibeltext liest, ahnt man nicht, daß sich hinter einem »Aussätzigen« ein bedeutender Essener verbirgt. Sowohl Markus als auch Matthäus vermelden ein Ereignis, das, so wie beschrieben, auf keinen Fall stattgefunden haben kann. Bei Matthäus lesen wir: »Als nun Jesus in Betanien war im Hause Simons, des Aussätzigen ...«[3]

Bei Markus heißt es: »Und als er in Betanien war im Hause Simons des Aussätzigen ...«[4] Es ist undenkbar, daß zur Zeit Jesu in Betanien auch nur ein Aussätziger lebte. In Betanien galten wegen der Nähe zur Heiligen Stadt besondere Reinheitsbestimmungen, die es strikt untersagten, daß ein Aussätziger mitten unter den gesunden Menschen wohnte. Auch und gerade für Betanien galt für Aussätzige das Mosesgesetz: »Allein soll er wohnen, außerhalb des Lagers soll seine Wohnung sein.«[5]

Sollte die Episode also erfunden worden sein, um Jesus als besonders mildtätig zu beschreiben? Sollte unterstrichen werden, daß Jesus im Gegensatz zu seinen Mitmenschen keine Scheu vor Kontakten mit Aussätzigen hatte, die von seinen Zeitgenossen gemieden wurden? Aussätzige mußten sich nach mosaischer Vorschrift besonders kleiden, um gleich erkannt zu werden: »Seine Kleider sollen zerrissen sein.«[6] Außerdem mußte er »sein Kopfhaar frei hängen lassen und seinen Bart verhüllen« und herannahende Menschen laut rufend warnen.

Dürfen wir die Schilderung eines klaren Sachverhalts für eine erfundene fromme Legende halten, nur weil er so wie beschrieben nicht stattgefunden haben kann? Keineswegs! Auch das wäre ein Irrtum! Die Lösung ist einfach: Simon wurde durch einen »Schreibfehler« zum Aussätzigen! Dem Historiker Josephus Flavius war ein Simon namentlich bekannt. In der griechischen Fassung seines »Jüdischen Krieges« erwähnt er einen »Simon, der zu den Essenern gehörte«. Der Schriftgelehrte hat demnach zu Jesu Zeiten gelebt.

Die rabbinische Literatur weist auf den Theologen und sein Wirken hin. Demnach setzte er sich intensiv mit den Fragen der rituellen Reinheit auseinander. Keine der Quellen bezeichnet den Essener Simon als Aussätzigen. Berichten nun Matthäus und Markus von einem Aussätzigen oder einem Essener namens Simon? Der Aussätzige hätte im Hebräischen »Schim'on ha Zarua« geheißen, der Essener »Schim'on ha Zanua«. Beide Begriffe unterscheiden sich im Hebräischen nur in einem Buchstaben: Zarua und Zanua. Das hebräische r (resch) und das n (nun) können leicht verwechselt werden.

Zu Jesu Zeiten gab es einen Essener namens Simon, der als Schriftgelehrter berühmt war. Aus diesem Essener wurde bei Matthäus und Markus ein Aussätziger. Versehentlich? Vermutlich nicht! Die Essener haßten die Besatzungsmacht der Römer. Und für die Römer waren die Essener Staatsfeinde, deren Fanatismus gefürchtet war. Als die Evangelien niedergeschrieben wurden, galt es auf die römischen Herrscher Rücksicht zu nehmen. So verschwanden aus dem »Neuen Testament« die Essener. Aus einem Schriftgelehrten, der Experte in Sachen religiöser Reinheitsgebote war und strikt jeden Kontakt mit Aussätzigen mied, wurde – bewußte Ironie? – im Text des »Neuen Testaments« selbst ein Aussätziger.

Lukas geht noch einen Schritt weiter. Er erzählt die gleiche Episode wie seine Kollegen Matthäus und Markus. Bei ihm wird aber aus dem Aussätzigen ein Pharisäer.[7] Warum? Die Pharisäer grenzten sich als besonders eifrige Befolger religiöser Vorschriften ab. Man kann den Namen dieser zahlenmäßig kleinen Gruppe mit »die Abgesonderten« übersetzen. Aus dem Essener Simon ist zunächst ein Aussätziger geworden. Menschen, die von dieser schlimmen Krankheit befallen waren, mußten isoliert leben. Man kann sie also auch als Abgesonderte bezeichnen – als Pharisäer!

Die Essener glaubten an einen Kampf zwischen Gut und Böse, zwischen den Söhnen des Lichts und jenen der Finsternis. Einer dieser beiden zentralen essenischen Grundbegriffe taucht bei Lukas auf: »Die Söhne dieser Welt sind klüger als die

Söhne des Lichts.«[8] Die Aussage ist klar: Gerügt werden die Essener, ohne daß ihr Name explizit genannt wird.

73 nach Christus eroberten die Römer die Festung von Massada. Nach sieben Jahren war damit der letzte jüdische Widerstand gebrochen. Auf dem schroffen, hohen Bergplateau, unweit von Qumran, verübten die verzweifelten Juden Selbstmord. Sie wollten niemals den Römern in die Hände fallen. Ihr Suizid hatte auch einen religiösen Hintergrund. Der erhoffte Messias, der die römischen Besatzer aus dem Land jagen sollte, erschien nicht. Spätestens 73 n. Chr. kam auch das Ende der Essener von Qumran.

Stammbaum Jesu: Widersprüche und eine falsche Lösung Besonders vornehme Adelige sind stolz auf ihre Ahnentafel. Je wichtiger ein Geschlecht ist, desto tiefer wurzelt es in der Geschichte. Für Jesus warten die biblischen Evangelisten gleich mit zwei Stammbäumen auf.

Das Evangelium nach Matthäus verfolgt Jesu Stammbaum immerhin bis zum Erzvater Abraham.[1] Lukas zählt gar alle Vorfahren Jesu bis einschließlich Adam auf.[2] Vergleicht man beide Stammbäume miteinander, so fallen erhebliche Diskrepanzen auf. Besonders bibeltreue amerikanische Theologen wenden ein, diese Unterschiede seien leicht zu erklären. Matthäus gebe die Vorfahren Josefs wieder, während Lukas jene der Maria aufliste. Diese Behauptung ist falsch: Beide Evangelisten beziehen sich eindeutig auf die väterlichen Vorfahren.

Ein Vergleich wird dadurch etwas erschwert, daß Matthäus in der Vergangenheit bei Abraham beginnt und schließlich bei Jesus endet. Lukas hingegen fängt bei Jesus an und geht zurück in die Vergangenheit, bis zum Urvater Adam. Beide Genealogien sind aber eindeutig Ahnentafeln der väterlichen Seite. Die erste Diskrepanz: Wer war der Großvater Jesu? Im Evangelium nach Lukas heißt es: »Und Jesus wurde gehalten für einen Sohn Josefs, der war ein Sohn Elis.« Bei Matthäus hingegen wird behauptet: »Jakob zeugte Josef, den Mann von Maria.« Wer war nun Jesu' Großvater: Elis oder Jakob?

Gehen wir eine weitere Generation zurück. Wer war der Urgroßvater Jesu? Nach Lukas war Elis ein Sohn von Mattat. Nach Markus war Jakob ein Sohn Mattans. Auch wenn die Namen leicht differieren, handelt es sich dabei sicher um die gleiche Person.

Mattat/Mattan war sowohl nach Matthäus als auch nach Lukas der Urgroßvater Jesu. Wenn nun Matthäus tatsächlich Jesu Vorfahren väterlicherseits und Lukas seine Vorfahren mütterlicherseits auflisten würde, hätte das geradezu tragische Konsequenzen. Da in beiden Stammbäumen ein und derselbe Urgroßvater auftaucht, müßten Jesu Großeltern mindestens Halbgeschwister gewesen sein.

Gehen wir eine weitere Generation zurück. Mattat/Mattan war nach Lukas ein Sohn Levis, nach Matthäus aber ein Sohn Eleasars. Vergleicht man die weiteren Vorfahren in beiden Stammbäumen, so gibt es kaum Gemeinsamkeiten. Beide nennen aber einen berühmten König als Vorfahren Jesu: König David. Allerdings listet Lukas bis zu David 41, Matthäus hingegen nur 26 Generationen auf. In beiden Ahnenlisten stimmen von David bis Josef nur ganze zwei Namen überein. Aber gerade diese beiden Übereinstimmungen widerlegen, daß sich die sonst extrem voneinander abweichenden Stammbäume auf die väterlichen Vorfahren einerseits und die mütterlichen Vorfahren andererseits beziehen.

Kritisch merkt der Theologe Ulrich Luz, Fachbereich »Neues Testament«, über den Stammbaum nach Matthäus an: »Gegen die Historizität spricht zu viel, als daß sie ernsthaft in Betracht gezogen werden könnte.«[3]

Je genauer man sich die Stammbäume Jesu ansieht, desto deutlicher werden die Diskrepanzen und eindeutigen Unstimmigkeiten. Zieht man neben den Evangelien nach Matthäus und Lukas auch noch weitere Berichte aus dem »Neuen Testament« hinzu, wird es nur noch verwirrender. Markus zum Beispiel ist die angebliche Abstammung Jesu von David unbekannt. Markus kennt nicht einmal Vater Josef. Auch Paulus, gern als frühester Zeuge zitiert, nennt weder Josef noch Maria.

Angesichts der offensichtlichen Widersprüche zwischen den Stammbäumen Jesu drängt sich eine zentrale Frage auf: Warum finden sich in der Bibel zahllose ganz konkrete Dissonanzen und Diskrepanzen?[4] Die Antwort verdeutlicht einen ganz entscheidenden biblischen Irrtum! Die »Bücher«, die wir heute in der Bibel finden, waren ursprünglich als Einzelwerke gedacht, nicht als Teil eines umfangreichen Gesamtwerkes.

Die verschiedenen Evangelien, von denen nur ganze vier in den Text der Bibel aufgenommen wurden, waren nicht als Ergänzungen zueinander gedacht. Sie entstanden als eigenständige Bücher. Zudem sollten vermutlich neuere Bücher ältere ersetzen. Die Autoren der Evangelien nach Matthäus und Lukas verwendeten Markus als Quelle, fast wie Baumeister einen Steinbruch. Um im Bild zu bleiben: Ein altes Gebäude wird abgetragen, damit ein neues entstehen kann. Bewohnt wird das neue, nicht mehr das alte. Wer will schon lieber weiter in einer Ruine leben, wenn ein neues Haus zur Verfügung steht?

Als die Evangelien nach Matthäus und Lukas vorlagen, war damit das Markusevangelium veraltet und wurde von der jungen Christengemeinde kaum noch benutzt. Es war das Bestreben der Textautoren wie der frühen Theologen der jungen christlichen Kirche, das aktuelle Evangelium zu finden und für den Gottesdienst zu verwenden. An einem Nebeneinander möglichst vieler unterschiedlicher Texte bestand wenig Interesse.

Auch das jüngste der Evangelien, jenes nach Johannes, wurde nicht geschaffen, um den bereits vorhandenen Büchern ein weiteres, zusätzliches ergänzend beizufügen. Prof. Dr. Gerd Lüdemann: »Es kommt der Verdacht auf, daß das Johannesevangelium die drei älteren Evangelien nicht ergänzen, sondern ersetzen wollte.«[5]

Auseinandersetzung mit der Bibel heißt: Auseinandersetzung mit den gesammelten Texten in ihrer Gesamtheit. Es ist nicht nur möglich, sondern auch zwingend erforderlich, die unterschiedlichen Texte miteinander zu vergleichen. Die dabei auffallenden Diskrepanzen sind offensichtlich. Sie fielen in den frühen Tagen der Kirche, als die einzelnen Gemeinden nur einzelne Texte, aber keine Gesamtbibel hatten, nicht auf. Wir dürfen sie nicht übersehen. Vor allem ist es nicht legitim, Widersprüche zu »harmonisieren«. Denn dann verfälscht man die Bibel dort, wo sie einem aus welchen Gründen auch immer nicht gefällt.

Taufe: Jesu großer Irrtum Sowohl die katholische als auch die evangelische Kirche verstehen die Taufe als Akt der Aufnahme in die Glaubensgemeinschaft. Im »Lexikon Kirche und Religion« wird das katholische Verständnis wie folgt definiert: »Die Taufe steht am Beginn eines jeden Christenlebens, sie ist die Eintrittskarte zur Kirche.«[1] Das evangelische »Kirchen-ABC« sieht es nicht anders: »Als Taufe wird das Sakrament bezeichnet, durch welches der Täufling in die christliche Kirche aufgenommen wird.«[2]

Getauft werden heute fast ausschließlich Babys. Die Kleinkindtaufe setzte sich etwa im 12. Jahrhundert durch. Bis zum

6. Jahrhundert wurde die Erwachsenentaufe deutlich bevorzugt.

Im 3. Jahrhundert nach Christus wurden Taufe und heiliges Abendmahl erstmals als Sakramente bezeichnet. Ursprünglich bedeutete das lateinische »sacramentum« »Fahneneid«, »Prozeßsteuer«, »Glaubensbekenntnis«, »Heilswahrheit«, aber auch »Symbol«. Die Kirche verstand »sacramentum« im Sinne von »heilige Sache«. Doch während die protestantische Kirche bei den zwei ursprünglichen Sakramenten Taufe und Abendmahl blieb, kamen bei der katholischen Kirche noch fünf weitere hinzu: die Firmung, die Buße, die Krankensalbung, die Priesterweihe und die Ehe.

Womit wird dieser Unterschied zwischen christlichen Konfessionen begründet? Im Protestantismus will man die Meßlatte in Sachen Sakrament höher gehängt wissen:

Anerkannt wird als »heilige Sache« nur, was von Jesus selbst eingeführt wurde. So stellt sich die Frage: Wurde die heute geübte Praxis, Babys zu taufen, von Jesus initiiert? Aufschluß gibt die Bibel.

Ein Taufritual als Aufnahme in die Glaubensgemeinschaft ist für Juden überflüssig. Jedes Kind, das von einer jüdischen Mutter geboren wird, ist automatisch Jude. Anders im Christentum: Erst durch die Taufe wird man zum Christen, ungetauft bleibt man Heide.

Das »Neue Testament« kennt als Regelfall nicht die Taufe von Unmündigen, sondern nur von Erwachsenen. Gänzlich ausgeschlossen war es aber nicht, auch Babys zu taufen. Das geschah aber nur, wenn Gruppentaufen durchgeführt wurden, etwa von ganzen Familien. Dann waren vermutlich auch Kinder mit eingeschlossen. Solche Gruppenzeremonien werden in der Apostelgeschichte beschrieben. Petrus ließ einen Hauptmann Cornelius in Cäsarea mit seinen Angehörigen taufen.[3] Ähnlich erging es Lydia, einer »gottesfürchtigen Frau«. Nach ihrer Bekehrung wurde auch sie »mit ihrem Hause« getauft.[4] Zu diesem Segen kam auch ein Gefängniswärter und seine Familie: »Und er ließ sich taufen und alle die Seinen alsbald.«[5]

Die heutige Praxis der Kindertaufe läßt sich weder mit der Bibel allgemein noch mit einem Jesuswort im besonderen belegen. Keinen Zweifel scheint es daran zu geben, daß Jesus Erwachsene getauft hat. Oder doch? Hat Jesus nun getauft oder nicht? Zwei einander entgegenstehende Aussagen finden sich im Evangelium nach Johannes!

Text A: »Danach kam Jesus mit seinen Jüngern in das Land Judäa und blieb daselbst eine Weile mit ihnen und taufte.«[6]

Text B: »Obwohl Jesus selbst nicht taufte, sondern seine Jünger.«[7]

Welcher der beiden Texte ist nun der historisch korrekte? Neutestamentler Prof. Dr. Gerd Lüdemann entschied sich knallhart. Nach seiner wissenschaftlich-kritischen Analyse sind beide Texte nicht historisch korrekt.[8] Nach Ansicht des Wissenschaftlers gibt es im gesamten »Neuen Testament« nur ganz wenige echte Jesus-Worte. Das Johannesevangelium aber enthält keinerlei verifizierbares Material. Hat er nun getauft? Oder nicht?

Will man Jesu Lehrmeinung ergründen, muß man zu den Anfängen seines Wirkens zurückkehren. Jesus trat erstmals öffentlich im Umfeld des Johannes des Täufers auf. Wer war dieser Mann? Was lehrte er? Johannes der Täufer soll ein begnadeter Redner gewesen sein. Er lockte sicher auch mit einer gehörigen Portion Demagogie Menschenmassen in die Wüstengegend von Ghor. Der streitbare Mann protestierte mit seiner öffentlich demonstrierten Haltung gegen die herrschende Priesterklasse seiner Zeit. Die hohe Geistlichkeit hatte sich mit den Römern arrangiert. Sie begegneten den fremden Herren mit größter Unterwürfigkeit. Der Priesterkult verlieh Macht über das Volk, erlaubte ein privilegiertes Leben in Reichtum und Luxus. Man sah sich als Nachfolgerschaft Zadoks, eines Hohenpriesters aus der Zeit der Könige David und Salomo. Immer deutlicher wurde ein Konflikt zwischen der Priesterklasse, den Sadduzäern, und den jungen Revoluzzern, den Zeloten, die zum Widerstand gegen die Römer aufriefen.

Für die Römer waren religiöse Streitigkeiten unter Juden so lange uninteressant, solange dadurch ihr Herrschaftsanspruch nicht berührt wurde. Sie begrüßten Auseinandersetzungen zwischen verschiedenen religiösen Gruppen bei den Juden letztlich sogar. Solange sie sich untereinander bekämpften, so lange bestand nicht die Gefahr, daß sie sich mit vereinten Kräften gegen die Römer erhoben.

In Sichtweite von jener Stelle, an der Johannes predigte und taufte, hatte sich der Orden der Essener niedergelassen. Die Essener lehrten – wie Johannes – Askese und Armut. Ihre Kost war karg. Sie ernährten sich – wie Johannes – von gerösteten Heuschrecken. Wie Johannes taufte, so vollzogen die Essener rituelle Waschungen, um den Leib von Sünden zu befreien. Wie Buddha, Johannes der Täufer und Jesus praktizierten die Essener eine Weltflucht. Sie wollten mit dem Wohlleben der Reichen und Begüterten nichts zu tun haben.

Wie Johannes der Täufer, so predigten auch die Essener das Kommen eines Messias und Erlösers. So heißt es in Textfragmenten, die 1947 in »Höhle 4« der Essenerbibliothek gefunden wurden, die sich nahtlos zu einem Text zusammenfügen ließen: »Die Himmel und die Erde werden Seinem Messias gehorchen. Die Meere und alles, was in ihnen ist. Er wird sich nicht abwenden vom Gebot der Heiligen. Gewinnt Kraft aus

Seinem mächtigen Werk, alle, die ihr den Herrn sucht. Werdet ihr nicht den Herrn in diesem finden, alle, die ihr auf ihn wartet mit Hoffnung in euren Herzen? Sicher wird der Herr die Frommen suchen und die Gerechten beim Namen rufen. Sein Geist wird über den Armen schweben. Durch Seine Macht wird Er die Gläubigen wieder ins Recht setzen. Er wird die Frommen auf dem Thron des ewigen Königreiches verherrlichen. Er wird die Gefangenen befreien, die Blinden sehend machen, die Niedergetretenen aufrichten.«

Da ist nicht vordergründig von frommer Erneuerung die Rede, sondern von politischem Wandel. Die »Frommen« würden auf dem Thron sitzen – den aber hatten die Römer oder ihre Vasallen inne: noch! Und ganz offensichtlich verstanden die Juden, die die Lehre der Essener vernahmen, ihre konkrete politische Botschaft. Worum es ging, beschrieb unverblümt der Historiker Josephus Flavius, aus dessen Gesamtwerk keinerlei Sympathie für die jüdischen Freiheitskämpfer herauszulesen ist, deutlich genug: »Was sie (die Juden, der Verfasser) besonders zum Krieg antrieb, war ein vieldeutiges Orakel, das sich in ihren heiligen Schriften fand und besagte, daß zu dieser Zeit einer aus ihrem Land der Führer der Welt werden sollte.«

Die Essener erwarteten einen Messias, der die Welt radikal ändern würde. In der neuen Ordnung würde weder für die Römer, noch für ihre Vasallen Platz sein. Wie aber sah das Messias-Bild des Johannes aus? Erwartete er nur einen religiösen Neuerer? Oder war sein Denken von den revoluzzerischen Essenern geprägt? Die Essener, Verfasser der legendären Schriftrollen von Qumran, sahen in den Römern und ihren judäischen Handlangern Mächte der Finsternis, das schlechthin Böse auf Erden. Sie waren peinlich darauf bedacht, die mosaischen Gesetze einzuhalten. Nur so sei es möglich, daß der Messias komme. Der Messias war für sie ein »Gesalbter«, ein von Gott auserwählter, ein von Gott selbst auserkorener Führer. Erwartet wurde ein mächtiger Mann, ein neuer David, ein neuer Salomo, ein jüdischer Kyros.

Der erwartete »Lehrer der Gerechtigkeit« sollte nicht nur die Menschen zum wahren religiösen Glauben zurückführen. Er sollte auch das Land der Juden vom Joch der Römer befreien. Ein neuer Staat sollte entstehen, ohne Unterdrückung, ohne Fremdherrschaft. Johannes der Täufer lehrte und predigte nicht nur in räumlicher Nähe zu den Essenern. Er stand ihnen auch geistig – und politisch – sehr nahe. Es ist anzunehmen, daß er, wie die Essener, auch die politische Erneuerung anstrebte. Inwieweit er offen zum Widerstand gegen die Römer aufrief, ist und bleibt unklar. Daß er aber gegen die Römer wetterte, muß als gegeben angenommen werden. Den Römern wäre ein Askese und Verzicht auf irdische Genüsse predigender religiöser Eiferer vollkommen gleichgültig gewesen. Warum verhafteten sie ihn dann?

Johannes der Täufer muß konkrete Kritik an den Römern geübt haben. Er hatte, wie die Essener, ein höchst negatives Bild von den römischen Besatzungstruppen. Er hielt sie für gewalttätige Verbrecher. Rief er sie doch expressis verbis dazu auf, auf Übergriffe auf die jüdische Bevölkerung zu verzichten und damit zu einem die Autorität ihrer Vorgesetzten zersetzenden Dienst nach Vorschrift. »Fordert nicht mehr, als euch vorgeschrieben ist! Tut niemandem Gewalt oder Unrecht und laßt euch genügen an eurem Sold!«[9]

Die Soldaten sollten mit ihrer Bezahlung zufrieden sein und sich den Sold nicht durch Plünderung und Raub aufbessern. Warum wurde Johannes der Täufer von den Römern verhaftet und nach römischem Recht hingerichtet? Liegt die Antwort nicht auf der Hand?

Matthäus, Markus und Lukas geben als Grund für das Vorgehen der römischen Besatzungsmacht die Kritik Johannes' des Täufers an Herodes an.

Bei Matthäus lesen wir: »Denn Herodes hatte Johannes ergriffen, gefesselt und in das Gefängnis geworfen wegen der Herodias, der Frau seines Bruders Philippus. Denn Johannes hatte ihm gesagt: Es ist nicht recht, daß du sie hast. Und er hätte ihn gern getötet, fürchtete sich aber vor dem Volk; denn sie hielten ihn für einen Propheten.«[10]

Die Essener hofften auf den nahenden Messias. Johannes hoffte auf den nahenden Messias, der die neue Zeit einleiten würde, ja mehr noch: Er war offensichtlich davon überzeugt, daß das Reich Gottes unmittelbar bevorstand. Oder lebte man nicht schon in einer neuen Zeit der beginnenden Gottesherrschaft? Dann war es doch unbedingt erforderlich, Buße zu tun. Mußte man doch tagtäglich damit rechnen, vor Gottes Gericht abgeurteilt zu werden! Eile tat not! Niemand konnte wissen, wie lange man noch Gelegenheit haben würde, sein Sündenkonto zu löschen. War die Sünde erst einmal abgespült, konnte sie einem nicht mehr im himmlischen Prozeß angelastet werden. Wurde man aber abgeurteilt, bevor man reuig Buße getan hatte, war es zu spät und das Urteil fiel hart aus.

Die Essener kannten keine Taufe, wohl aber das tägliche Ritualbad im Toten Meer, das im Hinblick auf das nahende Gericht mit Eifer absolviert wurde. Und Johannes der Täufer? Prof. Dr. Pinchas Lapide, jüdischer Schriftgelehrter und spezialisiert auf das »Neue Testament«: »Johannes war kein ›Täufer‹ im deutschen Sinne dieses Wortes, sondern nur ein Aufrufer zur Selbsttaufe und dann der Taufzeuge.«[11]

Bestätigung bietet die Handschrift »Codex Bezae« vom Evangelium nach Lukas. Da heißt es klipp und klar: »Und sie tauften sich *vor*[12] Johannes.«[13]

Wie war Jesu Verständnis? Unterschied es sich von dem seines Mentors Johannes oder jenem der endzeitbezogenen Essener? Auch Jesus war ein Apokalyptiker. Auch Jesus war davon überzeugt, daß die Endzeit unmittelbar bevorstehe. Nach seinen Worten, die von Matthäus, Markus und Lukas in fast wortwörtlicher Übereinstimmung zitiert werden, stand die Endzeit unmittelbar bevor. So konnten oder mußten Jesu Zeitgenossen damit rechnen, noch zu Lebzeiten vor das »Jüngste Gericht« gestellt zu werden.

Jesus nach Matthäus: »Wahrlich, ich sage euch: Es stehen einige hier, die werden den Tod nicht schmecken, bis sie den Menschensohn kommen sehen in seinem Reich.«[14]

Jesus nach Markus: »Und er sprach zu ihnen: ›Wahrlich, ich sage euch: Es stehen einige hier, die werden den Tod nicht schmecken, bis sie sehen das Reich Gottes kommen mit Kraft.‹«[15]

Jesus nach Lukas: »Ich sage euch aber wahrlich: Einige von denen, die hier stehen, werden den Tod nicht schmecken, bis sie das Reich Gottes sehen.«[16]

Es gibt keinen Zweifel: Jesus dachte wie die Essener und wie Johannes. Auch für Jesus kann die Taufe nur das Abwaschen der Sünden im rituellen Tauchbad gewesen sein, als Zeichen der Abkehr vom sündigen Leben im Hinblick auf das unmittelbar bevorstehende Jüngste Gericht. Unser heutiges Verständnis von der Taufe als »Eintrittskarte zur Kirche« entbehrt damit jeder echten jesuanischen Grundlage! Jesus irrte sich gewaltig, denn das von ihm für die unmittelbare Zukunft erwartete Weltende blieb bis heute aus.

Jesus starb am Kreuz. Seine Anhänger verfielen in Schmerz und Trauer. Und dann kam das von Jesus angekündigte Zeitenende nicht. Damit verlor die Taufe als letzte Buße vor dem täglich erwarteten Weltuntergang ihren ursprünglichen Sinn und wurde verändert, auch in den biblischen Texten. Prof. Dr. Lapide: »Die Änderung zum heutigen Text geschah viel später, in nachpaulinischer Zeit, als die Kirche die Taufe zum Sakrament erhob und ihrer jüdischen Herkunft weitgehend entfremdete. Bei näherer Betrachtung bleibt jedoch der jüdische Ursprung der christlichen Taufe noch immer unverkennbar.«[17] Aber die heutige Taufe ist eine ganz andere als zu Zeiten Jesu.

Tempelreinigung: Anfang oder Ende? Jesus wird im »Neuen Testament« keineswegs immer als milde und sanftmütig geschildert. So berichten Matthäus, Markus, Lukas und Johannes übereinstimmend, daß Jesus im Tempel von Jerusalem für einen Eklat sorgte.[1] Die Szene dürfte eine der bekanntesten des »Neuen Testaments« sein: Jesus vertreibt die Händler und Geldwechsler wutschnaubend aus dem Heiligtum. Empört ruft er: »Mein Haus soll ein Bethaus heißen.«[2] Dabei bezieht er sich auf Jesaja.[3]

Die Historizität der dramatischen Episode ist mehr als zweifelhaft. Jesu Aktion hätte einen wüsten Tumult ausgelöst, den die römische Obrigkeit sofort mit brachialer Gewalt unterdrückt hätte. Sie wußte sich von den Juden als gehaßt. Die Erwartung auf einen Messias, der das Land von den »Besatzern« befreien würde, war bekannt. Deshalb waren die Truppen besonders in Jerusalem in steter Alarmbereitschaft. Hätten nicht die Römer selbst das Geschrei aus dem Tempel gehört, so wären sie mit Sicherheit rasch von einem ihrer verdeckten Mitarbeiter an den Ort des Geschehens geholt worden. Jesu lautstarke Empörung hätte zu seiner sofortigen Verhaftung geführt. Und mit ihm wäre mit großer Wahrscheinlichkeit sofort »kurzer Prozeß« gemacht worden.

Jesu Auftritt im Tempel muß zu den einschneidendsten Aktionen in seinem Leben gezählt werden. Und doch sind sich die vier Evangelisten nicht einmal darüber einig, wann die »Tempelreinigung« stattfand. Sie widersprechen sich in extremer Weise. Professor Helmut Merkel weist daraufhin: »Bei den Synoptikern (Markus, Matthäus und Lukas) steht sie am Anfang der letzten Lebenswoche Jesu, während Johannes sie an den Anfang der Wirksamkeit Jesu stellt.«[4]

Diese Diskrepanz legt eine Vermutung nahe: Jesu Auftritt im Tempel zu Jerusalem ist fromme Fiktion!

Ungläubige: Ungewöhnliche Strafe Das mosaische Gesetz verurteilt Homosexualität auf das schärfste und fordert die Todesstrafe. Mancher Fromme mag sich nun gefragt haben, warum denn einem Menschen seine Veranlagung zum Verhängnis werden kann. Ist sie ihm nicht von Gott gegeben? Wie kann dann der Mensch dafür bestraft werden? Eine Antwort auf diese Frage findet sich nicht im »Alten«, wohl aber im »Neuen Testament«.

Der erste Römerbrief sieht das eigentliche Vergehen nicht in der sexuellen Neigung eines Menschen, sondern in seiner ungläubigen Gottlosigkeit. Weil manche Menschen »eher der Schöpfung Verehrung und heiligen Dienst erbrachten als dem Schöpfer«[1], überließ sie »Gott den Begierden ihrer Herzen der Unreinheit, damit ihre Leiber untereinander entehrt würden … Deshalb übergab Gott sie schädlichen Gelüsten, denn sowohl ihre weiblichen Personen vertauschten den natürlichen Gebrauch von sich selbst mit dem widernatürlichen. Und desgleichen verließen auch die männlichen Personen den natürlichen Gebrauch der weiblichen Person und entbrannten in ihrer Wollust zueinander, Männliche mit Männlichen, indem sie unzüchtige Dinge trieben und an sich die volle Vergeltung empfingen, die ihnen für ihre Verirrung gebührte.«[2]

Homosexualität ist also Gottes Strafe für Unglauben und zieht eine weitere Strafe nach sich. Der Gläubige hofft ja, dereinst das Reich Gottes zu ererben.

Der Paulus zugeschriebene erste Brief an die Korinther listet penibel auf, wer nicht in diesen Genuß kommen wird. Neben Dieben, Habgierigen, Trunkenbolden und Erpressern sind es auch Homosexuelle, denen der Zugang zum Reich Gottes verwehrt werden wird.[3] Das »Neue Testament« fordert zwar keine Todesstrafe, prophezeit aber etwas, was für den Gläubigen noch schlimmer ist. Er ist verstoßen von Gott. Das »Neue Testament« ist also keineswegs »milder« als das »Alte«!

Unterwelt: Infernalisches Paradies? Im Zentrum des christlichen Glaubens steht die Auferstehung Jesu. Folgt man den Evangelisten Markus, Matthäus und Lukas, so kündigte Jesus selbst immer wieder seinen Leidensweg, seinen Tod am Kreuz und die Auferstehung am dritten Tage an. Im Evangelium nach Markus etwa heißt es: »Seit dieser Zeit fing Jesus an, seinen Jüngern zu zeigen, wie er nach Jerusalem gehen und viel leiden müsse von den Ältesten und Hohen Priestern und Schriftgelehrten und getötet werden und am dritten Tage auferstehen werde.«[1] Diese Prophezeiung findet sich in ähnlichem Wortlaut auch bei Markus und Lukas, nicht aber bei Johannes.

Kurioserweise sprechen die drei Evangelisten völlig übereinstimmend von *den Hohenpriestern*, die Jesus nach seiner Vision schlimmes Leid zufügen würden.

Es ist unbegreiflich, wie den Autoren ein derart schlimmer Irrtum unterlaufen konnte: Es gab stets nur einen Hohenpriester, niemals mehrere.

Folgt man den Evangelien in ihren Schilderungen, dann erfüllte sich diese Erwartung Jesu. Er wurde gedemütigt, erniedrigt und gekreuzigt, und er ist am dritten Tage auferstanden. Diese Überzeugung steht auch im Mittelpunkt des »apostolischen Glaubensbekenntnisses«: »Ich glaube … an Jesus Christus … gelitten unter Pontius Pilatus, gekreuziget, gestorben und begraben, niedergefahren zur Hölle, am dritten Tage auferstanden von den Toten, aufgefahren gen Himmel, sitzend zur Rechten Gottes, des allmächtigen Vaters.«

Die Auferstehung am dritten Tag und die folgende Himmelfahrt Jesu widersprechen aber einer Aussage Jesu, die wir allerdings nur im Evangelium nach Lukas finden. Einer der Männer, die mit Jesus gekreuzigt wurden, lästerte über ihn. Der andere aber verteidigte Jesus. Sie selbst würden zu Recht am Kreuz sterben, Jesus aber sei unschuldig. Schließlich schöpft er reuevoll Hoffnung und bittet: »Jesus, denke an mich, wenn du in dein Reich kommst!«[2] Jesus antwortete darauf: »Wahrlich, ich sage dir: Heute wirst du mit mir im Paradiese sein.«

Wie ist das möglich? Wie kann Jesus zusammen mit dem gläubigen Schächer noch am gleichen Tage, also am Todestag selbst, im Paradies sein, da er doch erst am dritten Tage auferstehen würde? Wie kann Jesus nach seinem Tod am Kreuz in die Unterwelt[3] (»Hölle«) hinabfahren und am dritten Tage gen Himmel fahren und gleichzeitig schon am Tag des Todes im Paradies sein? Der Widerspruch scheint unauflösbar. Prof. Dr. Gleason L. Archer ersann eine Gedankenkonstruktion, die das Dilemma überwinden soll.

Seine »Lösung« mutet allerdings zu Beginn des dritten Jahrtausends etwas befremdlich an. Vor allem aber gibt es nirgendwo im »Neuen Testament« eine Bestätigung.

Nach Prof. Archer stiegen Jesus und der namenlose »Schächer« nach dem irdischen Tod am Kreuz in die Unterwelt. Unterwelt und Paradies waren – so Prof. Archer – miteinander identisch. Diese Gleichsetzung ist bibelfremdes Gedankengut. Es gibt nirgendwo in den Texten auch nur eine Andeutung, die so verstanden werden könnte. Doch zurück zu Prof. Archer: Somit gelangten Jesus und der reuige Sünder in eine Unterwelt, die Hölle und Paradies zugleich war. Nur so konnte Jesu Prophezeiung erfüllt werden. Am dritten Tage dann kam es zur Auferstehung. Jetzt stieg das Paradies aus der Unterwelt in den Himmel empor.

Prof. Archer: »Ohne Zweifel war es das infernalische Paradies, wohin sich die Seelen von Jesus und dem reuigen Dieb wieder begaben, nachdem sie beide jeweils am Freitagnachmittag gestorben waren. Aber dann, am Ostersonntag, nachdem sich der auferstandene Christus zunächst Maria Magdalena und ihren Gefährten gezeigt hatte, nahm er vermutlich dann alle Bewohner des infernalischen Paradieses (einschließlich Abraham, Lazarus und den reuigen Dieb) empor.«[4]

Verlassen vom Vater: Jesu letzte Worte wurden falsch übersetzt Der gepeinigte Jesus hängt in schmerzhafter Agonie am Kreuz. Seine Verzweiflung, kann sie in Worte gefaßt werden? Da bricht urplötzlich Dunkelheit übers Land herein. Es ist, als ob selbst die Sonne das entsetzliche Geschehen nicht ertragen könne. Und Jesus? In den Evangelien nach Matthäus[1] und nach Markus[2] werden seine letzten Worte so zitiert: »Eli, Eli, lama asabtani?«

Sowohl im Evangelium nach Matthäus wie im Evangelium nach Markus wird dazu auch noch eine Übersetzung angeboten: »Mein Gott, mein Gott, warum hast du mich verlassen?« Prof. Dr. Louis A. Babieri erklärt in seinem Kommentar zu

Matthäus: »Jesus hatte ein Gefühl des Verstoßenseins vom Vater, das er nie zuvor kennen gelernt hatte, denn der Vater mußte sich als Richter vom Sohn abwenden, als dieser zur Sünde wurde.«[3] Babieri verweist auf den Brief des Paulus an die Römer. Gott läßt demnach seinen Sohn stellvertretend für die Sünder vergangener Zeiten sterben.[4]

Doch bevor man in anderen biblischen Büchern nach Erklärungen für Jesu Worte sucht, muß man erst einmal versuchen festzustellen, was der Gekreuzigte wirklich gesagt hat. Interessant ist: In den heutigen Übersetzungen werden die letzten Worte Jesu abweichend vom Griechischen der Vorlagen zitiert.

Jesus nach Übersetzungen heute: »Eli, Eli, lama asabtani?«

Jesus nach Markus in der Griechischvorlage (Aland): »Eloi Eloi lema sabakhtami.«[5]

Jesus nach Matthäus in der Griechischvorlage: »Eli Eh lema sabakhtami.«[6]

Umstehende sollen höhnisch und schadenfroh gelästert haben: »Er ruft nach Elia!« Schrie Jesus wirklich nach Elias, dem Propheten des »Alten Testaments«?

Sowohl das Evangelium nach Matthäus als das nach Markus vermelden das angebliche Mißverständnis. Bemerkenswerterweise lesen wir im ältesten Text, also bei Markus: »Eloi«. Eine Verwechselung mit dem Namen des Propheten ist so gut wie unmöglich. Der etwas spätere Matthäus macht aus Jesu »Eloi« ein »Eli«, um die Anspielung auf Elias wahrscheinlicher erscheinen zu lassen. Lukas und Johannes erwähnen den Hinweis auf den Elias-Spott mit keinem Wort. Es ist auch wenig glaubhaft, daß die Menschen unter dem Kreuz die Worte ihres Landsmanns in ihrer Muttersprache nicht verstanden haben sollen! Warum sollten sie ihre eigene Sprache nicht gekannt haben? Mißverständlich im Sinne von doppeldeutig war Jesu Ausruf allenfalls für die unbekannten Verfasser der Evangelien, die Griechisch und nicht mehr Aramäisch wie Jesus sprachen. Vermutlich hat Markus diese Episode erfunden. Matthäus hat dann Jesu Ausruf verändert, um die an sich unglaubwürdige Story etwas plausibler zu machen.

Jesus war Galiläer und sprach Aramäisch und nicht Griechisch. Die in Griechisch abgefaßten Evangelien nach Matthäus und Markus versuchen allem Anschein nach die erschütternden letzten Worte Jesu im aramäischen Original zu belassen. Vielleicht geschah dies aus Respekt vor den Leiden des Gekreuzigten. Oder wollten sie ihrem Text den Anschein von Authentizität verleihen? Wollten sie ihren Ausführungen mehr Glaubwürdigkeit im Sinne einer Zeugenaussage verleihen? Vielleicht waren sie, was die Übersetzung des Aramäischen ins Griechische angeht, auch überfordert.

Die Verfasser der Evangelien waren keine Augenzeugen, sie konnten sich allenfalls auf mündlich überlieferte Worte berufen. Dabei ist zu bedenken, daß ein Zitat in einer Fremdsprache besonders leicht entstellt werden kann. Wenn jemand dazu in der Lage ist, die letzten Worte Jesu zu übersetzen, auch wenn wir sie gar nicht mehr buchstabengetreu vorliegen haben, dann ist das ein wirklich profunder Kenner des Aramäischen. Dann kommt man der Wahrheit ein gutes Stück näher.

George M. Lamsa in seinem grundlegenden Werk über die aramäische Urfassung der Evangelientexte: »Das aramäische Wort shbakthani ist abgeleitet von shbak, das ›behalten‹, ›übrigbleiben‹, ›aufsparen‹ und dergleichen heißt. Dha shebket lnaphsh shaba alpin gavrin aelin dàl borkahon la brakh ola sgido Lbala lautet der aramäische Text des ›Und ich will lassen übrigbleiben siebentausend: alle Knie, die sich nicht gebeugt haben vor Baal ... Der letzte Buchstabe des Wortes Shbakthani weist auf die erste Person Einzahl. Eli, Eli lmana shbakthani heißt: ›Mein Gott, mein Gott, für dieses Los wurde ich aufgespart!‹ oder auch: ›Für dieses Schicksal wurde ich auserkoren!‹ – ›Für mich war vorgesehen, auf diese Weise zu sterben!‹ Diese Stelle heißt aber auf keinen Fall: ›Mein Gott, mein Gott, warum hast du mich verlassen?‹«[7]

Jesu letzte Worte wurden in Aramäisch gesprochen. Unsere Übersetzungen behalten sie einmal im Aramäischen bei, wobei sich allerdings Fehler in der Widergabe einschleichen. Dann wird eine Übersetzung angeboten, die eindeutig falsch ist. Jesus schrie eben nicht verzweifelt und vorwurfsvoll: »Mein Gott, mein Gott, warum hast du mich verlassen?«

Wie war seine Haltung dem eigenen Tod gegenüber? Fügte er sich geduldig in sein Schicksal: »Für mich war vorgesehen, auf diese Weise zu sterben!« Wie müssen wir das verstehen? Sah er sich als menschliches Opferlamm, das die Schuld der Menschheit auf sich nimmt und stellvertretend für die Sünder der Welt stirbt? Es gibt keinen einzigen Spruch Jesu, der dies eindeutig besagt und der von der wissenschaftlichen Bibelkritik als echt anerkannt wird.

Jesus war als Kind seiner Zeit und seiner Welt ein orientalischer Fatalist. Dann ging er davon aus, daß sein Leben von der Wiege bis zum Tode vorherbestimmt war. George M. Lamsa: »Da Jesus am Kreuze hing, schmähten die Juden ihn und gaben ihm alle möglichen Schimpfnamen; denn in ihren Augen starb er als einer, der Gott gelästert hatte. Statt auf die Beleidigungen der erregten Menge zu antworten, rief er genau dasselbe aus, was jeder Orientale, den man ungerecht zum Tode verurteilt hat, auch heute beim Sterben sagen würde: Mein Gott, mein Gott, das war also für mich vorbestimmt! Dafür wurde ich geboren!«[8]

Aber macht es überhaupt Sinn, Jesu Worte psychologisierend zu interpretieren? Folgt man der wissenschaftlichen Bibelkritik, dann können wir allenfalls über die Gedanken der Verfasser der Evangelien nach Matthäus und Markus spekulieren. Wir können Mutmaßungen darüber anstellen, wie sie sich die letzten Minuten Jesu am Kreuz vorstellten. Die wissenschaftliche Bibelkritik ist sich einig: »Der Ruf Jesu am Kreuz ist ein Produkt der Gemeinde und daher unecht.«[9] Was Jesus kurz vor seinem Tode am Kreuz wirklich sagte, wenn er dazu überhaupt noch in der Lage war, wissen wir nicht. Wir wissen nicht, ob ein Augenzeuge der Kreuzigung den Tod Jesu für wichtig genug hielt, daß er schriftlich darüber Zeugnis abgelegt hätte. Wenn dies vor rund zweitausend Jahren geschah, so ist der Verlust dieser wichtigen Aufzeichnung zu beklagen.

Versuchung – Übersetzungsfehler im Vaterunser Das »Neue Testament« enthält eine klare und eindeutige Aussage zum Thema Versuchung. Im Brief des Jakobus heißt es: »Niemand sage, wenn er versucht wird, daß er von Gott versucht wird. Denn Gott kann nicht versucht werden zum Bösen, und er selbst versucht niemand.«[1] So kann es nach dem Verständnis des »Neuen Testaments« nur der Teufel sein, der Jesus in Versuchung führt.[2] Markus beschränkt sich in geradezu wortkarger Zurückhaltung auf die Rahmenhandlung. In zwei knappen Versen vermeldet er, Jesus habe 40 Tage in der Wüste gefastet und sei vom Teufel in Versuchung geführt worden.

Matthäus und Lukas hingegen gehen erzählfreudig in die Details. Demnach forderte Satan Jesus zunächst dazu auf, ein Wunder zu bewirken und Steine in Brot zu verwandeln. Als Sohn Gottes könne er das gewiß. In den griechischen Texten der Evangelien ist allerdings nur von einem »hyos Theou«, einem »von Gott Geschützen« die Rede, nicht aber von Jesus als von Gottes Sohn. Jesus solle sich nur in einen Abgrund stürzen, probiert es der Satan weiter. Wenn er der Sohn Gottes sei, würde doch Gott seine Engel schicken, um ihn vor Schaden zu bewahren. Wiederum ist im griechischen Text der Evangelien von Jesus als dem »von Gott Geschützten« die Rede, nicht von seiner Gottessohnschaft. Man muß von einem Übersetzungsfehler sprechen. Schließlich fordert ihn Satan gar dazu auf, ihn anzubeten. Dann werde er ihn zum Herrn der Welt machen. Wiederum bleibt Jesus standhaft.

Generationen von Theologen stritten über die Bedeutung der Versuchung Jesu. Ob die biblischen Verse auf Tatsachen beruhen? Kann man sie rational erklären? War Jesus durch das Fasten in der Wüste in ein Delirium gefallen und nicht mehr Herr seiner Sinne? Hatte ihn der Nahrungsentzug ekstatische Visionen erleben lassen? Kam es zu Halluzinationen? Oder wurden die vermeintlichen Wüstenerlebnisse lediglich erfunden, um Jesus als kraftvollen Gegner des bösen Satans erscheinen zu lassen, dem der Widersacher überhaupt nichts anhaben konnte?

Manche Kritiker entdeckten mit scharfem Blick nebensächliche Kleinigkeiten. Marcello Craveri erklärt, Jesus habe gar nicht die Möglichkeit gehabt, von »der Zinne des Tempels«[3] zu stürzen, denn der historische Tempel zu Jerusalem … hatte gar keine Zinne.[4]

Bei allem Disput über die theologische Bedeutung der Versuchung Jesu kann es aber keinen Zweifel daran geben, wer der böse Versucher ist: Satan. Im Gegensatz zu Satan, so sagt es der Brief des Jakobus, führt Gott nicht in Versuchung. Wie kann dann aber Jesus in das bekannteste Gebet des Christentums, nämlich in das Vaterunser die Bitte einfügen: »Und führe uns nicht in Versuchung.«[5] Unterstellt er damit nicht zumindest die Möglichkeit, daß Gott den Menschen in Versuchung führt? Denn wenn eine entsprechende Gefahr gar nicht besteht, ist ja die ausdrückliche Bitte sinnlos.

Die Erklärung ist einfach: Es liegt ein Übersetzungsfehler vor. Wie ist er entstanden? Jesus sprach nicht Griechisch, sondern Aramäisch. Wenn Jesu Worte von Zeugen aufnotiert wurden, dann zunächst in Aramäisch. Später wurden sie dann ins Griechische übertragen. Die aramäische Urfassung des Vaterunsers ist bis in unsere Tage erhalten geblieben. Und da heißt die Bitte, übersetzt man sie aus dem Aramäischen ohne Umweg über das Griechische direkt ins Deutsche, so: »Führe uns, auf daß wir nicht in Versuchung fallen.« George M. Lamsa, profunder Kenner des Aramäischen, weist auf diesen feinen, aber sehr bedeutsamen Unterschied hin: Der Mensch strauchelt nach biblischem Verständnis aus eigener Schuld. Er wird nicht von Gott dazu verleitet.[6]

Der jüdische Neutestamentler Prof. Dr. Pinchas Lapide nahm sich auch des Vaterunsers an. Er ging aber nicht vom aramäischen Originaltext aus, sondern übersetzte das Vaterunser zurück ins Hebräische. Der Wissenschaftler kommt zum gleichen Resultat wie George M. Lamsa. Prof. Dr. Lapide: »Führe uns nicht in Versuchung? Dieser Wortlaut der sechsten Vater-Unser-Bitte scheint anzudeuten, daß Gott selbst den Gläubigen verführen wolle – was alle biblischen Vorstellungen vom gütigen Gott der Liebe Lüge strafen würde. Das kann doch Jesus nicht gemeint haben.«[7] Wie meinte Jesus dann seine Bitte? Lapide: »Laß mich doch nicht wieder straucheln, noch der Versuchung zum Opfer fallen; gib mir den Mut zum Neinsagen. Mit anderen Worten: Laß mich nicht der Versuchung unterliegen!«

In der jüdischen Liturgie kommt die Bitte Jesu immer wieder vor, etwa im Abendgebet. Da heißt es: »Laß mich nicht kommen in die Gewalt der Sünde.«

In dieser Tradition steht auch die Bitte des Vaterunsers. Wenn Jesus dieses Gebet sprach, dann mit diesem Wortlaut: »Führe uns, auf daß wir nicht in Versuchung fallen.« Die heute gebräuchliche Formulierung hätte er als blasphemisch empfunden! Der Gott, an den Jesus glaubte, führt niemanden in Versuchung!

Verwerfung: Begründung für Antisemitismus in der Bibel?

Über zahlreiche Texte kann man geteilter Meinung sein: Wie sind sie zu interpretieren? Schluß mit intellektuellem Disput muß aber sein, wenn ein biblischer Text die Begründung für Antisemitismus liefert.

Im Brief des Paulus an die Römer lesen wir in den gängigen Übersetzungen: »Denn wenn ihre Verwerfung der Welt Versöhnung ist, was wird ihre Annahme anders sein als Leben aus den Toten!«[1] Was sagt dieser für unsere Ohren merkwürdig klingende Vers aus? Es ist die Rede von den Juden. Versuchen wir etwas moderner zu formulieren: »Wenn die Ablehnung/Verurteilung der Juden der Welt Versöhnung ist …« Das heißt: Wenn man die Juden verurteilt, dann gereicht das zum Frieden der Welt.

Zum zweiten Teil des Verses: Die Annahme der Juden ist nichts anderes als Leben aus den Toten. Leben aus den Toten ist unmöglich, ein Paradoxon. Der Text bezeichnet also die Akzeptanz der Juden als Unmöglichkeit.

Der Text behauptet also: Dem Frieden auf der Welt stehen die Juden entgegen. Das besagt der etwas verquer formulierte Vers – allerdings nur in der Übersetzung. Ein ganz entscheidender Irrtum unterlief dem Übersetzer, als er den Text aus dem Griechischen ins Deutsche übertrug! Im Griechischen steht »apobolé auton«. Was falsch mit »ihre Verwerfung« übersetzt wurde, heißt richtig übertragen »ihr Verwerfen«. Der Unterschied ist entscheidend: Die Juden werden also nicht verworfen, sondern sie verwerfen selbst.

Im zweiten Teil wurde schließlich »proslempsis« mit »ihre Annahme/ihr Angenommenwerden« übersetzt. Richtig übertragen heißt es aber: »ihr (zukünftiges) Annehmen«. Es geht nun darum, daß die Juden selbst etwas annehmen werden und nicht, daß sie selbst angenommen werden.

Liest man nun den Vers im Textzusammenhang, dann ergibt sich jetzt ein völlig neuer Sinn!

»Wenn aber nun das Verwerfen der Juden der Welt Versöhnung ist, wie wird ihre Annahme anders sein als Leben aus den Toten.«

Wen aber lehnen die Juden ab? Jesus, der in ihren Augen nicht der Messias ist. Die Nichtanerkennung Jesu als Messias führte zur Missionsarbeit der Jünger Jesu. Weil sie im eigenen Land auf Ablehnung stießen, zogen sie hinaus in die Welt und predigten über Jesus. Das heißt: Die gute Botschaft von Jesus kam in die weite Welt, weil die Juden ihn nicht als Messias anerkannten. Hätten sie ihn als solchen akzeptiert, dann wäre das Phänomen Jesus ein rein jüdisches geblieben und die Welt hätte vermutlich nie etwas von Jesus vernommen.

Zum zweiten Teil des Verses: Wenn die Juden Jesus annehmen werden als Messias, dann ist das wie Leben aus den Toten. Der Sinn verändert sich bei der neuen Konstellation vollkommen. Es wird Bezug genommen auf den christlichen Glauben der Auferstehung: Leben aus den Toten.

Was sagt der Text richtig übersetzt wirklich aus: Schon die Ablehnung Jesu durch die Juden brachte der Welt die Frohe

Botschaft. Frieden wird sein, wenn auch die Juden Jesus als den Messias anerkennen.[2]

Man mag diese Interpretation diskutieren. Eindeutig nicht zutreffend ist aber die Auslegung der falschen Übersetzung, die eine Begründung für Antisemitismus liefern kann.

Weihnachten: Spekulationen und ein Übersetzungsfehler Alle Jahre wieder feiern wir am 24. Dezember die Geburt Jesu. Gerade weil in unserer zunehmend vom Kommerz bestimmten Welt auch das Christfest immer mehr von der stillen zur lauten Weihnacht wird, sehnen sich viele Menschen nach der einfachen Beschaulichkeit, der kindlichen Freude am Wunder von Bethlehem. Wurde nicht im Stall von Bethlehem Jesus geboren?

Bis zum 4. Jahrhundert gab es kein einheitliches Weihnachtsfest. Man war sich in der Christenwelt nicht sicher, wann denn nun Jesus geboren wurde. Am 28. März? Am 18. April? Oder am 29. Mai? Diese Ungewißheit störte fromme Rechenkünstler. Sie gingen vom vermeintlichen Todesdatum aus: 6. März. Da man den biblischen Schriften entnehmen zu können glaubte, daß Jesus 29 Jahre und drei Monate alt wurde, rechnete man zurück. So kam man auf den 6. Januar als Geburtsdatum. Die Ostkirchen blieben bei diesem Termin, im Westen einigte man sich hingegen auf den 25. Dezember. Warum?

Die Tage vom 21. bis zum 25. Dezember galten besonders im Mittelmeerraum als heilig. Man zelebrierte die Wintersonnenwende. Man freute sich darüber, daß die kalte, unwirtliche Jahreszeit bald vom Frühling abgelöst werden würde. Erschien nicht in jener Zeit das Sternbild der Jungfrau am Horizont? In Ägypten, in Syrien, in Persien wie in Phönizien feierte man in jenen Tagen die Geburt eines Sonnengottes. Man gedachte eines Wunders. Denn der Sonnenheld wurde von einer Jungfrau geboren. Isis zum Beispiel, die ägyptische Himmelskönigin, gebar als Jungfrau den Horus. Im Reich der Perser verehrte man den Himmelssohn als Tammuz, seine Mutter Mylitta (auch Astarte genannt). Die Römer tolerierten derlei Kulte und akzeptierten den 25. Dezember als Feiertag. Wurde von den Römern die fremde Religion zunächst geduldet, so wurde der Kult unter mehreren Kaisern zur Staatsreligion des Römischen Reiches: etwa 204 bis 275 n.Chr.

In den ersten Jahrhunderten nach der Zeitenwende kämpften Christentum und Mithraskult um Anhängerschaft. Inwieweit die junge Christengemeinde Glaubensgut und kultische Lebensweise eigenständig entwickelte oder einfach übernahm, das läßt sich nicht mehr mit Sicherheit feststellen. Unübersehbar sind aber die Parallelen: So wurde das Oberhaupt des Mithraskults »pater patrum«, »Vater der Väter«, genannt. Die Priester wurden »patres«, also »Väter«, die Gläubigen »fratres«, also »Brüder« genannt. Sieben heilige Sakramente wurden zelebriert – in der Mithrasreligion wie im Katholizismus. Anno 1439 wurde die Siebenzahl der Sakramente auf dem Konzil von Ferrana-Florenz zum kirchlichen Dogma erhoben. Auch das heilige Abendmahl, bei dem Wein und Brot verzehrt wurden, gab es bereits bei den Mithrasanhängern. Es wurde, wie im Christentum, zur Erinnerung an die letzte Mahlzeit des Meisters zelebriert.

Auch dem Mithrasanhänger wurde – wie im Christentum – ein sittlich-keusches Leben abverlangt. Vergehen und Sünden wurden in speziellen Zeremonien »abgewaschen«. Am Anfang der Geschichte habe es eine Sintflut gegeben. Und am Ende der Zeiten würden die Toten leibhaftig auferstehen, um von einem »Jüngsten Gericht« beurteilt zu werden.

Da die junge christliche Kirche den fremden Kult in seinen ähnlichen Variationen nicht unterdrücken konnte, vereinnahmte sie ihn und setzte den 25. Dezember als Geburtstag des jungfräulich geborenen Jesus fest. Heidnische Himmelsgöttinnen wurden durch Maria, unbefleckt geborene Sonnensöhne durch Jesus ersetzt. So konnten vermutlich jahrtausendealte Feiern weiter zelebriert werden, nur daß sie nach und nach christianisiert wurden. Unter Kaiser Konstantin (306–337) war es offiziell. Der junge Sonnengott war nun Jesus. Astarte und Isis, die Himmelsgöttinnen, waren nun Maria. Zwei im Ansatz ähnliche Religionen waren miteinander verschmolzen. Der alte heidnische Brauch hatte zunächst seine Konturen verloren. Nun war er aus dem Bewußtsein der Menschen verschwunden.

Prof. Dr. Hans Schindler-Bellamy: »Daß wir am 25. Dezember das christliche Weihnachtsfest feiern, verdanken wir dem zufälligen Verlauf der Historie. Die Geschichte hätte auch ganz anders verlaufen können. Dann wäre Europa heute vom Mithras-Kult geprägt.«[1]

Der wirkliche Geburtstag Jesu ist unbekannt. Können wir aus der Bibel entnehmen, in welchem Jahr er geboren wurde? Liest man im »Neuen Testament«, kommt Hoffnung auf. Denn da werden Namen genannt, die historisch sind und so Rückschlüsse auf konkrete Jahreszahlen ermöglichen sollten. Im Evangelium nach Lukas heißt es: »Es begab sich aber zu der Zeit, daß ein Gebot von dem Kaiser Augustus ausging, daß alle Welt geschätzt werde. Und diese Schätzung war die allererste und geschah zur Zeit, da Quirinius Statthalter war. Und jedermann ging, daß er sich schätzen ließe, ein jeder in seine Stadt. Da machte sich auf auch Josef aus Galiläa, aus der Stadt Nazareth, in das jüdische Land zur Stadt Davids, die da heißt Bethlehem, weil er aus dem Hause und Geschlechte Davids war, damit er sich schätzen ließe mit Maria, seinem vertrauten Weibe, die war schwanger.«[2]

Was sich wie ein historischer Report liest, hält einer kritischen Prüfung im Hinblick auf Geschichtlichkeit nicht stand. Eine Volkszählung mag durchaus im Interesse der Römer durchgeführt worden sein. Freilich wollten die Machthaber dann nur wissen, wie viele Einwohner jeder einzelne Ort hatte, wie es um die Einkommensverhältnisse stand. Sie wollten Steuerabgaben festlegen. Völlig gleichgültig war es ihnen, zu welchem Stamm die Vorfahren eines jeden Bürgers einst gehört haben mögen. Eine Zählung, wie sie Lukas beschreibt, wäre aus der Sicht der Römer geradezu absurd gewesen. Die Steuern waren am aktuellen Wohnort zu entrichten. Von Interesse war also nur, wer zum Zeitpunkt des Zensus wo lebte und wieviel er verdiente. Alles andere war ohne Belang.

Als historisch nachweisbar ist eine Volkszählung unter Quirinius. Senator Publius Sulpicius Quirinius wurde anno 6 n. Chr. nach Syrien versetzt. In diesem Jahr hat er, vermeldet der Historiker Josephus Flavius, einen Zensus organisiert. Wurde Jesus also anno 6 oder 7 n. Chr. geboren? Nach Lukas wie nach Matthäus erblickte er das Licht der Welt unter der Regierungszeit des Herodes. Doch jener Herrscher, der sich selbst den Beinamen »der Große« verlieh, starb 4 v. Chr. Beide Daten lassen sich nicht miteinander vereinbaren.

Fakt ist: Die wenigen historisch verifizierbaren Daten im Zusammenhang mit Jesu Geburt widersprechen sich in eklatanter Weise. Hier irrt die Bibel also gewaltig!

Wenn schon die Daten nicht stimmen, ist dann zumindest das Ambiente richtig beschrieben? Lesen wir weiter bei Lukas: »Und als sie dort (in Bethlehem, der Verfasser) waren, da kam die Zeit, daß sie gebären sollte. Und sie gebar ihren ersten Sohn und wickelte ihn in Windeln und legte ihn in eine Krippe; denn sie hatten sonst keinen Raum in der Herberge.«[3] Weitere Angaben zur Geburtsstätte Jesu finden sich nicht bei Lukas. Als Europäer assoziieren wir allerdings »Krippe« mit »Stall«. Von einem Stall aber ist bei Lukas nichts zu lesen, auch nicht bei Matthäus.

Matthäus weiß nur etwas von einem »Haus«.[4] Wurde Jesus nun in einem Stall oder in einem Haus geboren? Wenn wir an Weihnachten denken, dann stellen wir fest, wie fest verwurzelt wir in uralten Traditionen sind. Wir verfügen über keine gesicherten Tatsachen, glauben aber doch zu wissen. Wenn wir versuchen, uns Jesu Geburt bildlich vorzustellen, dann tauchen fast automatisch romantisch-idyllische Bilder vor unserem geistigen Auge auf. Wir »sehen« Maria und Josef durch eine mittelalterliche Schneelandschaft stapfen. Müde und hungrig kämpfen sie sich durch die Kälte. Maria muß immer wieder erschöpft Pausen einlegen. Lichter tauchen aus der Dunkelheit auf.

Anheimelnde Helligkeit strahlt aus den Fenstern steinerner Häuser. Vergeblich pochen die Verzweifelten an die Türen von Gasthäusern, doch nirgendwo nimmt man sie auf. Sie werden unwirsch abgewiesen, weitergeschickt. Schließlich begnügen sie sich mit einer mehr als primitiven Bleibe. Sie finden in einem Stall Unterschlupf. Hier gebiert Maria ihren Sohn, bettet ihn auf Heu und Stroh, zwischen Ochse und Esel.

Solche oder ähnliche Bilder verbinden wir mit Weihnachten. Sie sind falsch. Nicht einmal Ochse und Esel stimmen! Jesus wurde vermutlich in einer Karawanserei geboren. Sie bestand aus einem großen Gehege, um das ein Schutzdach lief. An einigen Stellen war es abgeschlossen. So entstanden je nach Größe der Anlage einige kleine Zimmer. Das liebe Vieh stand im Freien, die Menschen hausten in armseligen Kammern, die aber Schutz vor den Unbilden der Natur boten.

Wie kamen nun Ochse und Esel ins fromme Bild? Die braven Tiere werden von den Evangelisten an keiner Stelle erwähnt. Wer hat sie erfunden? Wie kamen sie in die Glaubenswelt des Christentums? Sie sind das Ergebnis eines dummen Übersetzungsfehlers aus dem 3. oder 4. Jahrhundert n. Chr.

Begierig suchte man auch noch Jahrhunderte nach Jesu Tod am Kreuz im »Alten Testament« nach Hinweisen auf Jesus. Bei Habakuk wurde man fündig. Da heißt es: »Herr, ich habe die Kunde von dir gehört, ich habe dein Werk gesehen, Herr! Mache es lebendig in naher Zeit, und laß es kundwerden in naher Zeit.«[5] Man muß schon über eine ausgeprägte Phantasie verfügen, damit man hier auch nur einen Hauch von Jesus erkennt.

Für den frommen Interpreten heißt die Aufforderung, Gott möge sein Werk lebendig machen, er möge seinen Sohn Jesus schicken. Wann? Schaut man ins Hebräische und übersetzt wörtlich, liest man: »Jahwe, ich hörte von dir, ich stehe in Furcht vor deinem Wirken inmitten der Jahre. Erneuere es inmitten der Jahre.«[6]

»Inmitten der Jahre« könnte auch »inmitten der Zeiten heißen« oder »zwischen den Zeitaltern«. Von irgendwelchen Tieren ist keine Rede. Im Griechischen der Septuaginta-Bibel (nicht in der lateinischen Ausgabe!) wird der Anlaß zur Verwechselung geboten! Wo von »zwischen den Zeitaltern« gesprochen wird, steht da »zoe«. Und Tier heißt »zoon«. Die Ähnlichkeit führte zu einer sinnentstellenden, falschen Übersetzung. Jetzt war nun nicht mehr von »zwischen den Zeiten«, sondern plötzlich von »zwischen den Tieren« die Rede! Und weil »zwischen Tieren« zu allgemein formuliert war, entschied man sich, um die Geschichte plastischer und konkreter werden zu lassen, für Ochs' und Esel.

Frühestens im 6. Jahrhundert nach Christus, als die Arbeiten an den Texten des »Neuen Testaments« längst abgeschlossen waren, entstand der sogenannte Pseudo-Matthäus. In Teilen der frühen Kirche wurde der apokryphe Text auch im Gottesdienst gelesen, in die Bibel wurde er aber nie offiziell aufgenommen. Im Pseudo-Matthäus lesen wir: »Dann trat Maria in einen Stall, legte das Kind in der Krippe nieder, und Ochse und Esel beteten es an.«[7]

Fazit: Handfeste, überprüfbare Angaben zum historischen Weihnachtsfest fehlen weitestgehend in der Bibel. Die wenigen Angaben, die sich überprüfen lassen, widersprechen einander, müssen also teilweise falsch sein. Und das uns so vertraute Bild vom Jesusbaby in der Krippe zwischen Ochse und Esel, seit Jahrhunderten nachgestellt in unzähligen Krippen, basiert auf einem plumpen Übersetzungsfehler!

Wiedergeburt: Spuren im »Neuen Testament« Als »Wiedergeburt« bezeichnet man eine besondere Form des Glaubens an ein Leben nach dem Tod: Die Seelen von Verstorbenen durchlaufen immer wieder neue Existenzen: als Pflanze, Tier oder Mensch, manchmal auch als Gott.[1] Im Buddhismus ist dieser Kreislauf des Lebens fest verankert. Auch wenn es heute kaum noch bekannt ist, so gab es ähnliche Vorstellungen auch im Judentum und in der jungen christlichen Gemeinde.

Anno 553 sah sich die Kirche genötigt, auf dem Konzil von Konstantinopel ein Dekret zu erlassen, das sich intensiv mit der Lehre von der Wiedergeburt auseinandersetzte. Man begnügte sich aber nicht mit einem theologischen Disput. Vielmehr verurteilte man die Reinkarnationslehre scharf: »Jeder, der die mythische Lehre von der Präexistenz (Vorexistenz) der Seele und die daraus folgende wunderliche Ansicht von ihrer Wiederkehr unterstützt, sei mit dem Kirchenbann belegt.«[2]

Angewendet wurde dieser harsche Erlaß nicht nur auf Lebende, sondern auch auf Tote! So hatte kein Geringerer als Kirchenvater Origenes Adamantius (ca. 185–254 n. Chr.) keinen Hehl aus seiner Überzeugung gemacht, daß der Mensch immer wieder neu geboren wird und viele Leben durchläuft. Origenes, der bald nach seinem Tod als Heiliger angesehen worden war, fiel nun posthum in Ungnade. Er wurde rückwirkend exkommuniziert.

Warum ging die Kirche so rabiat gegen die Lehre von der Wiedergeburt vor? Sie sah sich in ihrer Existenz bedroht. Der Christ glaubt, daß er je nachdem, wie er gelebt hat, nach dem Tode gerichtet wird. Für seine guten Taten wird er belohnt, für seine Sünden wird er bestraft. Er ist auf christliche Gnade angewiesen. Der Anhänger der Reinkarnationslehre hingegen ist davon überzeugt, daß er nicht nur ein Leben, sondern mehrere hat. Und damit bietet sich ihm immer wieder die Chance, begangene Sünden in einem künftigen Leben selbst wieder gutzumachen. Er ist nicht auf die Gnade Gottes angewiesen.

Vielleicht meinte die junge Kirche aber auch deshalb so hart gegen die verhaßte Lehre angehen zu müssen, weil sie in den Kreisen der eigenen Anhängerschaft weit verbreitet war. So kursierte ein »heiliges Buch« in den jungen Gemeinden, das aus dem ersten vorchristlichen Jahrhundert stammte: »Das Leben Adams und Evas«. Darin bittet Adam Gott: »Sei mir gnädig, wann immer ich sterbe, und erwecke mich wieder zum Leben.«[3] Verbreitet war im Judentum wie in der jungen christlichen Gemeinde die Vorstellung, daß im Körper eines Neugeborenen die Seele eines verstorbenen Vorfahren weiterlebt.

Im Judentum sah man König David als den wiedergeborenen Adam an. Aber auch in den Schriften des »Neuen Testaments« blitzt da und dort die Vorstellung von der Wiedergeburt auf. So ist bei den Evangelisten Matthäus, Markus und Lukas überliefert, daß man Jesus zu Beginn seiner Wirkungszeit für einen wiedergeborenen bedeutungsvollen Menschen hielt.[4] Man war sich nur nicht darüber einig, wer Jesus in seinem früheren Leben war. Viele dachten: »Das ist Johannes der Täufer; er ist von den Toten auferstanden, darum tut er solche Taten.« Andere wiederum waren der Ansicht, Jesus sei der wiedergeborene Prophet Elia. Wiederum andere wollten sich nicht festlegen. Sie meinten: »Einer von den alten Propheten ist auferstanden!«

Auch am Ende von Jesu öffentlichem Wirken hat sich das nicht geändert. Wenn auch Jesus, so wie die Evangelien berichten, inzwischen weit bekannter geworden ist, so sehen doch viele Zeitgenossen in ihm einen wiedergeborenen Großen. Jesus fragt seine Jünger: »Wer sagen die Leute, daß der Menschensohn sei?«[5] Antwort: »Sie sprachen: ›Einige sagen, du seist Johannes der Täufer, andere, du seist Elia, und wieder andere, du seist Jeremia oder einer der Propheten.‹« Offensichtlich war die Vorstellung, daß Verstorbene in neuer Gestalt zur Erde zurückkommen können, zu Jesu Lebzeiten weit verbreitet.

Warum diese Glaubensvorstellung zu Jesu Zeiten in seinem Lande so starken Anklang finden konnte, wurde bis heute nicht wirklich gründlich untersucht. Mag sein, daß Philosophien aus Griechenland und mündlich überlieferte jüdische Vorstellungen miteinander vermengt wurden. Heiß diskutiert wurde anno 1970 in Kalifornien aber die Frage, welche Geisteshaltung für den Erhalt der Umwelt besser geeignet ist. Lynn White faßte die Ergebnisse einer Diskussionsrunde von Naturwissenschaftlern und Theologen sinngemäß so zusammen:[6] Das biblische Gebot, der Mensch solle sich die Erde untertan machen, führt eher zu einer Ausbeutung der natürlichen Ressourcen der Erde. Anhänger der Wiedergeburtslehre gehen viel schonender mit anderen Lebewesen als auch mit der natürlichen Umwelt um.

Wunder – Jesus wandelte nicht auf dem See »Wunder sind des Glaubens liebstes Kind«, heißt es schon in Goethes »Faust«. So verwundert es nicht, wenn sich Wunderberichte auch unter bibelfesten Lesern des »Neuen Testaments« besonders großer Beliebtheit erfreuen. Zu den bekanntesten Texten gehört ohne Zweifel »Jesus wandelt auf dem See«. Matthäus,[1] Markus[2] und Johannes[3] berichten über Jesu Spaziergang über den See. Generationen von Theologen diskutierten: echtes Mirakel oder Lügengeschichte? Die Antwort ist einfach! Das vermeintliche Wunder hat nicht so stattgefunden, wie uns unsere Bibeltexte glauben machen wollen! Erst durch einen simplen Übersetzungsfehler wurde aus einem normalen Spaziergang ein Staunen erregendes Wunder.

Bei den Evangelisten Matthäus, Markus und Johannes lesen wir, daß Jesus seine Jünger im Boot losfahren ließ. Später kam er dann nach, indem er »auf dem See ging«. Ein Wunder? Hob Jesus die Schwerkraft auf? Oder warum versank er sonst nicht in den Fluten? Rekonstruieren wir den Sachverhalt. Jesu Jünger benutzten ein Boot, um von Kapernaum nach Tiberias zu gelangen. Wieso heißt es dann bei Johannes: »Am Abend aber gingen seine Jünger hinab an den See, stiegen in ein Boot und fuhren über den See nach Kapernaum?«

Beide Orte lagen am gleichen Ufer, die Jünger mußten also gar nicht »über den See« fahren. Es reichte völlig aus, wenn sie dem Ufer folgten. Wenn die Bootsfahrt am Ufer entlangführte, wandelte dann Jesus vom Ufer aus über das Wasser zum Boot? Matthäus, Markus und Johannes verfaßten ihre Texte nicht in griechischer Sprache, sondern in Aramäisch.

Das war die Sprache Jesu und seiner Jünger. Jesu redete und predigte auf Aramäisch. Die aramäische Version des »Neuen Testaments« ist bis in unsere Zeiten erhalten geblieben. Gewiß, nach dem griechischen Text schritt Jesus auf dem Wasser. Wie aber heißt es im Aramäischen? »Al yama«. Yama bedeutet See. Und al? Beim Psalmisten lesen wir auf Aramäisch: »Al nahrawatha d-Babel ...«[4] Die Übersetzung ist eindeutig: »An den Wassern von Babylon saßen wir ...« Auf den Wassern von Babylon wäre vollkommen unsinnig. Al yama bedeutet also nicht auf dem See, sondern am See.

Gleich zu Beginn des »Alten Testaments« heißt es bei Mose: »Der Geist Gottes schwebte auf dem Wasser.«[5] Im Aramäischen wird das Wort »apey« benützt, im Hebräischen »paney«. Der Geist Gottes schwebte demnach »auf dem Gesicht des Wassers«. Hätten die Evangelisten ausdrücken wollen, daß Jesus auf dem Wasser ging, dann hätten sie zu »apey« und nicht zu »al« gegriffen!

Kehrt man von der griechischen Übersetzung zum aramäischen Original zurück, so erkennt man: Das Wunder von Jesu Wandeln auf dem See ist leicht zu erklären! Die unglaubwürdige Story ist also einem banalen Übersetzungsfehler zu verdanken! Jesu schritt nicht über die Wasseroberfläche dahin, sondern am Ufer entlang! Jetzt erscheint das Geschehen in ganz anderem Licht! Während die Jünger am Ufer entlang im Boot fahren, folgt später Jesus zu Fuß gehend am Ufer nach. Die Bootsfahrt erwies sich bald als anstrengender als zunächst gedacht. Die Jünger mußten nämlich gegen Wind und Wellen rudern. Jesus hatte es am Ufer einfacher. Er kam schneller voran, wollte sie schließlich überholen: »Und er sah, daß sie sich abplagten beim Rudern, denn der Wind stand ihnen entgegen. Um die vierte Nachtwache kam er zu ihnen und wollte an ihnen vorübergehen.«[6]

Bleibt eine Frage zu klären: Warum fürchteten sich die Jünger, als sie Jesus sahen? Matthäus und Markus geben an, Jesu Gefolgsleute hätten ihn für ein Gespenst gehalten. Warum? Die Antwort ist einfach. Zu Jesu Zeiten galt man nicht als abergläubisch, wenn man Angst vor Geistern hatte. Im Gegenteil! Wer die Existenz von Spukgestalten leugnete, galt als leichtsinnig. Es war eine weitverbreitete Überzeugung, daß sich Gespenster gern zeigten, besonders in der Nähe von Friedhöfen oder an einsamen Gewässern. Jene Gegenden versuchte man bei Nacht zu meiden. Als die Jünger in der Dunkelheit der Nacht vom Boot aus am Ufer eine Gestalt sahen, lag für sie die Vermutung nahe, daß sich ihnen da ein unheimliches Wesen aus der Schattenwelt jenseits des Todes zeigte. Jesus akzeptierte ihre Ängste. Er gab sich ihnen zu erkennen: »Er aber sprach zu ihnen: ›Ich bin's, fürchtet euch nicht!‹«[7]

Wunderheilung: Jesus und der Gelähmte Die »Heilung des Gelähmten« wird von allen vier Evangelisten anscheinend übereinstimmend überliefert.[1] Da wird ein gelähmter Mann »auf seinem Bett« vor Jesus gebracht. Man kann sich bildlich vorstellen, wie die hilfsbereiten Menschen den Kranken auf seiner Lagerstatt mühsam herbeitransportieren. Jesus heilt den Mann und fordert ihn auf, sein Bett zu nehmen und zu gehen. Die beobachtenden Juden aber sind empört: Sie bezichtigen Jesus der schweren Sünde. Warum?

Johannes weist darauf hin, daß sich die wundersame Heilung an einem Sabbat ereignet habe. Bei Johannes löst die Tatsache Empörung aus, daß Jesus dem Kranken am Feiertag körperliche Arbeit auferlegt. Jesus habe also befohlen, das Gebot der Sabbatruhe zu verletzen. Damit sei er selbst zum Sünder geworden.

Tatsache aber ist, daß der Verfasser des Evangeliums offenbar nicht so besonders firm in jüdischen Glaubensvorschriften war. Denn nach Rabbi Simon durfte ein Kranker sehr wohl auch am Sabbat für sich selbst einen Stuhl oder ein Bett tragen.[2]

Der Bericht im Evangelium nach Johannes ist eindeutig tendenziös antijüdisch: Es wird dem heilenden Jesus zum Vorwurf gemacht, daß er gegen das Sabbatgebot verstieß. Sehr schwer dürfte die Arbeit sowieso nicht gewesen sein. Betten in unserem Sinne hatten die Menschen zu Jesu Zeiten nicht. Ihre Lagerstatt bestand meist nur aus einer Decke. Man ging zu Bett, indem man seine Decke auf dem Boden ausbreitete.

Ein wesentlicher Unterschied fällt auf: Bei Johannes befindet sich der Gelähmte bereits am Ort der Heilung. Bei Markus, Matthäus und Lukas muß er erst »auf dem Bett« herbeigetragen werden. Vermutlich muß man sich darunter eine Trage aus einer Decke vorstellen. Anders als Johannes erwähnen die übrigen drei Evangelisten nicht, an welchem Tag die Wunderheilung stattfand. Doch auch sie stempeln die Juden als Feinde Jesu ab.

Übereinstimmend lassen sie Jesus zum Kranken sagen: »Deine Sünden sind vergeben!« Demnach sah Jesus die Lähmung des Mannes als eine Folge seiner Sünden an. Mit der Wegnahme dieser Sünden durch Jesus erfolgte auch die Heilung. Damit aber, so schimpfen die jüdischen Schriftgelehrten, versündigte sich Jesus. Nur Gott selbst verfüge über die Macht, einem Menschen Sünden zu erlassen. Ein Mensch, der sich das anmaßt, ist in den Augen der Schriftgelehrten ein Gotteslästerer.

Die Texte von der Wunderheilung sind keine Tatsachenberichte von Zeitzeugen. Beispiel: Bei Lukas lesen wir, daß der Gelähmte erst auf Umwegen zu Jesus gelangen konnte.[3] Er wurde zunächst auf das Hausdach geschafft, dann mußten die

Ziegel entfernt werden. Schließlich seilte man ihn durch die Lücke ins Innere des Hauses ab.

Nur: Ziegeldächer hat es zu Jesu Zeiten nicht gegeben. Der Verfasser kann mit dem Leben im Lande Jesu nicht besonders vertraut gewesen sein.

Die Texte sind nicht »in einem Guß« geschrieben. Vielmehr entstanden sie nach und nach in mehreren Etappen. Zunächst sollte Jesus als wundertätiger Held gefeiert werden, was in der neueren wissenschaftlichen Literatur als fromme Erfindung der jungen christlichen Gemeinde gesehen wird. Jesus durfte als Wundermann brillieren und seinen »Vorgänger« Elisa übertreffen, der bereits im »Alten Testament« einen aramäischen Feldhauptmann namens Naeman vom Aussatz befreite. Das allerdings erst nach einigem Sträuben.[4]

Der Hinweis auf die »Sündhaftigkeit« des Gelähmten wird als späterer Einschub betrachtet.

X wie Christus Auch heute noch ist es eines der weitverbreiteten Symbole: ein großes »P« mit einem »X« davor. Was das Zeichen aber wirklich bedeutet, ist schon weniger bekannt. Es ist das Christusmonogramm, bestehend aus den ersten beiden griechischen Buchstaben von Christus, nämlich dem CH und dem R.[1] In Gebrauch ist es allerdings erst seit dem 3. Jahrhundert. Im Englischen und Amerikanischen ist das uralte Zeichen X für Christus noch lebendig: in X-Mas (Weihnachten).

Der vielleicht am weitesten verbreitete Irrtum ist: Jesus hieß Christus mit Nachnamen. Das ist falsch. Zu Jesu Zeiten gab es in seiner Heimat keine Nachnamen. Christus ist kein Name, sondern ein Titel und bedeutet »Gesalbter«. Schon in den biblischen Apostelbriefen wurde aus »Jesus, der Gesalbte« oder

»Gesalbter Jesus« zum Namen Jesus Christus. So irrte ein biblischer Text bereits wenige Jahrzehnte nach Jesu Kreuzestod.

Kaum war Jesus gestorben, verselbständigte sich sein Name, den es nie gegeben hat. Und zum Namen kam ein »Christus-Bild«, das mit dem historischen Jesus vermutlich so gut wie nichts gemeinsam hat. Nach 350 sah man Christus meist als schmalen, langhaarigen Jüngling oder als älteren Mann, ebenfalls mit langem Haar, aber mit Bart. Vom 5. nachchristlichen Jahrhundert an setzte sich der ernstere, erwachsene bärtige Jesus mehr und mehr durch. Dieses Jesusbild, dessen Entstehung unbekannt ist, hält sich bis in unsere Tage.

Tatsache ist: Wir wissen nicht, wie Jesus wirklich ausgesehen hat. Sicher ist nur: Das gängige Christus-Bild hat mit dem leibhaftigen Jesus nichts zu tun.[2]

Ysop: Rätselraten um eine Pflanze Matthäus und Markus berichten, man habe dem verurteilten Jesus kurz vor der Kreuzigung einen Trunk angeboten. Matthäus spricht von »Wein mit Galle vermischt«, Markus hingegen von »Myrrhe in Wein«.[1] Jesus aber lehnte ab. Warum? Beim Psalmisten heißt es: »Ich warte, ob jemand Mitleid habe, aber da ist niemand, und auf Tröster, aber ich finde keine.«[2]

Vermutlich war der beschriebene Trunk als mitleidige Geste gedacht. Er sollte Jesu Schmerzempfinden betäuben, ihm die anstehenden Qualen der Kreuzigungstortur erleichtern. Lehnte er tatsächlich das Gemisch ab, weil der »prophetische Psalm« kein Mitleid vorhersagte?

Am Kreuz leidend bat Jesus – und darin stimmen die Evangelisten überein – um etwas zu trinken. Ihm wurde ein »Schwamm mit Essig«[3] gereicht. Warum? Die Historizität der Geste ist zweifelhaft. Vermutlich wollten die Autoren wiederum die

Psalmen-Prophetie erfüllt sehen: »Sie geben mir Galle zu essen und Essig zu trinken für meinen Durst.«[4]

Kurios mutet ein Hinweis an, der sich allerdings nur im Evangelium nach Johannes findet: »Sie füllten einen Schwamm mit Essig und steckten ihn auf ein Ysoprohr und hielten es ihm an den Mund.«[5] Diese Angabe mutet absurd an. Die Ysop-Pflanze ist mit ihren kurzen, zarten Stengeln vollkommen ungeeignet dafür, einen mit Flüssigkeit getränkten Schwamm vor Jesu Mund zu halten. Sollte der Evangelist versehentlich ein falsches Wort benützt haben: »hyssopo« (»Ysopzweig«) statt »hysso«, was »Lanze/Speer« bedeutet? Vermutlich stammt das »Ysoprohr« aus einem Psalm.[6] Für den Christen wäscht Jesus durch seinen Tod der Welt ihre Sünden ab. Die Ysop-Pflanze reinigt rituell.

Für den Skeptiker erfanden die Evangelisten ihre Texte in Anlehnung an Propheten. Für den Gläubigen erfüllten sich Prophezeiungen wirklich. Wer mag im Recht sein?

Zeloten: Wer starb mit Jesus? Drei Kreuze standen auf dem Hügel von Golgatha. Nach älteren Lutherbibeln waren es zwei »Schächer«, die mit Jesus hingerichtet wurden. Später wurden daraus »Räuber«. Noch immer lesen wir in den meisten Bibelausgaben bei Markus: »Und sie kreuzigten mit ihm zwei Räuber, einen zu seiner Rechten und einen zu seiner Linken. Da ward die Schrift erfüllt: ›Er ist unter die Übeltäter gerechnet.‹«[1] Skepsis ist angebracht, wenn es um Einzelheiten aus Jesu Biographie geht, die angeblich alte Prophetenworte erfüllen.

Der Hinweis auf die Schrifterfüllung findet sich nur bei Markus. Und hier wiederum nur in späteren Handschriften. Dessen ungeachtet: Der Bezug auf Jesaja ist nicht von der Hand zu weisen: »Darum will ich ihm die vielen zur Beute geben, und er soll die Starken zum Raube haben, dafür daß er sein Leben in den Tod gegeben hat und den Übeltätern gleichgerechnet ist und er die Sünde der vielen getragen hat und für die Übeltäter gebeten.«[2]

Kritisch merkt der berühmte Theologe Rudolf Bultmann an: »Der christliche Glaube reißt gleichsam das ›Alte Testament‹ an sich und behauptet, daß das, was hier gesagt wird, erst nur in einem vorläufigen Sinne gesagt und verstanden werden kann. Aber das heißt eben: Gottes Wort im eigentlichen Sinne ist das ›Alte Testament‹ für den christlichen Glauben nicht. Sofern die Kirche es als Gottes Wort verkündet, findet sie in ihm nur wieder, was sie aus der Erfahrung in Jesus Christus schon weiß.«[3]

Die theologische Wertung degradiert damit die Bedeutung des »Alten Testaments«, mit der Jesus alles andere als einverstanden gewesen wäre. Sie ist zudem wenig hilfreich bei der Frage: Wer wurde mit Jesus gekreuzigt? Das griechische Original bei Matthäus und Markus ist sehr aufschlußreich: »lestes« steht da.[4] Schlägt man im Wörterbuch nach, findet sich die Übersetzung »Räuber«. Aber obwohl rein formal die Bibelübersetzung mit »Räuber« richtig liegt, irrte der Übersetzer trotzdem!

Räuber wurden nicht erst vor Gericht gestellt. Diese Mühe machte man sich erst gar nicht. Räuber wurden auch nicht gekreuzigt. Man tötete sie ohne viel Aufhebens. »Lestes« tauchen bei Historikern wie Strabo und Josephus Flavius immer wieder auf. Demnach kann es keinen Zweifel über die wirkliche Bedeutung des Wortes geben. Für die Römer waren aufständische Zeloten »lestes«, die man schon durch die Bezeichnung herabwürdigen wollte.

Mit solchen »Räubern« hatte es die römische Justiz sehr häufig zu tun! Es waren Rebellen, die sich gegen das übermächtige Rom erhoben. Um 6 v. Chr. gab es in Jesu angeblicher Heimat, in Galiläa, eine Volkserhebung. Ein Judas soll der Anführer gewesen sein. Das römische Militär schlug die Revolution nieder, und unzählige »Räuber« wurden gekreuzigt. Auch nachdem Jahrzehnte später jüdische Freiheitskämpfer das Joch der römischen Unterdrückung abwerfen wollten, wurden sie mit brachialer Gewalt besiegt. Wieder wurden – um 70 n. Chr. – unzählige Menschen gekreuzigt. Es sollen Tausende gewesen sein. Die grausame Hinrichtungsart sollte potentielle Nachahmer abschrecken. Mit blutiger Härte wollte die römische Obrigkeit ihre Machtstellung verteidigen. So wurden die Kreuze an gut sichtbaren Orten aufgestellt, etwa an verkehrsreichen Straßen.

Im Sprachgebrauch der jüdischen Lehrbücher bezeichnete man die von den Römern als besonders aufwieglerisch gefürchteten Zeloten als »lestes«. Und die junge, langsam entstehende Gemeinde der Christen wollte sich auf keinen Fall den Zorn der Römer zuziehen. Deshalb nannten sie in ihren Evangelien die Aufständischen nach römischem Sprachgebrauch »Räuber«. Aber ist es nicht an der Zeit, in unseren Bibelausgaben die immer noch verbal geschmähten Rebellen nicht mehr als Räuber, sondern als Aufständische zu bezeichnen?

Es ist längst überfällig, die beleidigenden Ausdrücke, die immer noch in Bibelübersetzungen anzutreffen sind, endlich durch zutreffendere zu ersetzen.

Warum verschließt sich die Theologie, wenn es um Erkenntnisse geht, die wissenschaftlich unanfechtbar sind? Wenn einige Erkenntnisse aus ideologischen Gründen unterdrückt werden, dann gerät leicht das Ganze in den Verdacht, wissenschaftlich unhaltbar zu sein. Die Theologie tut sich also selbst einen Gefallen, wenn sie erkannte Irrtümer zugibt und daraus Konsequenzen zieht.

Nachwort: Was ist die Bibel?

Die Bibel ist menschliches Reden über Gott. Weil Menschen sich irren können und nicht allwissend sind, ist es nur zu gut verständlich, daß den biblischen Autoren Fehler und Irrtümer unterliefen.

Josef wurde nicht nach Ägypten verkauft. Der Auszug aus Ägypten fand nicht statt. Die Eroberung des Heiligen Landes verlief ganz anders, als in der Bibel beschrieben.

Viele Jahrhunderte lang war die Bibel durch ein strenges Tabu geschützt. Kritik an Aussagen der Bibel war nicht erlaubt. Die Aussagen der Bibel durften, ja sie konnten gar nicht überprüft werden.

Bis in die Zeiten Luthers hatte der Laie ja kaum eine Möglichkeit, selbst zu lesen, was in der Bibel stand. Hatte man Angst vor unliebsamen Fragen? Warum waren die biblischen Texte über einen weiten Zeitraum biblischer Verkündigung fast ausschließlich der Priesterschaft zugänglich?

Die Bibel wurde von Menschen verfaßt, die sich irrten. Sie wurde von Menschen geschrieben, die als Kinder ihrer Zeit oftmals anders dachten als der Mensch zu Beginn des dritten nachchristlichen Jahrtausends. Es irrten sich aber nicht nur die Verfasser der biblischen Texte. Auch die Übersetzer waren nicht fehlerfrei. So wurde vor Jahrtausenden manche erstaunlich moderne Aussage getroffen, die modernen Übersetzern zum Opfer fiel: So gab es anscheinend vor Jahrtausenden schon verblüffend exakte Erkenntnisse über Erde und Weltall.

So findet sich im »Alten Testament« auch manch wichtiger Hinweis auf die Gleichberechtigung zwischen Mann und Frau.

Die Bibel ist menschliches Reden über Gott. Sie entzieht sich nicht der Hinterfragung durch Menschen. Es ist legitim nachzufragen: Irrt die Bibel? Ja der ehrliche Umgang mit dem »Heiligen Buch« macht es sogar unumgänglich, es auch kritisch zu lesen!

Wird die Bibel dadurch zum wertlosen Dokument? Keineswegs. Wird die Bibel dadurch entwertet? Nein. Wir müssen uns fragen: Was ist die Bibel überhaupt? Sie ist in erster Linie kein vordergründig historisches Nachschlagewerk über geschichtliche Ereignisse. Ginge es nur um Historienschreibung, so wäre die Bibel schon längst vergessen. Sie würde bestenfalls in universitären Bibliotheken verstauben. Was also ist das »Buch der Bücher« dann?

Die Bibel ist ein Werk tiefen religiösen Glaubens. »Am Anfang schuf Gott …« lesen wir ganz zu Beginn des »Alten Testaments«. Nun gab es im Hebräischen der Bibel nicht die Zeitformen, so wie wir sie kennen. Es läßt lediglich erkennen, ob eine Handlung bereits abgeschlossen ist, oder ob sie im Werden begriffen ist oder noch anhält. Für den biblischen Autor ist die Zeit am ehesten mit einem Fluß vergleichbar, der strömend sich bewegt und nicht aufhören wird.

Die scheinbar banalen Worte »Am Anfang schuf Gott …« bringen tiefste Glaubensüberzeugung zum Ausdruck: Gott hat sein Werk der Schöpfung begonnen, er hat es vollbracht und er wird es fortführen. In wenigen Worten wird so tiefste Religiosität ausgedrückt – und Zuversicht.

Die Bibel enthält Fehler und Widersprüche. Ängstliche Zeitgenossen mögen fragen: Wenn man nach Fehlern und Irrtümern der Bibel fragt, stellt man dann nicht zugleich die Bibel in Frage? Verliert ihre Aussage nicht zumindest an Wert, ja an Glaubwürdigkeit?

Wir müssen uns fragen: Worin besteht die zentrale Aussage der Bibel? Ihre zentrale Botschaft wird durch logisch-vernünftigen Umgang mit den Texten keineswegs geschmälert. Worin besteht diese Botschaft der Bibel? Was ist die Aussage von beiden »Testamenten«?

Die Bibel verkündet eine Lehre: die Nächstenliebe. Und diese frohe Kunde findet sich im »Neuen Testament« ebenso wie im »Alten Testament«. »Du sollst deinen Nächsten lieben wie dich selbst« ist für Jesus das »höchste Gebot«. Wir finden es zum Beispiel im Evangelium nach Matthäus.[1] Fast wortwörtlich steht schon im »Alten Testament«: »Du sollst nicht Rache nehmen an den Söhnen deines Volkes noch Groll gegen sie empfinden. Du sollst deinen Nächsten lieben wie dich selbst.«[2]

Die Bibel ist in ihrem Kern kein Werk der Geschichtsschreibung. Sie wurde nicht von wissenschaftlich arbeitenden Historikern verfaßt. Sie stammt von Menschen, die zutiefst gläubig waren. Absicht dieser Menschen war es nicht, geschichtliche Daten zu vermitteln, sondern den eigenen Glauben zu bekunden. Und als Dokument des Glaubens wurde die Bibel zum erfolgreichsten Buch aller Zeiten. Sie wurde und wird nicht gelesen, um Geschichtliches zu erfahren. Die Menschen greifen zur Bibel, wenn sie Hoffnung suchen.

Der jüdische Gelehrte und Theologe Leo Baeck überlebte die unbeschreiblichen Greuel des Konzentrationslagers Theresienstadt, weil die Bibel ihm Zuversicht schenkte. Ein Bibelwort soll ihm besonders viel Kraft gegeben haben. Es ist ein Wort der Liebe – von Gott zu den Menschen: »Denn die Berge selbst, sie mögen weichen, und die Hügel, sie mögen wanken, aber meine Liebe, sie soll nicht weichen von dir, und mein Bund soll nicht wanken, so spricht Jahwe, der Erlöser.«[3]

Gerade der religiöse Mensch erkennt: Die Bibel ist der menschliche Versuch einer Annäherung an Gott. Und sie ist Dokument tiefen menschlichen Glaubens. Diese zentrale Bedeutung hat die Bibel zum meistgelesenen Buch der Welt gemacht. Wenn wir den umfangreichen Text auf Fehler und Irrtümer hin untersuchen, tritt die wahre Bedeutung der Bibel noch stärker in den Vordergrund.

Und niemand kann wohl zu Beginn des dritten Jahrtausends nach Christus bestreiten, daß die Botschaft von der Nächstenliebe wichtiger ist denn je, in einer Zeit, da Kriege zum Alltag zu gehören scheinen!

Diese zentrale Aussage der Bibel wird nicht dadurch, daß man Inhalte der »Heiligen Schrift« hinterfragt, angegriffen, sondern letztlich betont und unterstrichen. Sie tritt deutlicher ins Bewußtsein des heutigen Menschen. Sie steht im Zentrum des Redens über Gott und die Welt.

Wer leugnet, daß die Bibel Irrtümer enthält, der tut der Bibel keinen Dienst, im Gegenteil, sondern unterstützt falsches Entweder-oder-Denken: Entweder die Bibel ist fehlerfrei und wichtig für das Leben der Menschen, oder sie irrt und hat uns nichts mehr zu sagen. Bei allen Schwächen menschlichen Redens über Gott und die Welt ist die Bibel nach wie vor außerordentlich wichtig. Würde das Gebot der Nächstenliebe befolgt, könnte das Leben auf Erden sehr viel schöner sein!

Quellenverzeichnis

Altes Testament

Hinweis des Verfassers: Unterschiedliche Bibelausgaben können in der Verszählung leicht differieren!

Abschalom: Vierfacher Vater ohne Kinder?

1 Das 2. Buch Samuel Kapitel 13–18
2 Das 2. Buch Samuel Kapitel 14, Vers 27
3 Das 2. Buch Samuel Kapitel 18, Vers 18
4 Siehe auch: Stichwort Michal

Ascherah: Rückkehr einer Göttin

1 Das 3. Buch Mose Kapitel 20, Vers 13
2 Siehe hierzu: »Geschlechtsbedingte Korrekturen«, »Obermain Tagblatt«, 4.3.2002
3 Das Buch der Richter Kapitel 6, Verse 25 und 26 in Luthers Übersetzung von 1545, hier der heutigen Rechtschreibung angepaßt
4 Das 2. Buch der Könige Kapitel 23, Vers 6 in der Übersetzung Luthers von 1545, in angepaßter Rechtschreibung
5 Das 2. Buch der Könige Kapitel 13, Vers 6
6 Siehe hierzu: Das 1. Buch der Könige Kapitel 18, Verse 19ff.
7 Das 1. Buch der Könige Kapitel 18, Vers 40
8 Patai, Raphael: »The Hebrew Goddess«, 3., erweiterte Auflage, Detroit 1990, S. 43
9 Siehe: Das 2. Buch der Könige Kapitel 13, Vers 6!
10 Patai, Raphael: »The Hebrew Goddess«, 3., erweiterte Auflage, Detroit 1990, S. 43
11 Siehe: Das 2. Buch der Könige Kapitel 10, Verse 18–27
12 Das 5. Buch Mose Kapitel 16, Vers 21
13 Walker, Barbara: »Das Geheime Wissen der Frauen«, Frankfurt 1993, S. 67
14 Siehe zum Beispiel: 1. Buch Mose Kapitel 14, Vers 18! Wörtlich übersetzt: »Und er war ein Priester des El, des Höchsten!«

Auge Gottes: Blasphemischer Übersetzungsfehler

1 Der Prophet Sacharja Kapitel 2, Vers 12
2 Gemeint ist: Das 2. Buch Mose Kapitel 20, Vers 4
3 Persönliche Mitteilung an den Verfasser

Auszug aus Ägypten – eine erfundene Story

1 »Religionsgeschichte: War Mose ein Ägypter?«, »Geo« 2002/01
2 Das 2. Buch Mose Kapitel 7, Vers 18
3 Das 2. Buch Mose Kapitel 7, Verse 26–29

4 Das 2. Buch Mose Kapitel 8, Verse 12–15 und Verse 16–27
5 Das 2. Buch Mose Kapitel 9, Verse 1–7 und Verse 8–12
6 Das 2. Buch Mose Kapitel 9, Verse 13–34
7 Das 2. Buch Mose Kapitel 10, Verse 1–20
8 Das 2. Buch Mose Kapitel 10, Verse 21–29
9 Das 2. Buch Mose Kapitel 11, Vers 1
10 Das 2. Buch Mose Kapitel 9, Vers 6
11 Das 2. Buch Mose Kapitel 9, Verse 8–11
12 Das 2. Buch Mose Kapitel 9, Vers 24
13 Das 2. Buch Mose Kapitel 9, Vers 25
14 Das 2. Buch Mose Kapitel 12, Vers 29
15 Das 2. Buch Mose Kapitel 6, Vers 1
16 Das 2. Buch Mose Kapitel 14, Vers 8
17 Das 2. Buch Mose Kapitel 1, Vers 11
18 Das 2. Buch Mose Kapitel 12, Vers 40
19 McKinsey, C. Dennis: »The Encyclopedia of Biblical Errancy«, Amherst 1995, S. 334
20 Das 2. Buch Mose Kapitel 12, Vers 37
21 Das 2. Buch Mose Kapitel 38, Vers 26 und das 4. Buch Mose Kapitel 1, Vers 46
22 Persönliche Mitteilung an den Verfasser
23 Walvoord, John F. und Zuck, Roy B. (Herausgeber): »Das Alte Testament«, Band 1, 1. Mose–2. Samuel, 3. Auflage, Holzgerlingen 2001, S. 149
24 Zitiert nach »Geo Spezial« 04/00: »Mose, Held der Bibel, Befreier Israels«
25 Das 2. Buch Mose Kapitel 16, Vers 14
26 Das 2. Buch Mose, Kapitel 16, Vers 31
27 »Einsichten über die Heilige Schrift«, Band 2, Selters/Taunus 1992, S. 270
28 Das 2. Buch Mose, Kapitel 16, Vers 26
29 Keller, Werner: »Und die Bibel hat doch recht/Forscher beweisen die Wahrheit des Alten Testaments«, Düsseldorf, Wien, New York 1989, S. 124
30 Zitiert nach: »Geo Spezial« 04/00: »Mose, Held der Bibel, Befreier Israels«
31 Zitiert nach: »Religionsgeschichte: War Moses ein Ägypter?«, »Geo Magazin« 2002/01
32 Persönliche Mitteilung an den Verfasser

Baal – Jahwes schärfster Konkurrent

1 Siehe hierzu: Das 2. Buch der Könige Kapitel 1, Vers 2
2 Das 2. Buch der Könige Kapitel 1, Vers 3
3 Das 1. Buch der Könige Kapitel 18, Verse 21–46
4 Das 1. Buch der Könige Kapitel 18, Verse 38–40
5 Siehe hierzu: Das 5. Buch Mose Kapitel 4, Vers 3
6 Das Buch der Richter Kapitel 8, Vers 33 und Kapitel 9, Vers 4
7 Das 1. Buch Mose Kapitel 9
8 Das 1. Buch Mose Kapitel 17
9 Das 2. Buch Mose Kapitel 32
10 Der Prophet Hosea Kapitel 2, Verse 18 und 19
11 Robbins, Rossell H.: »Encyclopedia of Witchcraft and Demonology«, New York 1959, S. 395

Bann: Massenmord im Namen Gottes

1 Rad, Gerhard von: »Der Heilige Krieg im Alten Israel«, Zürich 1956
2 Das Buch Josua Kapitel 11, Verse 9–11
3 Das 5. Buch Mose Kapitel 2, Verse 31–34
4 Das Buch Josua Kapitel 6, Vers 21
5 Das 1. Buch Samuel Kapitel 11, Vers 7
6 Das Buch der Richter Kapitel 3, Vers 27. Siehe auch das 1. Buch Samuel Kapitel 13, Vers 3!
7 Das 1. Buch der Richter Kapitel 5, Verse 11–13
8 Renan, Ernest: »Geschichte des Volkes Israel«, Berlin 1894, Band I, S. 232
9 Das 1. Buch Samuel Kapitel 15, Verse 1–3
10 Das Buch ist vergriffen

Brudermord und Blutrache

1 Das 1. Buch Mose Kapitel 4
2 Das 1. Buch Mose Kapitel 4, Verse 1 und 2
3 Das 1. Buch Mose Kapitel 4, Vers 12
4 Das 1. Buch Mose Kapitel 4, Vers 15
5 Das 1. Buch Mose Kapitel 4, Vers 17
6 Das 1. Buch Mose Kapitel 4, Verse 17–20
7 Ginzberg, Louis: »The Legends of the Jews«, London 1998, Vol. V, S. 138
8 Barthel, Manfred: »Was wirklich in der Bibel steht«, Düsseldorf, Wien 1987, S. 47

Cherubim waren keine Engel

1 Das 1. Buch Mose Kapitel 3, Vers 24
2 Bandini, Pietro: »Die Rückkehr der Engel/Von Schutzengeln, himmlischen Boten und der guten Kraft, die sie uns bringen«, Bern 1995, S. 132
3 Josephus, Antiqui., III, 6.4, zitiert nach Ginzberg, Louis: »The Legends of the Jews«, Vol. VI, »From Moses to Esther«, Notes for Volumes III and IV, Baltimore 1998, S. 65, Fußnote 333
4 Siehe hierzu: Der Prophet Hesekiel Kapitel 1, Verse 6 und 11 sowie Kapitel 10, Verse 1–22
5 Stücke zum Buch Esther Kapitel 3, Vers 31. Siehe auch Psalm 80, Vers 2 und das 2. Buch Samuel Kapitel 6, Verse 1–2
6 Das 2. Buch Samuel Kapitel 22, Vers 11
7 Siehe: Das 1. Buch der Könige Kapitel 6, Verse 23, 25, 27–29, 32 und 35. Siehe auch: Das 2. Buch der Chronik Kapitel 3, Vers 7 und Verse 10–14
8 Das 2. Buch Mose Kapitel 25, Vers 18, siehe auch Verse 19–22 und Kapitel 26, Verse 1 und 31 sowie das 2. Buch Mose Kapitel 36, Verse 8 und 35 sowie Kapitel 37, Verse 7–9
9 Uhlig, Siegbert: »Das Äthiopische Henochbuch«, Gütersloh 1984, S. 552, Kapitel XX, Vers 7
10 Uhlig, Siegbert: »Das Äthiopische Henochbuch« Gütersloh 1984, S. 612, Kapitel LXI, Vers 10
11 Siehe hierzu: Ginzberg, Louis: »The Legends of the Jews«, Vol. V, »From Creation to the Exodus«, Baltimore 1998, S. 104, Fußnote 94

David war weder mächtig noch fromm

1 Siehe hierzu: 1. Buch Mose Kapitel 12, Vers 7
2 Zitiert nach: Finkelstein, Israel, und Silberman, Neil A.: »Keine Posaunen vor Jericho. Die archäologische Wahrheit über die Bibel«, 3. Auflage, München 2003, S. 46
3 Siehe hierzu: Vaux, Roland de: »Histoire ancienne d'Israel«, Paris 1971
4 1. Buch der Chroniken Kapitel 22, Verse 2–16
5 Das 2. Buch Samuel Kapitel 11, Verse 1–27
6 Finkelstein, Israel, und Silberman, Neil A.: »Keine Posaunen vor Jericho. Die archäologische Wahrheit über die Bibel«, 3. Auflage, München 2003, S. 160

Erbsünde – im Widerspruch zum »Alten Testament«

1 Das 1. Buch Mose Kapitel 3
2 Das 1. Buch Mose Kapitel 3, Vers 5
3 »Katechismus der Katholischen Kirche«, München 1993, S. 130
4 Ebenda, S. 134
5 Das 2. Buch Mose Kapitel 20, Vers 5
6 Das 5. Buch Mose Kapitel 24, Vers 16
7 Der Prophet Hesekiel Kapitel 18, Vers 20
8 »Katechismus der Katholischen Kirche«, München 1993, S. 134
9 Johnson, Carl G.: »So the Bible is Full of Contradictions?«, Grand Rapids, Michigan, S. 20
10 Ebenda
11 Lindsay, Hal: »The Late Great Planet Earth«, Zondervan Publishing House, 1981, S. 52
12 »Evangelischer Taschenkatechismus«, herausgegeben von Winrich C.-W. Clasen, Michael Meyer-Blanck und Günter Ruddat, Rheinbach 2001, S. 383 bis 394
13 »Katechismus der Katholischen Kirche«, München 1993, S. 134

Esra: Rechenfehler bleibt Rechenfehler!

1 Das Buch Esra Kapitel 1, Vers 9–11
2 »Die Bibel«, Stuttgart 1972, S. 529, Fußnote

Fruchtbarkeit: Verbot von Empfängnisverhütung

1 Das 1. Buch Mose Kapitel 1, Vers 28
2 Papst Paul VI.: »Enzyklika Humanae Vitae«, Juli 1968, II, 14
3 Das 1. Buch Mose Kapitel 38, Vers 9

Geisterzauber: Verboten und doch praktiziert

1 Siehe hierzu: Langbein, Walter-Jörg: »Das große Buch der Esoterik«, Rastatt 2000
2 Das 1. Buch Samuel Kapitel 28, Vers 3
3 Das 1. Buch Samuel Kapitel 28, Verse 3–25
4 Das 3. Buch Mose Kapitel 20, Vers 27
5 Das 2. Buch Mose Kapitel 22, Vers 17
6 Langbein, Walter-Jörg: »Das Reich der Magie«, Rastatt 1997, S. 7

Gesicht Gottes: Niemand sieht Gott?

1 Das 2. Buch Mose Kapitel 33, Vers 20
2 Das 1. Buch Mose Kapitel 32, Vers 31
3 Das Evangelium nach Johannes Kapitel 1, Vers 18
4 Johnson, Carl G.: »So the Bible is Full of Contradictions?«, Grand Rapids 1983, S. 22

Goliath: David tötete nicht den Riesen

1 Siehe 1. Buch Samuel Kapitel 17 und 2. Buch Samuel Kapitel 21
2 1. Buch Samuel Kapitel 17, Verse 2 und 11
3 2. Buch Samuel Kapitel 21, Vers 12 und Verse 13 und 14
4 1. Buch Samuel Kapitel 17, Verse 49–51
5 2. Buch Samuel Kapitel 21, Vers 19
6 Siehe 1. Buch der Chronik Kapitel 29, Vers 29
7 Fohrer, Georg: »Einleitung in das Alte Testament«, 11. Auflage 1969, S. 235
8 1. Buch der Chronik Kapitel 20, Vers 5
9 1. Buch der Chronik Kapitel 20, Vers 6
10 1. Buch Samuel Kapitel 17, Vers 54
11 Ginzberg, Louis: »The Legends of the Jews«, Vol. IV, »From Joshua to Esther«, London 1998, S. 87 u. 88, Übersetzung durch den Verfasser

Hölle und Himmel: Der Irrtum vom »fertigen Glauben«

1 Mertens, Heinrich A.: »Handbuch der Bibelkunde«, Düsseldorf 1966, S. 336
2 Der Prophet Jesaja Kapitel 31, Vers 9
3 Der Prophet Jesaja Kapitel 66, Vers 24
4 Das Evangelium nach Lukas Kapitel 16, Vers 23

Homosexualität: Todesstrafe für Sünder

1 Clasen, Meyer-Blanck, Ruddat: »Evangelischer Taschenkatechismus«, 2. Auflage, Rheinbach 2001, S. 383–394
2 Ebenda, S. 305
3 »Homosexualität ist keine Panne der Schöpfung«, »Obermain Tagblatt«, 16./17.2.2002
4 »Katechismus der Katholischen Kirche«, München, Wien, Oldenbourg, S. 596
5 Ebenda, S. 596, Fußnote 1: Das 1. Buch Mose Kapitel 19, Verse 1–29, Römer Kapitel 1, Verse 24–27, 1. Korinther Kapitel 6, Vers 10, 1. Timotheus Kapitel 1, Vers 10
6 Der 1. Brief des Paulus an die Römer Kapitel 1, Verse 18–24
7 Das 3. Buch Mose Kapitel 20, Vers 13
8 Siehe hierzu: Laun, Andreas (Herausgeber): »Homosexualität aus katholischer Sicht«, Eichstätt 2001
9 Das Evangelium nach Markus Kapitel 14, Verse 48–52
10 Siehe hierzu: Evangelium nach Johannes Kapitel 11: Auferweckung des Lazarus
11 Zitiert nach: »Der Brief des Clemens von Alexandrien an Theodorus« in der von der Universität Bremen per Internet veröffentlichten Fassung. http://www-user.uni-bremen.de/~wie/Secret/secmark.html

12 Siehe hierzu auch: Smith, Morton: »Auf der Suche nach dem historische Jesus/Die Entdeckung und Deutung des geheimen Evangeliums im Wüstenkloster Mar Saba«, Frankfurt, Berlin, Wien 1971

Hosianna: Was der Ruf wirklich bedeutet

1 Das Evangelium nach Matthäus Kapitel 21, Verse 1–9, das Evangelium nach Markus Kapitel 11, Verse 1–10, das Evangelium nach Lukas Kapitel 19, Verse 28–40 und das Evangelium nach Johannes Kapitel 12, Verse 12–19
2 Siehe hierzu: das 2. Buch der Könige Kapitel 9
3 »Das erste Buch der Makkabäer« und »Das zweite Buch der Makkabäer«, in: Kautzsch, E.: »Die Apokryphen und Pseudepigraphen des Alten Testaments«, Reprintausgabe, Darmstadt 1975, Band 1, S. 24–119
4 Siehe hierzu: Klein, Richard: »Das frühe Christentum im Römischen Staat«, Darmstadt 1971

Israel: Der mit Gott kämpfte und siegte!

1 Das 1. Buch Mose Kapitel 32, Verse 22–25 in der Übersetzung des Verfassers
2 Das 1. Buch Mose Kapitel 35, Vers 10
3 Siehe hierzu auch: Hengge, Paul: »Die Bibelkorrektur«, Wien, Stuttgart 1979, S. 209 ff.

Jericho – Erdbeben statt Posaunen

1 Das Buch Josua Kapitel 6, Vers 1
2 Das Buch Josua Kapitel 6, Verse 3 und 4
3 Das Buch Josua Kapitel 6, Vers 20
4 Siehe hierzu: Däniken, Erich von: »Zurück zu den Sternen«, Düsseldorf 1969, S. 61–63
5 Zitiert von Albright, William F. in: »Die Bibel im Lichte der Altertumsforschung«, Stuttgart 1957, S. 124
6 Das Buch Josua Kapitel 7, Vers 4
7 Das Buch Josua Kapitel 7, Vers 13
8 Das Buch Josua Kapitel 7, Vers 21
9 Das Buch Josua Kapitel 7, Verse 24–26
10 Campbell, Donald K.: »Josua«, in: »Das Alte Testament erklärt und ausgelegt«, herausgegeben von John F. Walvoord und Roy B. Zuck, 3. Auflage, Holzgerlingen 2000, S. 430
11 Das Buch Josua Kapitel 10, Verse 41 und 42
12 »Saarland Online«, 25.04.2002: »Warum die Bibel häufig historisch nicht Recht hat.«
13 Das Buch der Richter Kapitel 1, Vers 19

Josua: Wo lag das Gelobte Land?

1 Fohrer, Georg: »Einleitung in das Alte Testament«, 11. Auflage, Heidelberg 1969, S. 213
2 Das Buch Richter Kapitel 1, Vers 1–Kapitel 2, Vers 5
3 Das Buch Josua Kapitel 8
4 Das Buch Josua Kapitel 8, Vers 28

5 Zitiert nach: Barthel, Manfred: »Was wirklich in der Bibel steht«, Aktualisierte und ergänzte Neubearbeitung, Düsseldorf 1987, S. 117
6 »Der Spiegel« Nr. 39/1985: »Hat die Bibel doch nicht recht?«
7 Salibi, Kamal: »Die Bibel kam aus dem Lande Asir«, Reinbek bei Hamburg 1985

Kamele: Erfundene »Historie«
1 Das 1. Buch Mose Kapitel 37 und 39–50
2 Das 1. Buch Mose Kapitel 37, Vers 25
3 Das 1. Buch Mose Kapitel 41, Vers 57
4 Finkelstein, Israel, und Silberman, Neil A.: »Keine Posaunen vor Jericho«, 3. Auflage, München 2003, S. 49
5 Das 1. Buch Mose Kapitel 26, Vers 1

Kanon: Übersetzungsfehler und die Qual der Auswahl
1 Fohrer, Georg: »Das Alte Testament«, Band 1, S. 10, 2. überarbeitete Auflage, Gütersloh 1969
2 Sisson, Richard: »Answering Christianity's Most Puzzling Questions«, Chicago 1982, Band 1, S. 6
3 Das 4. Buch Mose Kapitel 21, Vers 14
4 Das Buch Josua Kapitel 10, Vers 13

Könige: Falsche Fakten
1 Das 1. Buch der Könige Kapitel 16, Vers 23
2 Das 1. Buch der Könige Kapitel 16, Verse 28–29
3 Das 2. Buch der Chronik Kapitel 21, Vers 20
4 Das 2. Buch der Chronik Kapitel 22, Vers 2, zitiert nach »Die Bibel«, Stuttgart 1972, S. 509
5 Der Prophet Daniel Kapitel 5, Vers 30 u. Kapitel 6, Vers 1. In manchen Bibelausgaben wird Vers 1 von Kapitel 6 als Vers 31 von Kapitel 5 gesehen.

Lilith – Adams verteufelte Frau
1 Jesaja Kapitel 34, Vers 14, vom Verfasser aus dem Hebräischen übersetzt. Abweichende Übersetzungen sind denkbar!
2 König, E.: »Hebräisches und aramäisches Wörterbuch«, Leipzig 1922, S. 199
3 Ginzberg, Louis: »The Legends of the Jews«, Vol. One, »From the Creation to Jacob«, Philadelphia 1909, S. 65
4 Ebenda, Übersetzung aus dem Englischen durch den Verfasser
5 Persönliche Mitteilung an den Verfasser

Massenflucht: Ein unmögliches Märchen!
1 Siehe hierzu: Das 1. Buch Mose Kapitel 42
2 Siehe hierzu: Das 1. Buch Mose Kapitel 46
3 Das 1. Buch Mose Kapitel 46, Verse 8–27
4 Das 2. Buch Mose Kapitel 6, Verse 17–19
5 Siehe: Das 2. Buch Mose Kapitel 6, Verse 20–23!
6 Das 4. Buch Mose Kapitel 4, Verse 47–48

7 Das 4. Buch Mose Kapitel 3, Verse 40–43
8 Das 4. Buch Mose Kapitel 26, Vers 62
9 Das 2. Buch Mose Kapitel 12, Vers 39
10 Das 2. Buch Mose Kapitel 13, Vers 18
11 Barthel, Manfred: »Was wirklich in der Bibel steht«, Düsseldorf, Wien, New York 1987, S. 100
12 Das 2. Buch Mose Kapitel 14
13 Das 2. Buch Mose Kapitel 14, Vers 22
14 Siehe hierzu: Das 2. Buch Mose Kapitel 14, Vers 20
15 Das 2. Buch Mose Kapitel 14, Vers 28
16 Das Buch Josua Kapitel 2, Vers 10
17 Zitiert nach: »Religionsgeschichte: War Moses ein Ägypter?«, »Geo Magazin« 2002/01

Menschenopfer: Von Gott gefordert oder verboten?

1 »Lexikon Alte Kulturen«, Mannheim 1993, S. 647
2 Das Buch der Richter Kapitel 11, Verse 30–39
3 Das 2. Buch der Könige Kapitel 3, Vers 27
4 Ebenda
5 Das 1. Buch Mose Kapitel 21 und 22
6 Das 2. Buch Mose Kapitel 22, Verse 27–29
7 Der Prophet Hesekiel Kapitel 20, Vers 25

Michal: Fünffache Mutter ohne Kinder?

1 Calvocoressi, Peter: »Who's who in der Bibel«, Stuttgart 1993, S. 160
2 Das 2. Buch Samuel Kapitel 6, Vers 23
3 Das 2. Buch Samuel Kapitel 21, Vers 8
4 »Die Bibel«, Stuttgart 1972, S. 379
5 Johnson, Carl G.: »So the Bible is Full of Contradictions?«, Grand Rapids 1983, S. 33f.

Monotheismus – der Irrtum vom Eingottglauben

1 Das 1. Buch Mose Kapitel 1, Vers 26
2 Hennig, Kurt (Herausgeber): »Jerusalemer Bibellexikon«, Neuhausen-Stuttgart 1990, S. 303
3 Ebenda
4 Das 2. Buch Mose Kapitel 20, Vers 3
5 Das 2. Buch Mose Kapitel 20, Vers 23
6 Das 2. Buch Mose Kapitel 23, Vers 13
7 Das 2. Buch Mose Kapitel 23, Vers 24
8 Das 1. Buch Mose Kapitel 1, Vers 1
9 Das 2. Buch Mose Kapitel 20, Vers 3
10 Siehe hierzu 5. Buch Mose Kapitel 33, Vers 26 und Psalm 104, Vers 3!
11 Siehe hierzu: Das 2. Buch Mose Kapitel 32
12 Siehe hierzu z. B. Psalm 18, Vers 3 oder Psalm 62, Vers 7!
13 Persönliche Mitteilung an den Verfasser
14 Das 1. Buch der Könige Kapitel 16, Vers 25

15 Das 2. Buch der Könige Kapitel 10, Vers 18 und Kapitel 21, Vers 3
16 Das 1. Buch der Könige Kapitel 22, Verse 40 und 52–54 und das 2. Buch der Könige Kapitel 1, Vers 2
17 Das 2. Buch der Könige Kapitel 3, Vers 2
18 Das 2. Buch der Könige Kapitel 10, Verse 18–27
19 Siehe: Das 1. Buch der Chronik Kapitel 5, Vers 23 und das 2. Buch der Chronik Kapitel 31, Vers 1
20 Reinach, Salomon: »Orpheus/Allgemeine Geschichte der Religionen der Welt«, Wien 1910

Mord – im Auftrag Gottes

1 Das Buch der Richter Kapitel 4, Vers 21
2 Das Buch der Richter Kapitel 9, Vers 23
3 Das Buch der Richter Kapitel 9, Verse 52 und 53
4 Zwischen den Zeilen beschuldigt die Bibel Isebel, König Ahab dazu verleitet zu haben, Baal anzubeten. Siehe: Das 1. Buch der Könige Kapitel 16, Vers 31. Für orthodoxe Juden war sie eine »Hure« und »Götzendienerin«, siehe hierzu Calvocoressi, Peter: »Who's who in der Bibel«, Stuttgart 1993, S. 91
5 Das 2. Buch der Könige Kapitel 9, Verse 33–37
6 Das 1. Buch der Könige Kapitel 21, Vers 23
7 Der Prophet Hosea Kapitel 14, Vers 1
8 Das Buch der Richter Kapitel 15, Vers 15
9 Das Buch der Richter Kapitel 16, Verse 27 und 29

Mose – schrieb nicht die fünf Bücher Mose

1 Das 2. Buch Mose Kapitel 34, Vers 30
2 Das Evangelium nach Johannes Kapitel 1, Vers 17
3 Das 2. Buch Mose Kapitel 2, Vers 3
4 Afanasjew, Georg: »Moses ist an allem schuld«, Wien 1972, siehe S. 71–88
5 Mertens, Heinrich A.: »Handbuch der Bibelkunde«, Düsseldorf 1966, S. 22
6 2. Buch Mose Kapitel 17, Vers 14 und Kapitel 24, Vers 4 und Kapitel 34, Vers 27 f. 4. Buch Mose Kapitel 33, Vers 2. 5. Buch Mose Kapitel 31, Verse 9–24
7 Das Evangelium nach Johannes Kapitel 1, Vers 17
8 Siehe hierzu: Mertens, Heinrich A.: »Handbuch der Bibelkunde«, Düsseldorf 1966, S. 22
9 Das 1. Buch Mose Kapitel 36, Verse 31–43
10 Siehe hierzu: »Das Alte Testament erklärt und ausgelegt«, herausgegeben von John F. Walvoord und Roy B. Zuck, Band 1, 3. Auflage, Holzgerlingen 2000, S. 3–7
11 Fohrer, Georg: »Einleitung in das Alte Testament«, 11. Auflage, Heidelberg 1969, S. 116 und 117
12 Ebenda, S. 131

Noah: Die Flutstory – ein Plagiat

1 Das 1. Buch Mose Kapitel 7 und 8
2 Siehe hierzu: Mertens, Heinrich A.: »Handbuch der Bibelkunde«, Düsseldorf 1966, S. 512–520

3 Schindler-Bellamy, Hans: »Und der Hahn krähte nicht«, unveröffentlichtes Manuskript. Siehe hierzu auch Barthel, Manfred: »Was wirklich in der Bibel steht«, Düsseldorf 1987, S. 54
4 Das 1. Buch Mose Kapitel 2, Vers 7
5 Zitiert nach Afanasjew, Georg: »Adam ist an allem schuld«, München 1972, S. 26

Onan: Sünder oder biblisches Justizopfer?
1 Das 1. Buch Mose Kapitel 38, Verse 6–11
2 Das 5. Buch Mose Kapitel 21, Vers 18
3 Das 3. Buch Mose Kapitel 20, Vers 21

Orgel: Wie durch einen Übersetzungsfehler die Orgel in die Bibel kam
1 Kolatch, Alfred J.: »Jüdische Welt verstehen«, Wiesbaden 1996, S. 164
2 Kolatch, Alfred J.: »Jüdische Welt verstehen«, Wiesbaden 1996, S. 190
3 Psalm 150, Verse 1 und 2
4 Psalm 150, Verse 3–4
5 Luther, D. Martin: »Die gantze Heilige Schrifft Deudsch«, Wittenberg 1545, Faksimile-Nachdruck, Band I, München o.J., S. 1092
6 »Die Bibel oder die ganze Heilige Schrift des Alten und Neuen Testaments nach der deutschen Übersetzung D. Martin Luthers«, Stuttgart 1915, S. 519 oder Stuttgart 1972, S. 716
7 »Die vierundzwanzig Bücher der Heiligen Schrift«, übersetzt von Leopold Zunz, Basel 1980, S. 575
8 Buber, Martin: »Die Schriftwerke«, Heidelberg 1962, S. 209
9 Lapide, Pinchas: »Ist die Bibel richtig übersetzt?«, Band 1, Gütersloh 1985, 5. Auflage, S. 74
10 »The Holy Bible«, King James Version, siehe http://etext.lib.virginia.edu/kjv.browse.html, Stand 29.Mai 2002
11 Koestler, Martin: »Stirbt Jesus am Christentum?«, Schaffhausen 1982, S. 35

Propheten waren keine Hellseher
1 Siehe hierzu: 2. Buch Mose Kapitel 7, Vers 1
2 Das 2. Buch Mose Kapitel 6, Vers 30
3 Buber, Martin: »Die fünf Bücher der Weisung«, Köln 1954, S. 167
4 Siehe 2. Buch der Chronik Kapitel 12, Vers 15
5 Siehe 1. Buch der Chronik Kapitel 25, Vers 1
6 Siehe Prophet Jeremia Kapitel 10
7 Siehe 2. Buch der Könige Kapitel 5, Verse 8–16
8 Siehe hierzu: 1. Buch der Könige Kapitel 17, Verse 17–24
9 Siehe 2. Buch Samuel Kapitel 12, Vers 7
10 Der Prophet Habakuk Kapitel 1, Verse 1–4
11 Der Prophet Jeremia Kapitel 12, Vers 1
12 Lapide, Pinchas: »Ist die Bibel richtig übersetzt?«, Gütersloh 1986, S. 48

Quellen: Irrt die Wissenschaft?
1 Das 1. Buch Mose Kapitel 2, Vers 21

2 Das 1. Buch Mose Kapitel 2, Vers 22
3 Topper, Uwe: »Die große Aktion«, Tübingen 1998, S. 157–180
4 Siehe hierzu auch: Clévenot, Michel: »So kennen wir die Bibel nicht«, München 1978

Rippe: Uraltes Bild fordert Gleichberechtigung

1 Das 1. Buch Mose Kapitel 2, Verse 21 und 22
2 Mertens, Heinrich A.: »Handbuch der Bibelkunde«, Düsseldorf 1966, S. 503
3 Fohrer, Georg (Herausgeber): »Hebräisches und aramäisches Wörterbuch zum Alten Testament«, Berlin und New York 1971, S. 236
4 Persönliche Mitteilung an den Verfasser
5 Lapide, Pinchas: »Ist die Bibel richtig übersetzt?«, Band 2, Gütersloh 1994, S. 20

Salomo, der Kleine

1 Das 1. Buch der Könige Kapitel 5, Vers 1
2 Das 1. Buch der Könige Kapitel 5, Verse 6 und 7
3 »Und die Bibel hat doch nicht recht«, »Obermain Tagblatt«, 13./14.4.2002 und Redaktion Saarlandonline, 16.4.2002
4 Das 1. Buch der Könige Kapitel 5, Vers 14
5 Das 1. Buch der Könige Kapitel 10, Verse 1 und 2 und 2. Buch der Chronik Kapitel 9, Verse 1–12
6 Das 1. Buch der Könige Kapitel 10, Vers 10
7 Das 1. Buch der Könige Kapitel 10, Vers 13
8 Das 1. Buch der Könige Kapitel 5, Vers 12
9 Fohrer, Georg: »Einleitung in das Alte Testament«, 11. Auflage, Heidelberg 1969, S. 326
10 Siehe hierzu: Schmökel, H.: »Zur kultischen Deutung des Hohenliedes«, in: »Zeitschrift für Alttestamentliche Wissenschaft« 64, 1952, S. 148–155 und Schmökel, H.: »Heilige Hochzeit und Hoheslied«, o.O. 1956
11 Fohrer, Georg: »Einleitung in das Alte Testament«, 11. Auflage, Heidelberg 1969, S. 326 und 327
12 Das Hohelied Salomos Kapitel 1, Vers 2
13 Das Hohelied Salomos Kapitel 6, Vers 1
14 Das Hohelied Salomos aus Kapitel 7, Verse 2–10
15 Das Hohelied Salomos Kapitel 7, Verse 11 und 12
16 Fohrer, Georg: »Einleitung in das Alte Testament«, 11. Auflage, Heidelberg 1969, S. 367
17 Ebenda

Schöpfungsberichte: Irrtümer und Widersprüche

1 Schöpfungsbericht Nr.1: Das 1. Buch Mose Kapitel 1, Vers 1–Kapitel 2, Vers 4a. Schöpfungsbericht Nr. 2: Das 1. Buch Mose Kapitel 2, Vers 4b–Vers 25
2 Das 1. Buch Mose Kapitel 1, Verse 3–5
3 Das 1. Buch Mose Kapitel 3, Verse 6 und 7
4 Das 1. Buch Mose Kapitel 3, Vers 22
5 Das 1. Buch Mose Kapitel 2, Vers 15

Seele: Kein Unterschied zwischen Mensch und Tier ..., sagt die Bibel!

1 Rice, John R.: »Dr. Rice, Here is my Question«, zitiert nach McKinsey, C. Dennis: »The Encyclopedia of Biblical Errancy«, Amherst 1995, S. 330, übersetzt vom Verfasser
2 Der Prediger Salomo Kapitel 3, Verse 19–21
3 Das 1. Buch Mose Kapitel 1, Vers 2
4 Das 1. Buch Mose Kapitel 2, Vers 7
5 Wörtliche Übersetzung von: Das 1. Buch Mose Kapitel 1, Vers 20 durch den Verfasser
6 Wörtliche Übersetzung von: Das 1. Buch Mose Kapitel 1, Vers 21 durch den Verfasser
7 Wörtliche Übersetzung von: Das 1. Buch Mose Kapitel 1, Vers 24 durch den Verfasser
8 Wörtliche Übersetzung von: Das 1. Buch Mose Kapitel 1, Vers 30 durch den Verfasser
9 Siehe hierzu: Wheless, Joseph: »Forgery in Christiqanity«, Montana, ohne Jahresangabe, S. 76 und 77: »The Soul Forgery«.
10 »Katechismus der Katholischen Kirche«, München 1993, S. 124
11 Der Prophet Hesekiel Kapitel 18, Vers 20, wörtliche Übersetzung aus dem Hebräischen durch den Verfasser
12 Die Sprüche Salomos Kapitel 12, Vers 10

Terach: Widersprüchliche Altersangaben

1 Das 1. Buch Mose Kapitel 17, Vers 5
2 Das 1. Buch Mose Kapitel 11, Vers 26
3 Das 1. Buch Mose Kapitel 12, Vers 4
4 Das 1. Buch Mose Kapitel 11, Vers 32

Teufel – Absturz aus dem Himmel

1 Persönliche Mitteilung an den Verfasser
2 Psalm 82, Vers 1
3 Das Buch Hiob Kapitel 1, Verse 6–12
4 Luther benutzte wiederholt diesen Ausdruck in seinen Kommentaren zum »Alten Testament«, etwa zu Hiob. Siehe »Die Bibel oder die ganze Heilige Schrift«, Stuttgart 1972, S. 567, Fußnote
5 Der Prophet Sacharja Kapitel 3, Verse 1 und 2
6 Das 2. Buch Samuel Kapitel 24, Vers 1
7 Das 1. Buch der Chronik Kapitel 21, Vers 1
8 Heussi, Karl: »Kompendium der Kirchengeschichte«, Tübingen 1976 S. 128
9 Der Prophet Jesaja Kapitel 14, Vers 12
10 Das Evangelium nach Lukas Kapitel 10, Vers 18
11 Das Evangelium nach Markus Kapitel 1, Vers 13, siehe auch Das Evangelium nach Lukas Kapitel 4, Verse 1–13
12 Das Evangelium nach Lukas Kapitel 22, Vers 3, siehe auch das Evangelium nach Johannes Kapitel 13, Vers 27
13 Der 1. Brief des Paulus an die Korinther Kapitel 5, Vers 5
14 Die Offenbarung des Johannes Kapitel 12, Vers 9

15 Die Offenbarung des Johannes Kapitel 20, Vers 2
16 Offenbarung des Johannes Kapitel 20, Vers 7
17 Afanasjew, Georg: »Moses ist an allem schuld«, Wien 1972, S. 142

Todesstrafe: Was die Bibel alles fordert!

1 Das 2. Buch Mose Kapitel 20, Vers 13. Siehe auch das 5. Buch Mose Kapitel 5, Vers 17
2 Das 3. Buch Mose Kapitel 24, Vers 17
3 Das 5. Buch Mose Kapitel 22, Vers 22
4 Das 5. Buch Mose Kapitel 22, Vers 25
5 Das 5. Buch Mose Kapitel 22, Verse 28 und 29
6 Das 5. Buch Mose Kapitel 22, Verse 20 und 21
7 Das 3. Buch Mose Kapitel 20, Verse 11 und 12
8 Das 3. Buch Mose Kapitel 20, Vers 13
9 Das 3. Buch Mose Kapitel 20, Vers 14
10 Das 5. Buch Mose Kapitel 21, Verse 18–21
11 Das 2. Buch Mose Kapitel 21, Vers 17 sowie das 5. Buch Mose Kapitel 27, Vers 16
12 Das 2. Buch Mose Kapitel 21, Vers 15
13 Das 3. Buch Mose Kapitel 24, Vers 14
14 Das 4. Buch Mose Kapitel 15, Verse 32–35
15 Das 5. Buch Mose Kapitel 17, Vers 12
16 Das 5. Buch Mose Kapitel 17, Verse 3–5

Turmbau und Sprachverwirrung

1 Das 1. Buch Mose Kapitel 11, Verse 1–9, Übersetzung aus dem Hebräischen durch den Verfasser
2 Das 1. Buch Mose Kapitel 10, Vers 5
3 Das 1. Buch Mose Kapitel 11, Verse 10–32
4 Fohrer, Georg: »Das Alte Testament«, Band 1, S. 40, 2. überarbeitete Auflage, Gütersloh 1969

Unsterblichkeit: Unbekannt im »Alten Testament«

1 »Katechismus der Katholischen Kirche«, München 1993, S. 124, Fußnote
2 Der Prophet Hesekiel Kapitel 18, Verse 19–20, wörtlich übersetzt
3 Das 1. Buch Mose Kapitel 2, Vers 7, wörtlich übersetzt
4 Das 1. Buch Mose Kapitel 12, Vers 13, wörtlich übersetzt
5 Das 1. Buch Mose Kapitel 19, Vers 20, wörtlich übersetzt
6 Das 1. Buch Mose Kapitel 37, Vers 21, wörtlich übersetzt
7 Das 3. Buch Mose Kapitel 24, Vers 17, wörtlich übersetzt
8 »Die Bibel nach der Übersetzung Martin Luthers«, Stuttgart 1972, S. 153
9 Das 4. Buch Mose Kapitel 19, Vers 13

Urknall – oder Schöpfung?

1 Sagan, Carl: »Unser Kosmos«, München 1982, siehe S. 258–269
2 Der Prophet Jesaja Kapitel 40, Vers 22, zitiert nach: »Die Bibel oder die ganze Heilige Schrift des Alten und Neuen Testaments nach der Übersetzung Martin Luthers«, Stuttgart 1972, S. 790

3 Persönliche Mitteilung an den Verfasser
4 Siehe hierzu: Claeys, Karel: »Die Bibel bestätigt das Weltbild der Naturwissenschaft«, Stein am Rhein 1987, S. 483!
5 Ebenda, siehe S. 125
6 König, E.: »Hebräisches und aramäisches Wörterbuch zum Alten Testament«, Leipzig 1936
7 Der Prophet Jesaja Kapitel 42, Vers 5
8 Der Prophet Jesaja Kapitel 44, Vers 24
9 Der Prophet Jesaja Kapitel 51, Vers 13
10 Siehe hierzu: Das Buch Hiob Kapitel 9, Vers 8!
11 Psalm 104, Vers 2
12 Langbein, Walter-Jörg: »Das große Buch der Esoterik«, Rastatt 2000, S. 20–25

Vegetarismus: Widersprüchliches und Irrtümer

1 Das 1. Buch Mose Kapitel 1, Vers 29
2 Das 1. Buch Mose Kapitel 9, Vers 3
3 Das 1. Buch Mose Kapitel 9, Vers 4 (wörtlich übersetzt)
4 Walvoord, John F. und Zuck, Roy B. (Hrsg.): »Das Alte Testament erklärt und ausgelegt«, Band 1, Holzgerlingen 2000, S. 354
5 Das 2. Buch Mose Kapitel 22, Vers 30
6 Das 5. Buch Mose Kapitel 14, Vers 21
7 Das 3. Buch Mose Kapitel 11, Verse 13–19, siehe Vers 18
8 Das 3. Buch Mose Kapitel 11, Vers 20
9 Das 3. Buch Mose Kapitel 11, Vers 21
10 Das 3. Buch Mose Kapitel 11, Vers 6
11 Das 5. Buch Mose Kapitel 14, Vers 7

Walfisch: Jonas und Jesus

1 Archer, Gleason L.: »Encyclopedia of Bible Difficulties«, Grand Rapids 1982, S. 300–302
2 Siehe hierzu: Das Evangelium nach Matthäus Kapitel 12, Verse 38–42 und Kapitel 16, Verse 1–4 sowie das Evangelium nach Lukas Kapitel 11, Vers 16 und Verse 29–32
3 Ginzberg, Louis: »The Legends of the Jews«, London 1998, Vol. 4, S. 249 bis 253, Übersetzung vom Verfasser
4 Lamsa, George M.: »Die Evangelien in aramäischer Sicht«, St. Gallen 1963, S. 140–143

Weltbilder – Irrtümer der Übersetzer

1 Zitat nach Prause, Gerhard: »Niemand hat Kolumbus ausgelacht«, Düsseldorf 1986, S. 52
2 Der Prophet Jesaja Kapitel 40, Vers 22, »Die Bibel oder die ganze Heilige Schrift des Alten und Neuen Testaments nach der Übersetzung Martin Luthers«, Stuttgart 1972, S. 790
3 Vom Verfasser aus dem Hebräischen übertragen
4 Claeys, Karel: »Die Bibel bestätigt das Weltbild der Naturwissenschaft«, Stein am Rhein 1987, S. 460

5 Das Buch Hiob Kapitel 26, Vers 7, »Die Bibel oder die ganze Heilige Schrift des Alten und Neuen Testaments nach der Übersetzung Martin Luthers«, Stuttgart 1972, S. 584
6 Psalm 24, Vers 1
7 Psalm 136, Verse 1 und 6, »Die Bibel oder die ganze Heilige Schrift des Alten und Neuen Testaments nach der Übersetzung Martin Luthers«, Stuttgart 1972, S. 706
8 König, E.: »Hebräisches und aramäisches Wörterbuch zum Alten Testament«, Leipzig 1936
9 Claeys, Karel: »Die Bibel bestätigt das Weltbild der Naturwissenschaft«, Stein am Rhein 1987, S. 630–639
10 Der Prophet Jesaja Kapitel 40, Vers 19
11 Das 2. Buch Mose Kapitel 39, Vers 3
12 Das 4. Buch Mose Kapitel 17, Verse 3–4
13 »Bertelsmann Lexikothek«, Band 5, Gütersloh 1983, S. 363

Xerxes – und Esther, das »Kuckucksei« der Bibel

1 Fohrer, Georg: »Einleitung in das Alte Testament«, 11. Auflage, Heidelberg 1969, S. 275
2 Luther, Dr. Martin: »Die ganze Heilige Schrift, Deudsch 1545, Aufs new zugericht, Faksimilenachdruck«, Herrsching ohne Jahresangabe, S. 1943
Zur ergänzenden Lektüre kann herangezogen werden Kautzsch, E.: »Die Apokryphen und Pseudepigraphen des Alten Testaments«, Band I, Reprint Darmstadt 1975, S. 193–212
3 Buch Esther Kapitel 1, Vers 11
4 Buch Esther Kapitel 1, Verse 9 und 12
5 Buch Esther Kapitel 2, Vers 12
6 Calvocoressi, Peter: »Who's who in der Bibel«, Stuttgart 1993, S. 161
7 Buch Esther Kapitel 3, Vers 7
8 Buch Esther Kapitel 9, Vers 5
9 Topper, Uwe: »Fälschungen der Geschichte«, München 2001, S. 207–217
10 Fohrer, Georg: »Einleitung in das Alte Testament«, 11. Auflage, Heidelberg 1969, S. 273, auch S. 271–275
11 Siehe hierzu Kolatch, Alfred J.: »Jüdische Welt verstehen«, Wiesbaden 1996, S. 317–329

Yesod: Verborgene Aussagen

1 Das 1. Buch der Könige Kapitel 2, Vers 8
2 Langbein, Walter-Jörg: »Das große Buch der Esoterik«, Rastatt 2000, S. 39
3 Das 1. Buch Mose Kapitel 7, Vers 12
4 Das 2. Buch Mose Kapitel 16, Vers 35
5 Das 4. Buch Mose Kapitel 13, Vers 25
6 Das Buch Richter Kapitel 3, Vers 11
7 Das Buch Richter Kapitel 8, Vers 28
8 Das Buch Richter Kapitel 13, Vers 1
9 Apostelgeschichte Kapitel 13, Vers 21. Das 2. Buch Samuel Kapitel 5, Vers 4. Das 1. Buch der Könige Kapitel 11, Vers 42

10 Das 1. Buch der Könige Kapitel 19, Vers 8
11 Das 1. Buch Mose Kapitel 25, Vers 20
12 Das 1. Buch Mose Kapitel 26, Vers 34
13 Das 1. Buch Mose Kapitel 1, Vers 1 bis Kapitel 2, Vers 3
14 Das 1. Buch Mose Kapitel 2, Vers 3
15 Das 1. Buch Mose Kapitel 7, Vers 2
16 Das 1. Buch Mose Kapitel 7, Vers 4
17 Das 1. Buch Mose Kapitel 41, Verse 2 und 5
18 Das 1. Buch Mose Kapitel 29, Vers 18
19 Das 1. Buch Mose Kapitel 29, Vers 27
20 Das Evangelium nach Markus Kapitel 16, Vers 9
21 Das Evangelium nach Matthäus Kapitel 12, Vers 45
22 Das Evangelium nach Matthäus Kapitel 15, Vers 37
23 Apokalypse des Johannes Kapitel 5, Vers 1
24 Apokalypse des Johannes Kapitel 15, Vers 1

Zahlen: Hier irrt die Bibel

1 Das 2. Buch Samuel Kapitel 10, Vers 18
2 Das 1. Buch der Chronik Kapitel 19, Vers 18
3 Das 1. Buch der Könige Kapitel 5, Vers 30
4 Das 2. Buch der Chronik Kapitel 2, Vers 17
5 Das 1. Buch der Könige Kapitel 5, Vers 27–29
6 Das 1. Buch der Könige Kapitel 6, Vers 37
7 Das 1. Buch der Könige Kapitel 6, Verse 2 und 3
8 Das 2. Buch der Chronik Kapitel 3, Verse 3 und 4
9 Das 2. Buch der Chronik Kapitel 9, Vers 25
10 Das 1. Buch der Könige Kapitel 5, Vers 6, wörtlich übersetzt
11 »Die Bibel nach der Übersetzung Luthers«, Stuttgart 1972, S. 390
12 Das 1. Buch der Könige Kapitel 7, Vers 26
13 Das 2. Buch der Chronik Kapitel 4, Vers 5
14 Der 2. Brief des Paulus an Timotheus Kapitel 3, Vers 16

Zedekias »friedlicher« Tod und falsche Vorhersagen

1 Der Prophet Jeremia Kapitel 34, Verse 4 und 5
2 Der Prophet Jeremia Kapitel 52, Verse 10 und 11
3 Das 2. Buch der Könige Kapitel 22, Vers 20
4 Das 2. Buch der Könige Kapitel 23, Vers 30
5 Der Prophet Hesekiel Kapitel 26, Vers 1, bis Kapitel 28, Vers 19
6 Der Prophet Hesekiel Kapitel 29, Verse 17–20
7 Psalm 89, Verse 4 und 5
8 Der Prophet Jeremia Kapitel 42, Vers 17
9 Der Prophet Hesekiel Kapitel 29, Vers 15
10 Siehe Der Prophet Jeremia Kapitel 50, Verse 39 und 40
11 Der Prophet Jesaja Kapitel 13, Verse 19–22
12 Siehe hierzu: Der Prophet Jeremia Kapitel 50 und 51!
13 McKinsey, C. Dennis: »The Encyclopedia of Biblical Errancy«, Amherst 1995, S. 296 f.
14 Der Prophet Jeremia Kapitel 51, Vers 26

Zeugen Jehovas: Wie ein falscher »Gottesname« entstand

1 Streng genommen müßte es Jehowa heißen!
2 Der Prophet Jesaja Kapitel 64, Vers 1
3 Psalm 113, Verse 1 und 2
4 Das 3. Buch Mose Kapitel 24, Vers 16 in wortwörtlicher Übersetzung aus dem Hebräischen durch den Verfasser
5 Josephus: »Jüdische Altertümer«, übersetzt von H. Clementz, 2. Buch, Kap. 12, Abs. 4
6 Hollenberg-Budde: »Hebräisches Schulbuch«, herausgegeben von W. Baumgärtner, 26. verbesserte Auflage, Basel und Stuttgart 1971, S. 4
7 »Die Heilige Schrift aus dem Grundtext übersetzt«, Elberfelder revidierte Fassung, Wuppertal und Zürich, 4. Sonderauflage 1995, S. V
8 Hollenberg-Budde: »Hebräisches Schulbuch«, herausgegeben von W. Baumgärtner, 26. verbesserte Auflage, Basel und Stuttgart 1971, S. 20 (§ 13, Absatz b)

Neues Testament

Hinweis des Verfassers: Unterschiedliche Bibelausgaben können in der Verszählung leicht differieren!

Abendmahl – Widersprüche und eine mögliche Erklärung

1 Das 2. Buch Mose Kapitel 7, Verse 1–7
2 Siehe: Das 2. Buch Mose Kapitel 7–10
3 Das 2. Buch Mose Kapitel 12, Vers 12
4 Das 2. Buch Mose Kapitel 12, Verse 5–8
5 Das 2. Buch Mose Kapitel 12, Vers 29
6 Das 2. Buch Mose Kapitel 12, Verse 3–20
7 Craveri, Marcello: »Das Leben des Jesus von Nazareth«, Stuttgart 1970, S. 66
8 Das Evangelium nach Markus Kapitel 14, Vers 12
9 Siehe besonders: Das Evangelium nach Johannes Kapitel 18, Vers 28
10 Siehe »Traktat Sanhedrin«, Mischna 4,1
11 Das Evangelium nach Markus Kapitel 14, Vers 13
12 Siehe: Das Evangelium nach Lukas Kapitel 22, Vers 24
13 »Codex Bezae Cantabrigiensis«, Codex D, Kapitel 22, Verse 14–19
14 Siehe hierzu vor allem: Die Apostelgeschichte Kapitel 2, Verse 42 und 46 sowie Kapitel 20, Verse 7 und 11
15 Craveri, Marcello: »Das Leben des Jesus von Nazareth«, Stuttgart 1970, S. 372 und 373

Auferstehung Christi: Widersprüche in den Evangelien

1 Das Evangelium nach Matthäus Kapitel 28, Verse 1–10, das Evangelium nach Markus Kapitel 16, 1–11, das Evangelium nach Lukas Kapitel 24, Verse 1 bis 12 und das Evangelium nach Johannes Kapitel 20, Verse 1–18
2 Das Evangelium nach Johannes Kapitel 20, Vers 17
3 Das Evangelium nach Matthäus Kapitel 28, Vers 9
4 Wenham, John: »The Easter Enigma«, Grand Rapids 1984, S. 99

Bethlehem: So wurde ein heidnischer Kultort christianisiert

1 Siehe hierzu: Das Evangelium nach Lukas Kapitel 1, Verse 26–38
2 Siehe hierzu: Das Evangelium nach Lukas Kapitel 2, Vers 4
3 Das Evangelium nach Matthäus Kapitel 1, Verse 18–25 und Kapitel 2, Verse 1–12
4 Das Evangelium nach Matthäus Kapitel 2, Verse 1–6
5 Das Evangelium nach Matthäus Kapitel 2, Verse 5 und 6
6 Der Prophet Micha Kapitel 5, Vers 1
7 Stauffer, Ethelbert: »Jesus«, Bern 1957, S. 25
8 Das Evangelium nach Lukas Kapitel 1, Verse 39–56
9 Das Evangelium nach Lukas Kapitel 1, Verse 42 und 43
10 Lüdemann, Gerd: »Jesus nach 2000 Jahren«, Lüneburg 2000, S. 355
11 Lüdemann, Gerd: »Jesus nach 2000 Jahren«, Lüneburg 2000, S. 171 und S. 345
12 Hoppe, Rudolf: »Jesus. Von der Krippe an den Galgen«, Stuttgart 1996, S. 24
13 Der Prophet Hesekiel Kapitel 8, Vers 14

»CMB«: »Könige« waren Astrologen

1 Das Evangelium nach Matthäus Kapitel 2, Verse 1 und 2, Übersetzung aus dem Griechischen durch den Verfasser
2 Siehe hierzu: Lamsa, George M.: »Die Evangelien in aramäischer Sicht«, Gossau 1963, S. 61–63
3 Das Evangelium nach Matthäus Kapitel 2, Vers 1
4 Nach dem Evangelium nach Lukas (Kapitel 1, Vers 5) herrschte Herodes, als Johannes der Täufer geboren wurde. Da Jesus und Johannes fast gleich alt waren, kann man daraus ableiten, daß auch nach Lukas Jesus wie Johannes zur Zeit des Herodes geboren wurden.
5 Das Evangelium nach Lukas Kapitel 2, Vers 2
6 Das Evangelium nach Matthäus Kapitel 2, Vers 4
7 Langbein, Walter-Jörg: »Das große Buch der Esoterik«, Rastatt 2000, S. 25–30

Dreifaltigkeit: In der Bibel unbekannt!

1 »Katechismus der Katholischen Kirche«, München 1993, S. 98
2 Das Evangelium nach Matthäus Kapitel 24, Verse 35–37. Siehe hierzu auch: Das Evangelium nach Markus Kapitel 13, Verse 28–32
3 Das Evangelium nach Markus Kapitel 10, Vers 18
4 Siehe: Das Evangelium nach Matthäus Kapitel 19, Verse 16–22 und das Evangelium nach Lukas Kapitel 18, Verse 18–23
5 Das Evangelium nach Matthäus Kapitel 26, Verse 36–46. Das Evangelium nach Markus Kapitel 14, Verse 32–42. Das Evangelium nach Lukas Kapitel 22, Verse 39–46. Das Evangelium nach Johannes Kapitel 12, Vers 27
6 DeHaan, M.R.: »508 Answers to Bible Questions«, ohne Ortsangabe 1982
7 Ohlig, Karl-Heinz: »Ein Gott in drei Personen«, Mainz, Luzern 1999
8 »Katechismus der Katholischen Kirche«, München 1993, S. 101

E wie Ehe, Ehescheidung und Ehebruch

1 Das 2. Buch Mose Kapitel 20, Vers 14 und 5. Buch Mose Kapitel 5, Vers 18
2 Das 5. Buch Mose Kapitel 24, Vers 1

3 Das Evangelium nach Markus Kapitel 10, Verse 1–12
4 Das Evangelium nach Matthäus Kapitel 19, Verse 1–9
5 Das 2. Buch Mose Kapitel 20, Vers 17 und das 5. Buch Mose Kapitel 5, Vers 21
6 Das Evangelium nach Matthäus Kapitel 5, Vers 28
7 Siehe hierzu: Lapide, Pinchas: »Ist die Bibel richtig übersetzt?«, Band 1, 5. Auflage, Gütersloh 1995, S. 121 f.
8 Das 5. Buch Mose Kapitel 17, Verse 6 und 7
9 Das Evangelium nach Johannes Kapitel 8, Verse 1–11
10 Unter Perikope versteht man einen Bibelabschnitt, eine zusammengehörende Strophengruppe
11 Janßen, Martina: »Apokryphe Jesustraditionen«, in: Lüdemann, Gerd: »Jesus nach 2000 Jahren«, Lüneburg 2000, S. 824
12 Bultmann, Rudolf: »Geschichte der synoptischen Tradition«, Göttingen 1958, Band II, S. 146

Engel hatten keine Flügel

1 Das 1. Buch Mose Kapitel 22, Verse 11 und 15
2 Siehe hierzu: Das 1. Buch Mose Kapitel 28, Verse 10–19, zitiert habe ich Vers 12
3 Siehe: Das 1. Buch Mose Kapitel 19
4 Das Buch Hiob Kapitel 33, Vers 23
5 Der Brief an die Hebräer Kapitel 13, Verse 1 und 2
6 Die Apostelgeschichte Kapitel 23, Vers 8
7 Persönliche Mitteilung an den Verfasser
8 Der Prophet Jesaja Kapitel 6, Verse 2 und 6
9 Siehe hierzu: Heussi, Karl: »Kompendium der Kirchengeschichte«, Tübingen 1976, S. 110
10 Siehe hierzu: Smith, Morton: »Jesus the Magician«, San Francisco 1978, S. 191
11 Heussi, Karl: »Kompendium der Kirchengeschichte«, Tübingen 1976, S. 75
12 Der 1. Brief an die Korinther Kapitel 11, Vers 10
13 Walker, Barbara: »Das geheime Wissen der Frauen«, Frankfurt am Main 1993, S. 218
14 Das 2. Buch Samuel Kapitel 24, Verse 16 und 17
15 Psalm 78, Vers 49

Erlöst – nicht Erlöser

1 Der Prophet Sacharja Kapitel 9, Vers 9
2 Lapide, Pinchas: »Ist die Bibel richtig übersetzt?«, Band 2, Gütersloh 1994, S. 41 f.

Esel: Ein biblisches Märchen und Jesu Ritt auf zwei Eseln

1 Das 4. Buch Mose Kapitel 22
2 Das 4. Buch Mose Kapitel 22, Vers 23
3 Das 4. Buch Mose Kapitel 22, Vers 28
4 Das 4. Buch Mose Kapitel 22, Vers 30
5 Das 4. Buch Mose Kapitel 22, Vers 31
6 Das Evangelium nach Matthäus Kapitel 21, Verse 1–9
7 Das Evangelium nach Matthäus Kapitel 21, Verse 6 und 7

8 Das Evangelium nach Matthäus Kapitel 21, Verse 4 und 5
9 Der Prophet Sacharja Kapitel 9, Vers 9, vom Verfasser aus dem Hebräischen ins Deutsche übertragen
10 Lüdemann, Gerd: »Jesus nach 2000 Jahren«, Lüneburg 2000, S. 27
11 Das Evangelium nach Markus Kapitel 11, Verse 1–10
12 Das Evangelium nach Johannes Kapitel 12, Verse 12–19

Evangelien: Fragen verboten?

1 Der Prophet Jesaja Kapitel 52, Vers 7
2 Conzelmann, Hans: »Geschichte des Urchristentums«, Göttingen 1989, S. 17 und 134
3 Das Evangelium nach Johannes Kapitel 21, Verse 15 und 24
4 »Einheitsübersetzung der Heiligen Schrift/Die Bibel/Gesamtausgabe/Ökumenischer Text«, Stuttgart 1996, S. 1185
5 Gnilka, Joachim: »Johannesevangelium«, Würzburg 1993, S. 7 und 8
6 Lüdemann, Gerd: »Jesus nach 2000 Jahren«, Lüneburg 2000, S. 527
7 »Neue Jerusalemer Bibel«, Einheitsübersetzung mit dem Kommentar der Jerusalemer Bibel, Freiburg, Basel, Wien, S. 1369
8 Bultmann, Rudolf: »Zu J. Schiewinds Thesen das Problem der Entmythologisierung betreffen«, in: »Kerygma und Mythos«, Band 1, Hamburg 1967, S. 132
9 Augstein, Rudolf: »Jesus«, Hamburg 1999, S. 71

Fels: Warum nannte Jesus Simon »Petrus«?

1 Das Evangelium nach Matthäus Kapitel 16, Vers 18
2 Lamsa, George M.: »Die Evangelien in aramäischer Sicht«, Gossau 1963, S. 364 und 365

Galiläa: Synonym für Rebellion?

1 Bornkamm, Günther: »Jesus von Nazareth«, Stuttgart 1995, S. 48
2 Marxsen, Willi: »Einleitung in das Neue Testament«, Gütersloh 1978, S. 144
3 Der Prophet Jesaja Kapitel 8, Vers 23
4 Hengel, Martin: »Die Zeloten«, Leiden, Köln 1976

Haß: Fordert Jesus Haß gegen die Eltern?

1 Das Evangelium nach Lukas Kapitel 14, Vers 26
2 Das Evangelium nach Lukas Kapitel 19, Vers 27 in »Die Bibel nach der Übersetzung Martin Luthers«, Stuttgart 1972, S. 104
3 Langbein, Walter-Jörg: »Geheimnisse der Bibel«, Berlin 1997, S. 187–190

Hochzeit zu Kana: Die wahre Bedeutung des »Weinwunders«

1 Das Evangelium nach Johannes Kapitel 2, Verse 1–4
2 Das 1. Buch Mose Kapitel 1, Verse 11 und 12
3 Das Evangelium nach Johannes Kapitel 2, Vers 4
4 Das Evangelium nach Johannes Kapitel 2, Verse 5–11
5 Lamsa, George M.: »Die Evangelien in aramäischer Sicht«, Gossau 1963, S. 366

INRI – Die Kreuzinschrift hat es nie gegeben

1 Craveri, Marcello: »Das Leben des Jesus von Nazareth«, Stuttgart 1970, S. 400

2 Hesemann, Michael: »Die Jesus-Tafel«, Freiburg 1999, S. 106
3 Das Evangelium nach Matthäus Kapitel 27, Verse 32–40, das Evangelium nach Markus Kapitel 15, Verse 21–30, das Evangelium nach Lukas, Kapitel 23, Vers 26 und das Evangelium nach Johannes, Kapitel 19, Verse 17–19 und Vers 25
4 Parsons, John D.: »The Non-Christian Cross«, London 1896, S. 23f.
5 Vine, W.E.: »An Expository Dictionary of New Testament Words«, Nachdruck 1975, Band 1, S. 256, zitiert nach »Neue-Welt-Übersetzung der Heiligen Schrift«, revidierter Text, Selters 1986, S. 1641
6 Das Evangelium nach Matthäus Kapitel 27, Vers 37
7 Das Evangelium nach Markus Kapitel 15, Vers 26
8 Das Evangelium nach Lukas Kapitel 23, Vers 38
9 Das Evangelium nach Johannes Kapitel 19, Vers 19
10 Das Evangelium nach Johannes Kapitel 19, Vers 20
11 Das Evangelium nach Johannes Kapitel 19, Vers 21
12 »Stuttgarter Erklärungsbibel/Die Heilige Schrift nach der Übersetzung Martin Luthers/Mit Einführungen und Erklärungen«, 2. Auflage, Stuttgart 1992, S. 1366
13 Siehe hierzu: Kuhn, Heinz-Wolfgang: »Die Kreuzstrafe während der frühen Kaiserzeit/Ihre Wirklichkeit und Wertung in der Umwelt des Urchristentums«, veröffentlicht in: Haase, Wolfgang (Hrsg.): »Aufstieg und Niedergang der römischen Welt«, Band 2, New York 1982
14 Crossan, John D.: »Was Jesus wirklich lehrte: die authentischen Worte des historischen Jesus«, München 1997

Israel: Falscher Widerspruch um seinen Tod

1 Das 1. Buch Mose Kapitel 47, Vers 31
2 Der Brief an die Hebräer Kapitel 11, Vers 21
3 Archer, Gleason L.: »Encyclopedia of Bible Difficulties«, Grand Rapids 1982, S. 421

Jungfrau: Geboren von der Jungfrau?

1 Barth, Karl: »Die kirchliche Dogmatik«, Band I, 2, 8. Auflage, Zürich 1990, S. 198
2 Augstein, Rudolf: »Jesus Menschensohn«, 3. Auflage, Hamburg 1999, S. 50
3 Siehe: Das Evangelium nach Markus Kapitel 3, Verse 31–35
4 Das Evangelium nach Johannes Kapitel 2, Verse 1–12 und Kapitel 19, Verse 25–27
5 Das Evangelium nach Johannes Kapitel 19, Vers 25
6 Das Evangelium nach Matthäus Kapitel 1, Vers 18
7 Ebenda
8 Ebenda, Vers 19
9 Das 4. Buch Mose Kapitel 5, Verse 12–31
10 »Buch von der Geburt der seligen Maria und der Kindheit des Erlösers«, in: Daniel-Rops, Henri: »Die apokryphen Evangelien des Neuen Testaments«, Zürich 1956, S. 52
11 Das Evangelium nach Lukas Kapitel 1, Verse 26–38
12 Das Evangelium nach Matthäus Kapitel 1, Verse 18–25
13 Der Prophet Jesaja Kapitel 7, Verse 14–16

14 »Die Himmelfahrt des Isias«, in: Daniel-Rops, Henri: »Die apokryphen Evangelien des Neuen Testaments«, Zürich 1956, S. 115
15 Ebenda, S. 46 und 47
16 Siehe hierzu: Semmelroth, O.: »Marie archétype de l'église«, Paris 1965, zitiert nach Craveri, Marcello: »Das Leben des Jesus von Nazareth«, Stuttgart 1979, S. 39

Kaiser: Wie aus einem revolutionären Jesuswort eine Belanglosigkeit wurde
1 Siehe hierzu: Das Evangelium nach Matthäus Kapitel 22, Verse 15–22, und das Evangelium nach Markus Kapitel 12, Verse 13–17 und das Evangelium nach Lukas Kapitel 20, Verse 20–26
2 Das Evangelium nach Matthäus, Kapitel 22, Vers 17, das Evangelium nach Markus Kapitel 12, Vers 14 und das Evangelium nach Lukas Kapitel 20, Vers 22
3 Das Evangelium nach Matthäus Kapitel 5, Vers 37
4 Das Evangelium nach Matthäus Kapitel 22, Vers 21, das Evangelium nach Markus Kapitel 12, Vers 17 und das Evangelium nach Lukas Kapitel 20, Vers 25
5 Das 2. Buch Mose Kapitel 20, Vers 4 und das 5. Buch Mose Kapitel 5, Vers 8
6 Lapide, Pinchas: »Ist die Bibel richtig übersetzt?«, Band 2, Gütersloh 1994, S. 58
7 Ebenda
8 Ebenda, S. 58 und 59
9 Lüdemann, Gerd: »Der große Betrug«, 3. Auflage, Lüneburg 1999, S. 98

Kamel: durchs Nadelöhr?
1 Das Evangelium nach Matthäus Kapitel 19, Verse 23–30, Das Evangelium nach Markus Kapitel 10, Verse 23–31 und Das Evangelium nach Lukas Kapitel 18, Verse 24–30
2 Ebenda

Kindermord von Bethlehem: Eine fromme Erfindung und noch Wundersameres
1 Das Evangelium nach Matthäus Kapitel 2, Verse 13–21
2 Das 2. Buch Mose Kapitel 1, Verse 15–17
3 Barthel, Manfred: »Was wirklich in der Bibel steht«, aktualisierte und ergänzte Neubearbeitung, Düsseldorf 1987, S. 94
4 Der Prophet Jeremia Kapitel 31, Vers 15
5 Der Prophet Hosea Kapitel 11, Vers 1
6 Das Evangelium nach Matthäus Kapitel 2, Vers 22
7 Das Evangelium nach Matthäus Kapitel 2, Vers 23
8 Lüdemann, Gerd: »Jesus nach 2000 Jahren«, Lüneburg 2000, S. 167
9 Daniel-Rops, Henri: »Die apokryphen Evangelien des Neuen Testaments«, Zürich 1952, S. 33–50
10 Daniel-Rops, Henri: »Die apokryphen Evangelien des Neuen Testaments«, Zürich 1952, S. 51–63
11 Ebenda, S. 59ff.

Longinus: Vom namenlosen Soldaten zum Heiligen
1 Das 2. Buch Mose Kapitel 12, Vers 46
2 Der Prophet Sacharja Kapitel 12, Vers 10
3 Das Evangelium nach Johannes Kapitel 19, Vers 33
4 Ebenda, Vers 34

5 Lüdemann, Gerd: »Jesus nach 2000 Jahren«, Lüneburg 2000, S. 732
6 Bultmann, Rudolf: »Das Evangelium nach Johannes«, Göttingen 1986, S. 525
7 Schneemelcher, Wilhelm: »Neutestamentliche Apokryphen«, Band I, »Evangelien«, Tübingen 1990, S. 413

Maranatha – Von der Schwierigkeit beim Übersetzen

1 Der 1. Brief an die Korinther Kapitel 16, Vers 22
2 Die Offenbarung des Johannes (auch Apokalypse des Johannes genannt) Kapitel 22, Vers 20
3 Schnackenburg, Rudolf: »Jesus Christus im Spiegel der vier Evangelien«, Freiburg, Basel und Wien 1998. Siehe auch: Theißen, Gerd: »Der Schatten des Galiläers«, Gütersloh 1999

Messias: Warten auf den Erlöser

1 Augstein, Rudolf: »Jesus Menschensohn«, 3. Auflage, Hamburg 1999, S. 75f.
2 Siehe hierzu: Das Evangelium nach Matthäus Kapitel 16, Verse 24–28, das Evangelium nach Markus Kapitel 8, Verse 34 bis Kapitel 9, Vers 1 und das Evangelium nach Lukas Kapitel 9, Verse 23–27
3 Das Evangelium nach Lukas Kapitel 9, Vers 27
4 Das Evangelium nach Lukas Kapitel 21, Verse 31 und 32

Nazareth: Jesus kam nicht aus Nazareth

1 Das Evangelium nach Matthäus Kapitel 1, Vers 21
2 Das 1. Buch Mose Kapitel 17, Vers 5
3 Das Evangelium nach Johannes Kapitel 18, Verse 5–7
4 Bauer, Walter: »Griechisch-deutsches Wörterbuch zu den Schriften des Neuen Testaments und der übrigen urchristlichen Literatur«, Berlin 1963, Spalte 1053
5 Das Evangelium nach Markus Kapitel 1, Vers 9
6 Das Evangelium nach Matthäus Kapitel 3, Vers 13
7 Das Evangelium nach Lukas Kapitel 3, Vers 21
8 Das Evangelium nach Johannes Kapitel 1, Vers 29
9 Das Evangelium nach Markus Kapitel 3, Vers 20
10 Evangelium nach Matthäus Kapitel 21, Vers 11
11 Das Evangelium nach Markus Kapitel 10, Vers 47
12 Das Evangelium nach Lukas Kapitel 4, Vers 16
13 Das Evangelium nach Markus Kapitel 16, Vers 6
14 Ben-Chorin, Schalom: »Mutter Maria/Maria in jüdischer Sicht«, München 1994, S. 34
15 Das Evangelium nach Matthäus Kapitel 2, Verse 22 und 23
16 Luz, Ulrich: »Das Evangelium nach Matthäus«, Band 1, Zürich 1997, S. 132
17 Der Prophet Jesaja Kapitel 11, Verse 1 und 2

Ostern: Wie der Hase in die Bibel kam

1 Das 1. Buch der Könige Kapitel 11, Vers 5
2 Das Buch Josua Kapitel 21, Vers 27. Siehe hierzu auch: Patai, Raphael: »The Hebrew Goddess«, Detroit 1990, S. 54–66
3 Die Sprüche Salomos Kapitel 30, Vers 26. Siehe hierzu auch: Lapide, Pinchas: »Ist die Bibel richtig übersetzt?«, Gütersloh 1994, S. 75 und 76

4 Luther, Martin: »Die ganze Heilige Schrifft. Deudsch 1545. Aufs new zugericht«, Faksimilenachdruck, Herrsching o.J., Band 1, S. 1135
5 »Die Bibel oder die ganze Heilige Schrift des Alten und Neuen Testaments nach der deutschen Übersetzung D. Martin Luthers«, Stuttgart 1915
6 »Die Bibel oder die ganze Heilige Schrift des Alten und Neuen Testaments nach der Übersetzung Martin Luthers«, Stuttgart 1980, S. 740

Petrus: Verrat und der Schrei des Hahns

1 Das Evangelium nach Johannes Kapitel 13, Vers 38
2 Das Evangelium nach Matthäus Kapitel 26, Vers 34 und das Evangelium nach Lukas Kapitel 22, Vers 34
3 Schindler-Bellamy, Hans: »Und der Hahn krähte nicht«, unveröffentlichtes Manuskript. English: Zitiert nach McKinsey: »The Encyclopedia of Biblical Errancy«, Amherst 1995, S. 341
4 Das Evangelium nach Markus Kapitel 14, Vers 30
5 Das Evangelium nach Markus Kapitel 14, Vers 68
6 Das Evangelium nach Johannes Kapitel 18, Vers 27
7 Lüdemann, Gerd: »Jesus nach 2000 Jahren«, Lüneburg 2000, S. 133

Pilatus: Menschenfreund oder Despot?

1 Das Evangelium nach Lukas Kapitel 23, Vers 4
2 Das Evangelium nach Johannes Kapitel 19, Verse 10–12
3 Das Evangelium nach Lukas Kapitel 23, Verse 13–16
4 Das Evangelium nach Matthäus Kapitel 27, Verse 15 und 16
5 Das Evangelium nach Johannes Kapitel 19, Vers 6
6 Zitiert nach: Lüdemann, Gerd: »Das Unheilige in der Heiligen Schrift«, Stuttgart 1996, S. 94
7 Ebenda

Qumran: Damaskus lag am Toten Meer

1 Die Apostelgeschichte Kapitel 9, Verse 1 und 2
2 Klausner, Joseph: »Von Jesus zu Paulus«, Frankfurt 1980, S. 303
3 Schelkle, T.H.: »Paulus, Leben, Briefe, Theologie«, Darmstadt 1981, S. 59f.
4 Der Brief des Paulus an die Galater Kapitel 1, Verse 17 und 18
5 Lapide, Pinchas: »Paulus zwischen Damaskus und Qumran«, Gütersloh 1995, S. 118f.
6 Der 2. Brief des Paulus an die Korinther Kapitel 6, Verse 14 und 15
7 Der Brief des Paulus an die Galater Kapitel 5, Verse 19–26
8 Siehe hierzu: Wise, Michael, Abegg, Martin und Cook, Edward: »Die Schriftrollen von Qumran«, Augsburg 1997. Besonders wichtig sind u. a. S. 67–92: Damaskus-Schrift und S. 139–160: Grundgesetz einer Sekten-Gemeinschaft, sowie S. 160–164: Gemeindeordnung für das Israel der Endzeit. Ebenfalls als Quellenwerk mit ausführlichen Kommentaren zu empfehlen ist: Eisenman, Robert: »The Dead Sea Scrolls and the First Christians«, Shaftesbury 1996

Rabbi: Wie Jesus wirklich angeredet wurde

1 Das Evangelium nach Markus Kapitel 5, Vers 35
2 Das Evangelium nach Markus Kapitel 4, Vers 38

3 Das Evangelium nach Matthäus Kapitel 19, Vers 16
4 Das Evangelium nach Matthäus Kapitel 8, Vers 19
5 Das Evangelium nach Matthäus Kapitel 9, Vers 11
6 Das Evangelium nach Lukas Kapitel 3, Vers 12
7 Das Evangelium nach Johannes Kapitel 1, Vers 38
8 Allgemeine Literaturempfehlung zum Thema: Lehmann, Johannes: »Das Geheimnis des Rabbi Jesus«, Neuauflage, Hamburg 1993

Scheiterhaufen: Wurde Jesu Leichnam verbrannt?

1 Das Evangelium nach Matthäus Kapitel 27, Verse 33–37, das Evangelium nach Markus Kapitel 15, Verse 22–26, das Evangelium nach Lukas Kapitel 23, Verse 33–34 und das Evangelium nach Johannes Kapitel 19, Verse 17b–27
2 Carotta, Francesco: »War Jesus Caesar?«, München 1999, S. 52
3 Das Evangelium nach Matthäus Kapitel 25, Vers 35
4 Carotta, Francesco: »War Jesus Caesar?«, München 1999, S. 53

Simon: Wie aus einem Essener ein Aussätziger wurde

1 Barthel, Manfred: »Was wirklich in der Bibel steht«, Düsseldorf 1987, S. 255
2 Cross, Frank M.: »The Ancient Library of Qumran«, New York 1961, S. 201, Übersetzung durch den Verfasser
3 Das Evangelium nach Matthäus Kapitel 26, Vers 6
4 Das Evangelium nach Markus Kapitel 14, Vers 3
5 Das 3. Buch Mose Kapitel 13, Vers 46
6 Das 3. Buch Mose, Kapitel 13, Vers 45
7 Siehe: Lukas Kapitel 7, Verse 36–50
8 Lukas Kapitel 16, Vers 8

Stammbaum Jesu: Widersprüche und eine falsche Lösung

1 Das Evangelium nach Matthäus Kapitel 1, Verse 1–17
2 Das Evangelium nach Lukas Kapitel 3, Verse 23–38
3 Luz, Ulrich: »Das Evangelium nach Matthäus«, Band 1, Zürich 1997, S. 92
4 Diese Widersprüche stellen ein zentrales Thema des vorliegenden Buches dar!
5 Lüdemann, Gerd: »Das Unheilige in der Heiligen Schrift«, Stuttgart 1996, S. 24 f.

Taufe: Jesu großer Irrtum

1 »Lexikon Kirche und Religion«, http://kathweb.de/lexikon/stichworte/56.htm
2 http://www.nordelbien.de/glaube/gla.kirchenabc/gla.kirchenabc./lexikon/index.html
3 Siehe hierzu Die Apostelgeschichte Kapitel 10!
4 Die Apostelgeschichte Kapitel 16, Verse 14 und 15
5 Die Apostelgeschichte Kapitel 16, Vers 33
6 Das Evangelium nach Johannes Kapitel 3, Vers 22
7 Das Evangelium nach Johannes Kapitel 4, Vers 2
8 Lüdemann, Gerd: »Jesus nach 2000 Jahren«, Lüneburg 2000 und Lüdemann, Gerd: »Der große Betrug«, Lüneburg 1999
9 Das Evangelium nach Lukas Kapitel 3, Verse 13 und 14
10 Das Evangelium nach Matthäus Kapitel 14, Verse 3–4

11 Lapide, Pinchas: »Ist die Bibel richtig übersetzt?«, Band 2, Gütersloh 1994, S. 70
12 Im Griechischen: »enopion«, sich taufen vor, sich selbst taufen vor
13 Version des »Codex Bezae« vom Evangelium nach Lukas Kapitel 3, Vers 7
14 Das Evangelium nach Matthäus Kapitel 16, Vers 28
15 Das Evangelium nach Markus Kapitel 9, Vers 1
16 Das Evangelium nach Lukas Kapitel 9, Vers 27
17 Lapide, Pinchas: »Ist die Bibel richtig übersetzt?«, Band 2, Gütersloh 1994, S. 70

Tempelreinigung: Anfang oder Ende?

1 Siehe: Das Evangelium nach Matthäus Kapitel 21, Verse 12 und 13, das Evangelium nach Markus Kapitel 11, Verse 15–19, das Evangelium nach Lukas Kapitel 19, Verse 45 und 46 sowie das Evangelium nach Johannes Kapitel 2, Verse 13–17
2 Das Evangelium nach Matthäus Kapitel 21, Vers 13, Das Evangelium nach Markus Kapitel 11, Vers 17 und Das Evangelium nach Lukas Kapitel 19, Vers 46
3 Gemeint ist offensichtlich: Der Prophet Jesaja Kapitel 56, Vers 7
4 Merkel, Helmut: »Bibelkunde des Neuen Testaments«, Gütersloh 1978, S. 100

Ungläubige: Ungewöhnliche Strafe

1 Der Brief des Paulus an die Römer Kapitel 1, Vers 25
2 Der Brief des Paulus an die Römer Kapitel 1, Vers 24 sowie Verse 26 und 27
3 Der 1. Brief des Paulus an die Korinther Kapitel 6, Vers 9–10

Unterwelt: Infernalisches Paradies?

1 Das Evangelium nach Matthäus Kapitel 16, Vers 21. Siehe auch: Das Evangelium nach Markus Kapitel 8, Verse 31–33 sowie das Evangelium nach Lukas Kapitel 9, Vers 22
2 Das Evangelium nach Lukas Kapitel 23, Verse 39–43
3 Lohse, Eduard: »Unterwelt des Neuen Testaments«, Göttingen 1994
4 Archer, Gleason L.: »Encyclopedia of Bible Difficulties«, Grand Rapids 1982, S. 367

Verlassen vom Vater: Jesu letzte Worte wurden falsch übersetzt

1 Das Evangelium nach Matthäus Kapitel 27, Vers 46
2 Das Evangelium nach Markus Kapitel 15, Vers 34
3 Babieri, Louis A.: »Matthäus« in Walvoord, John F. und Zuck, Roy B.: »Das Neue Testament – Erklärt und ausgelegt«, Band 4, »Matthäus – Römer«, 3. Auflage, Holzgerlingen 2000, S. 102
4 Der Brief des Paulus an die Römer Kapitel 3, Verse 25–26
5 Aland, Kurt (Herausgeber): »Synopse der vier Evangelien«, 26. Auflage, Stuttgart 1989, S. 320 links, siehe 347. Moritur
6 An gleicher Stelle
7 Lamsa, George M.: »Die Evangelien in aramäischer Sicht«, Gossau 1963, S. 204 und S. 205
8 Lamsa, George M.: »Die Evangelien in aramäischer Sicht«, Gossau 1963, S. 207
9 Lüdemann, Gerd: »Jesus nach 2000 Jahren«, Lüneburg 2000, S. 146

Versuchung – Übersetzungsfehler im Vaterunser

1 Der Brief des Jakobus Kapitel 1, Vers 13

2 Siehe hierzu: Das Evangelium nach Matthäus Kapitel 4, Verse 1–11, das Evangelium nach Markus Kapitel 1, Verse 12 und 13 und das Evangelium nach Lukas Kapitel 4, Verse 1–13

3 Das Evangelium nach Matthäus Kapitel 4, Vers 5

4 Craveri, Marcello: »Das Leben des Jesus von Nazareth«, Stuttgart 1970, S. 87

5 Siehe: Das Evangelium nach Matthäus Kapitel 6, Verse 7–15 und das Evangelium nach Lukas Kapitel 11, Verse 1–4

6 Lamsa, George M.: »Die Evangelien in aramäischer Sicht«, Gossau 1963, S. 94 f.

7 Lapide, Pinchas: »Ist die Bibel richtig übersetzt«, Band 1, Gütersloh 1995, S. 124

Verwerfung: Begründung für Antisemitismus in der Bibel?

1 Der Brief des Paulus an die Römer Kapitel 11, Vers 15

2 Siehe hierzu auch: Mendelssohn, Harald: »Jesus – Rebell oder Erlöser?«, Hamburg 1981

Weihnachten: Spekulationen und ein Übersetzungsfehler

1 Persönliche Mitteilung an den Verfasser

2 Das Evangelium nach Lukas Kapitel 2, Verse 1–5

3 Das Evangelium nach Lukas Kapitel 2, Verse 6 und 7

4 Das Evangelium nach Matthäus Kapitel 2, Vers 10 (oder Vers 11, je nach Zählung)

5 Der Prophet Habakuk Kapitel 3, Vers 2

6 Übersetzung des Verfassers aus dem Hebräischen

7 Daniel-Rops, Henri: »Die apokryphen Evangelien des Neuen Testaments«, Zürich 1956, S. 58

Wiedergeburt: Spuren im »Neuen Testament«

1 Siehe hierzu: Passian, Rudolf: »Ein Leben oder viele?«, München 1985

2 Zitiert nach Walker, Barbara G.: »Das Geheime Wissen der Frauen«, Frankfurt 1993, S. 824.

3 »Das Leben Adams und Evas«, in: Kautzsch, E.: »Die Apokryphen und Pseudepigraphen des Alten Testaments«, Band 2, Reprintausgabe, Darmstadt 1975, S. 506–528

4 Siehe hierzu: Das Evangelium nach Matthäus Kapitel 14, Verse 1 und 2 und das Evangelium nach Markus Kapitel 6, Verse 14–16 sowie das Evangelium nach Lukas Kapitel 9, Verse 7–9

5 Das Evangelium nach Matthäus Kapitel 16, Verse 13, aber auch das Evangelium nach Markus Kapitel 8, Verse 27–30 und das Evangelium nach Lukas Kapitel 9, Verse 18–21

6 Patai, Raphael: »Myth and modern Man«, Englewood Cliffs 1972, S. 135 ff.

Wunder – Jesus wandelte nicht auf dem See

1 Das Evangelium nach Matthäus, Kapitel 14, Vers 22–33

2 Das Evangelium nach Markus Kapitel 6, Verse 45–52

3 Das Evangelium nach Johannes Kapitel 6, Verse 16–21

4 Psalm 137, Vers 1
5 Das 1. Buch Mose Kapitel 1, Vers 2
6 Das Evangelium nach Markus Kapitel 6, Vers 48
7 Das Evangelium nach Johannes Kapitel 6, Vers 20

Wunderheilung: Jesus und der Gelähmte

1 Das Evangelium nach Matthäus Kapitel 9, Verse 1–8, das Evangelium nach Markus Kapitel 2, Verse 1–12, das Evangelium nach Lukas Kapitel 5, Verse 17–26 und das Evangelium nach Johannes Kapitel 5, Verse 1–7 und 8–9a
2 Siehe hierzu: Rabbi Simons Spruch in Tos.Jom-Tow 2,18!
3 Das Evangelium nach Lukas Kapitel 5, Vers 19
4 Das 2. Buch der Könige Kapitel 5, Verse 1–9
5 Lüdemann, Gerd: »Jesus nach 2000 Jahren«, Lüneburg 2000, S. 29

X wie Christus

1 Dölger, F. J.: »Ichtys«, 5 Bände, Münster 1922–1943
2 Gerke, F.: »Christus in der spätantiken Plastik«, Mainz 1948

Ysop: Rätselraten um eine Pflanze

1 Das Evangelium nach Matthäus Kapitel 27, Vers 34 und Das Evangelium nach Markus Kapitel 15, Vers 23
2 Psalm 69, Vers 21
3 Das Evangelium nach Matthäus Kapitel 27, Vers 48, das Evangelium nach Markus Kapitel 15, Vers 36, das Evangelium nach Lukas Kapitel 23, Vers 36 und das Evangelium nach Johannes, Kapitel 19, Vers 29
4 Psalm 69, Vers 22
5 Das Evangelium nach Johannes Kapitel 19, Vers 29
6 Psalm 51, Vers 9

Zeloten: Wer starb mit Jesus?

1 Das Evangelium nach Markus Kapitel 15, Verse 27 und 28
2 Der Prophet Jesaja Kapitel 53, Vers 12
3 Bultmann, Rudolf: »Die Bedeutung des Alten Testaments für den christlichen Glauben«, in: Bultmann, Rudolf: »Glauben und Verstehen«, Band I, S. 334 f., Tübingen 1993
4 Das Evangelium nach Markus Kapitel 15, Vers 27 und das Evangelium nach Matthäus Kapitel 27, Vers 38

Nachwort: Was ist die Bibel?

1 Das Evangelium nach Matthäus Kapitel 22, Vers 39
2 Das 3. Buch Mose Kapitel 19, Vers 18
3 Der Prophet Jesaja Kapitel 54, Vers 10